로마
검투사의
일생

로마 검투사의 일생

살육의 축제에 들뜬 로마 뒷골목 풍경

배은숙 지음

글항아리

콜로세움. 서기 80년 티투스 황제가 완공했다.
석회화로 지었으며 원주를 낀 아치들을 3층으로 쌓은 뒤 마지막 층 위에는 연속벽을 둘렀다.
이곳에서 로마 검투사들의 경기가 벌어졌다.

콜로세움 내부.

스페인 이탈리카의 원형경기장.

로마 광장.

기사 검투사들의 싸움이다. 양쪽 가장자리에는 심판, 왼쪽은 하빌리스, 오른쪽은 마테르누스다. 싸움 끝에 마테르누스가 쓰러졌고, 제일 왼쪽의 심판이 관중석을 보고 있다. [마드리드 국립 고고학 박물관]

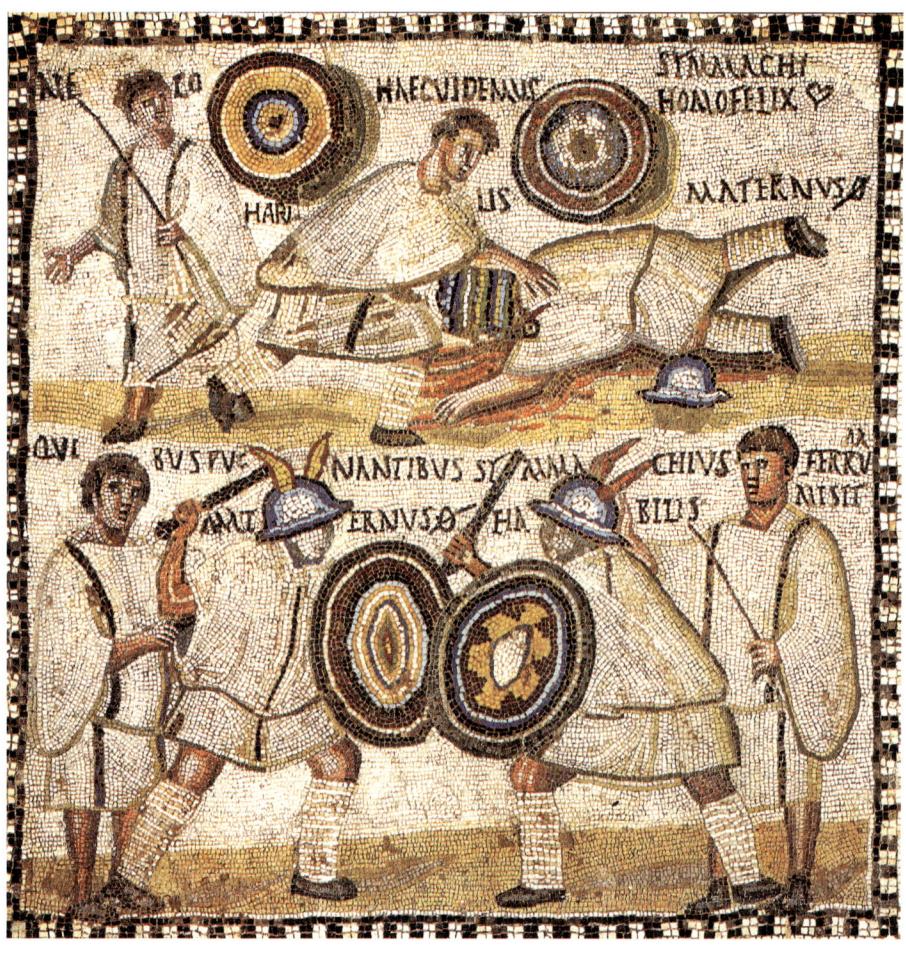

무기, 방패, 두구를 착용한
검투사들의 차림을 알려주는 조각상.
폼페이에서 출토된 것으로,
검투사 경기에 열중했던
폼페이인들의 관심을 보여준다.
[나폴리 국립 고고학 박물관]

폼페이 폭동 사건. 폼페이의 한 가정집 벽에 그려져 있다. [나폴리 국립 고고학 박물관]

아프리카 속주에서 발견된
검투사 조각상.
[나폴리 국립 고고학 박물관]

아틸리우스와 펠릭스의 싸움을 그린 폼페이의 낙서.

트라키아 검투사 투구. [나폴리 국립 고고학 박물관]

추격 검투사의 투구.

1세기의 단검.
[나폴리 국립 고고학 박물관]

트라키아 검투사와 물고기 검투사의
싸움을 묘사한 램프.
[쾰른 로마-게르만 박물관]

독일 니네히의 공연 검투사.

26

검투사 사열식. [나폴리 국립 고고학 박물관]

중장보병 검투사와
트라키아 검투사의 싸움.
[런던 박물관]

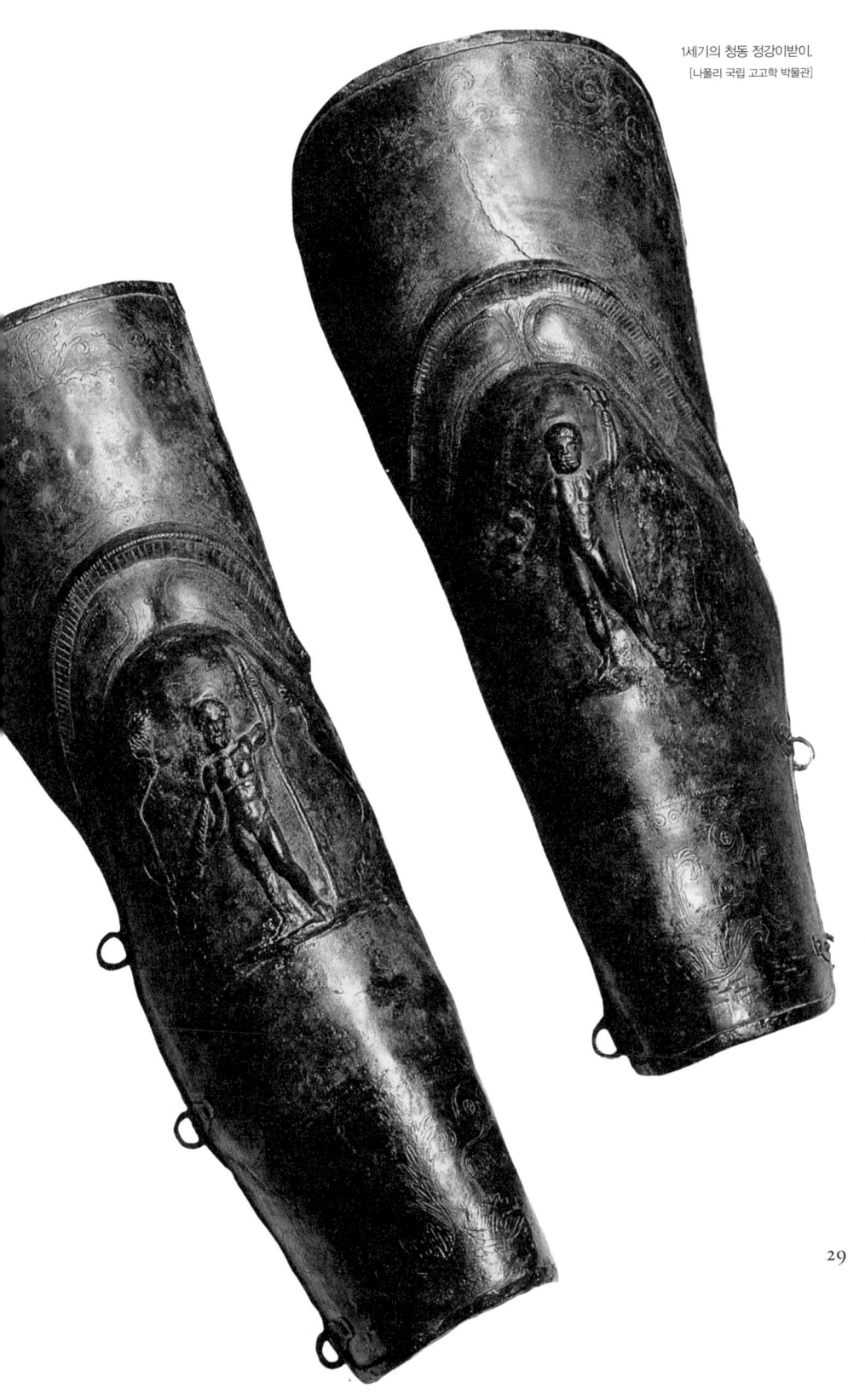

1세기의 청동 정강이받이.
[나폴리 국립 고고학 박물관]

중장보병 검투사의 방패.
[런던 박물관]

중장보병 검투사와 물고기 검투사이 싸움. [나폴리 국립 고고학 박물관]

3세기 그물 검투사의 모습.
[런던 박물관]

추격 검투사의 투구.
[런던 박물관]

2세기 추격 검투사의 모습.
[아를 고고학 박물관]

2세기 물고기 검투사와
트라키아 검투사의 싸움.
[슈투트가르트 박물관]

트럼펫.
[런던 박물관]

트라키아 검투사인 힐라루스와 물고기 검투사인 아틸리우스의 싸움을 그린 60년경 폼페이 낙서.

아킬레우스가 포로를 살육하는 모습. 중앙에 망치를 들고 있는 신이 카론 신이다.

추격 검투사와 그물 검투사의 싸움.
추격 검투사가 승리했다.

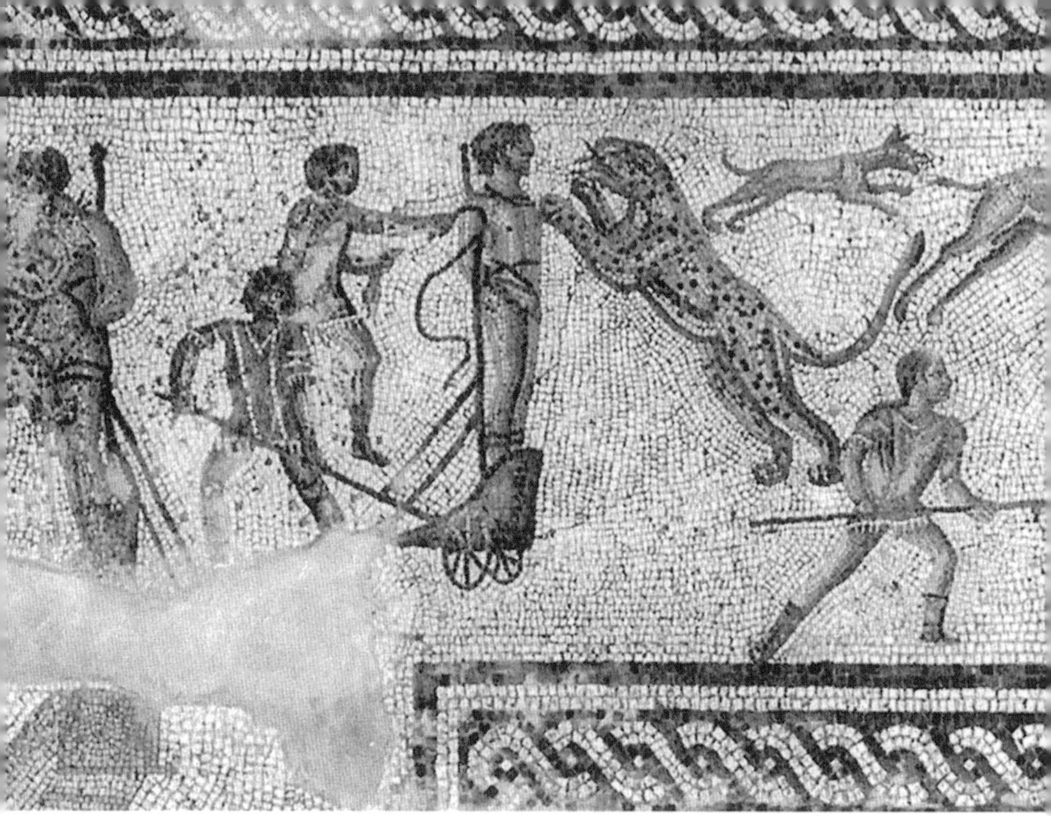

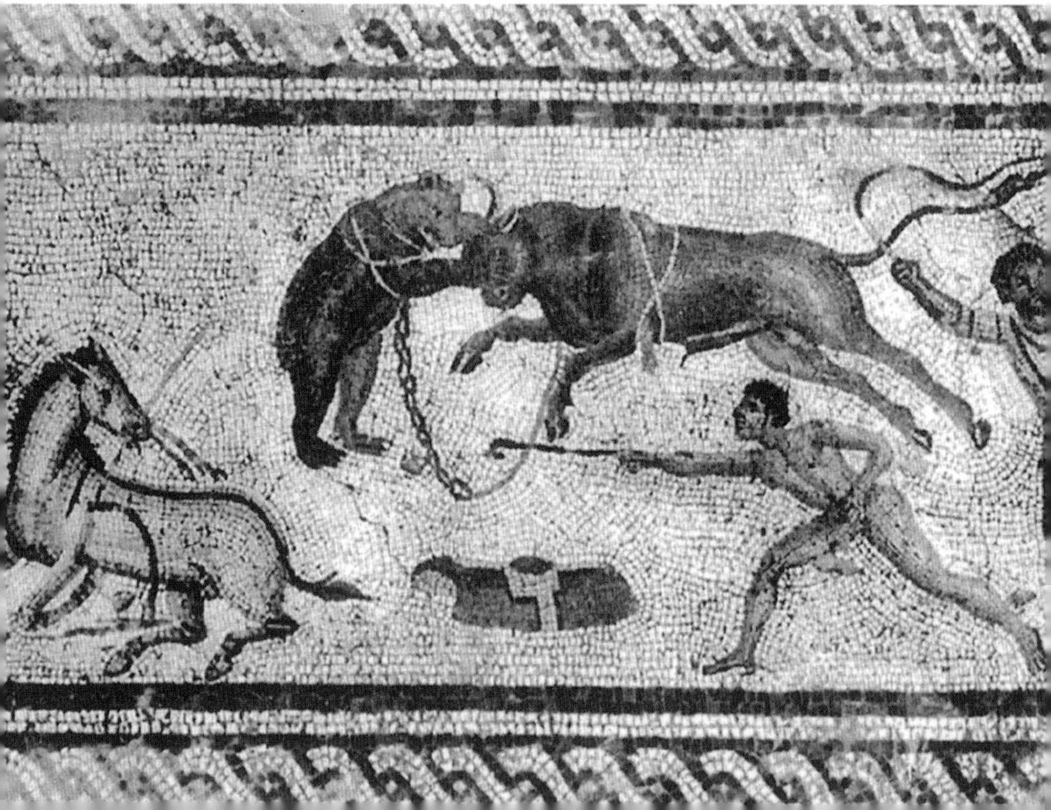

그물 검투사를 새긴 영국 체스터의 부조.

물고기 검투사의 투구.

그물 검투사를 새긴
영국 체스터의 부조.

검투사들은 맹수들과 대결했다. [아퀼레이아 국립 고고학 박물관]

동물 사냥.

동물 사냥을 하고 있는 검투사의 모습.

이탈리아 로마 한 가정집 벽에 모자이크로 그려진 검투사의 모습.

여성 검투사.

48

독일 뮌헨의 부조.
관중이 손가락을 위로 올려 승자가 패자를
죽이려는 순간을 묘사했다.

제롬의 폴리케 베르소.

다른 나라에서 이국적인 동물들을 배에 싣는 장면.
로마인들은 원형경기장에서 검투사 경기와 함께 이국적인 동물들의 시합을 즐겨 보곤 했다.

| **머리말** |

로마 시의 아이들에게는 거의 어머니의 자궁에서부터 흡수한 것 같은 특별한 악들이 있는데, 그것은 극장에서의 편파성, 전차 경주와 검투사 경기에 대한 열정이다.[1]

1~2세기에 활동한 로마사가 타키투스의 말처럼 연극, 전차 경주, 검투사 경기는 로마인들이 즐긴 대표적인 구경거리였다. 글라디우스gladius라는 검을 사용하는 검투사gladiator들이 벌이는 경기는 로마의 구경거리 중 비교적 늦게 나타났고, 가장 적게 개최되었다. 아우구스투스Augustus 재위 기원전 27~기원후 14 황제 때 매년 65일 동안 국가적인 축제가 열렸다. 이때 전차 경주는 13일 동안, 연극·춤·노래·악기 연주 등으로 이루어지는 극장에서의 구경거리는 48일 동안 행해졌다. 반면 검투사 경기를 위해서는 4~5일 정도밖에 할애되지 않았다. 축제 기간은 점점 늘어나 2세기 중후반 아우렐리우스Marcus Aurelius 재위 161~180 황제 때는 135일, 354년에는 176일 동안 다양한 구경거리를 볼 수 있었다. 이때도 전차 경주에 64일, 극장에 102일을 들였고, 단 10일만 검투사 경기가 열렸을 뿐이다.[2]

다른 구경거리에 비해 개최 일수가 적어도 검투사 경기는 로마의 한 상징이었다. 검투사 경기의 의미는 8세기의 저명한 성직자인 베다의 말로 요약된다.

> 콜리사이우스 *Colisaeus*가 존재하는 한 로마는 존재한다.
> 콜리사이우스가 무너지는 날 로마도 망한다.
> 로마가 망하는 날 세상도 망한다.³

콜리사이우스는 네로Nero 재위 54~68 황제의 황금 궁전에 있는 높이 35미터의 거대한 네로 청동상을 가리킨다. 그러나 콜리사이우스를 현존하는 콜로세움으로 해석해도 문장의 뜻이 크게 왜곡되지 않는다. 네로 상과 콜로세움이 같은 장소에 있었고, 화려함과 로마의 지배력을 상징한다는 동일한 의미를 지니고 있었기 때문이다. 콜로세움의 운명이 로마 그리고 세상의 운명과 궤를 같이하여 콜로세움에서 검투사 경기를 펼칠 수 있는 한 로마는 존속했다. 검투사 경기는 로마의 존재 자체를 상징할 만큼 로마인들의 생활에 깊숙이 파고들었다.

현대에 로마의 다른 어떤 구경거리보다 검투사 경기가 회자되는 것은 경기가 피를 부르는 잔인성, 현대의 종교인 그리스도 교도들의 처형, 현존하는 웅장한 원형경기장을 상징한다는 데 있다. 특히 사람을 죽이는 장면을 보면서 환호성을 지르는 검투사 경기는 로마인들의 사디즘적 성향을 입증하는 근거로 제시되었다. 의도적으로 관중을 끌어 모은 것이 아니라 로마인들 스스로 경기장을 찾았다는 데서 그런 성향을 의심해볼 만하다는 것이다.

검투사 경기에 대해 부정적인 시각을 갖게 된 것은 일단 로마사가들의 탓이 크다. 로마 사가들이 경기를 관람하는 로마인들에 대해 비판적인 글을 남겼던 것이다. 그리스도교 사가들도 순교의 중심지 역할을 한 원형경기장을 부정적으로 평가했다. 이교도들의 타락과 부패의 온상으로, 재미를 위해 교도들의 목숨을 앗아가는 잔인한 장소로 묘사한 것이다. 현대인들 또한 오늘날의 시각에서 인도주의적 관점으로, 종교적인 선입견으로 검투사 경기를 부정적으로 평가했다. 오늘날의 시각에서는 살인에 어쩔 수 없거나 피치 못할 상황이 있을 수 없다고 할 정도로 살인을 죄악시한다. 그런데 단순히 재미를 위해 사람을 죽이는 일을 어떻게 긍정적으로 바라보겠는가? 검투사 경기를 '나치의 공포'[4]에 견주면서 거부반응을 일으키는 학자의 견해는 현대의 관점이 가미된 것이다. 검투사와 관련된 영화나 드라마가 피 튀기는 장면을 유독 두드러지게 묘사하는 것은 검투사 경기의 잔인성을 드러내기 위해서다. 검으로 사람의 목을 베는 순간 환호성을 지르는 관중의 모습이 겹쳐지는 것도 잔인한 것을 좋아하는 로마인들의 특이한 성향을 암시하려는 것이다.

이 책은 현대적인 관점에서 로마인들의 잔인성을 비판하는 것이 아니라 검투사와 로마인들의 시각에서 접근하려고 시도했다. 잔인하다는 한마디 말로 수백 년 동안 이어져온 검투사 경기를 파악하기에는 무리가 있다는 생각에서다. 검투사 경기가 잔인하기만 했겠는가, 모든 로마인이 사디즘적 성향을 보였겠는가 하는 의문에서 출발했다. 그래서 검투사와 로마인의 말을 듣고, 그들의 삶 속으로 들어가 그 세세한 면을 파헤쳐보았다. 검투사가 된 과정부터 경기를 관람하는 로마인들의 모습에 이르기까지 그 시대를 살아가는 사람들의 목소리를 듣고자 했다.

검투사와 로마인의 목소리를 듣는 데 한계가 없는 것은 아니다. 로마인들이 기록한 것은 주로 검투사 경기의 타락을 비난하는 상류층의 글이나 경기를 관람하는 로마인들의 반응뿐이었다. 아무래도 내용이 제한적일 수밖에 없는 이유다. 그들의 말은 위에서 보는 시각, 즉 검투사 경기를 개최하는 목적이나 효과를 파악하는 데는 중요하지만 이름을 알 수 없는 수많은 로마인의 마음을 읽기에는 부족하다. 더구나 문헌 사료에는 검투사들의 생각이 전혀 반영되어 있지 않다. 지배층이 하찮은 신분인 검투사의 마음을 읽을 필요는 없었던 것이다. 관중과 검투사의 삶은 검투사 경기에 심취한 로마인이 자신의 집을 장식한 모자이크와 벽화에서 유추할 수 있다. 또 포도주 항아리나 오일 그릇 표면에 그려져 있는 그림, 테라코타, 죽은 검투사들의 부조와 비문도 좋은 자료가 된다.

 1부에서 4부까지는 검투사들의 일생과 그들을 바라보는 로마인들의 모습을 파노라마처럼 엮어보았다. 먼저 검투사에 대해 알려면 누가 검투사가 되는지를 알아야 한다. 1부는 검투사가 되기 이전의 삶, 여러 신분의 사람들이 모여 검투사가 되는 과정을 담았다. 검투사가 탄생했기에 2부는 경기를 개최하기까지의 과정을 서술했다. 경기 날짜를 지정하고, 경기를 광고해 사람들을 끌어 모으는 과정, 경기 날 사람들이 경기장으로 향하는 모습, 경기장의 변천사 등을 담았다. 검투사도 있고, 광고도 했고, 경기장도 있으니 이제 경기를 시작할 때다. 3부는 본격적으로 경기가 벌어지는 장면을 검투사와 관중의 시각으로 다각도로 살펴보았다. 야생동물 사냥 경기, 범죄자 처형식, 검투사 경기 등 경기가 진행되는 순서대로 하루의 긴 일정을 따라가봤다. 싸우는 검투사의 마음과 이를 바라보는 관중의 모습도 생생하게 담아냈다. 경기가 끝났으니 그 후의 모습도 보아야 한다. 4부는 돈, 인기, 은퇴, 죽음을 통해 검투사에게 경기의 의미와 흥분의 하루를 보내고 난 뒤 로마인이 느끼는 경기가 갖는 의미를 생각해보았다. 치열한 삶을 살아내야 하는 검투사와 그들을 바라보는 로마인들의 다양한 생각을 서술했다. 1부에서 4부까지 검투사 경기를 몸소 체험하는 하부 구조를 살펴보았다면 5부는 경기를 주최하는 상부 구조에 초점을 맞추었다. 검투사 경기의 기원, 개최 이유, 경기의 변천사, 황제의 역할, 황제의 개최 의도, 경기의 전파와 쇠퇴 과정 등을 통해 로마에서 검투사 경기가 지니는 정치적 의미를 포착했다.

검투사에 대한 우리의 지식은 대부분 번역서에 의존하고 있다. 번역서도 검투사 스파르타쿠스Spartacus 기원전 109?~기원전 71와 로마인의 일상생활에 대한 책이 몇 권 있을 뿐 검투사 자체를 조망한 글은 없다. 이 책이 검투사에 대한 궁금증을 해소하는 데 도움이 되었으면 하는 바람을 가져본다.

이 책이 출간되기까지 많은 분이 도움을 주셨다. 아낌없는 조언과 관심을 가져주신 계명대학교 사학과의 강판권 교수님, 출판에 대한 열정이 남다르신 글항아리의 강성민 대표님, 부족한 글을 편집하느라 애쓰신 이은혜 편집장님께 감사의 마음을 전한다. 그리고 항상 본분을 다하지 못하는 저를 사랑으로 감싸주시는 아버님과 남편 하재은께 고마움을 전해드린다. 믿음직하고 효성스러운 준성이와 따뜻하고 고운 심성을 가진 선영이에게도 사랑의 마음을 전한다.

차례

Roma
Gladius
Gladiator

머리말 055

제1부
검투사로
거듭나기

제1장 검투사가 되는 사람들

1. 로마에 패배한 전사들 071
시장에 팔려온 전쟁포로들 | 전쟁은 검투사의 공급처

2. 처벌받는 범죄자들 082
원형경기장으로 가는 범죄자들 | 처형을 통한 일벌백계의 효과

3. 자원한 자유민들 092
가난보다 인기를 택한 하층민 | 용맹을 과시하고 싶어한 상류층

4. 색다른 재미를 주는 여성들 107
여성 검투사들의 싸움 | 여성 검투사들에 대한 비난

제2장 검투사가 되는 과정

1. 검투사 양성소의 구조 115
지저분한 방 | 단체 식사에 적합한 식당 | 죽음도 불사하겠다

2. 훈련도 실전처럼 127
목검으로 나무 기둥을 타격하라 | 혹독한 훈련

3. 건강이 곧 돈이다 141
상처 치료와 마사지 | 자살 시도

제2부
시끌벅적한 원형경기장

제1장 경기 날짜

1. 지정된 경기 날 153
축제일 | 경기 기획

2. 도시의 벽은 광고판 159
경기 일정 광고 | 입장권 배포

제2장 들뜬 관중

1. 최후의 만찬 구경 171
산해진미도 죽음 앞에서는 무용지물 | 만찬장을 구경하는 로마인들

2. 경기 날의 아침 풍경 177
남성의 외출 준비 | 여성의 외출 준비 | 경기장 주변 풍경

제3장 경기 장소

1. 화장장에서 광장으로 187
경기 개최가 가능한 장소 | 로마 광장에서의 좌석 배정 | 목조 원형경기장 건축

2. 석조 원형경기장 건축 201
석조 원형경기장 건설 시도 | 각종 경기장

3. 콜로세움 209
규모와 수용 인원 | 좌석 배정 | 관중의 안전

제3부
검투사 경기,
흥분과 피의 향연

제1장 흥미를 돋우는 구경거리들

1. 오전 일정, 야생동물과의 싸움 229
위풍당당한 사열식 | 동물 사냥 경기의 역사 | 동물 조달
긴장감 넘치는 경기 | 동물 사냥꾼이 나서다

2. 정오 일정, 범죄자 처형식 252
공개처형, 피의 향연 | 처형 놀이 | 즐거운 점심시간

제2장 검투사 경기, 오후 경기의 최고봉

1. 경기 전 의례 265
사전 경기 | 조 추첨과 무기 검사

2. 진짜 싸움이 시작되다 272
초창기 검투사들 | 그물 검투사 대 추격 검투사
트라키아 검투사 대 물고기 검투사 | 물고기 검투사 대 중무장 검투사
말을 타는 검투사들 | 막간 경기 | 잡다한 검투사들

3. 관중의 모습 311
검투사의 생사 결정권은 관중에게 | 열기를 식히는 장치들 | 보너스 선물

제4부
검투사와 로마인

제1장 검투사들의 삶과 죽음

1. 검투사들의 전적 333
비문으로 남아 있는 전적들 | 검투사의 생사 확률

2. 검투사와 돈 345
경기 개최 비용 | 승리한 검투사의 수입

3. 검투사의 가족 362
검투사를 사랑한 여인들 | 검투사 가족의 비문

4. 은퇴 후의 삶 374
검투사 양성소에서 직업 찾기 | 경호원, 군인으로 변신

제2장 검투사 경기에 대한 로마인들의 태도

1. 로마인들의 이중적인 태도 385
검투사의 열등한 신분에 대한 경멸 | 검투사 경기에 대한 집착
검투사들의 강인함에 대한 두려움

2. 교육적 효과를 강조하는 지식인들 394
관중의 폭력성에 대한 비판 | 검투사들의 용맹함에 대한 칭송

제5부
검투사 경기와 정치

제1장 검투사 경기의 시작은?

1. 에트루리아 기원설 409
글로 된 증거 | 그림으로 된 증거

2. 캄파니아 기원설 417
글로 된 증거 | 그림으로 된 증거

3. 로마 시 최초의 검투사 경기 424
우시장에서 개최된 경기 | 커져가는 경기 규모

제2장 권력 획득의 수단이 된 검투사 경기

1. 로마의 정치와 스파르타쿠스의 반란 433
장례식 행사에서 국가적 행사로 변한 검투사 경기 | 검투사 스파르타쿠스, 로마를 떨게 하다
이탈리아에서 길을 잃은 스파르타쿠스 | 스파르타쿠스에 대한 평가

2. 내전과 검투사 경기 454
경기 개최를 둘러싼 경쟁 | 내전에 활용되는 검투사들

제3장 지배 도구가 된 검투사 경기

1. 황제의 긍정적 이미지 생산용 469
황제가 독점한 로마 시의 검투사 경기 | 민의 표출의 장이 된 원형경기장

2. 황제의 권력 과시용 477
시민들의 야유에 분노하는 황제들 | 검투사로 나선 황제들

3. '로마화'의 상징 489
속주의 검투사 경기 | 원형경기장의 확산

4. 그리스도교 억압의 도구 501
순교의 장소가 된 원형경기장 | 그리스도 교도의 비판
폐지 수순을 밟는 검투사 경기 | 폐허가 된 콜로세움

주 526
용어 설명 552
참고문헌 557
찾아보기 570

제 1 부

검투사로 거듭나기

제 1 장

검투사가 되는 사람들

로 마 에
패 배 한
전 사 들

로마의 공격을 받는 나라들은 많은 영토를 장악하고 있으니 주변의 소국을 그냥 놔뒀으면, 광활한 영토에서 나오는 부만으로도 충분하니 착취를 덜했으면 하는 바람이었다. 그러나 로마는 더 큰 영토를 차지하기 위해, 혹시나 받을지 모를 공격에 대비해 전쟁을 멈추지 않았다. 자국의 영토를 탐하는 로마에, 주인으로 자리잡아 착취하는 로마에 대적하여 열심히 싸웠으나 막강한 군사력과 잘 정립된 규율 앞에 무릎을 꿇어 포로 신세가 된 사람의 심정은 착잡할 수밖에 없었다. 전쟁포로로 로마로 끌려온 이들은 전사한 동료 전사들과, 적국민이라는 이유로 로마군에게 살해된 주민들을 잊을 수 없었다. 그러나 이들에 대한 그리움도 잠시, 전쟁포로 신세로 로마에서 보낼 혹독한 앞날에 대한 불안감을 떨칠 수 없었다. 검투사 경기가 열린다는 것은 검투사로 활용할 전쟁포로들이 있다는 것이고,

로마가 포로들을 부릴 만큼의 군사력과 경제력을 갖추었다는 뜻이다.

시장에 팔려온 전쟁포로들

지중해의 뜨거운 햇볕이 내려쬐는 여름이든, 추적추적 스산한 비가 내리는 겨울이든 시장은 언제나 먹고살기에 여념 없는 사람들로 시끌벅적했다. 포도주와 올리브유를 파는 가게, 칼 가게, 침구류 가게, 빵 가게 등 생활에서 자주 쓰이는 물건들을 파는 가겟집은 다른 곳보다 더 붐볐다. 활기찬 시장은 여느 시장에서나 들을 수 있는 소리로 가득 찼다. 당나귀 등에 짐을 잔뜩 싣고 시장을 빠져나가면서 비켜달라는 짐꾼의 외침 소리, 살 만한 물건이 있는지 이곳저곳 기웃거리며 걸음을 늦추는 사람들을 붙잡고 물건을 설명하는 상인들의 달콤한 속삭임, 지나가다가 우연히 만난 지인과 그동안의 소식을 늘어놓는 사람들의 끊임없는 대화 소리 등이 뒤섞였다. 광장이라지만 워낙 가게와 사람들로 북새통이다보니 서로 부딪치기 일쑤였다.

안 그래도 복잡한 시장에 로마가 전쟁에서 승리하여 전쟁포로들이 대거 유입된다는 소문이라도 나면 아침부터 노예를 사러 온 사람들로 더욱 붐볐다. 포도밭과 올리브 농장에서 일할 노예를 구입하러 온 지주, 염소와 양을 데리고 풀이 있는 지역으로 이동할 목동을 찾는 농장 감독, 집안일을 관리할 똑똑한 노예를 구하는 귀족, 아이들 교육에 도움이 될 만한 교양을 갖춘 노예를 찾는 귀족 가문의 안주인 등이 싼값에 좀더 좋은 노예를 찾기 위해 몰려들었다. 시장에서 어떤 주인을 만나느냐에 따라 노예의 삶은 운명지어졌다. 똑똑하고 눈치가 재발라 집사로 안락한 삶을 사는 노예도 있고, 검투사로 뽑혀 삶과 죽음의 경계를 넘나드는 자도 있었다. 이런저런 일을 하는 노예 수는 로마 시에 거주하는 100만 명 중 10만 명에서 20만 명에 이르렀다.

수시로 노예시장에 들르는 이들 중 검투사 양성소*ludus gladiatorius*의 운영자들*lanistae* 또한 주요한 고객이었다. 이들은 에트루리아어인 라니스타로 불렸는데, 푸주한을 의미하는 라니우스*lanius*에서 나왔다. 이 단어에서 비천한 느낌이 난다고 하여 스스로를 "검투사 가족들의 상인*negotiator familiae gladiatoriae*"이라고 불렀다.

양성소 운영자 중에는 검투사들을 직접 소유해 이들을 훈련시켜 경기에 내보내는 사람도 있었고, 훈련한 검투사들을 팔거나 다른 이의 검투사를 빌려서 단순히 훈련만 시켜주는 사람도 있었다. 전자보다 후자가 더 천대를 받았다. 후자는 검투사들을 거느릴 자본도 없이 단순히 돈을 벌기 위해 검투사들을 거래하다보니 사악한 이미지가 강했기 때문이다.

초창기에는 부자나 저명한 자들이 개인적으로 검투사 경기를 개최했기 때문에 경기 규모나 개최 횟수가 적있을뿐더러 기술도 빈약했다. 그러던 중 경기를 즐기는 로마인들이 늘어나고, 개최 규모나 횟수도 늘어나다보니 검투사들이 거주하면서 훈련에 매진했고, 경기를 위한 편의를 제공할 시설이 필요해졌다. 그래서 설립된 것이 검투사 양성소였다. 이 양성소를 관리하는 사람, 즉 신참 검투사

*tiro*를 들여오고, 훈련을 책임지며, 적당한 검투사들을 경기에 내보내는 사람이 양성소 운영자였다.[1]

공화정기 캄파니아의 카푸아에 개인 소유의 오래된 검투사 양성소가 많이 있었다. 개인이 소유한 검투사 양성소 중에서 가장 오래된 것은 카푸아에 있는 스카우루스의 양성소였다. 카이사르도 카푸아에 5000명의 검투사를 거느린 양성소를 소유했다. 검투사 경기의 역사가 오래된 카푸아와 달리 로마 시에는 도미티아누스 Domitianus 재위 81~96 황제 이전까지 검투사 양성소가 한두 곳밖에 없었다.[2] 그렇더라도 검투사 수급에는 문제없었다. 카푸아가 로마 시에서 개최되는 경기에 필요한 검투사들의 주요 공급처 역할을 했고, 카이사르나 폼페이우스 같은 부유한 정치가가 소유한 검투사가 다수 있었기 때문이다.

제정기에도 개인 소유의 양성소가 있었지만 황제가 주최하는 경기는 주로 황제 소유의 검투사 양성소에서 차출되었다. 도미티아누스 황제는 개개의 운영자가 관리하던 로마 시의 검투사 양성소를 루두스 마그누스 Ludus Magnus, 루두스 마투티누스 Ludus Matutinus, 루두스 갈리쿠스 Ludus Gallicus, 루두스 다키쿠스 Ludus Dacicus 등 4곳의 황제 소유의 검투사 양성소로 통합했다. 4곳 양성소에 있는 검투사의 수를 정확하게 알 수는 없지만 대략 1000명이었던 것으로 추정된다. 황제의 통합으로 로마 시에는 더 이상 개인이 소유한 검투사 양성소가 없었다. 황제가 검투사 양성소를 독점한 것이다. 한편 로마 바깥 지역에는 여전히 개인 소유의 양성소들이 있어 검투사들을 공급해주었다.

4곳의 황제 양성소 중 규모가 가장 크고 검투사들의 자질도 좋은 곳은 도미티아누스 황제가 콜로세움 동쪽에 세운 루두스 마그누스였다. 이 양성소는 검투사를 즉각 투입하기 위해 콜로세움과 지하로 연결되어 있었다. 1937년 처음 발견된 이곳의 전체 면적은 75×54미터, 모래로 된 아레나arena의 크기는 63×42미터였다. 양성소의 면적이 넓다보니 '전차 검투사essedarius'나 '기사 검투사eques'처럼 넓은 공간을 필요로 하는 검투사들을 위한 훈련 장소로 쓰이기도 했다.

　루두스 마그누스에는 양성소 운영자의 초대를 받은 사람들이나 개인적인 친분이 있는 사람들이 검투사들의 훈련 상황을 구경하러 왔다. 반원형으로 되어 있는 훈련장에는 3000명 정도 수용이 가능해 작은 규모의 검투사 경기를 열 수도 있었다. 트라야누스Trajanus 재위 98~117 황제와 하드리아누스Hadrianus 재위 117~138 황제 때 완공된 이 양성소는 아우렐리우스 황제 때 화재로 파괴되었으나 급하게 보수했다. 이유는 당연히 검투사들을 공급할 시설이 필요했기 때문이다. 작은 양성소에서는 검투사들을 동원할 재력이나 인력이 부족해 패배한 검투사를 살려두는 일이 많았다. 그러나 루두스 마그누스는 황제가 후원하는 양성소이다보니 검투사가 풍부했다. 패배한 검투사들을 죽여도 공급에는 지장이 없었기에 작은 양성소보다 사망률이 높았다. 이는 검투사들에게 엄청난 공포감과 치열한 경쟁의식을 불어넣었다. 살아남기 위해 다른 양성소보다 더 혹독하게 훈련했고, 그러다보니 자연스럽게 최고의 싸움을 보여주었다.

　루두스 마그누스 인근에 있는 루두스 마투티누스는 '아침matutinum'에 벌어지는 야생동물 사냥 경기를 위해 사냥꾼을 훈련시키는 곳이었다. 아무래도 동물들을 상대하다보니 다른 양성소의 검투사들보다 약간 열등한 지위에 있었다. 루두스 갈리쿠스는 갈리아인의 양식에서 유래한 '물고기 검투사murmillo'를 훈련시키는 곳이었다. 4곳의 양성소 중 규모가 가장 작았던 이 양성소의 검투사들은 종종 루두스 다키쿠스의 검투사들과 대결했다. 루두스 다키쿠스는 다키아인의 양식으로 싸우는 검투사들을 훈련시키는 곳이었다. 다키아인 양식이라고는 하지만 주로 로마인들에게 인기 있는 트라키아 유형으로 훈련했다. 오늘날의 루마니아 지역에 해당되는 다키아와 불가리아 지역인 트라키아는 엄연히 다른 곳이나, 로마인들에게는 둘 다 동부지역이므로 뭉뚱그려 다키아라고 불렀다.³

황제 소유의 검투사 양성소 운영은 전직 검투사에서 재무관에게, 다시 기사 신분의 '검투사 경기 감독관procurator a muneribus'에게 넘겨졌다. 감독관은 운영자, 교관, 병기공, 회계사, 장의사, 보조원 등을 거느리며 검투사들을 사고파는 일부터 이들의 훈련과 경기장 투입, 사체 처리까지 검투사 경기 전반을 책임졌다. 물론 검투사들에 관한 세부 사항은 운영자가 관리했고, 검투사들이 일상에서 접하는 사람 역시 운영자였지만 그렇다 해도 감독관이 손 놓고 있지는 않았다. 감독관은 싸우는 기술이 뛰어나고 성격도 온순하지 않은 검투사들을 다룰 뿐 아니라 검투사들의 반란 위험도 막아야 했던 만큼 엄격하고 강인한 성격의 인물이었다. 또 황제가 주최하고 참관하는 경기를 훌륭히 치러야 한다는 중압감에 시달려, 민간 업무이지만 위험이 따르는 만큼 20만 세스테르티우스(5만 데나리우스)라는 비교적 높은 연봉을 받는 관료였다.⁴ 속주에는 갈리아 지역의 경기 감독관, 아시아 지역의 경기 감독관이 관할 지역의 양성소를 관리했다. 그러나 속주에는 개인 소유의 검투사 양성소도 많았기 때문에 감독관이 그 지역의 모든 양성소에 영향력을 행사했다고 보기는 어렵다.

자기 돈으로 노예들을 구입해 검투사 양성소를 운영하든, 돈 많은 경기 주최자와 계약을 맺어 일정 금액을 받고 검투사 무리를 이끄는 관리인이든, 검투사 경기 전반을 관장하는 황제의 관료이든 모두 뛰어난 노예를 고르는 게 관건이었다. 체력이 부실하거나 승부 근성이 없는 노예들을 구입했다가는 돈을 날리는 것은 물론 능력 없는 운영자로 소문이 나 더는 후원을 받기 어려웠기 때문이다. 유능한 검투사를 많이 보유하면 승리할 가능성이 높아졌고, 그만큼 돈도 끌어 모으기 마련이었다. 검투사 운영자인 누메리우스가 "전 세계가 나의 검투사들을 찬미하고 있다"고 홍보한 것처럼 싸움을 잘하는 검투사들을 보유하는 것은 운영자들의 우선적인 덕목이자 자랑거리였다.

시장에서 검투사 양성소 운영자의 눈에 띄는 노예들은 발에 사슬을 차고 서 있는 여러 명의 전쟁포로들이었다. 한눈에 봐도 건장하고 근육이 다부졌으며 키가 큰 포로들은 전쟁에서 패한 울분도 삭이기 전 동물처럼 사슬을 차고 있는 현재 상황에 치욕과 절망을 느끼는 듯했다. 포로들 모두 자국의 생존을 위해 싸웠던 전사들인 만큼 체력과 검술은 지녔지만 적응력과 근성은 개인마다 달랐으므로 이를 간파하는 것은 양성소 운영자들 몫이었다. 체격이 좋아 농장에 팔렸지만 말을 잘 듣지 않아 다시 시장에 내놓아진 노예를 사는 날은 운이 좋은 편이었다. 농장에서는 주인이 시킨 일을 고분고분 잘하는 노예를 선호하지만 경기에서는 자존감과 반항심이 높은 노예를 더 좋아했다. 양성소 운영자들은 과거 검투사로 활동했던 사람이거나 검투사들을 다루었던 경험이 풍부해 체격 조건과 눈빛만 봐도 검투사로 명성을 날리며 오래 살아남을지, 아니면 상대의 기에 눌려 금방 싸움을 포기해버릴지를 꿰뚫어보았다.

큰 키, 흰 피부, 금발, 푸른 눈이라는 갈리아인의 특징을 고스란히 간직하고 있는 포로들은 그들 사이에 유행했던 콧수염과 턱수염을 기르고 있었다.[5] 수염 덕택에 더 완고하고 강인하게 보였다. 외모에서 갈리아인과 큰 차이가 없는 브리타니아인들은 목숨을 보호해주고 강하게 해준다는 믿음에서 대청을 온몸에 바른 상태 그대로 포로로 끌려왔다. 금발이나 붉은빛을 띠는 머리카락의 꼭대기를 질끈 묶거나 꼬아 묶은 게르만족 역시 큰 키를 자랑했다. 165센티미터 정도가 평균 키인 로마인들에게 평균 170센티미터인 갈리아인, 브리타니아인, 게르만족은 엄청나게 커 보였다. 전투에서 큰 키라면 체중을 실어 내리찍는 힘이 강하기 때문에 겨루기 힘든 적이었지만, 검투사로서는 움직임이 눈에 잘 띄기 때문에 좋은 조건이었다.

양성소 운영자는 단단한 체형의 트라키아인과 큰 키와 잔 근육을 자랑하는 갈리아인을 선호했다. 그렇다고 단순히 체격 조건만 보고 포로들을 구입하지는 않았다. 산악 지형의 이점을 잘 활용해 치고 빠지는 전술에 뛰어난 스페인 출신들은 공개적인 경기장에서의 싸움에는 취약했다. 중동 지역 출신들은 사막이라는 지형에 맞게 기동력이 뛰어났지만 좁은 공간 안에서 일대일 대결을 펼치면 수세에 몰리기 일쑤였다. 양성소 운영자는 훈련을 견디지 못하거나 싱겁게 패배해 사망하면 원금도 못 건지고 그동안의 노고도 헛된 것으로 돌아가기에 개개 포로의 체격 조건은 물론 출신 지역까지 꼼꼼하게 점검해 구입해야 했다. 또 로마가 어느 나라와 전쟁하느냐에 따라 시장에 나오는 포로의 종류도 다양했기에 양성소 운영자가 항상 마음에 드는 사람들을 구입할 수 있는 것은 아니었다. 꼭 맞는 조건의 포로들이 대량으로 시장에 나오는 것도 아니고, 한꺼번에 구입하려면 큰돈이 들기 때문에 수시로 시장에 들르는 일도 게을리하지 않아야 했다.

노예의 가격은 공급 상황이나 지적 수준, 외모에 따라 천차만별이었다. 1세기를 기준으로 글을 읽을 줄 아는 노예나 아름다운 소녀 노예는 각각 2만5000데나리우스와 4만2000데나리우스의 값으로 불릴 만큼 엄청나게 비쌌다. 검투사 역시 공급 상황, 체격, 싸운 전적에 따라 가격이 달라졌다. 250데나리우스에도 못 미치는 형편없는 검투사도 있었지만 2세기 검투사들의 등급에 따라 매겨진 가격은 750데나리우스부터 3750데나리우스까지였다.[6] 군인들의 연봉이 1세기 초에는 225데나리우스, 1세기 말에는 300데나리우스였던 점과 견주면 연봉이 아니라 평생의 몸값이므로 검투사 가격이 싸게 느껴질 수도 있다. 그러나 의식주 비용을 따로 지출해야 하고, 경기장에 투입하기까지 몇 달에 걸친 훈련 기간과 예기치 않은 패배로 사망할 가능성을 염두에 둔다면 검투사 값이 그리 싸다고 할 수 없었다.

전쟁은 검투사의 공급처

패배한 전쟁포로들을 모두 처형하든지, 노예 상인에게 대량으로 팔아버리든지, 따로 모아 검투사 경기에 활용하든지를 결정하는 일은 전투를 승리로 이끈 군사령관의 몫이었다. 43년 브리타니아 정복에 커다란 공을 세운 군사령관 플라우티우스는 클라우디우스Claudius 재위 41~54 황제에게 칭찬의 격려와 함께 작은 규모의 개선식을 거행하도록 허락받았다. 그는 개선식에서 브리타니아 전쟁 포로들뿐만 아니라 많은 외국인 자유민도 검투사 경기에 동원했고, 그런 화려한 볼거리를 제공했다는 사실을 자랑했다.

70년 예루살렘을 정복한 후 미래의 황제인 티투스Titus 재위 79~81는 유대인 포로들을 처형하거나 구경거리로 활용하는 방식으로 처리했다.

(티투스의 친구인) 프론토가 아직 살아 있는 모든 유대인의 운명을 결정지었다. 그는 서로를 비난하는 선동적인 무리와 도적 떼를 모두 처형하고, 개선식 때 보이기 위해 키가 크고 가장 잘생긴 젊은이들을 선별해서 따로 모아두었다. 나머지 사람들 중 17세가 넘은 이들은 사슬로 묶어 이집트 작업장으로 보냈다. 티투스 또한 많은 유대인을 여러 속주에 선물로 보냈는데, 그들은 경기장에서 검으로, 야생동물과의 싸움으로 죽을 것이다. 17세에 못 미치는 포로들은 노예로 팔아버렸다. 프론토가 며칠에 걸쳐 포로들을 선별하는 동안 1만1000명의 유대인이 식량 부족으로 굶어 죽었다. 예루살렘 정복 전쟁 동안 포로로 잡힌 사람의 수는 9만 7000명이었고, 예루살렘 포위 기간 동안 사망한 사람 수는 110만 명이었다.

(70년 가을) 티투스는 카이사레아에 머무는 동안 동생(도미티아누스)의 생일을 아주 성대하게 축하해주었고, 동생을 기념하는 의미에서 상당수의 유대인 포로들을 처형했다. 야생동물과 싸우거나 서로 싸워, 혹은 화형으로 죽은 사람들의 수만 2500명이 넘었다. 그러나 사람을 죽이는 수만 가지 방법을 알고 있는 로마인들에게 그런 종류의 처형은 아주 가벼운 형벌인 듯했다.[7]

전쟁에서 패한 군인들이 승자에게 끌려가 노예로 살아가야 한다는 사실은 슬프지만 승자 입장인 로마에게 적국의 군인들을 적지에 내버려두는 것은 언제 화근의 씨앗이 될지 모를 일이었다. 적국의 군사 기반을 무너뜨리기 위해서라도 자국으로 끌고 와야 했다. 그렇게 로마로 끌려온 적국의 군인들은 싸움 기술을 보유하고 있어 검투사 경기에 적합했을 뿐 아니라 로마인들의 적대감을 가중시켜 경기를 더욱 흥미진진하게 만들었다. 전쟁포로들은 로마인들의 편리하고도 즐거운 삶을 위한 도구로 전락해 성심성의껏 봉사해야 했고, 상황에 따라 구타도 견뎌야 했으며, 최악의 경우 죽음에 이르기도 했다. 승자인 로마는 검투사라는 최고의 구경거리를 얻을 수 있었던 반면, 패자인 적국은 검투사로서 적에게 쾌락을 줌과 동시에 죽음이 잠시 연기된 것뿐이었다.

처벌받는 범죄자들

전쟁포로가 자신들의 나라에서는 멀쩡하게 자유민으로 살다가 검투사로 팔려온 것처럼 범죄자들 noxii도 자유민으로 살다가 검투사가 되었다. 어떤 죄를 저질렀든, 귀족이든 하층민이든 일단 검투사 양성소로 보내지는 판결을 받은 자라면 같은 대우를 받았다. 나이, 신분, 부에 상관없이 검투사 양성소로 들어서는 순간 그들은 범죄자이며, 다 같은 노예일 뿐이었다. 이전의 신분이나 부를 믿고 거만하게 굴었다가는 혹독한 처벌이 기다릴 것이었다.

원형경기장으로 가는 범죄자들

검투사 양성소 운영자에게는 로마와 전쟁을 치러 억울하게 포로로 잡혀온 전쟁포로나 로마에 살면서 살인, 방화, 강도, 반란 등의 죄를 저질러 온 범죄자 모두 다루기 쉬운 상대는 아니었다. 훌륭한 전사였던 전쟁포로는 로마인들에게 즐거움을 제공하는 검투사라는 직업 자체가 못마땅해 반항적이었다. 로마인임을 인식하고 있는 범죄자는 검투사라는 열등한 신분으로 떨어진 자신의 처지를 받아들이지 못해 고분고분하게 굴지 않았다. 이들에게 검투사로서의 사고방식을 뼛속까지 새겨넣는 일은 운영자와 교관들 몫이었다. 그 과정이 쉽지 않으리라는 것은 누구도 짐작하고 남았다.

죄를 저지른 노예들은 대부분 즉각 처형하여 분란의 소지를 없앴지만 로마 시민이나 해방노예는 죄의 무겁고 가벼움에 따라 처형되거나 광산 노역장, 원형경기장으로 보내졌다. 원형경기장에서 즉각 처형되는 판결을 받은 범죄자보다는 광산 노역이, 광산 노역보다는 검투사 양성소로 가는 범죄자들이 더 가벼운 형벌을 받은 편이었다. 즉각 처형되는 판결을 받은 범죄자들은 무기 없이 훈련도 하지 않고 아레나로 가야 했다. 반면 검투사 양성소로 가는 범죄자들은 훈련을 받은 뒤 무기를 가지고 싸울 수 있었고, 잘하면 해방도 꿈꿀 수 있었다.

하드리아누스 황제는 소도둑을 처벌하는 문제에 대해 바이티카 원로원에 보내는 칙서에서 다음과 같이 기록했다. 하드리아누스 황제의 칙서 문구는 (검으로 처벌한다는 판결과 비교해서) 광산 노역이 지나치게 심한 처벌임을 암시한다. 하드리아누스 황제가 '검으로 처벌한다'는 문구는 검투사 경기를 의미한다. 그러나 검으로 처벌받는 판결과 검투사 양성소로 보내지는 판결에는 차이가 있다. 전자는 지체 없이 호송되거나 적어도 1년 이내에 경기장에 보내져야 한다. 그러나 검투사 양성소로 보내지는 판결을 받은 사람은 반드시 호송되지는 않는다. 그런 사람은 일정 기간이 지난 뒤 자유민 신분을 회복하거나 검투사로 있어야 할 의무가 해제된다. 즉 5년이 지나면 그런 사람들은 자유민 신분을 되찾고, 3년 후에는 검투사 경기를 해야 하는 의무에서 해제되었음을 허락받는다.[8]

하드리아누스 황제의 칙서에 따르면, 검투사로 활동하는 범죄자라도 훈련 기간을 포함해 1년 이내에 원형경기장에 서야 하는 사람과 3년 동안 검투사 양성소나 원형경기장에 있으면 되는 사람은 다르다. 후자가 훨씬 느슨하고, 3년이 지나면 은퇴를 상징하는 목검 rudis을 받을 수 있었다. 5년이 지나면 자유민 신분으로 되돌아갈 수도 있었다. 그러나 3년 동안 싸우면서 죽지 않고 살아남을 확률은 높지 않았다. 더욱이 검투사들을 양성하는 비용이 많이 들자 훈련받지 않은 범죄자들을 경기장에 투입하던 2세기의 상황에서는 한두 번의 싸움만으로 죽음의 문을 두드렸기 때문에 다른 범죄자들에 비해 생존율이 높은 것은 아니었다.

범죄자라도 운이 좋아 국가에서 적극적으로 단속하지 않는다면 처벌을 피할 수 있었다. 비티니아 속주의 총독으로 파견되었던 소 플리니우스가 광산이나 원형경기장으로 보내기에는 나이가 많은 범죄자들을 어떻게 할까라고 묻자, 트라야누스 황제는 냉정하고도 정확하게 해결책을 제시해주었다.

저는 니코메디아, 니카이아와 같은 몇몇 도시에서 힘든 육체노동을 하거나 검투사 양성소로 보내지거나 그와 유사한 처벌을 받도록 판결을 받은 사람들이 공공노예의 의무와 활동을 하고 있고, 심지어 매년 연봉을 받는 사람들도 있다고 들었습니다. 이런 유의 남용에 대해 들었을 때 저는 아주 당황스러웠고, 어떻게 행동해야 할지에 대해 오랫동안 고민했습니다. 그들 중 많은 사람이 이제 나이도 들었고 절제하며 온건한 생활을 하고 있으므로 그들에게 내려진 처벌 장소로 돌려보낸다면 지나치게 가혹하지 않나 생각합니다. 다른 한편으로 유죄 판결을 받은 범죄자들에게 공공 봉사를 시킨다면 적절치 못한 것도 같습니다. 그렇다고 이들을 게으른 상태로 그대로 두는 것도 공익에 도움이 되지 못하며 위험하다고 생각합니다. 그래서 저는 폐하의 조언을 얻을 때까지 이 문제에 대한 결정을 보류할 수밖에 없었습니다. 폐하께서 이들이 판결받은 처벌을 받도록 하는 방법에 대해 알려주시기 바랍니다.

자네는 개혁할 필요가 있는 많은 남용을 고치라는 특별한 임무를 띠고 비티니아에 파견되었다는 사실을 기억해야 한다. 처벌받도록 판결받은 범죄자들이 어떤 명백한 승인 없이 자유롭게 있을 뿐만 아니라 어떠한 결점도 없는 사람들만이 할 수 있는 일에 고용된 상황만큼은 개혁해야 한다. 그들 중 유죄 판결을 받은 지 10년이 안 된 사람들, 적절한 권위로도 판결을 뒤집을 수 없는 사람들은 각자가 받은 처벌 장소로 되돌아가야 한다. 그러나 유죄 판결을 받은 지 10년이 넘은 사람들, 나이가 들고 허약한 사람들은 공공 봉사, 즉 공중목욕탕에서 시중을 들거나 공중화장실을 청소하거나 거리와 도로를 보수하는 등 보통 그런 사람들이 하도록 되어 있는 임무를 그대로 하게 해도 좋다.[9]

일정 기간 검투사로 싸우는 것과 판결받은 지 오래되어 공공 봉사를 하는 것은 상당히 가벼운 처벌에 속했다. 물론 그 기간 동안 싸움에서 패해 사망한다면 가벼운 처벌이라고 할 수 없지만 울분을 삭히고, 훈련에 열심히 임하고, 체력도 받쳐줘 뛰어난 검투사로 거듭난다면 인기와 돈을 거머쥘 수도 있었다.

처형을 통한 일벌백계의 효과

국가의 존립과 사회질서를 흩뜨리는 범죄자들을 단죄하는 것은 어느 사회에서든 마찬가지다. 범죄자들은 자신의 행동이 어떤 기준에서 죄가 되었는지 묻고 싶고, 그런 행동을 할 수밖에 없는 자기 입장에 대해 항변하고 싶었으나 기회는 좀처럼 주어지지 않았다. 155년 원형경기장으로 끌려온 그리스도 교도가 예수를 부정하고 황제를 숭배하라는 총독의 말에 자신의 종교적 신념을 당당하게 밝히는 일도 있었다.[10] 그러나 무더기로 끌려온 범죄자들에게 그 입장을 일일이 물어보는 황제나 총독은 흔치 않았다. 어떤 항변의 기회도 얻지 못한 채 죽을 수밖에 없다면 단칼에 고통 없이 숨통이 끊어지길 바라는 것이 범죄자들의 마음이었다. 그러나 검으로 한 번에 죽는다는 것은 신분상 누리는 혜택이었기에 이마저도 쉽지 않았다.

로마 시민권자는 될 수 있으면 추방형을 내렸지만 반역을 저질렀을 때는 처형 판결을 받았다. 반역이란 기원전 750년 적인 사비니인을 위해 성문을 열어준 타르페이아처럼 적을 돕는 행위에서부터 세금을 사취하거나 제정기에는 황제에게 불복종하는 것과 같은 행위였다. 범죄자가 로마 시민인 만큼 공개처형보다 자살을 권고했지만 공개처형 판결을 받았다면 검으로 즉각 처형되었다. 같은 죄를 저질렀다고 해도 로마 시민권자가 아니면 그 처우는 더욱 가혹했다. 노예들은 재판을 받지 않고 노예 소유주의 판단에 따랐다. 그러나 하드리아누스 황제가 노예라도 주인 마음대로 처형할 수 없도록 규정함에 따라 노예 소유주는 담당 정무관에게 사건을 넘겼고, 정무관이 처형을 실시했다.

처형되어야 할 자가 시민이 아니라면 십자가형과 화형을 당하거나 야생동물에게 처형되었다. 212년 모든 자유민에게 시민권이 부여된 뒤에는 원로원 의원, 정무관, 자치시 의원 등 상류층은 검으로, 나머지는 십자가형, 화형 등 다양한 방법으로 처형되었다. 처벌의 형태를 정하는 데 일률적으로 통용되는 기준은 없었다. 스페인에서 십자가형을 당할 운명에 처한 한 로마 시민이 자신은 노예와 같은 처벌을 받을 수 없다고 항의했다. 그러자 총독인 갈바 Servius Sulpicius Galba 기원전 3~ 기원후 69는 불평하는 범죄자들을 더 높은 십자가에 매달도록 명령했다. 또 십자가에 못질당한 다음 화형을 당하거나 야생동물에게 수족이 찢긴 사례도 있었다. 정확한 기준은 없었으나 검으로 처형되는 것은 다른 것에 비해 명예로운 처형 방법이었음이 분명하다.

십자가형과 화형은 묶여 있는 상태에서 당하고, 야생동물과 싸우는 범죄자들은 사슬에 묶여 있거나 자유롭게 도망다닐 수 있었다. 굶주린 상태에서 풀어놓는 사자, 호랑이, 표범과 같은 야생동물이 범죄자들을 잡아먹으려고 미친 듯이 날뛰는 상황에서 도망다니기란 쉽지 않았다. 설령 잘 피해다녀서 다른 사람을 잡아먹어 배부른 야생동물이 더 이상의 인간 사냥을 원하지 않아 살아남는다고 해도 다음번에 또 잘 도망다닌다는 보장은 없었다. 야생동물과 싸우는 방법으로도 살아남기는 어려웠다. 아무런 무기도 주어지지 않은 터에 굶주림에 시달려 무섭게 달려드는 야생동물을 때려눕히기란 어려웠다. 설령 한 마리를 잡았다고 해도 또 다른 동물이 달려들면 이미 힘이 빠진 상태에서 이기기란 쉽지 않았다. "총독은 야생동물과 싸우는 판결을 받은 죄수들을 사람들의 변덕으로 풀어주지 않아야 한다. 그러나 만일 죄수들이 로마 시의 사람들에게 적당한 힘과 기술을 보여준다면 총독은 그 죄수의 문제에 대해 황제와 상의해야 한다"[11]라는 규정을 볼 때 필사적인 노력으로 살아남았다고 해도 완전히 풀려나려면 절차가 복잡했다.

    죽음을 눈앞에 둔 범죄자들에게는 어떤 형태의 처형이든 그 자체가 공포와 두려움을 안겨주었다. 그런 극단적인 감정을 서서히, 마지막 숨이 넘어갈 때까지 느낀다는 것 또한 엄청난 고통이었다. 강렬한 태양 아래서 십자가에 매달린 채 굶주림과 탈수를 동반하여 밀어닥치는 죽음의 공포, 온몸이 불에 타들어가면서 겪는 극심한 통증, 야생동물에게 산 채로 살을 뜯기면서도 본능적으로 도망치며 살려는 몸부림 등은 범죄를 저지른 과거에 대한 후회를 불러일으키기에 충분했다.

    죽음의 고통 속에서 체념하는 범죄자도 있고, 이런 고통을 당해야 하는 상황에 분노하는 범죄자도 있었지만 이를 바라보는 구경꾼들에게 범죄자들의 감정 따위는 중요하지 않았다. 야생동물과 싸우면서 살기 위해 몸부림치는 범죄자들의 모습은 구경꾼들에게 즐거움을 주기도 했지만 은연중 자신은 저런 죄를 저지르지 말아야겠다는 생각을 심어주었다. 일상생활에서 범죄에 빠질 일도 없고, 자신에게 죄를 씌워 고발하는 자도 없을 것이고, 그러면 자신은 경기장에 서는 일이 절대로 없을 것이라고 누가 장담하겠는가? 39년 칼리굴라Caligula 재위 37~41 황제가 지명한 가문의 사람들에게 각종 죄목을 씌워 유죄 판결을 내린 후 처형하고, 지명도가 떨어지는 가문의 사람들을 검투사 경기장에서 죽여버린 일이 있었다. 이런 일이 칼리굴라 황제에게만, 귀족 가문에게만 적용된다고 확신할 수 있겠는가?

1세기의 철학자 세네카는 처형 자체를 부정하지는 않았다. 그는 범죄자 처벌은 세 가지 목적을 지니고 있음을 명심해야 한다고 했다. "처벌받는 사람을 개선시키는 목적, 그를 처벌함으로써 나머지 사람들을 더 좋아지게 만드는 목적, 나쁜 사람을 제거함으로써 나머지 사람들이 더 안전하게 살 수 있도록 하는 목적"이다. 즉 범죄자를 공개적으로 처형하는 것은 단순한 오락이 아니라 "모두에게 경고하는 행위였다. 살아서 유익한 시민이 되기를 거부하는 범죄자들을 처형하는 것은 유익하다."[12] 공개처형은 정부의 힘을 선전하는 도구이자 사회적 통제와 도덕 교육에 효율적인 도구다. 공개처형은 "국가를 공격하는 사람들의 운명에 대한 경고이자 정부의 도구"였다. 공개처형을 통해 국가가 보내는 메시지는 로마인이라면 정치에 관심을 두지 말고 즐기기만 하라는 것이었다.

야생동물을 범죄자 처형에 처음 도입한 이유 역시 경고와 통치 차원에서였다. 피드나 전투로 마케도니아의 페르세우스Perseus 재위 기원전 179~기원전 168에게 승리를 거두었던 로마의 군사령관 아이밀리우스는 기원전 167년 코끼리를 풀어 탈영병들이 밟혀 죽도록 했다. 모든 병사가 보는 앞에서 행해진 이 처벌은 병사들에게 군대의 엄격한 규율을 다시 한번 상기시키는 효과를 가져왔다. 이런 공개처형 방법을 흉내 내 기원전 146년 소스키피오는 로마 시에서 열린 자신의 개선식 경기 중 사람들이 보는 앞에서 이민족 탈영병들을 야생동물에게 내던졌다. 기원전 101년 시칠리아 노예전쟁에서 군사령관인 아퀼리우스는 적인 사티루스를 지지했으나 패배한 1000여 명을 즉각 처형하지 않았다. 그들을 로마 시로 데려와 야생동물과 싸우게 할 예정이었으나 이런 비참한 최후를 피하고자 그들은 자살했다. 규율이 무너지고 지나치게 느슨한 군대는 파멸할 수밖에 없으므로 그런 군대를 강력하게 만들기 위해 이런 충격적이고도 돌발적인 처벌 방법을 썼던 것이다. 초기의 공개처형은 패배한 군대에 경각심을 불러일으키고, 규율을 강화하기 위한 군사적인 면과 관련 있었다.

경고와 통치의 수단도 사람들이 용인할 수 있는 범위에서 행해지면 긍정적인 효과를 주지만 잔혹함이 도를 넘어서면 통치자에 대한 부정적인 이미지를 심어줄 수 있다. 특히 검투사 경기를 치르기 위해 야생동물을 모았는데, 그 동물들을 먹일 고기값이 만만치 않게 비싸다는 사실을 알게 된 칼리굴라 황제는 범죄자들을 동물들에게 먹이기로 결심했다. 죄수에 대한 연민은커녕 아무런 관심도 없었던 그는 범죄자들을 한 건물의 열주에 일렬로 세워놓고 자신 앞에 도열해 있는 죄수들을 흘깃 보고는 "여기 대머리부터 저쪽에 있는 대머리까지 모두 죽여라"라고 명령했다. 본의 아니게 자리를 잘못 잡은 죄수들은 그대로 야생동물의 먹잇감으로 삼켜졌다. 어느 때는 야생동물에게 줄 범죄자가 부족하자 자기가 앉은 곳 가까이에 있는 일부 관중을 손으로 가리키며 이들을 잡아 야생동물들에게 던져주라고 명령했다. 황제의 이런 행동에 대해 관중은 소리를 지르거나 비난의 말을 쏟아냈다. 비난의 소리가 듣기 싫었던 황제는 항의나 비난의 말을 하는 관중의 혀를 자르라고 명령했다.[13] 신빙성에 의문이 가는 이야기이지만 상식을 벗어난 행동들, 경기를 위해 범죄자는 물론 일반 시민의 목숨까지도 가볍게 여기고 권력을 함부로 휘두른 것이 칼리굴라 황제를 '나쁜' 황제의 대열에 포함시키는 원인이 되었다. 검투사 경기를 자주 열었고, 그 경기에서 즐거움을 느꼈던 클라우디우스 황제 역시 공개처형을 숱하게 치렀다. 처형자 수가 무척 많아 처형 장소에 있던 아우구스투스 황제의 상을 다른 장소로 옮겨야 할 정도였다. 이런 사례는 공개처형이 경고나 지배의 수단이 된 것이 아니라 지배자의 이미지를 갉아먹는 역효과를 불러온 것에 해당된다.

자원한 자유민들

　멀쩡한 자유민이 누구나 경멸하고 천대하는 검투사라는 직업을 자발적으로 선택한 것은 나름대로 다 사연이 있었다. 빚에 시달리거나, 빚은 없다고 해도 먹고살 길이 막막할 정도로 가난에 허덕이는 사람들, 뛰어난 검투사들이 대중의 인기를 한 몸에 받는 것이 부러운 사람들, 남자로서 자신의 용기를 시험해보고 싶은 사람들이 자원한 검투사들이었다. 1세기 중반에는 자원한 검투사의 비율이 전체 검투사의 절반을 넘길 정도로 많았다. 그중에는 혹독한 훈련과 죽음의 공포를 경험하면서 잘못 선택했다고 자책하는 사람도 있었고, 용맹을 입증해 원했던 인기를 얻어 짧지만 즐거운 생을 살다 간 사람도 있었다.

가난보다 인기를 택한 하층민

검투사가 되면 시민으로서의 권리는 모두 박탈당하고, 천한 노예 신분으로 전락했다. 상류층이 일회성으로 검투사가 되어 시민권을 박탈당하지 않았다고 해도 검투사로 활동하는 한 경멸의 대상일 수밖에 없었다. 로마 시민으로서의 권리를 잃어버려 '자발적 거세'라고 표현되는[14] 자유민 출신의 검투사가 존재했다는 사실은 묘비명이나 기념비문을 보면 알 수 있다. 스스로 자유민임을 명확하게 밝히거나 세 개의 이름에서 자유민으로 추정할 수 있기 때문이다. 자유민은 보통 개인 이름, 가문 이름, 별칭 순으로 세 개의 이름을 가졌는데, 별칭은 신체 특징이나 업적을 근거로 지어졌다. 노예들은 한 개의 이름만 가졌다. 해방노예는 이전 주인의 개인 이름과 가문 이름을 차용하고, 노예였을 때의 이름을 제일 끝에 붙였다. 예를 들어 기원전 1세기의 정치가인 마르쿠스 툴리우스 키케로의 서기였던 티로는 해방된 후 마르쿠스 툴리우스 티로라고 불렸다.

이름으로 신분을 알 수 있는 비문들이 있다. 로마 시에서 나온 것으로 부서져 단편만 남은 어떤 검투사의 비문은 107년 트라야누스 황제가 성공적인 다키아 원정을 축하하기 위해 주최한 사치스러운 경기에서 싸운 검투사들의 승패를 기록하고 있다.

로마 시에서 신성한 트라야누스 황제의 개선식을 위해 개최된 검투사 경기 둘째 날. '트라키아 검투사*Thraex*'인 엑소쿠스Marcus Antonius Exochus는 알렉산드리아 원주민이자 신참 검투사로서 황실 노예인 아락세스에 대항해 싸웠다. 그는 '산 채로 경기장을 떠났다missio.' 로마 시에서 동일한 검투사 경기의 아홉 번째 날 엑소쿠스는 자신의 아홉 번째 싸움 상대로 해방노예인 핌브리우스와 경기를 치러 산 채로 경기장을 떠났다.

퉁게르족 출신이고, 선참 물고기 검투사로서 45세까지 살다 간 마르쿠스Marcus Ulpius Felix의 영혼을 위해, 해방노예인 울피아는 아들인 유스투스와 함께 가장 사랑하고, 가장 귀중한 남편을 위해 이 비를 세웠다.[15]

이들 비문에서 엑소쿠스와 마르쿠스는 세 개의 이름을 가졌기에 자유민으로 추정된다. 또 "폼페이의 검투사인 오스토리우스는 뛰어난 싸움꾼으로 명성을 떨쳤다. 그는 검투사를 자원한 자유민 출신으로서 51번 싸웠다"[16]는 비문 역시 스스로 자유민임을 밝히고 있다.

전쟁포로로, 범죄자로 어쩔 수 없이 검투사가 된 사람들 입장에서 보면 자발적으로 검투사 양성소로 온 이들을 도저히 이해할 수 없었을 것이다. 엄청난 훈련과 죽음의 공포는 차치하고라도 보잘것없는 식사나 잠자리, 견딜 수 없는 매질, 교관들의 폭언을 제 발로 겪고 싶은 것인지, 사육되는 동물과 같은 처지가 뭐가 좋아서 자원까지 한 것인지 의문스러울 것이다. 그러나 검투사를 자원한 자유민들에게도 그렇게 할 수밖에 없는 사정이 있었다. 멋지게 싸워 많은 여성의 관심을 받으려는 바람에서 자원한 자도 있지만 절박한 처지에 내몰린 사람도 있었다. 자유민이라는 이유로 노예보다 5퍼센트 더 받는 보수가 귀중할 만큼 벼랑 끝으로 몰린 상황이었던 것이다.

자유민이라 하여, 로마 시민권자라 하여 다 살기 좋은 처지에 있는 것은 아니었다. 해방노예로서 상업에 종사해 엄청난 부를 쌓고, 그 후손들이 부를 바탕으로 원로원 의원이나 기사 등 상류층으로 편입된 일이 널리 회자되지만 그런 성공적인 삶을 사는 사람은 극소수에 불과했다. 속주민 출신으로 지방 관직을 역임해 로마 시민권을 얻은 뒤 로마 시에서 고위 관직에까지 오른 사람들 역시 전체 속주민의 극히 일부에 지나지 않았다. 해방노예나 속주민들에 비해 로마 시민권자들이 곡물이나 전리품, 정치인의 유산을 분배받는 경우도 있어 더 나은 삶을 누릴 가능성이 많다고 해도 극빈층은 여전히 존재했다. 경작할 땅 한 뼘도 없이 일당을 받고 남의 농장에서 일하면서 연명하는 사람들, 높다란 판잣집에 온 가족이 오밀조밀 모여 살면서 후견인이 베풀어줄지도 모를 식량을 기대하며 후견인 집을 들락거리는 사람들, 하층민일수록 출산율도 높아 2~3명의 아이를 낳는 귀족보다 더 많은 5~6명의 아이를 낳았으나 그들을 돌볼 여력이 없어 내다버리는 이들에게 삶은 한 줄기 빛도 들지 않는 암흑이었다. 농사지을 땅도, 장사할 밑천도, 일자리도 없는 이들에게는 하루하루 목숨을 부지하는 것이 가장 어려운 일이었다. 생활비가 없어 조금씩 빌린 돈은 갚을 여력이 없다보니 하루가 다르게 불어났다.

가난한 생활에서 벗어나고자 발버둥치다가 하나의 도피처로 군대를 선택하는 로마 시민권자들이 있었다. 공화정 후기의 내전기처럼 군사령관들이 자신에게 충성하는 군인들에게 엄청난 상여금과 전리품을 분배해줄 때는 줄만 잘 서면 돈과 땅을 얻을 수 있었다. 그러나 제정기에 직업군인으로 바뀌고 평화가 지속되면서 상여금과 전리품이 크게 줄어들었고, 봉급은 쥐꼬리만 해 제대 후의 생계에 아무런 도움이 되지 못했다. 입대로도 해결되지 않는 절박하고도 궁핍한 상황에 처한 사람들에게 검투사라는 직업은 현재의 삶에서 벗어날 탈출구이자 희망이었으며, 선택할 수 있는 마지막 수단이었다. 그래서 "부자들은 다른 사람을 죽이는 살해자를 사지만 가난한 자들은 살해당할 곳에 자신을 팔았다"는 한탄 섞인 말이 나오는 것이었다.[17]

부자라고 해서 영원히 부자로 사는 것은 아닌 만큼 지나친 낭비나 예기치 않은 불행으로 빈곤의 나락으로 떨어질 수 있었다. 1~2세기에 활동한 풍자시인 유베날리스는 루틸루스라는 귀족이 검투사 양성소로 자원하게 된 과정을 이야기하면서 그의 낭비벽을 비난했다. 다른 부자들이 호화로운 만찬을 즐긴다면 훌륭한 신사로 칭찬하지만 루틸루스가 그런 행동을 하면 사람들은 정신 나갔다고 여겼다. 루틸루스 같은 일부 귀족은 새로운 산해진미가 있는 곳을 구석구석 찾아다니면서 가격이 비싼 음식일수록 그 음식을 먹는 즐거움도 배가 된다고 생각했다. 돈이 떨어지면 집 안에 있는 접시나 어머니의 초상화를 저당잡히는 것쯤은 아무것도 아니라고 여기는 그들은 결국 검투사 양성소에 제 발로 들어가 조악하고 잡스런 음식을 먹는 처지로 전락했다. 돈을 낭비한 그들에게 남은 것이라고는 젊음과 힘뿐이었기 때문이다.

친구를 위해 검투사로 나선 특이한 이들도 있었다. 그리스인인 톡사리스와 스키티아인인 시시네스는 아테네로 가던 중 흑해 연안의 아마스트리스라는 항구 도시에서 돈과 옷가지 등 가지고 있던 모든 것을 도둑맞았다. 여관에 짐을 풀고 시장 구경을 간 사이 도둑들이 모조리 가져간 것이다. 아는 사람 하나 없는 이국땅에서 여관 주인이나 이웃에게 이야기한들 믿으려들지 않을 게 뻔했다. 실령 믿는다고 해도 자신들이 얼마나 많은 돈을 가지고 있었는지 증명할 길이 없었다. 하찮은 것을 잃어버리고 괜히 소란을 피운다고 구박받지 않으면 다행이라고 여겼건만 허기와 갈증에서 오는 굴욕감을 견딜 수 없었다. 이때 시장에서 이틀 후에 검투사 경기가 개최된다는 사실을 알게 된 시시네스가 "톡사리스야! 우리의 가난은 이제 끝났다고 생각해라. 이틀 후면 나는 너를 부자로 만들어줄 것이다"라고 말했다.

이틀 후 열린 검투사 경기에서 먼저 야생동물 사냥이 벌어졌고, 그다음 안내자가 아주 몸집이 큰 젊은이를 대동하고 나타났다. 안내자는 이 자와 싸울 사람은 경기장으로 내려올 것을 주문하고, 싸우는 대가는 1만 드라크마(1만 데나리우스)라고 말했다. 시시네스가 재빨리 경기장으로 뛰어들어 보수를 받아 톡사리스에게 주면서 "만일 내가 이기면 함께 떠나고, 지면 나를 매장하고 스키티아로 돌아가라"고 말했다. 본격적으로 싸움에 돌입했을 때 투구 없이 무기만 받은 시시네스가 상대의 굴곡진 검에 베여 피를 흘렸다. 상대가 자신감을 얻어 시시네스를 다시 공격하자 그는 칼을 상대의 가슴 깊숙이 찔러넣었다. 상대가 즉사하면서 싸움에서 이긴 시시네스는 톡사리스와 함께 스키티아로 돌아갔다. 톡사리스의 여동생과 결혼한 그는 검투사 경기 때 입은 부상으로 평생 다리를 절뚝거렸다.

가난을 피해 제 스스로 검투사가 되려는 사람은 우선 검투사 양성소를 잘 선택해야 했다. 양성소 안의 시설은 좋은지, 검투사들에게 충분한 휴식과 식사를 제공하는지, 범죄자는 양성소를 나갈 수 없지만 자유민 출신자에게는 잘 나갈 수 있도록 해주는지, 양성소 운영자의 성격은 좋은지, 소속 검투사들의 실력은 출중한지 등을 꼼꼼히 조사한 뒤 들어가야 했다. 허름한 시설에 충분한 대우를 해주지 않는 양성소, 전적이 좋지 않아 이길 가능성이 없는 양성소는 힘만 들고 탁월한 경기를 보여주지 못해 돈을 벌 기회가 적었기 때문이다.

좋은 양성소를 찾아온 자유민들은 제일 먼저 양성소 운영자와 만났다. 운영자는 자유민 출신도 노예 출신만큼 꼼꼼히 살폈다. 어느 정도의 영양 상태인지, 어느 정도의 체력인지에 따라 쓸모의 여부를 결정했다. 훈련을 견딜 수 있을지, 훈련하면 싸움 기술을 제대로 익힐 수 있을지, 승부욕은 있는지를 정확히 판단해야 했다. 그렇지 않으면 판단 착오에 따른 손실이 곧바로 운영자 자신의 손실로 이어지기 때문이다. 최소한의 수익이 보장되어야지 가난하다고, 불쌍하다고 모두 검투사로 쓸 수는 없었다. 운영자가 보기에 자원한 검투사의 체격 조건은 대부분 마음에 들었다. 체력이든 기술이든 나름 자신이 있었기에 자원한 자들이었던 것이다. 싸움이라고는 못 할 것처럼 마르고, 허약하고, 근성이 없는 자유민은 아무리 가난하더라도 아예 검투사를 자원하지 않았다. 그들에게는 싸움꾼보다 차라리 노새몰이꾼이 훨씬 더 안전하고 제격에 맞는 일이었다.

운영자들이 가난한 자유민 중 가장 선호하는 사람은 '자유 검투사 rudiarius'였다. 명예로운 은퇴의 상징인 목검을 받은 이들은[18] 은퇴하면서 자유민이 되었지만 검투사로서의 삶에 대한 그리움과 높은 상금을 기대하고 자원한 사람들이었다. 이들은 검투사 양성소의 훈련 과정, 아레나의 분위기, 사람들의 선호도를 알고 있으므로 운영자가 가르치는 수고를 덜 수 있었다. 특히 경험이 가져다주는 노련함은 시간이나 돈으로도 해결할 수 없는 귀중한 자산이었다. 나이가 들어 체력이 달리거나 훈련을 쉬어 살이 붙은 단점이 있지만 이는 앞으로 훈련 과정에서 충분히 극복할 수 있었다.

전쟁포로나 범죄자 출신의 검투사보다 자유민 출신의 검투사들의 싸움 근성이 더 강했기에 검투사 양성소 운영자들은 자유민 출신을 더 선호했다. 체격이 좋거나 근성이 보이는 전쟁포로들은 검투사로 발탁되기는 하지만 속박된 상황에서 어쩔 수 없이 싸워야 하므로 열정이 떨어졌다. 반면 자유민 출신의 검투사들은 사회에서 더는 희망이 없는 터에 마지막으로 택한 직업인 만큼 죽기 살기로 달려들었다. 그래서 관중은 포로로 잡혀와 검투사로 변신한 사람보다 자유민 자원자들의 싸움에 더 흥미를 느꼈고, 더 많은 박수갈채를 보냈다. 네로 황제 때 쓰인 한 소설에서는 "우리는 조만간 3일 동안 지속될 훌륭한 검투사 경기를 볼 것이다. 이 경기에는 훈련받은 검투사가 아니라 대부분 자유민 출신의 검투사들이 투입될 것이다"라면서 경기를 기대했다. 이처럼 자유민 자원자들을 선호하는 이유도 그들이 가진 근성 때문이었다.

투쟁의식이 강한 자유민 출신의 검투사들이 전체 검투사 중 어느 정도의 비율을 차지하는지는 정확하게 알 수 없다. 노예무역이 성행했던 에게 해 북부의 타소스 섬에서 나온 검투사들의 비문에서 2명은 자유민 출신, 10명은 노예였고, 내륙 산악지역인 소아시아 서북부의 아이가이에서 나온 검투사들의 비문에서 자유민 출신은 5명, 노예 출신은 3명이었다. 이로써 판단하건대 노예 공급이 원활한 지역에서는 자유민 출신의 검투사가 적었고, 노예가 적고 경제적으로 어려운 지역에서는 자유민 출신의 검투사를 구하기 쉬웠다.

용맹을 과시하고 싶어한 상류층

자유민이라도 노예와 다를 바 없이 가난에 찌든 사람이나 황제의 강요로 검투사로 나설 수밖에 없는 경우는 이해할 수 있었다. 가령 네로 황제는 유명한 기사들에게 엄청난 선물을 주고 원형경기장에 설 것을 제안했다. "명령할 수 있는 사람이 돈을 준다는 것만으로도 그 속에 강제적인 힘이 내포되어 있는 것"이었다.

그리스인들은 올림픽 경기에서 승리한 자를 경축하고 사람들의 구경거리로 무대에 올라가는 것을 전혀 부끄럽게 여기지 않지만 우리 로마인들은 이런 일들을 불명예스럽고 비천한 일로 생각한다.[19]

경기에 스스로 참여하는 그리스인과 달리 관중으로서 경기를 구경하는 로마인들은 제 발로 경기에 나서는 것을 명예롭지 못한 행동이라고 여겼다.

검투사들의 이름, 전적, 부상 상태까지 세세히 외우고 다니는 젊은 귀족이 경기에 열광하는 것은 하나의 취미로 볼 수 있지만 검투사로 나서는 것은 이야기가 달랐다.

성인용 토가를 입었을 때 그는 검투사 훈련에 참석함으로써 성인이 된 자유를 남용했다. 그는 모든 검투사의 이름을 알고 있었고, 이전의 경기 전적과 부상 정도 등 세부 사항까지 모두 꿰고 있었다. 심지어 그는 훌륭한 가문 출신임에도 불구하고 직업적인 검투사의 감독 하에 훈련 과정을 경험했다.[20]

원로원 신분이나 기사 신분인 상류층은 나름대로 검투사 경기에 대해 모든 것을 알고 있다고 자부하겠지만 보는 것과 직접 하는 것은 천양지차였다.

관중이 보기에 간단한 훈련으로 경기장에 나서는 귀족들의 싸움 기술은 직업 검투사에 못 미쳤고, 체격 조건 또한 뛰어나지 못했다. 한껏 멋을 부리는 듯 팔다리를 휘저으며 화려한 동작을 선보이지만 직업 검투사들의 일격에 나가떨어지는 상류층 검투사들의 싸움을 보고 있자면 시시하다 못해 측은하기까지 했다. 또 정식으로 고용되어 일정 기간 훈련과 경기를 병행하는 여느 자유민 출신의 검투사와 달리 한두 경기에 잠시 나서는 것뿐이니 싸움 기술이 늘 리 만무했다. 전투에서 주로 지휘관 역할을 하는 상류층이다보니 육박전의 실전 경험도 거의 없는 상태에서 긴박한 싸움을 펼치면서 분위기를 고조시킬 능력은 없었다. 여성들은 혹시나 젊은 귀족들의 아름다운 외모라도 볼 수 있을까 하는 기대에 싸움에 집중하지만, 헛된 희망이었다. 상류층 검투사들은 동료나 동료 자제들이 얼굴을 알아볼 것을 우려해 투구를 최대한 눌러 써 얼굴을 가렸기 때문이다. 자신을 알아본 동료들의 조롱과 경멸을 받기 싫었던 것이다.

누군가 자신을 알아볼지도 모른다는 두려움을 품고 싸우는 사람이 죽기 살기로 달려드는 상대를 이기기란 쉽지 않았다. 불리한 심리 상태에서 이기면 상류층으로서의 용맹을 드러냈다고 나름 위안할 수 있겠지만 지기라도 하면 고개도 들기 어려웠다. 한 예로 싸움에 자신이 있었던 그라쿠스라는 귀족은 섣불리 경기에 나섰다가 망신만 톡톡히 당했다.

그라쿠스가 '투니카를 입은 그물 검투사 *tunicatus retiarius*'가 되어 삼지창을 들고 아레나에서 도망다닐 때는 아주 놀라웠다. 그는 카피톨리누스 가문이나 마르켈루스 가문, 카툴루스와 파울루스의 후손들, 혹은 파비우스 가문보다 더 저명한 가문 출신이었다. 원형경기장의 칸막이 위에 있는 모든 관중보다 더 고귀했다. 그를 제외한 어느 누구도 그물을 내던지는 경기를 보여주지 않았다.[21]

그는 투구, 검, 직사각형 방패, 정강이받이로 무장한 적과 달리 오직 삼지창, 그물, 단검으로만 무장해 싸움에 임했다. 이길 자신이 있던 터라 사람들이 알아보는 것도 개의치 않고, 투구를 쓰지 않는 유형의 검투사로 나섰다. 그러나 야심차게 던진 그물이 상대방을 비껴나가자 싸울 용기도 무기도 없었던 그는 맨얼굴을 들어 관중석을 올려다본 뒤 경기장을 가로질러 도망쳤다. 그라쿠스의 비굴한 모습은 적에게 허탈감을 넘어 연민의 정까지 느끼게 했다. 참패한 그라쿠스에게 남은 일은 부상당한 몸을 추스르는 것이 아니라 부끄러움과 사람들의 경멸을 견뎌내는 일이었다.

상류층이 당당히 얼굴을 드러낼 자신도 없으면서 검투사 경기에 나서는 이유는 저마다 사연이 있겠지만 대개는 미덕과 용맹을 과시하고 대중의 인기를 얻기 위해서였다. 로마인들에게 현실은 항상 혹독했기 때문에 그들은 용기, 용맹, 강인함, 힘, 훈련 등에 커다란 가치를 두었다. 엄청난 훈련을 받고, 전장에서 생사의 갈림길에 놓여 치열하게 싸우는 그들에게 있어 힘과 용기는 생존의 문제였다. 그들은 아레나에서 검투사들이 하는 경기를 보면서 자신들이 전장에서 어떻게 싸워야 할지를 배웠다. 상대의 어느 부분을 찔러야 치명적인 상처를 입힐 수 있는지, 두려움보다 용기를 갖고 싸우는 것이 얼마나 필요한지를 배웠다. 패배하더라도 용기를 잃지 않고 끝까지 싸운 검투사에게 아낌없는 박수를 보내면서 살아서 아레나를 떠날 수 있게 해준 것은 싸움의 승패보다 싸우는 과정에서 용감한 자세를 보여주는 것이 더 중요했음을 말해준다.

    친구를 대신해 검투사 경기에 나서 선 채로 장렬히 죽어간 사례를 미덕으로 여기듯이 사망한 조상을 기리기 위해 마련된 경기에 나서는 것 역시 미덕이었다. 한 예로 기원전 206년 스키피오가 죽은 아버지와 삼촌을 기리기 위해 준비한 검투사 경기에는 노예나 돈을 받고 자원한 자유민이 아니라 어떠한 보상도 없이 자원한 사람들만 참여했다. 자원한 이유는 저마다 달랐는데, 스키피오를 즐겁게 하려는 사람도 있었지만 자신의 부족이 지닌 용맹함을 과시하기 위해, 혹은 도전정신이 충만하다는 것을 드러내려는 경쟁심에서 자원한 사람도 있었다. 이들 중 저명한 가문 출신이자 사촌지간인 코르비스와 오르수아가 경기에 나선 것은 용맹 과시와 경쟁심 때문이었다. 이베스라는 도시의 족장 지위를 두고 경쟁했던 그들은 서로 상대가 족장이 되어 지배하는 꼴을 보는 게 죽기보다 싫어서 검으로 승부를 보기로 했다. 경쟁심을 누그러뜨리라는 스키피오의 만

류에도 불구하고 벌어진 이 경기에서 나이가 많아 노련한 코르비스가 젊은 혈기로 달려드는 오르수아를 제압, 승리를 거두었다. 그들은 경쟁심과 용맹을 타인에게 과시하면서 흥미로운 경기를 보여주었고, 인간의 가장 사악한 욕망이 권력욕임을 입증했다.

상류층이 검투사 경기에 뛰어드는 데는 남성다운 용기와 용맹을 과시하려는 목적만큼이나 대중의 환호에서 얻는 쾌감도 뿌리칠 수 없는 매력이었다. 비천한 검투사 흉내를 내는 부끄러움이나 부상과 죽음의 위험보다 뛰어난 싸움 실력에 박수 치는 대중의 열광이 상류층을 경기장으로 이끌었던 것이다. 한 그리스도교 사가는 천상의 영광과 대비되는 지상의 영광을 추구하는 상류층의 태도를 비난했다. "사람들의 환호라는 대가가 주어지는 검, 불, 십자가, 짐승, 고문 등을 경멸한다. 경제적인 여유를 가진 사람들이 얼마나 많이 검투사로 고용되어 무기를 드는가! 그들이 경기에 나서는 동기는 바로 짐승의 지위로 격하되고, 짐승들에게 물리고 할퀴어지는 것을 아주 아름다운 행동이라고 생각하기 때문이다."[22]

가난으로 인해 검투사가 된 자유민은 검투사 신분으로서 투표권을 박탈당하지만 상류층은 그렇지 않았다. 이들은 일시적으로, 일회성으로 검투사로 활동하기에 시민으로서의 권리를 잃지 않았다. 그래도 상류층이 비천한 검투사로 나서는 신분 파괴 행위는 아무리 그 개인에게 절박한 사유가 있다고 해도 국가질서를 흔드는 행위이므로 금지되었다. 기원전 46년 풀비우스라는 원로원 의원이 완전무장하고 싸우기를 바랐으나 카이사르는 원로원 의원이 경기에 나서는 것을 금지했다. 경기에 나서려는 원로원 의원이 저지당한 일은 기원전 38년에도 있었는데, 원로원 의원으로서의 권위와 명예를 손상시키는 일이라 금지되었던 것이다. 그러나 상류층이 여전히 경기에 나선 것으로 보아 이런 금지 조항은 잘 지켜지지 않은 듯하다. 카이사르가 원로원 의원들의 경기 참여를 금했던 그해에 법무관을 배출한 가문의 사람과 원로원 의원이자 변호사가 경기에 참여해 끝까지 잘 싸운 일이 있었다.

상류층이 검투사로 나서는 것을 금지한 규정은 남부 이탈리아의 라리눔에서 출토된 청동 서판에 잘 나타나 있다. 19년에 통과된 원로원 결의는 상류층이 검투사나 배우로 나서는 것은 자신이 속한 신분의 질서를 위배하는 것이자 원로원의 위엄을 깎아내리는 것으로서 금한다는 내용을 담고 있다.

원로원 의원의 아들, 딸, 손자, 손녀, 증손자, 증손녀 혹은 부계든 모계든 그들의 배우자, 부, 조부, 형제 등 여태껏 기사들을 위해 비축된 자리에 앉을 권리(로스키우스 법에 따라 원로원 의원들의 좌석 다음 열부터 14번째 열까지 앉을 기사의 권리)를 가진 어느 누구도 무대에 서지 않아야 한다. 또 그들을 경기장에서 죽을 때까지 싸우도록, 검투사들의 투구 벗을 잡아채도록, 다른 누구와의 연습으로 검을 잡도록, 그와 유사한 방식에 참여하도록 돈으로 유혹하지 않아야 한다. 이런 제안을 하지도, 받지도 않아야 한다. 또 20세 이하의 자유민 태생 여성과 25세 이하의 자유민 태생 남성이 스스로 검투사로 서약하거나 경기장이나 극장에 서려고 고용되는 것을 금지한다.[23]

상류층이 검투사로 나서는 것을 문서로 엄격히 금했지만 이런 규정은 이후에도 잘 지켜지지 않았다. 38년 칼리굴라 황제는 26명의 기사를 경기에 동원했고, 58년 네로 황제는 부나 명예에서 조금의 흠도 없는 400명의 원로원 의원과 600명의 기사를 경기장에서 싸우게 했다. 두 황제가 상류층을 경기에 동원한 것은 다분히 강압을 행사한 것이었다. 69년 비텔리우스Vitellius 재위 69 황제는 이전 황제들의 치세에 기사들이 돈이나 강압 때문에 검투사로 나섰다고 하면서 그들이 검투사 양성소와 경기장에서 활동함으로써 신분의 위엄을 먹칠하는 일을 금지시켰다. 그러나 그런 관행은 이후에도 사라지지 않았다.[25]

색다른 재미를 주는 여성들

 경기장의 '예고자praeco'가 검투사의 이름이나 유형만 말해도 신분과 전적을 꿰뚫고 있는 열성가가 아니라면 관중은 겉모습만 보고 경기에 나서는 사람이 전쟁포로인지, 범죄자인지, 자유민인지 구분하지 못했다. 전쟁포로라면 북유럽, 동유럽, 중동지역 출신들이 모이니 외관상 알아볼 수 있지 않을까 하겠지만 투구를 쓰기 때문에 피부 색깔이 차이 나지 않는 한 가늠하기 어려웠다. 반면 한눈에 알아볼 수 있는 검투사는 여성 검투사였다. 검투사라지만 체격이 왜소할 뿐 아니라 각선미가 있다보니 경기장에 들어서자마자 멀리서도 눈에 띄었다. 이들을 알아본 남성 관중은 환호성을 지르며 반겼다.

여성 검투사들의 싸움

생명을 담보로 하는 싸움을 여성끼리 벌인다고 하여 박진감이 없다고 생각하면 큰 오산이다. 여성이라는 이유로 지루하거나 어설픈 경기를 한다면 관중의 야유로 살아남기 어려웠다. 관중은 아름다움을 추구하는 여성들을 보고 싶어한 것이 아니라 치열하게 싸우는 여성들의 승부 근성을 보러 왔기 때문이다. 여성 검투사들은 큰 방패와 짧은 검을 들고 있지만 투구를 쓰지 않아 관중이 성별을 알 수 있었다. 도미티아누스 황제처럼 야간에 횃불 아래에서 싸우게 해 조명 덕택에 신비스러운 느낌을 주면 여성 검투사들은 한층 더 매력을 풍겼다. 체격에 차이가 있는 여성들이 벌이는 경기는 관중의 호기심을 자아내기에 충분했다. 근육으로 다져진 여성이 이길지, 몸집으로 밀어붙이는 여성이 이길지 가늠할 수 없었던 관중은 시간이 지나면서 자기도 모르게 작은 몸집의 여성을 응원했다. 체격 면에서 불리하다고 여겨 약자에게 힘을 실어주기 위해 작은 몸집의 여성이 검을 휘두를 때마다 환호를 보냈고, 검이 빗나가면 저도 모르게 아쉬움을 토해냈다. 큰 몸집의 여성이 승리하면 당연하다는 반응을 보였다. 그러나 큰 몸집의 여성이 둔탁한 소리를 내면서 쓰러지면 감정이입이 되어 마치 자신이 상대를 무너뜨린 것처럼 기뻐했다.

몸집 차이가 거의 나지 않는 여성 검투사들의 싸움은 남성처럼 검의 타격이 약해 재미를 주지 못할 수도 있지만 어차피 생존을 건 싸움이므로 치열할 수밖에 없었다. 게다가 투구를 쓰지 않는 여성 검투사들의 특성상 긴 머리카락은 상대를 공격하거나 자신이 맞았을 때 움직임을 극대화시키는 효과가 있었다. 소아시아의 할리카르나소스에서 출토된 아마조니아와 아길레아의 부조는 비슷한 몸집의 여성 검투사들이 남성과 같은 무장을 하고 서로를 노려보는 순간을 포착한 것이었다. 속옷을 입고 벨트를 찬 두 검투사는 팔과 다리 보호대를 한 상태에서 검과 커다란 직사각형 방패로 공격과 방어를 번갈아 했다. 부조만으로 두 검투사의 싸움 기술과 힘의 차이는 알 수 없으나 모두 '산 채로 떠나는 것'을 용인받을 만큼 서로 한 치의 양보도 없이 싸웠다.

남성 검투사들에 비해 여성 검투사들이 수적으로 적었기 때문에 매 경기에 여성 검투사들이 투입되지는 않았다. 여성 검투사의 희소성과 특이함이 관중에게는 매력으로 와닿았다. 도미티아누스 황제는 여성 검투사와 난쟁이가 싸우게 해 색다른 재미를 주었다고 한다. 코모두스Commodus 재위 180~192 황제는 아마존이라는 여성 검투사를 좋아해 아마존의 의상을 입고 경기장에 들어가기를 원할 정도였다. 그래서 황제는 남자 아마존이라는 의미에서 아마조니우스라 불렸다. 그러나 희소성과 특이성으로 관중의 시선을 오래 잡아두기는 어려웠다. 관중은 처음에는 호기심에서 자세를 고쳐 잡고 제대로 볼 것처럼 하지만 여성적인 나약함을 드러내면 금세 지루함을 느꼈다. 일부 여성 검투사가 남성만큼 혹독한 훈련을 하는 것도 이 때문이었다. 사자 정도는 단숨에 잡을 만큼의 용기와 싸움 기술이 있어야 관중으로부터 인정을 받았다.[25]

여성 검투사들에 대한 비난

저명한 가문의 여성들이 검투사로 나서는 일도 간혹 있었지만 대부분의 여성 검투사는 노예, 하층민, 외국인 신분이었다. 신분이 아무리 열등하다 해도 가부장적인 사회에서 여성이 검투사로 나서는 것은 로마의 상류층과 지식인들에게 국가의 전통을 부정하는 타락한 행동으로 여겨졌다. 유베날리스도 여성 검투사들을 비난했다.

여성 검투사들은 모든 훈련을 경험했고, 플로라 축제에서 트럼펫을 불 가치가 있지만 더 큰 꿈을 가지지 않고, 아레나에 나타나기를 원하지만 않는다면 정숙한 부인들이다. 당신은 투구를 쓴 여성에게서, 자신의 성을 버리는 여성에게서, 힘으로 쌓은 업적에 기뻐하는 여성에게서 얼마나 겸손함을 기대할 수 있겠는가? 그녀는 남자처럼 강해지기를 원하지만 남자로 바뀌기를 원하지는 않는다. 만일 그녀의 남편이 벼룩시장에 가져갈 수 있다면 그녀의 벨트, 팔 보호대들, 투구의 볏, 삼니움 양식의 정강이받이를 경매에 부치는 것이 명예롭다. 혹은 다른 종류의 싸움 형태가 그녀의 마음을 움직여 그녀가 스스로 자신의 트라키아 양식의 정강이받이를 내다 판다면 당신은 행복할 것이다. 섬세하고, 자수가 놓인 겉옷이 땀으로 젖은 여성들, 가벼운 비단옷을 입고도 싸움을 하는 여성들이 있다. 그녀가 교관이 그녀에게 보여준 대로 타격을 반복·연습할 때 얼마나 씩씩거리는지, 그녀가 투구와 무릎을 감싼 두꺼운 나무 보호대의 무게로 얼마나 괴로워하는지를 보라. 그녀가 무기를 내려놓고 앉아서 오줌을 눌 때 웃기지 않은가?[26]

19년 원로원은 20세 이하의 자유민 태생의 여성은 아레나에 서지 못하도록 결의했으나 잘 지켜지지 않았다. 1세기 네로와 같은 황제의 강요로든 자발적이든, 검투사로 나서는 여성들이 여전히 존재했다. 200년에 세베루스Septimius Severus 재위 193~211 황제가 여성 검투사를 금지한 것 역시 여성 검투사가 있었기 때문에 나온 조치였다.

이 시기에 강제로 많은 운동선수가 모여 운동 경쟁을 하게 되었는데, 우리는 어떻게 많은 사람이 그 과정에 동참할 수 있었는지 의문스럽다. 그리고 이런 경쟁에 여성들도 참여했는데, 그들은 아주 격렬하게 서로 경쟁했고, 그 결과 아주 뛰어난 가문의 여성들을 비웃는 일도 일어났다. 그래서 앞으로 여성들은 출신이 어떻든 간에 단 한 차례의 경기라도 참가해 싸우는 일이 금지되었다.[27]

세베루스 황제는 여성들의 싸움이 남성의 용맹함에 대한 모욕일 뿐 아니라 싸움에 참여한 저명한 가문의 여성들이 비난의 대상이 된다는 이유에서 이를 폐지시켰다.

이처럼 재미 삼아 검투사로 나서는 상류층을 제외하고 노예와 하층민들이 주로 경기에 투입되었다. 범죄자를 빼면 검투사 양성소에서 받아주는 최소한의 나이는 가장 어린 로마 군인과 같은 17세였다. 개인적으로 양성소 운영자와 계약한 사람은 그보다 더 어릴 수 있었다. 경기를 주최하고자 하는 사람은 직접 시장에 가서 싸움을 잘할 것 같은 노예들을 사서 소유했다. 또는 주최자가 그 지역의 검투사 양성소 운영자들이 훈련시킨 검투사들을 단 몇 시간만 돈을 주고 빌려 경기를 열 수도 있었다. 그러나 대개 경기 주최자들은 검투사 양성소의 운영자들에게 검투사들을 모으고, 훈련시키고, 감독하는 일을 일임했다. 로마 시에서 검투사들을 관리했던 카피토라는 사람은 19명의 검투사를 거느리고 있었다. 이중 한 명만 그의 소유였고, 나머지 18명은 10명의 주인이 각자 소유한 검투사들로서 카피토에게 관리와 훈련을 맡긴 것이었다.

몇 명의 검투사만 소유한 주인들이 검투사 양성소의 운영자들을 찾아 맡기는 일도 있었지만 운영자들이 각 지역을 돌아다니면서 개인이 소유한 검투사들을 모으기도 했다. 순회하는 운영자들은 값싼 숙소에 머무르면서 노예나 자유민 출신의 검투사들을 모으는 동시에 이들 검투사로 간단한 경기까지 개최했다. 비텔리우스 황제는 자신이 총애하는 해방노예가 지나치게 거만하고, 심지어 도벽까지 있자 도시를 순회하는 검투사 양성소의 운영자에게 팔아버렸다.[28] 다른 노예들처럼 주인이 검투사들을 양성소 운영자에게 파는 것은 합법적인 행위였다. 2세기 하드리아누스 황제가 노예 소유주는 정무관에게 신고하지 않은 채 범죄를 저지르지 않은 노예들을 검투사 양성소에 팔 수 없다고 할 때까지 주인들은 건장한 노예들을 비싼 가격에 검투사 양성소에 팔았다. 도망친 노예가 검투사 양성소의 운영자에게 훈련을 받았더라도 주인에게 발각되면 원래 주인에게 돌아가야 했다. 노예생활이 힘들어 도망쳤다가 다시 육체적으로 힘들 뿐 아니라 생명조차 보장받을 수 없는 검투사 양성소로 들어간다는 것이 선뜻 이해되지는 않는다. 그러나 검투사들의 인기와 보수, 해방의 가능성을 고려한다면 그리 나쁘지만은 않은 조건이었다.

제 2 장

검투사가 되는 과정

검투사 양성소의 구조

일부 성공한 직업 검투사들은 굳이 검투사 양성소에 머물지 않고 원하는 곳에 거주했다. 이들은 자신의 독립성을 주장할 정도의 신분이나 인기가 있는 사람들이었다. 또 상류층의 집에 소수이기는 하지만 검투사들이 살았다. 이들은 상류층인 주인을 경호하는 임무를 띠거나 주인이 군대를 지휘할 때를 대비해 군사훈련을 도맡아 했다. 이들을 제외한 대다수의 검투사는 검투사 양성소에서 같이 숙식했다. 공동생활을 하면서 전문적이고도 직업적인 검투사로 거듭났던 것이다. 또 간혹 키지쿠스에서 태어나 아시아, 트라키아, 마케도니아, 라리사 등 여러 지역을 돌아다니며 싸운 포에부스 같은 인물이 있지만 대부분은 자신의 고향이나 그 인근의 양성소로 들어갔다.

지저분한 방

　시장에서 한꺼번에 구입한 전쟁포로나 재판 결과 검투사 양성소로 보내진 범죄자들이 들어오는 날이면 검투사 양성소는 시끌시끌했다. 하층민은 개별적으로 양성소로 찾아왔으므로 한꺼번에 들어오지는 않았다. 검투사 양성소에 강제로 들어왔든, 제 발로 걸어 들어왔든 새로운 환경에 처한 신참 검투사들이 품는 두려움과 호기심은 마찬가지였다. 앞으로 어떤 동료를 만날지, 훈련이 혹독하다고 하던데 견딜 수 있을지, 과연 경기장에서 살아남을지, 경기에서 계속 승리해서 돈과 인기를 얻을 수 있을지, 오만 가지 걱정이 다 들었다. 걱정으로 얼굴 근육은 경직되고, 입은 굳게 다물어졌다. 이런 모습을 보면 양성소에 있는 사람들은 신참 검투사가 들어왔다는 사실을 짐작하고도 남았다.
　시장에서부터 사슬을 찬 채로 양성소에 들어서는 신참 검투사들에게는 양성소의 모든 풍경이 신기했다. 순진한 소녀들이 남성답거나 잘생긴 검투사를 흠모하여 그 이름을 적고 사랑의 감정을 담은 낙서들이 가득한 양성소 벽도 즐거운 구경거리였다. 넓은 훈련장에서 연습하는 검투사들 또한 호기심의 대상이었다. 조만간 자신도 저런 모습으로 훈련할 터이기 때문이다. 중앙에 있는 훈련장의 가장자리를 돌아가면 주랑 현관을 지나 여러 개의 방이 있었다. 검투사들의 거주지는 전체 공간과 검투사의 수에 따라 규모가 다양했다. 폼페이의 검투사 방은 3~4제곱미터였고, 전체 수용 인원은 15~20명쯤 되었다. 62년 지진으로 검투사 건물이 붕괴되자 다른 지역에 53×42미터의 직사각형으로 커다란 이층 건물을 지어 총

100명을 수용할 정도가 되었다.

콜로세움 가까이에 있는 루두스 마그누스의 검투사 방은 폼페이에 비해 큰 4~5제곱미터였다. 선참 검투사들은 독방을 썼지만 신참 검투사들은 한방에 두 명씩 거주했다. 방의 크기는 무척 작아 누우면 꽉 찼다. 루두스 마그누스처럼 큰 양성소에서는 신참 검투사 3~4명이 같은 방을 썼다. 훈련장을 마주하고 검투사들의 막사가 가로로 늘어서 있어 훈련장을 통해 작은 빛줄기가 들어오기는 하나 창문이 없어 어둡고 습했으며, 퀴퀴한 냄새가 코를 찔렀다. 또 어느 방이고 똑같은 것은 밖에서 잠그는 장치가 있다는 것이었다. 훈련이나 식사와 같이 공식적으로 인정하는 활동 외에 정해진 시간 말고는 일체의 외부활동을 금지한다는 의미였다. 혹시 있을지 모를 도주를 사전에 차단하려는 목적일 것이었다.[1]

검투사들은 나무 침대에서가 아닌 짚을 깔고 잠을 잤다. 비위를 거스르는 냄새와 축축한 환경에서 짚은 벌레들의 좋은 번식처였기에 누워 있으면 벌레들이 옷 속으로 기어들어오는 느낌을 떨칠 수 없었다. 정체를 알 수 없는 벌레들에게 물려 몸 이곳저곳이 가려웠지만 곧 익숙해졌다. 범죄자로 들어온 상류층을 제외하고 대다수의 검투사는 전장에서, 민간사회에서 이와 유사한 주거 환경에서 생활했기 때문이다. 검투사들은 방 벽에 낙서와 그림으로 속내를 드러냈다. 방마다 가장 많이 그려진 그림은 신들을 찬양하는 것이었다. 영웅의 이미지를 가진 헤르쿨레스, 전쟁의 신인 마르스, 사냥의 여신인 디아나 등을 그려 자신도 그 신들처럼 강인해지고 싶다는 바람을 표현했다. 한마디로 검투사들의 방은 생활하기에 열악하기 그지없었다. 하지만 고단한 하루를 접고 내일의 훈련이나 경기를 견딜 수 있도록 힘을 충전하는 장소였고, 개인적인 감정에 빠져들 수 있는 공간이었다.

검투사 양성소의 운영자와 교관은 검투사들의 체격, 전투 경험, 사회에서의 신분, 검투사가 된 이유 등을 총체적으로 검토해서 방을 배정했다.

검투사 양성소 운영자의 집은 당신들의 집보다 더 잘 정돈되어 있다. 그들은 악랄한 자들을 점잖은 자들과 떨어뜨려놓고, 심지어 '투니카를 입는 그물 검투사'와도 따로 있게 하기 때문이다. 검투사 양성소는 물론, 감옥에서도 그런 종류의 무리는 격리시켰다.[2]

'그물 검투사'처럼 젊고 싸우는 기술이 떨어지는 검투사들은 검투사 중에서도 낮은 서열에 속해 가장 좁고 어두운 방을 배정받았다. 이들은 싸움을 잘하는 검투사나 중죄인과 같은 방을 쓰지 않았다. 이유는 이들이 강인한 자들에게 휘둘려 방을 같이 쓰는 것 자체에 엄청난 중압감을 느낀다면 경기에 매진할 수 없기 때문이다. 같은 양성소에 있는 동료끼리 경기해야 하는데, 한방을 쓰면서 이미 상대의 기에 눌린 터라면 흥미진진한 경기를 이끌어낼 수 없을 터였다. 그래서 될 수 있으면 신참 검투사끼리, 같은 장비로 싸우는 검투사끼리 한방을 쓰게 했다. 다만 공간이 여의치 않거나 같이 방을 쓰던 동료가 경기장에서 죽었다면 신참 검투사와 선참 검투사가 한곳에서 지내기도 했다.

같은 방을 쓰고, 같이 밥 먹고, 같이 훈련하고, 같이 원형경기장으로 나가는 동료라고 해서 검투사들에게 끈끈한 동료애만 있다고 생각하면 오산이다. 동료애만큼이나 경쟁심도 대단했다. 한 양성소가 경기에서 싸울 검투사들을 공급하므로 같은 양성소의 구성원들끼리 서로 싸워야 했다. 한마디로 한솥밥 식구끼리 결투를 벌여야 했던 것이다. 어젯밤 같이 자고, 같이 아침을 먹던 동료가 오후에는 서로 죽일 듯이 달려들어야 하는 적이 되어 있었다. 같이 생활하면서 느꼈던 동질감이 없지는 않았지만 생과 사의 갈림길에서 그런 감정에 얽매이는 것은 사치였다. 따라서 비슷한 부류끼리 같은 방을 쓰게 해도 언제든 경기장에서 만나 싸움의 상대가 될 수 있었고, 또 언제 패해 죽을지도 모르는 공포가 서로를 경계하게 만들었다. 선참 검투사들은 신참 검투사의 젊음과 힘을 두려워했고, 신참들은 선참들의 노련한 경험을 무시할 수 없었다.

직사각형 건물의 가로 면 양쪽에 검투사들의 막사가 늘어서 있고, 세로 면에는 식당, 치료실, 마사지실, 무기고가 있었다. 식당은 딱 검투사들이 함께 식사할 수 있을 정도의 크기였다. 훈련이나 경기 중 부상을 치료하거나 뭉친 근육을 풀어주는 치료실과 마사지실이 갖추어져 있었다. 검투사들은 훈련이나 경기 중 무기를 사용하고 난 뒤 항상 무기고에 각종 장비를 반납해야 했다. 경비병의 감시 하에 무기가 수거되었으며 무기고 앞에는 항상 경비병들이 지키고 있었다. 이는 검투사들이 무기를 탈취해 소동을 일으키는 일이 없도록 하기 위해서였다. 검투사들의 막사로 보이는 곳에서 무기가 발견되었기 때문에 검투사들이 양성소 안에서 무기를 휴대할 수 있었다고 하는 주장은 잘못된 것이다. 만일 그들이 양성소에서 마음대로 무기를 가질 수 있었다면 스파르타쿠스의 반란 때 반란에 동참한 검투사들이 처음부터 제대로 무장했을 것이다. 그러나 반란자들은 처음에 식칼이나 꼬챙이 같은 주방용 도구로 무장했고, 지나가는 짐수레에서 무기를 탈취했다. 양성소에서 훈련이나 경기 때를 제외하고 진짜 전투용 무기를 휴대하지 않았다는 의미다.[3]

단체 식사에 적합한 식당

방 배정과 여러 시설물을 둘러본 신참 검투사들은 식당에 모였다. 이들 검투사는 출신 지역이 다양한 만큼 외모 또한 가지각색이었다. 구릿빛이 돌면서 작고 다부진 남유럽인들, 흰 피부와 금발과 큰 키를 자랑하는 갈리아와 게르만족, 짙은 눈썹과 강인한 인상의 시리아인 등이 섞여 식사를 했다. 각기 사용하는 언어가 다르다보니 공용어인 라틴어로 하는 간단한 대화 외에는 별 말이 없었다. 한곳에 다양한 출신자들을 섞어놓는 이유는 인종에 따라 저마다의 전술을 구사해 경기를 흥미롭게 한다는 이점도 있었지만 반란을 꿈꾸지 못하게 하려는 목적도 있었다. 동일 지역 출신자들은 아무래도 쉬 단결했기 때문이다. 군인들이야 같은 적을 상대하므로 동료애와 단결력을 우선적인 덕목으로 꼽겠지만 개별적으로 싸우고, 같은 동료들끼리도 싸워야 하는 검투사들에게 단결력이란 무용지물이었다. 오히려 단결력이나 결집력, 동료애 같은 것은 반란을 유발할 수 있고, 냉혹한 승부를 벌이는 데 걸림돌이 되므로 없애야 할 항목이었다.

신참 검투사들은 선참 검투사들이 먼저 먹고 일어나 자리가 비었어도 선뜻 자리에 앉지 못했다. 검투사 양성소까지 오느라 허기가 지긴 했지만 배고픔을 능가하는 것이 양성소에 온 첫날 느끼는 긴장감과 두려움이었다. 그래서 머뭇머뭇하다가 제때 식사하지 못한 신참 검투사도 있었다. 식사를 할 정도면 어느 정도 배포가 있다는 의미였다. 선참 검투사들은 경멸에 찬 눈으로 신참 검투사들을 찬찬히 훑어보았다. 아레나에서 상대로 만날지 모르니 눈여겨보기는 하지만 싸움 기술이 없는 까닭에 가소롭다는 마음을 지울 수 없었다.

남자 노예들이 조리해서 가져다준 음식은 콩을 섞은 보리죽이었다. 밀을 주식으로 하는 군인들에게 보리는 훈련을 제대로 하지 않았거나 검술시험에 떨어졌을 때 벌칙으로 주어졌다. 그러나 검투사들에게는 보리가 주식이어서 검투사들을 '보리 먹는 남자들 bordearii'이라 불렀다. 2세기 검투사 양성소에서 의사로 근무한 적이 있고 아우렐리우스 황제의 주치의였던 갈레누스는 보리가 지방층을 형성해 상처를 보호해주지만 검투사들을 뚱뚱하고 활력 없게 만든다고 했다.[4] 보리는 100그램당 334칼로리에 단백질이 10.60그램인 반면, 밀은 325칼로리에 단백질이 12.00그램이다. 근육의 주성분인 단백질이 밀보다 적어 갈레누스의 말이 전혀 근거 없는 것은 아니다. 그러나 칼로리가 밀보다 높으므로 활력 없게 만드는 것은 아니다. 보리나 밀보다는 같이 먹는 콩이 근육을 만들어주거나 체력을 보강하는 데 더 도움이 되었다. 콩은 100그램당 391칼로리에 단백질이 34.40그램이 들어 있을 뿐 아니라 보리에 부족한 아미노산의 일종인 메티오닌이 풍부해 영양의 균형을 맞춰주었다.

식사를 준비할 때 음식의 질을 고려하지 않을 수 없다. 검투사들의 주식이 보리와 콩이기는 하나 이것만으로 훈련과 경기를 견디내기에는 역부족이었다. 검투사들에게 '육체를 더 강인하게 하는 음식'을 공급해주었다는 3세기 카르타고의 주교인 키프리아누스의 말처럼[5] 보리와 콩 외에 주기적으로 육류와 같은 기름진 음식도 섭취했다. 고기를 자주 먹을 수는 없지만 야생동물 사냥 경기가 있는 날이면 죽은 동물의 고기를 섭취할 수 있었다. 이때 검투사들은 호랑이 고기 스테이크나 코끼리 고기로 만든 간장 프리카세, 지금 막 죽은 곰의 따뜻한 위장을 즐겨 먹었다. 오늘날처럼 비타민이나 식이섬유의 중요성이 강조되지 않았기에 채소는 요구하지 않는 한 배식되지 않았다.

관중은 건강과 힘이 넘쳐 보이는 검투사를 선호하지 제대로 못 먹어 다리 힘이 쉽게 풀리는 검투사를 보고 싶어하지 않았다. 투자 대비 이익을 극대화하려는 검투사 양성소 운영자 입장에서도 잘 먹고, 잘 훈련하고, 충분히 휴식을 취한 검투사가 더 잘 싸우고, 죽지 않고 계속 승리해야 투자한 돈을 회수하기 쉬웠다. 잘 먹인다는 것은 우선 충분한 양을 공급해준다는 의미였다. 모든 근육을 태울 정도로 혹독한 훈련을 하기 때문에 엄청난 양의 음식을 게걸스럽게 먹어치웠다. 그들의 저녁 식사는 한밤중까지 이어지곤 했다.

검투사들은 기름진 음식을 먹었다고 해도 과도한 운동으로 살이 잘 찌지 않았다. 살이 쪄도 상관없었다. 적당한 지방층은 타격을 받을 때 일종의 스펀지 역할을 해 덜 아프게 만들었고, 장기에 치명적인 손상을 입는 것을 방지해주었다. 한 팀당 대결 시간이 10~15분이면 끝나므로 뚱뚱한 체격이 문제되지는 않았다. 움직임이 둔할 수 있는 반면 맷집이 강했다. 오늘날과 달리 뚱뚱한 체격이 건강에 나쁘다는 관념이 없었으므로 지방을 많이 축적해놓는 것도 검투사의 능력으로 여겼다.

2001년 에페소스에서 발굴된 68명의 뼈를 분석한 발굴단은 67명이 검투사이고, 159센티미터의 여성인 1명은 검투사의 부인으로 추정했다. 발굴된 남성들은 45~55세인 한 명을 제외하고는 20~30대였고, 평균 키는 168센티미터였다. 뼈의 성분을 분석한 발굴단은 의외로 탄수화물을 다량 섭취했고, 단백질은 당시 에페소스의 일반 시민보다 더 적게 섭취했다는 결론을 내렸다. 이에 대해 발굴단은 "탄수화물이 피하 지방으로 축적되고, 검에 베였을 때 그 지방이 심각한 내상을 입지 않게 해서 검투사의 생명을 보호해줄 뿐만 아니라 겉에는 피가 흐르므로 관중에게 더 극적인 효과를 가져다주었다"고 설명했다. 그러나 보리, 콩, 고기로 이루어진 식사는 심각한 칼슘 부족 현상을 초래했다. 새까맣게 탄 숯이나 뼈를 태운 재를 섞어 마신 것은 뼈를 단단하게 하는 칼슘을 보충하기 위함이었다.[6]

검투사들이 식당에서 식사를 하는 간단한 일 뒤에는 많은 사람의 노력이 깃들어 있었다. 먼저 이 식사를 제공하기 위해 식사량과 식재료에 신경을 쓴 서기가 있었다. 서기는 검투사 양성소의 모든 수입과 지출을 계산했다. 이들은 경기를 개최하기 위해 주최자에게 얻는 수입, 검투사들이 잘 싸워 얻는 수입 등으로 양성소의 살림을 살았다. 검투사의 구입 비용, 장비 구입 비용, 검투사의 식사비, 치료비 등 여러 항목의 지출이 수입을 초과하지 않게 신경을 썼다. 제대로 이기지도 못하면서 많은 식사비와 치료비를 지출하는 검투사는 운영자나 교관의 훈계도 들어야 했지만 서기의 못마땅한 눈초리도 견뎌내야 했다. 서기 외에 양성소에서 필요로 한 또 다른 사람들은 노예들이었다. 검투사들의 식사 준비는 물론이고 물을 길어오는 일, 화장실이나 검투사들의 방을 청소하는 일, 부상당한 검투사의 시중까지 온갖 잡다한 일을 도맡아 했다. 청소 상태가 불량하거나 검투사들의 시중을 제대로 들지 못했을 때는 이들에게 어김없이 채찍질이 날아오기 때문에 게으름을 피울 수 없었다.

죽음도 불사하겠다

양성소에 도착한 뒤 방 배정과 식사가 끝나면 양성소 운영자는 자원한 검투사들을 불러 모았다. 전쟁포로나 범죄자와 달리 가난 때문이든, 용맹 때문이든, 재미 때문이든 검투사로 자원한 사람들은 운영자와 계약을 맺어야 했다. 얼마 동안 검투사로 활동할지, 얼마를 벌지, 어디에서 생활할지를 상세히 명시한 계약서에 도장을 찍어야 비로소 검투사가 되었다. 연간 몇 차례 경기를 해야 한다는 규정은 없었다. 정해진 축제 기간이 있긴 하나 특별히 경축할 일이 있어 경기를 열 수도 있고, 상황이 여의치 않아 경기가 많이 열리지 않는 해도 있었다. 자원한 검투사에게 지급되는 법정 최저임금은 4년 혹은 5년인 계약 기간 동안 4000세스테르티우스(1000데나리우스)였다. 1세기 초 로마 군단병의 4.4년 연봉에 준하는 돈이었다. 한마디로 군단병 수준의 임금이라고 보면 된다. 이중 절반인 2000세스테르티우스가 계약과 동시에 지급되었다.

이전에 아무리 신분이 높았다 해도 일단 양성소 운영자와 검투사가 되기로 계약을 맺었다면 노예 신분이었다. 계약이 끝나면 시민권이 회복되지만 그동안은 운영자의 말에 절대복종해야 했다. 자원자가 견딜 수 없을 정도로 훈련이 힘들다든가, 생각보다 보수가 적다든가, 채찍질만 난무하는 양성소의 규칙이 부당하다는 이유로 그만둘 수 없었다. 자원자는 기존의 사회적 신분이 무엇이었든, 어떤 생각을 하고 있든 이제는 양성소 운영자와 교관의 명령에 순종해야 했다. 자원자들은 양성소 운영자의 재산이 되었으므로 비인간적인 훈련도, 부실한 식사도, 불편한 막사에서의 생활도 아무런 불평 없이 견뎌내야 했다.

자원한 검투사들과의 계약이 맺어지면 자원자는 물론 전쟁포로와 범죄자 모두 훈련장에 모여 의식을 치렀다. 바로 '검투사의 맹세 *sacramentum gladiatorum*'라는 의식이었다. 고통스러운 생활과 죽음에 작은 불만도 품지 않고 모든 것을 감수하겠다는 뜻에서 맹세를 해야 했다.

> 가장 명예로운 공약의 말은 '불에 타고, 감금되거나 검으로 죽음으로써'라는 가장 불명예스러운 공약과 똑같다. 아레나를 위해 자신들의 힘을 쓰도록 고용된 사람, 자신들이 먹고 마시는 것에 대한 대가를 피로써 갚는 사람들에게 억압적인 조건이 부과되므로 그들은 원하지 않더라도 그런 일을 참고 견뎌야 한다.[7]

맹세의 내용은 "불에 타고, 사슬에 속박되고, 막대기로 매질을 당하고, 검으로 살해되어도 참겠다"[8]는 것이었다. 훈련 과정에서 어떤 일을 당하든, 어떤 부당한 학대를 당하든, 경기장에서 억울하게 살해되든 모든 것을 참고 모든 것에 무릎 꿇겠다는 것이었다. 노예처럼 양성소 운영자에게 신체를 완전히 양도한다는 의미였다. 맹세의 속뜻에는 검투사들이 지하세계의 신에게 봉헌하고, 신의 명령에 따라 자신의 생명을 지키거나 희생할 것이라는 의미도 담겨 있었다.

강압에 의한 것이기는 하지만 맹세를 하는 것은 나름대로 의미가 있었다. 징집이든 자원이든 군인들이 용감하게 싸울 것이라고 맹약하는 것은 위험한 전장에서 일사불란한 명령 체계와 복종이 단결력을 고취시킨다는 믿음에서였다. 이 단결력이 서로의 목숨을 구할 뿐 아니라 전투에서 승리를 가져다주었다. 반면 전쟁포로와 범죄자들이 맹세를 하는 것에는 양성소 운영자의 소유임을 인정한다는 의미가 담겨 있었다. 자원한 자유민 출신의 검투사들은 군인들처럼 국가를 위하는 것도 아니고, 전쟁포로나 범죄자들처럼 강요로 나선 것도 아닌 만큼 훈련이나 경기 중 일어날 수 있는 불상사에 대해 책임 소재를 분명히 해야 했다. 그들은 모든 고통과 만일에 일어날 불행을 감수할 것이며, 그 모든 일은 스스로에게 책임이 있음을 인정하는 의미에서 맹세를 했다.

훈련도 실전처럼

　신참은 앞으로 6개월 정도 훈련을 받아야 실전에 투입될 수 있었다. 검투사들의 훈련을 맡고 있는 교관들은 사전에 양성소 운영자에게 신참 검투사들의 신분과 성격, 개인적인 사정을 들은 터여서 나름대로 훈련 규칙을 세워놓고 있었다. 신참 검투사들을 어떻게 최고의 검투사로 훈련시켜야 할지, 성격이 급한 자들을 어떻게 누그러뜨려 복종하게 만들지, 사회에서의 신분을 잊고 어떻게 단체생활에 적응시킬지가 중요한 문제였다. 교관들은 연륜이 있어 아무리 포악한 성격의 사람이라도 다룰 자신이 있었다.

목검으로 나무 기둥을 타격하라

신병들이 4개월 훈련하는 데 반해, 신참 검투사들은 6개월 정도 훈련해야 했다. 그러나 검투사는 개인적인 능력이 중요했고, 사람에 따라 그 능력이 다르므로 확고하게 정해진 훈련 기간은 없었다. 기술을 빨리 습득한 사람은 빨리 경기장에 나갈 것이고, 느린 사람은 그보다 더 연습에 임해야 했다. 훈련은 신참이든 선참이든 거르지 않았다. 하루라도 쉬면 몸은 그만큼 느슨해지기 마련이고, 그러면 곧 경기장에서 순발력을 잃어 치명상을 입기 때문이다.

검투사들의 일상은 이른 아침 넓은 훈련장에 모이는 데서 시작되었다. 막사로 사용하는 건물 앞마당에 있는 훈련장은 모래가 깔려 있는 타원형의 작은 아레나였다. 아레나가 모래를 뜻하는 '하레나 $harena$'에서 유래한 것에서 알 수 있듯이 경기는 모래 위에서 벌어졌다. 부상을 방지하고 피를 흡수하기에는 모래가 적격이었기 때문이다. 모래는 가까운 해안가나 모래가 있는 지역에서 파 짐수레에 싣고 와서 경기장 인근에 보관했다. 경기가 있는 날에는 모래가 많이 쓰였기에 미리 준비해두어야 했다. 검투사 경기를 좋아했던 네로 황제는 모래 대신 구리 가루, 납가루, 철가루 등을 뿌려 화려한 색깔의 경기장을 만들기도 했지만 이는 네로 황제 개인의 독특한 취향일 뿐이었다.

훈련장에 모인 검투사들의 옷차림에서 가장 기본이 되는 것은 속옷이었다. 하체의 중요한 부분을 가리는 허리옷 $subligaculum$은 '아래를 묶다 $subligo$'라는 뜻에서 유래한 말로, 우리 식으로 보면 속옷이었다. 착용법은 간단했다. 1.5미터의 사각형 아마천을 삼각형 모양이 되게 반으로 접는다. 삼각형 천의 양쪽 끝을 뒤에서 앞으로 오게 한 다음 배꼽쯤에서 묶는다. 그러면 엉덩이에서 다리 뒤쪽으로 내려오는 삼각형 모양의 천이 생긴다. 그 천을 다리 사이로 앞으로 당겨 성기를 덮고, 조금 전에 배꼽에 묶은 매듭 아래로 밀어넣어 쭉 당긴다. 당긴 천을 다시 배꼽에 있는 매듭 위로 앞치마처럼 늘어뜨린 뒤 그 위에 벨트를 매면 고정됨과 동시에 성기를 감추는 허리옷이 완성된다. 다른 방법으로 V자로 된 천을 옆에서 묶은 다음 벨트를 하는 방법도 있었다. 그러나 아무리 넓은 벨트를 해도 격렬한 경기를 하는 상황에서 성기가 드러날 수 있으므로 흔하게 쓰는 방법은 아니었다.

처음에는 일부 검투사가 가슴받이나 간단한 겉옷으로 소매 없는 투니카를 걸치기도 했으나 대부분은 허리옷만 입고 상체는 벌거벗은 상태였다. 원래 검투사들은 전쟁포로 출신의 노예들이었으므로 처벌의 징표로 상체를 벗었다. 또 근육질의 단단한 몸을 드러내는 것이 싸움 능력을 과시하는 데 더 좋았다. 검투사들의 인기가 높아지면서 관중은 점점 더 벌거벗은 웃통에 매력을 느꼈지만, 열등한 신분에 대한 징표라는 의미는 여전히 남아 있었다. 아무리 뛰어난 검투사라도, 아무리 인기 있는 검투사라도 황제나 관중이 그들의 생명에 대한 권리를 손에 쥐고 있다는 사실을 잊지 않아야 했다. 황제나 관중이 원한다면, 반대로 그들의 요구를 거부한다면 검투사들은 언제든 죽음을 맞이할 마지막 칼날에 벌거벗은 등이나 목을 내놓아야 한다는 사실을 의식해야 했다.

검투사들은 모두 허리옷만 입고 맨발이었다. 원형경기장의 아레나처럼 훈련장에도 모래를 깔아놓았으므로 신발이나 양말 같은 다른 신는 것은 필요 없었다. 모래이니만큼 맨발로 움직이는 데 별 무리가 없는데도 굳이 신발을 신는다면 신발 바닥의 미끄러움으로 인해 힘을 제대로 쓸 수 없을 것이었다. 또 사방이 트인 샌들 속으로 모래가 들어가 찝찝함을 느껴 경기에 집중하지 못할 수도 있었다.[9]

아레나에 모인 검투사들은 자연스럽게 신참과 선참으로 구분지어 서 있었다. 검투사들을 크게는 그렇게 나누지만 실제로는 그보다 더 세분화되었다. 검투사의 등급은 1세기 후반에 처음 나타났고, 2~3세기 비문에서 많이 언급되었다. 비문에는 8등급의 검투사도 보이나 흔히 분류하는 것은 4등급이었다. 기술, 경험, 인기, 전적에 따라 하위 등급에서 고위 등급으로 올라갈 수 있었다. 일급 검투사 *primus palus*는 최고의 기술과 경험을 지닌 자들이었다. 이들을 일컫는 단어에서 '팔루스'는 검투사들이 훈련 때 사용하는 나무 기둥이다. 굳이 옮기자면 '나무 기둥으로 훈련하는 최고의 검투사'쯤 된다. 여타 검투사들과 숙소를 따로 쓰는 이들은 최고의 검투사와 싸웠다. 또 이들은 후임 검투사들을 가르치는 교관이기도 했다. 어차피 경기는 비슷한 실력과 체력을 가진 검투사끼리 맞붙으므로 일급 검투사들이 신참 검투사들에게 기술을 가르쳐주었다고 해서 자신에게 위협이 되는 일은 없었다. 오히려 신참들의 기술이 늘어 유명한 검투사들을 많이 보유한 실력 있는 양성소가 된다면 대우가 나아지므로 이익이었다. 동부 그리스 지역에서 출토된 비문들 중 64퍼센트가 일급 검투사라고 기록되어 있다. 비문을 남기는 검투사들 자체가 어느 정도의 경제력과 가족, 명성이 있는 사람들이고, 자신의 경력을 자랑할 만한 사람들이다보니 그 비율이 높은 것으로 추정된다.

일급 검투사가 되기를 원하는 이급 검투사 *secundus palus*도 기술

면에서 뒤떨어지지 않을 만큼 잘 싸웠다.[10] '일급의 그물 검투사' '이급의 트라키아 검투사'처럼 유형별로 등급이 나뉘어 있었다. 일급과 이급 검투사들은 대개 훌륭한 체격 조건을 지닌 자원자들이었다. 죄를 지어 검투사 양성소로 오게 된 사람들 중 이 두 계급에 속한 검투사는 드물었다. 군인 출신인 전쟁포로도 나름 싸움에 자신이 있었지만 강제로 검투사가 되었으므로 투지력이나 승부 근성이 부족해 고위 등급에 속하지 못했다.

세 번째 등급의 검투사는 '선참 검투사들 *veteres*'이었다. 이 말은 '늙은, 나이 많은'이라는 단어의 남성 복수형이다. 검투사들 중 많은 수를 차지하는 부류가 이들이었다. 선참 검투사들은 아레나에서 싸워 최소한 한 번 이상 살아남은 검투사들이었다. 살아남았다는 말은 이겨서 살아남았을 수도 있고, 반대로 졌지만 아주 용감하게 싸워 주최자와 관중에게 '산 채로 떠나는 것'을 승인받아 살아남은 것일 수도 있었다. 승리한 것과 진 것은 엄연히 다르지만 산 채로 경기장을 나온 패배자도 멸시받지는 않았다.

검투사의 등급 중 최하위는 경기장에서 한 번도 싸워보지 않은 신참 검투사였다. 경험이나 싸움 기술이 부족하므로 신참 검투사의 절반이 검투사로 입문한 첫해에 사망했다. 한 번이라도 공개적으로 싸워 살아남았다면 더 이상 신참 검투사가 아니었다. 신참 검투사들 중 제일 우위에 있는 사람은 아무래도 자유민 자원자들이었다. 그다음은 검투사로서 즉각 죽어야 한다는 판결을 받거나 검투사 양성소로 가는 판결을 받은 범죄자들이었다. 후자는 훈련하는 기간이 있으므로 전자보다 더 오래 살았다. 그래도 범죄자이므로 훈련하는 낮에는 활동 범위가 막사 안으로 제한되어 있었고, 밤에는 방이나 감옥에 갇혀 있었다. 신참 검투사들 중 제일 낮은 지위에 처한 이들은 '무리를 지어 싸우는 검투사들gregarii'이었다. 개인 대 개인으로 싸우는 여타 검투사들과 달리 이들은 말 그대로 한꺼번에 무리를 지어 싸웠다. 검투사들 중에서도 경멸과 멸시의 대상이었던 이들은 야만족 출신의 전쟁포로들로서 문명화된 검투사들과 구분되었다.

검투사에게 등급이 있듯이 훈련 방법과 일정을 주도하는 교관에게도 등급이 있었다. 교관은 검투사들과 가장 밀착해 있는 사람으로서 전직 검투사들이었다. 선참 검투사들은 경기장에 나선 경험이 있는 만큼 무장하는 방법은 물론 무기를 사용하는 법을 알고 있었다. 따라서 상황에 맞춰 어떤 허점을 노릴지를 배워야 하므로 경험이 많고 기술도 뛰어난 교관을 배정받았다. 반면 신참 검투사들은 완전히 기초부터 배워야 했다. 범죄자와 자원자는 당연히 무기를 들어본 경험이 많지 않으므로 검을 잡는 법부터 익혀야 했다. 검을 쓸 줄 아는 전쟁포로라도 상대를 찔러 죽이면 그만인 전투 기술과 극적인 상황을 연출해야 하는 경기장에서의 싸움 기술은 다르므로 처음부터 다시 시작해야 하기는 마찬가지였다. 그래서 이들은 전직 검투사이기는 하지만 부상을 입거나 나이 든 교관을 배정받았다.

검투사나 교관의 등급과 상관없이 모든 검투사가 기본적으로 해야 하는 훈련은 체력을 단련하는 일이었다. 검투사들에게 체력 훈련은 상대에게 위압감을 줄 체격뿐만 아니라 오래 버틸 수 있는 체력을 갖추기 위해 필요했다. 체력 훈련은 양성소 안에서 할 수 있는 운동으로 짜여 있었다. 가령 통나무를 단체로 들어올리고 내리기를 반복하는 근력운동, 전후좌우로 방향을 빨리 바꾸면서 달려 민첩성을 키우는 운동, 통나무 위에서 턱걸이를 해 팔 힘을 키우는 운동, 훈련장을 수십 바퀴 돌아 폐활량을 키우는 운동 등이 모두 일정 속에 들어 있었다.

　기초 체력 훈련은 모든 검투사가 하루도 빠짐없이 했다. 그 사이사이에 개별적인 검술 훈련도 일과에 포함되어 있었다. 검술 훈련에서 실전 때 사용하는 장비로 훈련하는 선참 검투사들과 달리 신참 검투사들은 목검을 가지고 했다. 목검과 방패를 가지고 높이 1.7~2미터의 나무 기둥이나 짚으로 만든 사람을 상대로 훈련했다. 목검과 나무 기둥을 활용한 검투사들의 훈련 방식은 기원전 105년의 집정관이 군인들에게 활용하면서 널리 퍼졌다.[11] 목검과 방패는 실전에서 쓰는 것보다 두 배 무거운 것이 주어졌다. 이는 서투른 솜씨로 진짜 검을 사용해 신체에 손상을 입는 것을 방지함과 동시에 무거운 목검과 방패에 익숙해지면 실제 검과 방패가 가볍게 느껴져 자유자재로 휘두를 수 있기 때문이었다.

　신참들은 교관들에게 머리나 얼굴, 옆구리, 허벅지, 종아리 등 허점으로 보이는 곳을 겨냥해 치고 찌르는 법을 배웠다. 베지 않고 찌르는 검술은 군인들처럼 검투사들도 구사하는 기술이었다. 찌르는 공격은 2운키아 *uncia*(4.92센티미터)만 들어가도 치명타를 입히기 때문이었다. 또 몸통이 최대한 노출되지 않고 상대를 기습 공격할 수 있는 방법이 찌르기였다.[12] 오크나무를 세 겹으로 붙인 다음 가죽을 덧댄 방패는 가장자리를 청동으로 감쌌다. 바닥에 닿아 닳거나 오래 사용해 나무가 풀어지는 것을 방지하기 위해서였다. 방패 한가운데 있는 청동이나 철로 된 돌기는 상대를 가격하는 데 유용했다. 방패가 자신을 보호하는 방어용인 동시에 공격용이었던 것이다.

신참 검투사들은 처음 임하는 여러 훈련에서 최선의 노력을 다해야 했다. 자칫 허약한 인물로 비쳤다가는 훈련 내내 싫은 소리를 들어야 했기 때문이다. 운영자는 물론이고 교관들도 싸움에 소질 없는 신참에게 시간과 음식, 연습 도구를 허용할 만큼 경제적·정신적 여유가 없었다. 신참 검투사는 무장하는 법이나 싸움 기술은 기본이고, 경기장에서 일어날 수 있는 모든 상황을 몸과 마음에 새겨 넣었다. 상대의 심리를 읽는 법, 경기장에서 긴장하지 않는 법, 무기를 떨어뜨렸을 때의 대처법, 도망가는 법과 도망가는 상대를 추격하는 법, 관중의 야유에 주눅 들지 않고 환호에 방심하지 않는 법, 관중의 흥분을 고조시켜 유명한 싸움꾼이 되는 법 등 아레나에서 일어날 법한 모든 변수에 대처할 수 있어야 했다.

체력과 근력 훈련, 검술 훈련을 몇 달 동안 한 뒤 교관은 신참들의 훈련 상태를 점검했다. 신참끼리 싸움을 붙여 검술과 창술은 얼마나 나아졌는지, 공격과 방어의 시점을 잘 파악하는지, 지구력은 있는지를 파악했다. 이후 교관이나 운영자는 신참 검투사를 불러 어떤 유형의 검투사가 맞는지를 협의했다. 신참 검투사가 자신이 원하는 유형을 말하고, 교관과 운영자가 이에 수긍하면 간단히 결론이 났다. 경험이 풍부한 교관은 신참 검투사들이 훈련하는 과정을 일일이 보지 않아도 처음 검투사 양성소로 들어올 때부터 어떤 검투사로 활용할지를 대략 간파하고 있었다. 그래도 자신의 판단이 맞는지를 확인하기 위해 신참 검투사들의 훈련 장면을 꼼꼼히 지켜보지만 대개는 처음 했던 판단이 적중했다. 교관은 체격, 눈빛, 성격에다 훈련을 통해 나타난 근성을 종합적으로 헤아려 신참 검투사들을 분류했다.

교관과 운영자가 보기에 신참 검투사가 하고 싶은 유형이 체격이나 기술 면에서 전혀 맞지 않다고 여겨지면 다른 유형의 검투사를 권했다. 이들이 여러 조건을 따져보았을 뿐 아니라 지위가 높고 경험도 많아 신참 검투사가 고집을 부릴 수는 없었다. 실제로 훈련을 하면 할수록 교관과 운영자가 권하는 유형이 맞을 때가 많았다. 굳이 다른 유형의 검투사를 원한다면 재차 요청할 수도 있지만 한 번 정해진 유형을 바꾸는 일은 드물었다. 아홉 번 싸운 뒤 다른 유형의 검투사가 된 사례도 있지만 대부분은 한 번 정해진 유형을 좀처럼 바꾸지 않았다. 싸움을 하면 할수록 무기를 다루는 기술이 축적되기에 유형을 바꿔 새로운 기술을 습득하는 것은 큰 이익이 되지 못했다. 각자의 싸움 유형이 정해지면 신참 검투사들은 싸움 기술을 가르쳐줄 교관들에게 갔다. "물고기 검투사들의 교관인 아울루스" 혹은 "중장보병 검투사들boplomachi의 교관인 게멜루스"라는 비문에서 알 수 있듯이 싸움 유형에 따라 교관들이 따로 있었다.[13]

유형이 정해지면 본격 훈련에 돌입했다. 제대로 장비를 갖추고 바로 실전에 투입될 수 있을 정도로 죽이는 훈련까지 받았으므로 이제부터 진짜 검투사의 경력이 시작되었다고 해도 과언이 아니었다. 검투사들은 상대를 죽여 승리하기 위해 혹독하게 훈련하는 '훈련된 살인자'라는 면에서 군인들과 비교되었다. 검술 훈련이 같을 뿐 아니라 전투나 경기장에서 살아남아야 하고 승리해야 한다는 동일한 목적을 지녔다는 점에서 군인과 검투사는 유사했지만, 훈련의 강도를 따지면 군인들보다 검투사들이 더 강했다. 군인들은 아침저녁으로 하는 훈련 외에 주둔지 건설, 주둔지 경비와 청소, 정찰, 다리 건설, 식량 조달 등 해야 할 일이 많다. 반면 검투사들은 개인적으로 싸우므로 대형 훈련을 할 필요도 없었고, 주둔지와 관련된 일도, 식량 조달도 할 필요 없이 오로지 검술 훈련에만 매진했다. 무거운 짐을 지고 장거리 행군을 하거나 신속하게 대형을 전개하는 능력은 군인이 뛰어났다. 그러나 검술 훈련에 투입하는 시간을 기준으로 보면 온갖 잡다한 일을 하는 군인보다 검투사들의 검술이 더 뛰어났다.

검투사들에게는 육체적인 훈련뿐만 아니라 정신력도 요구되었다. 칼리굴라 황제가 검투사 양성소에서 2만 명의 검투사를 모아놓고 칼로 위협했을 때 단 2명만 눈을 깜박거리지 않았다고 한다. 눈을 깜박거리는 사람은 무의식중에 겁을 먹은 반면, 이 2명은 누구에게도 뒤지지 않는다고 보았다. 어떤 위협에서도 눈을 감지 않는 것은 강인함의 상징이고, 승리를 예견하는 지표였다. 그래서 "전쟁에서 패배의 조짐은 항상 눈에서 시작된다"는 말이 나오는 것이다.[14]

혹독한 훈련

신참 검투사들은 장비 착용에서부터 개별 훈련을 거쳐 서로 상대가 되는 검투사들끼리 실제 훈련에 돌입했다. 교관이 싸우는 중간 중간 어디가 약점인지, 공격용 무기를 어떻게 사용해야 할지, 방어용 무기를 어떻게 활용할지를 일일이 일러주었다. 물론 교관이 말로 가르쳐주든, 몸으로 보여주든 기술을 자신의 몸으로 익히기까지 힘겨운 시간이 이어졌다.

환자가 의사에게 하는 것처럼 당신 자신을 교관에게 완전히 맡겨라. 당신은 (시체가 되어) 도랑에 던져질 수도 있고, 어깨가 탈구될 수도, 발목이 비틀릴 수도 있다. 당신의 등은 채찍을 맞아 줄무늬가 나 있을 수도 있고, 먼지를 한 바가지 마실 수도 있다.[15]

신참 검투사들은 이렇게 같은 훈련을 하루하루 하다보면 언젠가는 기술이 늘 것이라는 막연한 기대감으로 연습에 임했다. 물론 기대는 기대로만 끝날 수도 있었다. 엄청난 훈련을 하고서도 단 한 번의 실전에서 죽은 목숨이 되곤 했기 때문이다. 허무한 일이기는 하나 훈련의 양만큼 살아남을 가능성도 커지므로 훈련을 게을리할 수 없었다. 선참 검투사들 또한 어제와 같은 일상이 되풀이되지만 훈련하지 않으면 실전 감각을 잃어버릴 수 있고, 이는 곧 사망을 뜻하기에 느슨해질 틈이 없었다. 신참과 선참에게 경험과 기술의 우위는 있어도 죽음의 순서는 정해지지 않아 훈련으로 죽음의 공포를 이길 도리밖에 없었다.

훈련은 엄격했고, 제대로 하지 않으면 혹독한 처벌이 뒤따랐다. 모든 공격에 자동으로, 본능적으로 반응할 때까지, 인간으로서의 한계를 느낄 때까지 계속되었다. 그렇게 해야 진정으로 싸우는 기계로 재탄생하는 것이었다. 그러나 사람마다 체력과 성격이 달라 혹독한 훈련을 모두 견뎌내는 것은 아니었다. 아침부터 밤까지 이어지는 훈련을 감당할 체력을 지니지 못한 사람이 있었다. 또 끌려와 어쩔 수 없이 검투사로 훈련하지만 왜 하는지, 이런 훈련이 자신에게 무슨 의미가 있는지를 생각하다보니 훈련에 불성실한 사람도 있었다. 이들을 그대로 둔다면 흥미진진한 경기는 펼쳐지지 않는다. 경기의 흥미를 떨어뜨리는 사람, 검투사로서의 근성이 없는 사람들을 진정한 검투사로 만드는 인물이 교관이었다. 교관들은 체력과 정신력이 떨어지는 검투사들에게, 최선을 다하는 것 같지 않은 검투사들에게 가혹한 매질을 끊임없이 가해 정신을 차릴 것을 종용했다.

숱한 매질에도 승부 근성이 나오지 않거나 태만함을 보이는 검투사들은 양성소 안의 감옥에 가두어 고통을 주었다. 천장이 낮아 일어설 수도 없는 곳에서 굶다시피 하노라면 오히려 훈련받을 때가 더 나았다는 생각이 들 수밖에 없었다. 교관은 전직 검투사로서 인간의 한계를 느껴보았고, 다양한 성격의 검투사를 훈련시켜봤기에 감옥에 갇힌 검투사들을 풀어줄 시점도 알고 있었다. 훈련을 그리워하는 표정을 읽은 교관이 검투사들을 석방했을 때 그들의 자세가 이전과 다른 것은 당연했다. 훈련 중 몸을 사리다가는 고통스러운 감옥에 또다시 갇혀야 한다는 것을 알기에 좀더 적극적으로, 좀더 치열하고 냉혹하게 훈련에 임했다. 강제로 검투사가 된 전쟁포로나 범죄자들은 이렇게 서서히 검투사의 삶에 젖어 들어갔다. 로마에 대한 미움은 어느덧 잊어버리고 살기 위해 적극적으로 훈련에 임했다.

훈련은 단순히 장비를 다루는 기술, 상대를 제압하는 기술을 배우는 데 그치지 않았다. 그보다 더 중요하고, 더 세심하게 익혀야 하는 것은 경기를 흥미롭게 이끄는 기술, 상대를 잘 살해하는 기술이었다. 로마인들은 오직 살기 위해 싸우는 검투사보다 죽기를 각오하고 상대에게 달려드는 검투사에게 더 큰 매력을 느꼈다.

만약 검투사들이 살려고만 노력한다면 우리는 그들에게 적대감을 느낄 것이다. 만일 그들이 자신의 목숨을 가볍게 여긴다면 우리는 그들을 지지할 것이다.[16]

열심히 싸워도 목숨을 구할까 말까 한 상황에서 로마인들은 단순히 열심히 하기만을 원하지 않았다. 죽음을 불사하고 싸우는 것이 관중의 시선을 사로잡을 수 있지만 그것도 기술적으로 맞붙어야 했다. 관중은 싸움이 지루하게 전개되는 것도, 그렇다고 아주 싱겁게 빨리 끝나버리는 것도 좋아하지 않았다. 그들은 과격하고 아슬아슬하게 싸우다가 극적으로 승부가 나는 경기를 보고 싶어했다. 검투사들은 상대에게 치명적인 상처를 입힐 수 있는 방법과 질 것처럼 상대에게 작은 허점을 내주면서 역으로 치는 방법 등 관중을 사로잡는 싸움의 기술을 보여주어야 했다.

싸움을 지루하게 하지 않기 위해 죽이는 법도 연습해야 했다. 승리한 검투사가 패배한 상대를 단칼에 찔러 죽이면 안전하게 싸움을 종결지을 수 있지만, 관중이 원하는 바는 아니었다. 도망갈 수도 없을 만큼 심각한 부상을 입어 서서히 죽어가는 상대를 그대로 두고 싶은 것이 검투사의 마음일지라도 관중이 원하는 좀더 극적인 장면을 연출해야 했다. 칼에 찔려 피를 철철 흘리면서 도망가는 상대를 끝까지 추격하고, 대항할 힘이 없는 상대에게 싸움을 거는 것도 다 관중의 마음을 얻기 위해서였다.

신참 검투사들은 처음 목검을 잡는 것에서부터 장비를 착용하고 무기를 사용하는 법, 그리고 죽이는 법까지 연습에 연습을 거듭하면서 서서히 검투사로 변모해갔다. 나무로 만든 무기로 훈련시키는 방식을 군인들이 차용할 정도로 검투사들의 훈련 방식은 체계적이고도 엄격했다. 카푸아 출신의 검투사들이 유명한 것도 카푸아에 있는 양성소들이 가장 오래되었을 뿐 아니라 가장 혹독하게 훈련시키는 곳이었기 때문이다. 그런 훈련이 있었기에 흥미로운 경기를 이끌어냈던 것이다. 따라서 삶과 죽음의 갈림길에서 살아가는 검투사들에게 훈련은 생명 연장의 수단이자 돈과 인기의 원천이었다. "잘 훈련받은 검투사들은 타격을 피하기보다 오히려 어떻게 받아들일지를 고민한다. 어느 검투사가 치명적인 타격을 입었을 때 고개를 떨어뜨리더냐? 그것은 훈련, 연습, 습관의 힘이다" "그들은 명성에 대한 열망으로 모든 고통을 참아낸다. 그들의 훈련은 바로 고통을 의미한다"는 사가들의 글은 검투사들에게 훈련이 얼마만큼 중요한가를 역설하고 있다.[17]

건 강 이
곧
돈 이 다

검투사와 부상은 떼려야 뗄 수 없는 관계였다. 훈련이든 실제 경기든 무기를 가지고 하다보니 작은 실수나 허점도 곧바로 부상으로 이어졌다. 부상을 입지 않으면 좋겠으나 아무리 승리한 경기라 해도 작은 상처는 입게 마련이었다. 부상은 검투사가 지니고 있는 원래 능력을 제대로 발휘할 수 없게 만들었다. 부상으로 인해 자리 보전하고 누우면 그 손해는 고스란히 운영자가 떠안아야 했다. 때문에 운영자는 항상 검투사들이 부상을 입지 않도록 신경을 썼고, 부상을 입더라도 빨리 회복할 수 있도록 지원해주었다.

상처 치료와 마사지

아무리 작은 검투사 양성소라 해도 반드시 배치하는 인력이 의사였다. 운영자나 교관들은 검투사들이 훈련 중 다치지 않도록, 경기에서 당한 부상을 재빨리 치료하기 위해 꽤나 신경을 써 최고 수준의 의사들을 배치했다. 검투사들은 돈 그 자체나 다름없기 때문에 자칫 훈련 중 사망하거나 혹은 사망할 정도의 치명적인 상처를 입는다면 이는 곧바로 금전상의 손실로 이어졌다. 특히 유명한 검투사의 부상은 흥행을 일으킬 수 없으므로 될 수 있는 한 빨리 치료해야 했다. 반면 검투사들은 치명적이진 않지만 싸울 수는 없을 정도의 상처를 입었으면 하는 바람을 가졌다. 상처를 핑계로 치료받으면서 경기장에는 나가지 않으므로 생명을 연장할 수 있었기 때문이다. 그러나 관중의 의심을 사지 않기 위해 투구나 방패 같은 방어용 무기를 적절히 사용하면서 적당한 정도의 상처를 입기란 어려웠다.

의료 도구는 메스, 핀셋, 작은 갈고리가 전부였다. 마취를 하지 않은 상태에서 모든 고통에 맞서는 환자들의 외침이 의사들에게는 들리지 않았다. 어떻게든 부상당한 곳을 치료하는 것이 급선무였다. 치료할 수 있는지의 여부와 상관없이 의사들이 다루지 않는 부상이란 없었다.

2세기에 가장 유명한 의사였던 페르가뭄 출신의 갈레누스는 아우렐리우스 황제의 개인 주치의가 되기 전 고향에서 29세 때 검투사의 의사로 근무한 적이 있었다. 그의 의학 지식이 늘어난 것은 검투사 양성소에서의 경험 덕택이었다. 이후 그는 게르마니아 지역에서 전쟁하고 있는 군단의 의사로 일했고, 그의 뛰어난 의술이 황제의 눈에 띈 것은 이때였다. 그는 검투사 양성소에서 일하면서 검투사들의 삶을 지켜보며 운동선수나 검투사가 좋은 직업이 아니라는 것을 절감했다. 이유는 죽음이 난무하는 경기를 치러야 하는 정신적인 스트레스뿐만 아니라 혹독한 육체 훈련과 불균형한 식사 체계 때문이었다.

(운동선수의) 살과 피가 많이 모인 곳에서 그들의 정신은 깊은 수렁에 빠져 있다. 발전할 만한 어떤 자극도 받지 않는 그들의 정신은 짐승처럼 멍청한 상태로 있다. 그들은 자신의 한계에 지치다가 후에는 식도락가로 변해 종종 한밤중에도 기나긴 식사를 한다. 그들의 훈련과 식사를 지도할 때와 유사한 규칙들이 그들의 잠을 규제한다. 자연의 법칙에 따라 사는 사람들이 일을 그만두고 점심을 먹는 그 시간에 운동선수들은 기상한다. 운동선수라는 직업을 가지고 있는 한 그들의 신체는 이처럼 위험스러운 상태에 있다. 그들이 그 직업을 그만두면 더 위험한 상태에 빠진다. 일부 사람은 곧바로 사망하고, 다른 사람들은 약간 더 오래 살지만 많이 오래 살지는 못한다. 그들은 받은 충격으로 육체가 약해졌고, 최소한의 자극에도 병이 나는 경향이 있다. 일반적으로 꺼져 있는 그들의 눈은 이미 충혈되었고, 과거 상처를 받았던 이빨은 빠진다. 근육과 힘줄은 자주 끊어지고, 관절은 과로를 견딜 수 없어 자주 탈구된다. 적정 이상으로 자신들을 발전시키고, 살과 피로 지나치게 자극해 상대에게 대적하게 만드는 교관의 수중에 맡겨진다면 아무리 완벽하게 균형잡힌 사람이라도 바로 무시무시할

정도로 볼품없는 모습으로 바뀐다. 그들이 더 이상 그런 직업을 가지지 않을 때 그들은 감각을 잃고, 수족은 탈구되며, 완전히 변형된 모습이 된다.[18]

위통과 타박상의 치료제로 화산재를 사용한 잿물이 좋다고 했다. 검투사들이 경기가 끝난 후 잿물을 마시는 것도 경기 중 입은 상처가 빨리 치료될 것이라는 믿음에서였다.

검투사들은 경기를 마치거나 고된 훈련으로 지쳐 있는 날 저녁에는 양성소에 고용되어 있는 마사지사의 도움을 받았다. 마사지사들은 오일을 발라 뭉친 근육을 풀어주었고, 긴장감을 완화시켜주었다. 양성소에 의사나 마사지사를 두는 것은 검투사들을 위한 서비스이지만 운영자에게는 일종의 투자였다. 검투사들의 건강한 육체와 평온한 마음이 경기에서의 승리를 가져다주고, 승리는 운영자의 명성과 수입으로 직결되기 때문이다.

2001년 에페소스에서 발굴된 68명의 검투사 무덤에서 11명의 두개골에 상처가 보이는데, 대부분은 싸우거나 훈련 중 입은 것이었다. 상처가 아주 잘 아문 것으로 보아 좋은 의료 혜택을 누린 듯하다. 10명의 두개골에서는 심각한 타박상의 흔적이 보이는데, 두개골 앞쪽에 입은 상처보다 정수리 쪽에 입은 상처로 인해 사망으로 이어졌을 가능성이 높다. 앞쪽의 상처는 경기 초반에 서로 견제하면서 무기를 내리쳤을 때 입었고, 정수리는 경기 후반 상대를 쓰러뜨리기 위해 마지막 일격을 가했을 때 입었을 것으로 추정된다. 경기 후반에 상처를 입었다면 이미 방패나 투구 같은 방어용 무기가 없는 상태이므로 치명적인 타격을 받을 수밖에 없었다.[19]

자살 시도

　양성소 운영자와 교관들에게 가장 어이없는 일은 검투사로서의 삶을 견디지 못하고 자살해버리는 경우였다. 육체뿐 아니라 정신력을 훈련시키는 것은 이런 일을 당하지 않기 위해서였다. 운영자와 교관도 사람인지라 검투사로서 살아가기가 얼마나 힘들었으면 자살했을까 하는 생각이 들지 않은 것은 아니었다. 특히 포로나 범죄자는 자신이 원해서 검투사가 된 것도 아니었기에 견디기 어려웠을 것이다. 그러나 운영자와 교관이 검투사의 입장을 이해한다고 해서 그들을 안락하게 살도록 대우할 수는 없는 일이었다. 검투사로 돈을 벌어야 하는 입장에 선 그들로서는 원하지 않아도 가혹하게 해야 했다. 싸운 경험도 있고, 여러 검투사를 다뤄봤던 교관들은 검투사들이 스스로의 한계를 뛰어넘기를 원했다. 그는 검투사가 체력을 조금만 더 다지면 힘으로는 상대에게 밀리지 않을 것 같고, 조금만 더 연습을 시키면 무기를 다루는 기술이 일취월장할 것 같다는 생각에 한 치의 틈도 주지 않고 훈련을 시켰던 것이다.

　운영자와 교관은 훌륭한 검투사 제조기라는 명성을 얻고자 혹독한 훈련을 부과하지만 검투사들은 견디기 어려웠다. 군인이라면 국가의 번영을 위해, 내 가족과 시민들의 안전을 위해 훈련해야 한다고 자위할 수 있다. 그러나 단순히 정복자의 즐거움을 위해 존재하는 검투사들은 왜 이런 훈련을 해야 하는가, 패배한 자의 운명인가라는 회의가 마음속에서 불쑥 머리를 내밀곤 했다. 제대로 된 싸움을 하지 못할 때 가해지는 매질과 폭언을 당하노라면 머릿속은 절망의 어두운 색으로 물들여졌다. 가끔은 교관들이 검투사로서의 힘든 삶을 이해한다며 '위로'라는 당근책을 쓰기도 하지만 어떤 검투사도 그런 달콤한 거짓말을 믿지 않았다. 그들이 검투사를 단지 부를 안겨줄 수단으로밖에 보지 않는다는 것을 검투사들도 알기 때문이었다. 그들이 검투사들을 이해한다는 말 속에는 싸움을 잘해야 힘겨운 삶에서 벗어나니 훈련을 열심히 하라는 말, 반항하지 말고 견디라는 말이 함축되어 있었다.

강제로 검투사가 된 사람도 시간이 지나면 대부분 적응하지만 유독 그 삶을 받아들이지 못한 사람들에게 자살은 뿌리칠 수 없는 유혹이었다. 스스로 목숨을 끊는 것보다 더 나은 방법은 도망가서 숨어 사는 것이었다. 그러나 항상 경비병들의 삼엄한 감시가 있었고, 훈련이나 경기할 때를 제외하고는 무기를 휴대할 수 없었기에 도주도 여의치 않았다. 혼자 도망가는 것이 쉽지 않다면 검투사들이 힘을 모아 양성소 운영자, 교관, 의사, 여타 인력을 가두거나 살해한 뒤 단체로 도망가는 것도 한 방법이었다. 그러나 검투사 양성소 관계자들이 검투사들의 단체 행동을 항상 경계하고 있었다. 간혹 반항의 조짐이 보일 때는 선동 가능성이 있는 검투사의 발에 사슬을 채워놓았기 때문에 단체로 모의를 꾸미기도 어려웠다. 또 자유민 출신의 자원자들은 돈과 인기를 목표로 스스로 검투사라는 직업을 택했으므로 도망갈 것을 염두에 두지 않았다. 계약 기간만 견디면 되었기 때문에 오히려 다른 검투사들이 단체 행동을 하려 한다는 사실을 운영자에게 일러바칠 수도 있었다. 한마디로 검투사들이 자살하는 것은 검투사의 삶에서 벗어나는 데 그보다 더 나은 방법이 없었기 때문이다.

세네카는 친구인 루킬리우스에게 보내는 편지에서 자살한 사례들을 언급했다.

당신은 위대한 사람을 제외한 어느 누구도 인간의 비굴함을 파괴시킬 힘이 없다고 생각하지 않아야 한다. 예를 들어 검투사 양성소에서 야생동물 사냥꾼인 어떤 게르만족이 오전 경기를 준비하고 있었다. 다행히 그는 목숨을 구해 경기장을 나오고 있었다. 이때는 그가 비밀리에, 경비병의 감시를 받지 않는 유일한 때였다. 그는 경기장에서 나오면서 고약한 목적에 사용하는 스펀지를 단 나무 막대기를 잡아 자신의 목구멍 속으로 쑤셔넣었다. 막대기가 그의 기도를 막아 숨통을 끊어놓았다. 얼마나 용감한 친구인가! 그는 분명히 스스로 자신의 운명을 선택할 만한 가치가 있었다. 그는 자살할 무기를 갖는 방법을 알았다. 또 최근 오전 경기에 투입된 어떤 싸움꾼이 다른 죄수들과 함께 수레에 실려 들어왔다. 깊은 잠에 빠진 것처럼 고개를 끄덕이던 그는 머리를 숙여 수레바퀴에 집어넣었고, 바퀴가 돌면서 그의 목을 부러뜨릴 때까지 오랫동안 그 자세를 유지했다. 결국 그는 자신을 처벌하고자 운행하던 바로 그 수레로 운명의 굴레에서 벗어났다. 경기장에서 다른 사례는 무수하다. 모의 해전에서 두 번째 경기가 벌어지는 동안 한 야만족이 적에게 사용하라고 준 창을 자신의 목구멍 속에 깊이 찔러넣었다. 그는 "왜, 왜, 내가 이런 고통에서, 이런 비천함에서 아직도 도망치지 않았을까? 왜 내가 무장하고 다가오는 죽음을 기다려야 하는가?"라고 외쳤다. 이 장면은 모든 사람에게 충격을 주어 교양 있는 사람들에게 자살이 살해당하는 것보다 더 영광스럽다는 사실을 가르쳐주었다.[20]

로마인들이 대변을 보고 난 후 엉덩이를 닦는 용도로 쓰는 막대기로, 수레바퀴로, 창으로 시도한 자살은 경기 직전, 경기장에서, 혹은 싸움을 마치고 나오면서 경비가 허술한 틈을 타 이루어졌다. 수레바퀴에 머리를 집어넣은 죄수는 자는 척했기 때문에 경비병들의 삼엄한 눈초리를 속일 수 있었다. 또 기원전 100년 반란을 일으킨 노예들이 원형경기장에서 야생동물과 싸우기 싫어 서로를 죽이고, 마지막 남은 생존자가 자결한 일도 있었다. 4세기 정치가인 심마쿠스가 경기장에 내보내려고 구입한 29명의 프랑크족 포로가 경기장에 나가기 전 서로를 교살한 후 마지막 남은 자가 벽에 머리를 계속 찧어 죽은 일도 있었다. 삼엄한 감시 속에서도 29명이 집단으로 자살할 수 있었던 데에는 경기장의 어수선한 분위기가 한몫했다. 앞 경기를 마치고 나오는 사람, 새로 경기에 투입될 사람, 경기장을 정리하는 사람 등 많은 사람이 오가는 경기장에서는 아무리 감시를 철저히 한다고 해도 방심하는 순간이 있기 마련이었다. 이들 포로는 어쩌면 정복자들의 즐거움을 위해 서로 싸우기보다 자살로써 정복자들을 당황하게 만들려 했는지도 모른다.

제2부

시끌벅적한 원형경기장

Glaring

제1장

경기 날짜

지 정 된 경 기 날

육체적 한계를 느끼면서 혹독한 훈련을 견딘 검투사들에게 관중의 함성은 또 다른 힘의 원천이자 두려움의 대상이었다. 뛰어난 기술을 발휘했을 때 들리는 관중의 환호는 새로운 힘이 솟구치게 하지만 상대에게 몰렸을 때 받는 관중의 야유는 죽음의 그림자를 드리웠기 때문이다. 그런 관중이 있었기에 훈련도, 경기도 열심히 할 수 있었다. 관중의 관심은 더 많은 돈과 인기를 얻는 원천이었던 것이다. 관중을 얼마나 많이 끌어 모으느냐는 경기 주최자의 명성과 양성소 운영자의 능력, 쉬투사의 인지도에 달려 있었다. 이들은 경기 날짜가 정해지면 온갖 홍보로 관중을 동원해 가능한 한 많은 사람이 참석한 가운데 경기를 개최하고 싶어했다.

축제일

원래 국고로 개최하는 공적인 경기는 '놀이'라는 뜻의 '루두스 ludus'라 불렸고, 여기에는 행렬, 연극, 전차 경기가 포함되었다. 검투사 경기는 죽은 사람에게 하는 '의무'라는 뜻의 '무누스munus'라 불렸고, 개인이 자신의 돈으로 개최하는 것이어서 공적인 축제에 포함되지 않았다. 그러다가 검투사의 인기가 점차 높아지면서 공적인 축제로 자리잡았다.

축제 이름	개최 날짜	설명
루페르칼리아 축제	2월 13~15일	가장 오래된 축제로서 로마를 건국한 로물루스가 늑대 젖을 먹고 자란 것을 상징하는 축제. '루푸스lupus'는 늑대라는 뜻. 귀족 소년 2명이 특히 여성들에게 채찍을 휘두름. 성스러운 채찍에 맞으면 여성들이 안전하고 고통 없이, 빨리 출산한다고 믿음.
미네르바 축제	3월 19~23일	미네르바를 기리기 위한 축제.
메갈렌시아 축제	4월 4~10일	기원전 204년 소아시아의 페시누스에서 위대한 어머니인 키벨레를 상징하는 운석을 로마 시로 가져온 것을 기념하여 생겨난 축제.
케레스 축제	4월 12~19일	기원전 202년 곡식의 신인 케레스를 경축하여 생겨난 축제.
플로라 축제	4월 28일 ~ 5월 3일	꽃의 여신이자 봄의 여신인 플로라는 원래 사비니인들의 신이었으나 기원전 500년경 로마인들이 차용. 기원전 238년 플로라 축제가 로마 시에서 처음 개최됨. 사람들은 자연의 잡다한 색깔을 상징하는 여러 색깔의 의복을 입고 극장 공연과 전차 경주를 함.
타우리우스 축제	6월 25~26일	5년마다 개최. 에트루리아어로 '무덤tauru'을 뜻하는 말에서 유래. 지하세계의 신들이 역병이 나돌게 하므로 이들을 달래기 위한 축제. 전차 경주, 황소 싸움, 희생제를 거행. 기원전 186년에 거행된 축제가 기록된 마지막 경기.

축제 이름	개최 날짜	설명
아폴로 축제	7월 6~13일	제2차 포에니 전쟁에서 한니발에게 엄청난 패배를 당하던 로마가 태양 신인 아폴로의 도움으로 승리한 것을 기념하여 기원전 211년 처음 개최. 기원전 208년 역병이 퍼지자 치유의 신인 아폴로의 도움으로 병을 극복한 것을 기념하여 매년 개최. 극장 공연, 야생동물 사냥, 희생제를 거행.
승리의 카이사르 축제	7월 20~30일	기원전 46년 카이사르가 가정의 여신인 베누스 신전을 봉헌한 것을 기념하여 개최. 아우구스투스 황제 때부터 매년 개최.
로마 축제	기원전 44년 9월 5~19일 4세기에는 9월 12~15일	승리를 위해 유피테르 신에게 봉헌한 축제. 기원전 220년경 같은 유피테르 신에게 바치는 평민 축제가 생겨나기 전까지 최초이자 유일하게 매년 행해진 축제. 9월은 공식적으로 전쟁을 종결할 때가 다가와 장군들이 전쟁을 승리로 이끈 뒤 전쟁포로들을 끌고 로마 시로 들어오는 달. 이때 사람들에게 성공한 전쟁임을 과시하면서 자신의 이름을 알리기 위해 군중이 보는 앞에서 죄수들의 목을 벰. 여기서 유래해 이 축제에서 검투사 경기를 개최. 기원전 366년 이후 매년 개최하는 경기가 됨.
아우구스투스 축제	10월 3~12일	14년 아우구스투스 황제의 죽음을 기려 개최.
카피톨리움 축제	10월 15일	유피테르 신을 기념한 축제. 기원전 396년 베이이를 정복한 것을 경축한 것이거나 기원전 387년 갈리아인에게 카피톨리움을 빼앗기지 않은 것을 경축하기 위한 축제.
승리의 술라 축제	10월 26일 ~ 11월 1일	승리의 여신에게 봉헌한 축제. 기원전 82년 11월 1일 술라가 삼니움인에 대해 승리한 것을 경축하기 위해 기원전 81년 시작.
평민 축제	11월 4 ~ 17일	로마 축제 다음으로 중요한 축제. 기원전 220년 플라미니우스가 유피테르 신을 기념하여 시작한 축제. 평민들이 9월에 열었던 오래된 포도주 축세를 없애고 만든 축제라는 의견도 있음.
사투르날리아 축제	12월 9 ~ 25일	원래 겨울 파종을 경축하는 축제였으나 사비니인들에게 승리한 후 기원전 496년 독재관 포스투미우스의 명령에 따라 확대된 축제. 로마인들에게 워낙 인기 있었기에 그리스도교가 국교가 되었을 때 이 축제의 많은 특징이 크리스마스로 통합됨.

공식적으로 축제는 경축할 일이 있을 때 열었다. 유대 전쟁에서 승리하고 콜로세움을 준공한 것을 기념해 경기를 열었던 것처럼 승전과 같이 특별히 기념할 일이 있을 때 개최했다. 이때는 준비가 되는 대로 빠른 시일 안에 진행했다. 반면 황제나 속주의 총독, 사제, 정무관 등이 축제 일정에 맞춰 개최하는 경기는 날짜가 일찍이 정해져 있었다.

이런 축제들 중 검투사 경기 대신 다른 행사를 하는 것도 있었고, 로마 축제처럼 성대하게 검투사 경기를 여는 것도 있었다. 매년 벌어지는 정규 축제와 이런저런 특별 축제가 갈수록 늘어나 한 해에 축제가 벌어지는 날은 아우구스투스 황제 때 66일에서 아우렐리우스 황제 때는 135일로, 4세기에는 176일로 늘어났다. 새로 즉위하는 황제가 주최하는 거대하고 특별한 축하 축제를 제외하고도 그 정도였다. 이외에 개인이 죽은 조상을 기려 벌이는 사적인 경기들도 있었다. 제정기에 들어와 황제가 경기 개최의 권한을 독점적으로 행사해 사적인 경기가 많이 줄어들기는 했지만 조금은 남아 있었다. 개인의 여건에 따라 개최하는 경기인 만큼 정해진 날짜는 없었다. 공적인 경기이든 사적인 경기이든 시민들에게는 똑같이 즐기는 날이었다. 축제의 진정한 의미를 따지는 것보다 단순히 놀 수 있다는 것이 좋을 따름이었다.

경기 기획

경기 날짜가 정해지면 황제나 정무관 같은 경기 주최자는 자신의 명령을 이행해 성공적으로 경기를 개최할 주관자를 택했다. 주관자는 경제적·사회적으로 주최자보다 열등하지만 그의 총애를 받는 사람이었다. 제정기 황제 소유의 검투사 양성소를 관리하는 '검투사 경기 감독관'이 로마 시의 경기를 주관했다. 주관자는 종종 황제 밑에서 신뢰를 얻고 있는 해방노예가 맡기도 했다. 2세기 후반 수년 동안 콜로세움에서 개최하는 경기를 주관했던 프로세네스가 남긴 석관에는 생전 그의 업무가 기록되어 있다. "해방노예들이 아주 존경하는 주관자인 프로세네스를 위해 자신들의 돈으로 이 석관을 만들었다. 프로세네스는 두 황제의 해방노예였고, 황제의 침실에 접근하도록 허락받은 사람이었다. 그는 황제의 재산과 금고를 책임지고 있었다. 그는 검투사 경기를 조직했고, 포도주 공급을 책임지고 있었다. 이제 신격화된 코모두스가 그를 임명했다." 그의 두 번째 비문에서 그는 217년 5월에 죽었다고 기록되었다. 아우렐리우스 황제 덕분에 해방된 그를, 코모두스 황제가 검투사 경기 주관자로 임명했다.[1]

검투사 경기 주관자는 검투사 양성소 운영자를 만났다. 양성소 운영자는 포주처럼 멸시당하는 계층이었기 때문에 황제가 직접 대면하지 않았다. 반면 귀족이나 부자, 속주의 사제가 개최하는 경기의 규모는 황제가 개최하는 경기 규모보다 작았다. 이때는 주관자를 따로 두지 않고 경기 주최자가 직접 양성소 운영자와 만나 경기를 기획하기도 했다. 또 양성소 운영자이자 소유주가 자신이 소유한 검투사들로 경기를 개최하는 경우도 있었는데, 이때는 운영자가 주최자이자 주관자 역할을 했다.

주최자와 운영자 혹은 주관자와 운영자는 예상되는 경기 개최의 총비용, 동원해야 할 야생동물의 수, 검투사의 총수와 등급별 검투사의 수, 검투사가 살았을 경우의 임대료와 죽었을 경우의 임대료, '검투사 사열식*pompa gladiatorum*'에 동원되는 사람 수, 사열식과 경기 중에 사용하는 악기의 취주자 수, 관중에게 베푸는 선물의 규모, 예상되는 관중 수 등을 논의하면서 그에 맞는 경기를 기획했다. 간혹 대략적인 승패 비율과 패배했을 때 죽여야 하는 검투사 수도 논의했다. 주최자가 부르기를 원하는 검투사가 있는지, 은퇴한 검투사 중 유명했던 검투사를 불러야 하는지도 논의 대상이었다. 주관자와 운영자가 여러 사항에 대해 합의하면 주관자는 주최자에게 보고했다. 주최자는 합의한 사항이 타당하다고 여기면 주관자에게 필요한 돈을 주었고, 주관자는 이 돈을 다시 운영자에게 건넸다. 그 액수는 규모에 따라 달랐는데, 주최자는 경기 도중 부상으로 싸울 수 없는 검투사 수를 감안해 액수를 삭감하려고 했다. 반대로 운영자는 교관이나 의사와 같은 우수한 전문 인력을 보유하고 있으므로 부상에 따른 손실은 없을 것이라고 강조하면서 더 많은 돈을 받아내려고 했다. 운영자는 자신이 데리고 있는 검투사의 가치를 자랑했다. 또 코린트에서 북쪽의 테살리까지 더 좋은 검투사를 찾아 나선 것처럼[2] 좋은 검투사들을 임대해오는 데 드는 돈을 부풀려 말했다.

도시의 벽은 광고판

2

주관자와 운영자가 개최될 검투사 경기에 대한 세부 사항에 합의하고 금전 거래가 이루어지면 본격적으로 경기 개최 준비에 돌입했다. 가장 먼저 할 일은 경기가 개최된다는 사실을 사람들에게 알리는 작업이었다. 될 수 있는 대로 널리 알려야 참석하는 사람이 많을 것이고, 관중이 많으면 주최자의 이름이 널리 명성을 떨칠 것이었다. 경기장의 좌석이 정해져 있다고 해서 경기장 규모에 맞게 광고할 수는 없는 일이었다. 일단 널리 알리고, 경기장의 좌석보다 더 많은 사람이 몰리면 일부를 돌려보냈다.

경기 일정 광고

검투사 경기가 다가오면 거리의 벽이나 주요 가도 옆 비석에는 경기를 알리는 광고가 새겨졌다. 회반죽으로 된 벽에 경기 개최 목적, 주최자, 경기 날짜, 경기 일정, 관중을 위한 시설 등이 새겨져 오가는 사람들이 볼 수 있게 했다. 그러나 사용할 수 있는 벽이나 비석은 한정되어 있고, 경기가 열리는 횟수는 갈수록 늘어났기에 눈에 잘 띄는 곳에 있는, 경기 일정이 적히지 않은 깨끗한 벽을 찾기란 어려웠다. 외진 곳의 말끔한 벽보다 사람들이 잘 볼 수 있는 곳이어야 하므로 기존의 벽에 새로 회반죽을 발라 그 위에 유채색으로 경기 일정을 새겼다. 벽이나 비석에 적어넣었다고 해도 그곳을 지나가지 않은 사람은 알 수 없으므로 경기 주최자들은 경기를 알리는 사람들을 고용했다. 고용된 이들이 거리 곳곳을 돌아다니며 흥미를 끌 만한 검투사들의 이름과 경기 일정을 외쳤다. 경기 일정을 큰 글자로 쓴 깃발을 들고 다니는 사람들도 있었다. 글자를 아는 이들이 모르는 사람들에게 대신 설명해주었다. 여러 방법으로 경기를 광고하므로 대다수 사람은 경기에 대해 숙지하게 되었다.

로마 시와 폼페이의 벽에는 검투사 경기를 광고하는 안내문이 남아 있다.

날씨가 허락한다면 플라쿠스가 제공하는 30쌍의 검투사가 싸울 것이다. 이들 검투사가 아주 빨리 죽을 경우 대체할 검투사들도 있고, 5월 1일, 2일, 3일에 걸쳐 싸울 것이다. 검투사 경기 다음에는 야생동물 사냥이 이어질 것이다. 유명한 검투사인 파리스도 참가할 것이다. 파리스 만세! 자치시의 2인직에 입후보한 관대한 플라쿠스 만세! 마르쿠스가 달빛에 의존해 이 글을 썼다.

아우구스투스 황제의 아들인 네로 황제의 종신 사제인 사트리우스가 소유한 20쌍의 검투사와 그의 아들인 발렌티스가 소유한 10쌍의 검투사가 3월 28일부터 폼페이에서 싸울 것이다. 기본적인 야생동물 사냥과 차광막이 있을 것이다.

안찰관인 아울루스가 소유한 검투사 가족이 5월 마지막 날 폼페이에서 싸울 것이다. 야생동물 사냥과 차광막이 있을 것이다. 네로 황제는 모든 검투사 경기에서 행복해할 것이다.

툴리우스가 주최하는 경기에서 야생동물 사냥과 20쌍의 검투사가 11월 4일과 7일 폼페이에서 싸울 것이다.[3]

이 광고문들은 관직에 입후보한 사람이나 관료들이 자신을 알리기 위해 개인적으로 소유한 검투사들로 경기를 주최한다는 내용이다. 광고를 보면 주최자의 이름, 개최일, 참여하는 검투사들의 수, 야생동물 사냥이나 햇빛을 가릴 수 있는 차광막과 같은 부가 서비스의 제공 여부를 알 수 있다.

유명한 검투사인 파리스가 참가한다는 플라쿠스의 광고문 외에는 참가하는 검투사들의 유형이나 대진표가 나와 있지 않았다. 참가하는 검투사들의 출신지, 나이, 싸우는 유형, 과거의 전적을 꿰뚫고 있는 열성 팬이 자신의 상식을 주위 사람들에게 잘난 척하며 구체적인 일정을 떠들지 않는다면 알 수 없다. 경기를 좋아하는 사람들이 관심을 갖는 부분은 누가, 왜 경기를 개최하는가가 아니라 누가 참가하는가, 누가 누구와 싸우는가, 얼마나 잘 싸우는가 하는 것이었다. 광고문에 파리스를 언급한 것은 주최자 이름을 적는 것보다 사람들의 관심을 훨씬 더 끌었기 때문이다.

참가하는 검투사를 궁금해하는 이들을 위해 경기 하루나 이틀 전에 검투사들이 도시 광장과 같은 공공장소를 돌아다니면서 시민들에게 인사를 했다. 검투사들은 만나는 사람마다 이번에 경기에 참가하게 되었고, 자신이 얼마나 많은 승리를 거뒀는지, 파리스처럼 이름만 들어도 알 만한 누가 나온다는 식으로 홍보했다. 그러나 경기를 앞둔 검투사들은 훈련에 집중해야 했기에 오랜 시간 다닐 수 없었다. 시장이나 신전 같은 곳에서 사람이 많이 모이는 오전과 오후에 잠깐 얼굴을 보이는 정도에 불과했으므로 검투사들이 경기 전 이틀 동안 만나는 사람의 수는 많지 않았다.

경기가 열리기 하루나 이틀 전 참가하는 검투사의 유형, 이름, 대적하는 유형, 전적 등 구체적인 일정표가 거리에 나붙었다. 남아 있는 단편에서 일부 검투사의 이름이 마모되어 정확히 알 수는 없지만 경기의 세부 사항은 파악할 수 있었다.

마르쿠스가 주최하는 첫 번째 검투사 경기는 5월 노네스 날의 여섯 번째 전날(5월 2일)에 개최한다.

트라키아 검투사 대 물고기 검투사: 2번 승리한 네로 양성소의 ~나토르. 율리우스 양성소의 티그리스와 싸워 1번 승리. 네로 양성소의 ~키~스. 스페쿨라토르와 싸워 3번 승리하고 1번은 산 채로 싸움을 종결. 69번 싸워 승리.

중장보병 검투사 대 물고기 검투사: 율리우스 양성소의 ~에아키우스. 율리우스 양성소의 엠~과 싸워 산 채로 떠남. 55번 싸워 승리.

5월 이데스 다섯 번째, 네 번째, 세 번째 날과 이데스 날(5월 11~14일).

양검 검투사 대 중장보병 검투사: 네로 양성소의 이~키엔스. 20번 싸워 승리. 율리우스 양성소의 노빌리오르와 싸워 산 채로 싸움을 종결하도록 승인받음. 2번 싸워 이겨 승리자.

트라키아 검투사 대 물고기 검투사: 루키우스. 율리우스 양성소의 플라타누스와 싸워 산 채로 싸움을 종결하도록 승인받음. 승리자.

트라키아 검투사 대 물고기 검투사: 네로 양성소의 푸그낙스. 3번 싸워 이겨 승리자. 네로 양성소의 무라누스. 3번 싸워 이겼으나 사망.

중장보병 검투사 대 트라키아 검투사: 율리우스 양성소의 키크누스. 9번 싸워 이겨 승리자. 율리우스 양성소의 아티쿠스. 14번 싸워 승리. 산 채로 싸움을 종결하도록 승인받음.

트라키아 검투사 대 물고기 검투사: 율리우스 양성소의 헤르마. 4번 싸워 이겨 승리자. 퀸투스. 산 채로 싸움을 종결하도록 승인받음.

전차 경주자들: 푸블리우스. 51번 싸워 승리. 산 채로 싸움을 종결하도록 승인받음. 율리우스 양성소의 스키락스. 26번 싸워 이겨 승리자.

트라키아 검투사 대 물고기 검투사: 율리우스 양성소의 노두~. 7번 싸워 이겨 승리자. 루키우스. 14번 싸워 승리. 산 채로 싸움을 종결하도록 승인받음.

트라키아 검투사 대 물고기 검투사: 루키우스. 9번 싸워 승리했으나 사망. 율리우스 양성소의 아스투스. 14번 싸워 이겨 승리자.[4]

광고판은 누가 누구와 싸운다는 정확한 대진표는 아니었다. 누가 누구와 싸우는지는 경기 전에 추첨으로 정해졌기 때문이다. 대신 트라키아 검투사 대 물고기 검투사가 싸운다는 식으로 유형별 검투사의 대진표만 표기되어 있었다. 가령 첫 번째 경기에 대한 설명에서 "트라키아 검투사 대 물고기 검투사: 2번 승리한 네로 양성소의 ~나토르. 율리우스 양성소의 티그리스와 싸워 1번 승리. 네로 양성소의 ~키~스. 스페쿨라토르와 싸워 3번 승리하고 1번은 산 채로 싸움을 종결. 69번 싸워 승리"로 되어 있다. 이 문구는 트라키아 검투사인 ~나토르와 물고기 검투사인 ~키~스가 싸운다는 말이 아니라 이런 유형으로 싸울 수 있는 사람이 두 명 있다는 의미다. 따라서 이 대진표는 실제 경기가 개최되는 지역의 양성소에서 이런저런 유형으로 싸울 수 있는 사람들을 모아놓은 것이었다.

어떤 유형의 검투사들이 서로 대적하는지는 굳이 광고판을 보지 않아도 알 수 있었다. 흔히 그물 검투사는 추격 검투사와, 물고기 검투사는 트라키아 검투사와 싸우곤 했기 때문이다. 유형별 싸움이 확정된 것은 아니므로 검투사들을 어느 유형끼리 묶어 싸우도록 할지는 경기 주최자가 결정했다. 경기 주최자는 개개 검투사의 습성과 기술을 잘 알고 있는 운영자와 교관의 조언을 그대로 받아들이는 경향이 컸다. 그래서 황제나 사회의 유력자가 주최하는 경기 날짜가 정해지면 양성소 운영자와 교관은 바빠졌다. 그들은 양성소의 모든 검투사를 불러놓고 훈련하는 모습을 지켜보면서 출전할 검투사를 선별하느라 정신이 없었다.

서로 싸우는 유형은 알아도 어떤 검투사가 나서는지는 여전히 사람들의 관심사였다. 개별 검투사의 전적과 유형별 대진표가 알려지기 때문에 사람들은 나름대로 품평회를 하기 바빴다. 전적을 거론하면서 특정 인물 누군가를 지지하는 사람들, 결과를 예측할 수 없는 유형끼리 만났다고 열광하는 사람들, 어울리지 않는 유형끼리 싸우게 되었다고 불평하는 사람들이 서로 목소리를 높이면 거리는 온통 흥분으로 들썩였다. 마치 목소리가 큰 사람이 이기기라도 하는 듯 서로 자신의 분석력이 뛰어나다고 떠들었다. 침을 튀기고 핏대를 올리는 사람들의 표정은 하나같이 경기가 있다는 사실 자체를 즐기고 있음을 말해주었다.

입장권 배포

거리에 광고판이 나붙고 입장권 tessera이 배포되면 사람들은 경기하는 날이 가까와옴을 느꼈다. 입장권에는 무료 입장권과 유료 입장권이 있었다. 39년 칼리굴라 황제는 여동생인 드루실라의 생일을 축하하기 위해 대경주장에서 이틀 동안 야생동물 사냥 경기를 무료로 개최했다.

콜로세움은 입장권에 좌석이 명시되어 있었지만 로마 광장이나 대경주장에는 상류층을 제외하고는 개인 좌석이 없었다. 사람들이 경기가 열리기 전날 밤부터 대경주장의 무료 좌석을 선점하고 소란스럽게 하여 칼리굴라 황제가 그들을 강제로 쫓아버린 일이 있었다. 좋은 자리를 선점할 자신이 없는 사람은 미리 경기장에 나가 자리를 차지하고 있는 이에게 돈을 치르고 구입할 수도 있었다. 또 주최자나 운영자가 돈을 벌 욕심에서 개최한 경기는 시장에서 유료 입장권을 팔았다. 누미디아 키르타 시의 어떤 2인직 관료는 검투사 경기장의 입장권을 판 돈으로 자신의 조상을 세우기도 했다.[5]

콜로세움이나 다른 경기장에서의 유료 입장권 금액은 사료에 기록되어 있지 않아 알 길이 없다. 그러나 아무리 비싸다고 해도 황제, 원로원 의원, 부자들이 후견인 역할을 자처하면서 무료로 입장권을 배포했기에 가난한 사람들도 경기장을 찾을 수 있었다. 또 경기장을 건설하는 데 자금을 댔거나 시에서 중요한 사람들에게 무더기로 좌석을 제공하기도 했다.

님 시의 원로원 포고령으로 아르데슈 강, 우베즈 강의 선원(혹은 선박 소유주)에게 25석을 준다.
님 시의 원로원 포고령으로 론 강과 손 강의 선원(혹은 선박 소유주)에게 40석을 준다.[6]

강을 이용한 상업이 지역 경제에 중요했던 이 공동체에서 상업에 공헌한 사람들에게 경기장의 좌석 일부를 보장해준 것이다.
입장권이란 뼈나 점토, 도자기 조각에 좌석을 표시한 것이었다. 경기가 열리는 날마다 경기장의 수용 인원에 맞게 입장권이 발행되었다. 입장권은 상인, 수공업자, 상점주 등 여러 조합에 분배되었고, 조합에서 구성원들에게 나누어주었다. 입장권은 정치적 영향력을 지닌 부유한 후견인에게도 분배되었다. 후견인들은 정치적, 사회적으로 자신과 밀접한 관계를 맺고 있는 피호민에게 나누어주었다. 아주 인기 있는 경기는 보고자 하는 사람은 많고, 경기장의 수용 인원을 고려해서 발행한 입장권의 수는 적었기 때문에 무료로 얻은 입장권을 돈을 받고 파는 암표상도 있었다. 암표는 싸움을 잘 볼 수 있는 앞자리는 아니었다. 앞자리는 상류층에게만 배정되었는데, 상류층은 사회적인 명성이나 경제적인 부가 있어 입장권을 팔지 않았기 때문이다. 그러므로 암표로 거래되는 것은 대부분 하층민이 앉는 뒷자리였다. 좌석이 적힌 입장권을 못 구한 사람은 뒤에 서 있었다.

    사람들이 경기에 관심을 갖게 되면 내기꾼들은 구미가 당겼다. 경기에 흥미를 느끼는 사람이 많을수록 내기에 참여하는 사람도 많아질 것이고, 그러면 배당금도 높아지기 때문이었다. 내기꾼들은 회중에게 승리할 것이라고 예상되는 검투사에게 돈을 걸도록 종용했고, 사람들은 경기도 즐기고 돈도 벌 요량으로 내기에 응했다. 간혹 전혀 이길 것 같지 않은 검투사에게 돈을 거는 사람도 있었다. 당연한 말이지만 승리할 것으로 예상되는 사람에게 돈을 걸면 배당금이 적고, 승리할 가능성이 없는 사람이 이겼을 경우 배당금이 많기 때문에 모험을 하는 것이었다. 돈 때문이든, 단순한 관심에서든, 검투사에 대한 사랑에서든 사람들은 흥미진진한 경기를 기대하면서 경기가 개최되는 날을 손꼽아 기다렸다.

Glorivng

제 2 장

들뜬 관중

최후의 만찬 구경

 치열한 싸움의 세계를 구경하기 위해 사람들이 경기하는 날을 기다리는 동안 검투사들은 초조함을 감추지 못한 채 하루하루를 보내고 있었다. 사람들의 기대만큼 검투사들의 두려움은 커져만 갔다. 그런 두려움이 현실로 바짝 다가옴을 생생하게 느끼는 시간은 경기 전날 저녁이었다. 그날에는 삶과 죽음의 경계에 선 검투사들에게 '자유로운 저녁 cena libera', 즉 최후의 만찬이 베풀어졌다. 이때 온갖 산해진미를 착잡한 마음으로 물끄러미 바라보는 검투사들과 최후의 만찬을 앞에 두고 검투사들이 어떤 행동을 보이는가를 호기심 어린 눈으로 훔쳐보는 시민들의 모습이 교차되었다.

산해진미도 죽음 앞에서는 무용지물

경기가 열리기 전날 저녁에는 모든 검투사가 교관의 지시에 따라 어두침침한 검투사들의 식당이 아닌 다른 식당으로 모여들었다. 이 식당은 양성소 운영자 개인이 사용하기도 하고 손님을 초청해 연회를 베풀기도 하는 장소였다. 운영자의 식당이 좁을 때면 훈련장이나 다른 넓은 장소를 빌리기도 했다. 이렇게 밝고 넓은 장소를 택한 이유는 경기 주최자가 제공하는 최후의 만찬, 말 그대로 죽음의 식사를 하기 위해서였다. 경기 주최자는 비천한 검투사들에게 은혜를 베푼다는 입장이었지만 죽음을 앞둔 검투사들에게는 전혀 은혜로 와닿지 않았다. 경기를 해본 적이 없어 긴장감이 덜했던 신참 검투사들도 이 만찬의 시간에는 죽음의 그림자가 가까이 와 있음을 느끼지 않을 수 없었다. 몇 번의 만찬에 참여한 적이 있는 선참 검투사들은 이 만찬의 의미를 알기에 더욱 두려워했다. 내일 경기에서 죽을지도 모르니 마지막을 즐기라는 의미에서 경기 주최자가 제공하는 만찬은 자기 목숨의 대가와 다름없었다.

나무로 만든 긴 탁자 위에는 평생 본 적도 없는 진기한 음식들, 항상 먹고 싶어했던 음식이 즐비했다. 첫 번째 코스는 양상추, 부추 등 소화와 피로 해소에 좋은 음식으로 구성되었다. 다음으로 계란으로 장식한 절인 다랑어, 치즈, 올리브유 등이 풍부하게 제공되었다. 그다음 코스로 꿀과 양귀비 씨앗을 끼얹은 쥐 요리, 소시지, 자두, 석류 씨앗, 계란 노른자를 입혀 후추를 뿌린 메추리 새끼, 암퇘지의 젖통, 바다 전갈, 도미, 거위, 숭어, 비둘기, 개똥지빠귀 등 다채로운 요리가 큰 접시에 담겨 있었다. 마른 빵을 찍어 먹기에 좋은 약간 시큼한 저급의 포도주부터 꿀을 섞은 포도주, 포도와 송진을 섞어 발효시킨 고급 포도주까지 모두 구비되어 있었다.

검투사들의 마지막 식사는 어느 부잣집에 초대되어 침상에 반쯤 기대어 느긋하게 먹는 것이 아니었다. 많은 사람이 많은 양의 음식을 먹는 자리였으므로 나무로 된 의자에 앉아 먹었다. 수저와 손을 이용해 식사하는 동안 어떤 검투사도 즐거운 표정을 짓지 않았다. 평상시 이 정도의 음식이 제공되었다면 어린아이마냥 좋아서 달려들겠지만 지금은 그렇게 되지 않았다. 생애 마지막이 될지도 모를 식사임을 알았기 때문이다. 가라앉은 기분에 망연히 음식을 쳐다보고 있는 검투사들 중 어느 누구도 선뜻 음식에 손을 대지 않았다. 다만 트라키아인과 갈리아인들은 식탁으로 달려들어 손에 잡히는 대로 음식을 먹기 시작했다. 그리스인이나 로마인들보다 키가 크고 체격이 좋아서인지 평소에도 식욕이 좋기로 소문나 만찬장에서는 어느 때보다 더 많은 양의 음식을 먹어치웠다. 음식이 맛있어서인지, 처음 보는 음식에 식욕이 발동해서인지, 씹는 행위로 죽음의 공포를 잊기 위해서인지는 알 수 없지만 그들은 누가 뺏어먹기라도 하는 것처럼 게걸스럽게 음식을 삼켰다.

먹는 행위에 충실한 트라키아인이나 갈리아인과 달리 그리스인들은 음식에는 도통 관심이 없고 동료들에게 마지막 작별의 말을 하느라 정신없었다.

평범한 사람이 죽음을 앞두었을 때, 신이든 왕이든 죽기 전에 어떤 좋은 일 혹은 아주 유익한 일에 쓸 수 있도록 딱 한 시간만 더 준다고 상상해보라. 그 시간에 테베인들을 해방시키기 위해 (테베의 과두 통치자인) 아르키아스를 죽이는 대신 (아름다운 여인인) 라이스를 만나 (키오스 섬 북쪽 연안에 위치한) 아리오우시아 산 포도주를 마시기를 선택하겠는가? 내 생각에는 아무도 그렇게 하지 않을 것이다. 왜냐하면 나는 그리스인 검투사들이 아레나로 들어가기 직전에 자신들 앞에 모든 종류의 값비싼 음식이 놓였을 때 자신들의 위를 채우기보다 친구들에게 아내를 보살펴줄 것을 부탁하고, 노예들을 해방시키는 모습을 보았기 때문이다.[1]

일부 검투사는 앞으로 이런 만찬을 계속 즐길 수 있을 만큼 끝까지 살아남을 것이라고 자기최면을 걸면서 체력을 보강하기 위해 애써 먹으려고 했다. 그러나 대다수의 검투사는 남겨질 가족을 챙기는 그리스인들처럼 이성적으로 행동하지 못했다. 그렇다고 트라키아인과 갈리아인처럼 게걸스럽게 먹지도 못했다. 예견된 죽음은 예기치 못한 죽음보다 더 큰 공포로 다가왔기 때문에 식욕 자체를 느끼지 못했다. 이런 만찬을 여러 번 경험한 검투사도 이번이 진짜 최후의 만찬이 될지도 모른다는 불안감에 음식을 제대로 못 넘기기는 마찬가지였다. 경기 주최자와 양성소 운영자, 교관들의 호통에 억지로 먹는 척해보지만 그들의 감각은 맛이나 포만감 그 어느 것을 향해서도 열려 있지 않았다.

만찬장을 구경하는 로마인들

검투사들이 넓은 만찬장에서 식사를 하는 동안 시민들은 호기심 어린 시선으로 식당 안을 들여다보았다. 이렇게 가까이서 검투사를 본 적이 없는 시민들은 검투사의 먹는 모습이 마냥 신기했다. 시민들은 죽음을 앞둔 검투사들에게 경기 주최자가 제대로 음식을 제공하는지, 마지막 음식을 대하는 검투사들의 표정이 어떠한지, 죽음 앞에서도 왕성한 식욕을 보이는 검투사가 누구인지를 알고 싶어했다. 가난한 시민은 자기 돈으로는 결코 맛볼 수 없는 진기한 음식을 먹고 싶었지만 그렇다고 검투사의 운명을 부러워하는 것은 아니었다. 두려움과 처연함에 처해 맛있고 비싼 음식을 먹지 못하는 검투사의 모습이 신기할 뿐이었다.

시민들이 만찬장을 찾는 목적은 두 가지였다. 하나는 삶과 죽음의 경계에 선 사람의 모습이 어떠한지를 보고 싶은 호기심 때문이었다. 시민들은 죽어가는 모습을 볼 수 있는 경기 자체에도 관심이 있었지만 죽기 전의 긴장감, 착잡함, 비통함이 교차되는 복잡한 심정을 만찬장에서 같이 느껴보고 싶어했다. 검투사들의 표정을 통해 자신이 죽음을 맞이할 때를 마음속으로 미리 그려보고 싶었던 것이다.

만찬장을 찾는 더 궁극적인 목적은 검투사 경기 일정표가 알려지면서 걸었던 내기의 배당금을 점쳐보기 위해서였다. 죽음을 앞둔 절박한 상황, 호기심에 가득 찬 시민들의 시선에도 아랑곳하지 않고 왕성한 식욕을 보이면 어떠한 상황에서도 굴하지 않는 대범한 성격이라는 것을 알 수 있고, 식사를 통해 체력이 잘 보충되었다고 생각할 수 있다. 이는 곧 승리의 가능성을 점칠 수 있는 것이고, 그렇다면 자신이 거둬들일 배당금도 높아진다는 뜻이었다. 반대로 식사를 전혀 하지 못하는 검투사에 돈을 걸었다면 원금과 배당금을 모조리 잃을 수도 있었다. 식사량만으로 승패를 결정지을 수 없지만 내기라는 것은 어차피 확률 게임이었다. 조그마한 암시로도 결과를 예측하고 싶어하는 것이 돈을 건 사람의 마음이므로 식사량은 중요한 잣대가 되었다. 식당을 개방하는 그 잠깐의 시간마저도 내기를 건 시민들에게는 중요한 순간이었던 것이다.

시민들은 만찬장 안으로 들어갈 수 없고 밖에서 구경만 했다. 만찬장이 넓은 훈련장이 아니라면 창문이라는 것이 아주 작아 안을 들여다볼 수 있는 곳은 출입구뿐이었다. 사람들이 모두 출입구로 모이다보니 앞에 있는 몇몇 사람 말고는 안을 잘 볼 수 없었다. 출입구에 붙어 서서 검투사들의 식사 장면을 본 앞 사람들이 뒷사람들에게 어느 검투사가 잘 먹더라는 식으로 전달했다. 물론 그 과정에서 개인의 감정이 섞여 상황을 과장하거나 축소하기도 했다. 검투사들은 서로 안을 들여다보려고 아우성인 시민들을 의식하지 않고 식사에만 열중하려 했다. 그래도 신경이 쓰이지 않는 것은 아니었다. 손으로 음식을 입에 가져가면서 무심코 얼굴을 들었을 때 시민들과 눈이 마주치기 일쑤였다. 시선을 회피하면서 음식을 먹었지만 시민들은 그 순간도 놓치지 않았다. 검투사의 시선에 불안감이 담겨 있지는 않은지, 극도의 긴장감으로 손을 떨고 있지는 않은지 유심히 관찰했다. 돈이 걸린 만큼 검투사의 상태를 제대로 파악하고자 했다.

경기 날의 아침 풍경

경기가 열리는 날의 아침이 밝았다. 어스름이 걷히자 사람들은 자리를 털고 일어나 외출 준비를 서둘렀다. 평상시 같으면 빗자루와 먼지떨이를 들고 집안 청소부터 시작했겠지만 경기가 있는 날은 그럴 여유가 없었다. 어젯밤 검투사들의 만찬장을 구경한 사람들은 내기에서 질지 이길지를 점치다가 잠을 설쳤을 것이다. 또 귀중한 돈이 걸려 있는 터에 한가롭게 잠을 자고 있을 수는 없어 정신이 들기도 전에 일어났다. 검투사 경기의 열렬한 팬이 아닌 이들도 경기 날만큼은 재빠르게 행동했다. 경기장에 안 갈 거면 몰라도 이왕 갈 거라면 한시바삐 서둘러야 했다. 많은 사람으로 붐비기 전에 조금이라도 느긋하게 경기장에 가서 자리를 잡고 싶었던 것이다.

남성의 외출 준비

남성들의 몸단장은 간단했다. 그들은 침대 바닥에 놓아둔 신발을 신고 주방에 어제 받아놓은 물로 세수를 했다. 면도도 해야 했는데, 면도 기기가 조악해 상당한 기술이 필요했다. 작은 면도용 칼이 없었고, 가위는 양날을 고정시켜주는 중앙 링이 없어 잘 벌어지므로 혼자 면도하기 어려웠다. 그런 가위로 긴 수염이면 손으로 잡고 자르면 되지만 짧은 턱수염은 전문 이발사의 손에 맡겨야 했다. 부자라면 이발을 전문적으로 해주는 노예의 도움을 받지만 그렇지 못한 평민은 이발사에게 주는 돈이 아까워 그냥 외출하기 일쑤였다. 이발사는 숫돌로 연마한 청동이나 단단한 철로 만든 반달 모양의 면도기로 수염을 밀었다. 가장 고통스러운 순간은 수염을 정리한 다음 눈썹, 목, 뒷덜미에 불필요하게 난 털을 뽑을 때였다. 한 가닥씩 뽑아 매끈한 피부가 되는 것은 좋지만 털을 뽑을 때의 고통을 참지 못해 자신도 모르게 작은 신음 소리가 배어나오곤 했다.

머리카락은 간단히 물로 모양을 잡았다. 부유한 멋쟁이는 이발사의 도움으로 발갛게 달군 쇠막대기로 머리카락을 둥글게 말아 세련된 파마머리를 만들기도 했다. 대머리는 나이가 들어 보이므로 머리숱이 있는 것처럼 뒤의 머리를 앞으로 당겼다. 그럴 머리가 없는 남성은 숯으로 검게 칠해 멀리서 보면 머리카락이 있는 듯 보이게 했다. 머리 손질을 마친 남성은 투니카를 입고 잤기 때문에 토가를 걸치는 것으로 외출 준비를 끝마쳤다.[2]

평소 같으면 상류층은 아침 식사를 한 뒤 하층민을 접견했다. 피호민이라 불리는 하층민들은 아침마다 후견인의 집을 방문해 인사를 하고, 청원하기도 했다. 먹을거리나 돈을 요청하는 간단한 일부터 자식의 일자리 부탁이나 억울한 누명을 쓴 친척의 법정 변호까지 후견인에게 도움을 청했다. 상류층은 하층민의 요구를 들어주는 것이 번거로울 듯하지만 선거나 법 제정같이 그들의 지지가 필요할 때 결정적인 도움을 받을 수 있었다. 상류층과 하층민의 긴밀하고도 개인적인 만남이 구경거리가 있는 날에는 생략되었다. 반드시 청원해야 할 일이 있으면 접견했지만 그렇지 않을 때는 축제일이라는 것을 감안했다. 상류층이든 하층민이든 한낮의 더위를 피해 아침에 서늘할 때 경기장으로 움직이고자 했다.

여성의 외출 준비

남성에 비해 여성은 준비 시간이 길었다. 상류층 여성들은 노예의 시중을 받았고, 하층민은 저 혼자 준비했다. 세수를 하고 난 뒤 구리나 은으로 된 거울을 들고 화장을 하기 시작했다. 먼저 머리카락부터 매만졌다. 가르마를 내고 머리카락을 뒤로 당겨 틀어올리는 유형, 쉽게 말해 우리의 쪽머리 같은 유형이 가장 일반적이었다. 단순하면서도 빠른 시간에 머리를 정리할 수 있는 형태였다. 이 기본 유형에 이마나 얼굴 옆의 머리카락을 일부 빼 컬을 넣었다. 컬을 한 겹으로 넣어 머리띠를 하거나 망사를 쓰는 것이 네로 황제 때 유행했다. 나아가 탑처럼 컬을 여러 겹으로 층층이 쌓는 것은 베스파시아누스Vespasianus 재위 69~79 황제 때 유행한 스타일이었다. 쇠막대기로 머리카락을 굴곡지게 하거나 몇 가닥씩 땋아 한꺼번에 묶는 것도 인기 있는 머리 모양이었다.

머리 손질을 마치면 화장을 시작했다. 신분이 높거나 부유할수록 다양한 화장품을 사용했고, 화장도 많이 했다. 가난한 여자는 화장할 시간도, 화장품을 살 돈도 없었다. 또 더운 날씨에 일해야 했기에 화장이 거추장스럽기도 했다. 부유층은 노예의 도움을 받아 피부를 희게, 광대뼈와 입술은 붉게, 눈썹은 검게 하기 위해 오랜 시간 공을 들였다. 특히 흰 피부가 미인의 덕목이었기 때문에 피부색에 신경을 썼다. 깨끗한 흰색을 내주는 납 가루는 독성이 있으므로 백악과 흰 붓꽃 뿌리를 가루 내어 발랐다. 붉은색은 모래를 빼낸 붉은 황토를 말려서 만들었다. 눈 화장은 방연석으로 만든 화장 먹을 사용했다. 방연석은 납 황화물로 푸르고 회색빛이 나는 자연 광석 형태였다. 자연에서 추출한 각종 색조 화장품으로 꾸미는 화장술은 머리 모양과 달리 유행이 빠르게 바뀌지는 않았다. 로마에서 유행하는 기본 화장술은 부자연스럽게 꾸미는 것보다 자연스러운 아름다움을 보존하는 것이었다. 그 시대의 약한 조명으로 인해 과도하게 화장하는 경향도 있었지만 여성들은 자연스러운 화장을 원했다. 남성들 역시 여성이 과도하게 화장하는 것은 교묘하고 교활하다고 여겼다. 인공적인 미는 남성을 유혹하려는 의도를 품은 것이라 판단했던 것이다.

화장을 다 한 뒤 목걸이나 팔찌 같은 보석을 착용하고는 스톨라 *stola*라는 긴 투니카를 입었다. 그다음 허리띠를 한 뒤 발까지 내려오는 긴 숄이나 사각 모양의 커다란 망토를 걸쳤다. 숄이나 망토는 커서 몸에 두른 뒤 남은 자락을 왼손에 걸쳤다. 옷까지 갖춰 입고 나면 외출 준비는 끝났다. 주인은 몸치장을 한 뒤 노예에게 방석과 모자를 챙기도록 지시했다. 37년부터 원로원 의원들은 맨바닥이 아니라 방석에 앉는 것과 뜨거운 햇볕을 피하기 위해 모자를 쓰는 것이 허용되었기 때문이다.³

부자들은 경기장 주변의 노점상이나 상점에서 점심이나 간단한 음료, 간식을 사먹으면 되었지만 가난한 자들은 그렇게 하지 못했다. 경기가 열리는 날 경기장 주변의 상점과 노점상에서는 음식을 비싸게 팔기 때문에 그것을 구입할 경제적 여유도 없었고, 돈이 아깝기도 했다. 하층민 여성들은 부유층처럼 화장에 공을 들이지 않고 그 시간에 점심을 준비했다. 빵, 포도주, 계란, 과일 등 간단한 것을 챙겼다. 경기장 가까이 사는 하층민은 경기 중간에 집에 들러 점심을 먹을 생각으로 간단한 음료 외에는 따로 먹을 것을 챙기지 않았다. 외출을 위한 몸단장을 하고 점심까지 마련하면 모든 준비는 끝났다. 이제 경기장으로 가서 즐기기만 하면 되었다.

경기장 주변 풍경

경기장 주변은 이른 아침인데도 사람들로 붐볐다. 경기가 시작되기 전날 어디에서 그렇게 많은 사람이 모였는지 포장된 도로와 각 교차로에는 다음 날 경기를 위해 하룻밤 노숙을 하고자 세워놓은 막사들이 늘어서 있었다. 그 도시에 살고 있는 사람들뿐 아니라 제국 전역에서 온 사람들로 넘쳐났다. 속주 출신자들에게 로마 시는 매력 넘치는 장소였다. 대다수 나라의 수도가 그러하듯 시골보다는 일자리가 풍부했고, 보수 또한 좋았다. 공화정 후기부터 수천 명의 사람이 먼 지역에서 로마 시로 와서 정착했다. 이들은 무역업이나 제조업, 상업에 종사하면서 빠르게 로마사회에 통합되어갔다. 그런 통합의 증표는 콜로세움 개막식 경기에 참가한 속주 출신자와 외국인들이었다. 거친 트라키아의 산악 민족, 흑해 북안의 사르마트인, 나일 강의 근원이나 세계 끝자락의 해안에서 온 아랍인, 소아시아 남부의 킬리키아인에 이르기까지 모두 로마 시로 몰려들었다. 아프리카 흑인들까지 그들의 짧고 꼬불꼬불한 머리카락을 곧추세우고 돌아다녔다. 이들은 특별히 검투사 경기를 보기 위해 로마 시로 여행을 왔다. 스페인 동남부 바이티카 출신의 어떤 사람은 로마 시에 도착하기까지 한 달이 넘게 걸리는 긴 여정을 마다하지 않았다. 이들은 콜로세움에서 한 주를 보낸 뒤 더 오랜 시간을 들여 고향으로 돌아갔다. 스페인에서 왔던 사람은 폭풍우를 만나 수개월 동안 고생한 끝에 고향에 도착했다. 로마 시로의 여행에 경비와 시간을 들이는 사람은 부유층이 대부분이지만 이런저런 이유로 로마 시로 온 속주 출신의 하층민도 검투사 경기를 즐겼다.[4]

　브리타니아에서 중동까지 여러 지역에서 온 사람들은 노점상과 상점들의 주요 고객이었다. 도시 입구에서 경기장까지 가는 길에는 가벼운 음식과 포도주를 파는 크고 작은 가게들이 즐비했다. 그 틈바구니 속에는 소시지, 목마를 때를 대비해 물을 담은 도자기, 암표, 아이들이 부모에게 사달라고 조르는 작은 목검과 같은 장난감, 딱딱한 돌에 오래 앉아 엉덩이가 아플 것을 대비한 방석, 검투사의 경기 장면을 새겨넣은 램프와 테라코타, 유리 그릇, 그물 검투사처럼 인기 있는 검투사를 그려넣은 포도주 항아리, 뒷면에 검투사 경기 장면이 새겨져 있는 휴대용 작은 거울 등을 파는 각종 노점상이 있었다. 고소한 음식 냄새를 풍기면서 호객 행위를 하는 상인들의 외침과 자신의 자리로 재빨리 갈 수 있는 문을 찾는 구경꾼들의 소리로 경기장 주변은 항상 시끌벅적했다. 모두 즐겁게 흥분하고 있었기에 서로 부딪쳐 가지고 있던 물건을 떨어뜨려도 웃으면서 지나쳤다. 한편 매우 들뜬 상태이기 때문에 사소한 말다툼도 큰 싸움으로 번지곤 했다.

사람들은 가게의 물건을 구경하거나 끼리끼리 모여 오늘 벌어질 경기를 나름대로 논평하면서 누가 이길 것이라고 서로 우겼다. 당연히 내기도 벌어졌다. 자신의 주장을 설파하는 사람들과 물건에 정신이 팔려 있는 사람들 틈에는 좀도둑도 섞여 있었다. 이들은 조금이라도 방심한 사람이 보이면 틈을 타 그들의 호주머니를 노렸다. 경기 주최자가 일부 인원을 경기장 주변에 배치했다. 가령 기원전 29년 원형경기장을 세운 스타틸리우스 가문의 비문에는 "카리토, 원형경기장 경비, 메난데르, 해방노예로서 원형경기장 문지기"[5]라고 적혀 있다. 이들이 경기장 주변에서 사람들에게 자기 자리로 빨리 갈 수 있는 입구로 안내하거나 난동을 피우는 사람들, 좀도둑들을 제압했다. 그러나 이들과 아우구스투스 황제가 창설한 근위대와 수도 경비대가 있다고 해도 수만 명에 달하는 사람 속에서 좀도둑들을 적발하기란 쉽지 않았다. 항상 조심해 자신의 주머니는 스스로 지킬 수밖에 없었다.

Glorious

제3장

경기 장소

화장장에서 광장으로

 구경거리가 열리는 장소를 일컫는 단어는 원래 '스펙타쿨룸 spectaculum'이었다. 이 용어는 구경거리나 극장이라는 의미로 쓰였고, 또 '구경꾼들을 위한 자리'라는 경기장의 기능을 강조하는 용어이기도 해 공화정기 일반적으로 경기장을 일컬었다. '양면에서 amphi' '관람하는 장소theatron'라는 뜻의 원형경기장이라는 단어는 제정 초기까지 잘 쓰지 않았다. 기원전 78년경 건설된 폼페이 경기장은 스펙타쿨룸이라고 표기되었다. 기원전 1세기 말에 활동했던 건축가인 비트루비우스의 글에서는 경기장을 지칭하는 말로 스펙타쿨룸과 원형경기장이라는 단어를 동시에 사용하고 있다.[1] 이를 볼 때 기원전 1세기경 그리스어의 영향으로 검투사 경기와 야생동물 사냥 경기가 열리는 장소를 원형경기장이라고 부르기 시작했음을 알 수 있다.

경기 개최가 가능한 장소

검투사 경기는 죽은 자를 기리는 장례식에서 유래했으므로 경기를 벌일 수 있는 장소는 세 곳 정도로 예상할 수 있다. 우선 죽은 자의 집이다. 그러나 집은 구경꾼까지 동원하는 경기를 열기에는 공간이 협소하므로 가능성이 적다. 두 번째 장소는 도시 바깥에 있는 화장장이나 무덤 근처다. 공화정 초기에 만들어진 12표법 중 제10표에는 "도시 안에서는 매장이나 화장을 할 수 없다"고 규정되어 있다. 화장장이나 무덤은 장례식이 거행되는 장소이자 장례식을 이유로 많은 사람이 모이는 곳이었다. 또 도시 바깥이다보니 주변은 확 트인 들판이었고, 가장 단순하게 서서 관람할 수 있는 곳이었다. "당시 고대인들은 정해진 장례식 날 무덤에서 전쟁포로나 구입한 노예들을 죽였다"는 테르툴루아누스의 기록과 "위대한 사람들의 무덤에서 포로들을 죽이는 것이 관습이었다. 훗날에는 이것이 잔인하다고 하여 검투사들이 무덤 앞에서 싸우도록 결정되었다"는 세르비우스의 글은 초기 검투사 경기가 무덤에서 개최되었음을 증명한다. 그러나 테르툴리아누스와 세르비우스의 글에서 무덤이라는 장소는 사가 자신들의 시대를 반영한 것이다. 공화정기와 제정 초기까지 죽은 자를 매장하는 경우가 일부 있었지만 대부분은 화장을 했다. 반면 내세에서의 삶을 중시하는 그리스도교가 전파되면서 매장이 일반적인 관습으로 자리잡았다.[2] 그리스도교 작가인 테르툴리아누스나 4세기 후반에서 5세기 초반에 활동했던 세르비우스는 당시의 관행대로 매장을 염두에 두고 무덤이라고 썼다. 그러나 검투사 경기가 열렸던 초창기 화장을 주로 했던 관행을 볼 때, 또 '장례식에서 싸우는 사람들'이라는 뜻인 부스투아리이*bustuarii*에서 부스툼*bustum*이 '죽은 자를 화장하는 장소'라는 뜻임을 감안할 때 경기가 열렸던 장소는 매장을 한 극히 일부의 경우를 제외하면 화장장으로 보는 것이 더 타당할 듯하다. 세 번째 개최 장소는 가장 공적인 공간인 광장으로서 죽은 자의 장례식을 공식적으로 거행한다는 의미를 담고 있다. 기원전 3세기에는 광장에서 경기가 열렸다. 따라서 검투사 경기의 장소는 화장장이나 무덤에서 공공장소인 광장으로 이동했다.³

로마 시에서 개최된 검투사 경기에 대한 좀 더 구체적인 기록은 기원전 264년의 것이다. 경기를 개최한 장소인 보아리우스 광장은 '소를 위한 광장'이라는 뜻에서 알 수 있듯이 우시장으로 쓰인 곳이었다. 서쪽의 티베르 강과 동쪽의 대경주장 사이에 위치한 넓고 개방된 장소인 이 광장은 강과 가까웠기에 소를 잡을 때 흐르는 피를 강으로 흘려보내기 편리한 곳이었다.

보아리우스 광장이 우시장으로 쓰였던 것처럼 광장 자체가 공무, 시장, 종교 행위, 만남 등을 위한 다목적 공간이었다. 이곳에는 한쪽에 길쭉하게 두 줄로 푸줏간을 비롯한 각종 가게가 있었고, 맞은편에는 콘코르디아 신전이 있었다. 가게들과 신전이 늘어선 중앙에 경기장이 만들어졌다. 당시 검투사 경기가 정규적으로 열렸던 것은 아니므로 우시장은 임시 장소에 불과했다. 경기가 끝나고 나면 칸막이는 치워지고, 원래 기능으로 되돌아갔다. 당시 치밀한 준비를 하지 않고 단순히 장례식의 일환으로 경기가 벌어졌기 때문에 나무로 된 간단한 의자를 몇 개 비치하기도 했지만 대다수의 구경꾼은 마음에 드는 장소를 찾아 서 있었다. 특히 보아리우스 광장

끝자락에 늘어서 있는 축사 위가 경기를 관람하기에 좋은 장소여서 서로 그 자리를 차지하려고 했다. 그러나 햇볕을 가려줄 차광막도 없이 선 채로 오랫동안 경기를 관람하기란 여간 어려운 일이 아니었다.

로마 시에서 개최한 것으로 알려진 두 번째 검투사 경기는 기원전 216년 로마 광장에서 열렸다. 로마 광장은 로마의 정치, 문화, 경제, 종교의 중심지이므로 보아리우스 광장보다 공간이 더 크고, 위신이 더 높았다. 비트루비우스는 직사각형인 로마의 광장을 정사각형인 그리스의 광장과 비교했다.

> 그리스인들은 광장을 두 배로 넓은 주랑현관을 둔 정사각형으로 만든다. 그러나 검투사 경기를 로마 광장에서 개최하는 것이 우리 조상에게서 물려받은 관습이기 때문에 이탈리아의 여러 도시는 그런 방식으로 건축하지 않았다. 그래서 경기장을 빙 둘러 넓은 열주들 사이사이 주랑에 분배되어 있는 은장색의 가게들과 그 위에 판자를 댄 발코니들은 활용하기 위해, 또 공공 세금을 걷기 위해 일직선으로 배치되었다. 로마 광장의 크기는 몹시 작아 사용할 공간이 없거나 반대로 사람이 없어 버려진 장소처럼 보이지 않게 모인 사람들의 수에 맞게 적당해야 한다. 그 규모는 길이를 세 부분으로 나누었을 때 두 부분을 합친 것이 넓이와 같아야 한다(길이와 넓이의 비율이 3:2여야 한다). 그래서 건축 계획은 직사각형일 것이고, 이 구도가 구경거리를 개최하는 데 적당하다.[4]

직사각형인 로마 광장에서 처음 검투사 경기가 열린 기원전 216

년에는 건물이 많지 않아 경기를 보는 데 큰 무리가 없었다. 열주 사이에 있는 상점 위에 발코니가 있어 광장을 잘 내려다볼 수 있었는데, 이 특별석은 집주인과 그의 친구들이 점유하거나 경기 주최자에게 임대되었다.

로마 광장에서의 좌석 배정

로마 광장을 에워싸고 있는 여러 곳의 바실리카는 대부분 기원전 2세기 초반에 건립되었다. 바실리카 포르키아는 기원전 184년의 감찰관인 대카토가, 바실리카 아이밀리아는 기원전 179년의 감찰관인 아이밀리우스와 풀비우스가, 바실리카 셈프로니아는 기원전 170년의 감찰관인 그라쿠스가 세웠다.

로마 광장에는 바실리카들로 에워싸인 중앙에 조금 넓은 공간이 있었다. 이곳에 나무로 만든 임시 경기장을 설치했고, 경기가 끝나면 곧바로 철거했다. 목재로 된 임시 좌석 중 저명한 사람들을 위한 특별석이 있었는데, 이것은 마이니우스라는 자와 관련 있었다. 마이니우스가 로마 광장에 있는 자신의 집을 감찰관인 대카토와 발레리우스에게 팔았다. 이들은 그곳에 바실리카를 지으려 했고, 실제로 기원전 184년 로마 광장 북서쪽에 바실리카 포르키아를 세웠다. 이때 마이니우스는 열주 한 개에 대한 권리를 가지고 있는데, 이를 '마이니우스의 기둥'이라 불렀다. 그곳에 널빤지를 연결해 일종의 발코니 형태로 만들어 그와 그의 후손들이 광장에서 열리는 검투사 경기를 볼 수 있었다.

카이사르 이후 로마 광장에 또 다른 특별석이 생겨났다. 기원전 43년 원로원은 술피키우스의 청동 입상 주변 사방 5로마피트(29.6×5=148센티미터)의 공간은 그의 아이들과 후손들이 검투사 경기를 볼 수 있도록 남겨두라고 결의했다.⁵ 술피키우스는 원로원의 명령을 받아 무티나에 있는 안토니우스를 만나러 가던 중 사망했고, 그의 명성에 걸맞게 국가적으로 장례식이 치러진 인물이었다.

일반인들은 저명인을 위한 특별석을 제외한 공간에서 바닥에 그냥 앉거나 서서 경기를 관람했다.⁶ 로마 광장에서 바실리카 아이밀리아와 바실리카 셈프로니아 사이의 공간의 길이가 가장 넓었고, 여기에 좌석을 설치했다. 문제는 바실리카들로 인해 공간의 형태가 기형적이라는 데 있었다. 카이사르가 기원전 46년 경기를 위해 로마 광장에 있는 제단을 치우기는 했지만 남은 공간은 직사각형이 아니라 사다리꼴이었다. 즉 서쪽 면은 넓고 동쪽 면은 좁은 형태였다.⁷

사다리꼴인 공간에 어떤 형태의 경기장을 건설했을지를 추측해보자. 첫째는 사다리꼴을 그대로 살려 경기장을 만들었을 가능성을 생각할 수 있다. 이 경우 이 임시 경기장 그대로 북쪽과 남쪽을 따라 두 개의 직선 형태로 좌석이 있었다고 할 때 동서쪽 공간이 열려 있으므로 여러 명의 검투사가 동시에 싸우는 데 적합하다. 그러나 기원전 46년 카이사르가 갈리아, 이집트, 아프리카, 폰투스를 정복한 것을 기념해 로마 광장에서 검투사 경기를 벌였을 때 "카이사르는 관습적으로 하는 것처럼 로마 광장에서 한 쌍씩 싸우게 했다. 그러나 그는 대경주장에서는 여러 명씩 싸우게 했다."⁸ 공화정기 로마 광장에서 검투사들은 여러 명이 동시에 싸운 것이 아니라 한 쌍씩 싸웠다. 이때 아레나가 긴 것은 장점이 아니었다. 아레나가 길면 양쪽 끝에 있는 관중은 반대쪽 끝에서 싸우는 검투사들과 너무 멀리 떨어져 있어, 혹은 옆의 관중으로 인해 시야가 가려져 자세히 볼 수 없기 때문이다. 따라서 사다리꼴의 공간을 그대로 활용해 아레나와 좌석을 만들었을 가능성은 적다.

둘째는 사다리꼴의 아레나가 양쪽 끝에 있는 관중에게 불리하다면 원형으로 아레나를 만드는 방법을 생각해볼 수 있다. 원형으로 된 경기장이 들어설 때 어느 좌석이든 경기를 잘 볼 수 있다는 장점이 있다. 하지만 바실리카와 상점으로 공간이 넉넉하지 않은 사다리꼴의 로마 광장에 원형으로 경기장을 만들면 네 면에 버리는 공간이 많아진다. 로마 광장에서 건물을 제외하고 남는 전체 공간은 60×35미터이고, 타원형일 경우 아레나는 48×18미터다. 이 공간은 전체 면적이 75×54미터였고, 아레나의 크기가 63×42미터였던 루두스 마그누스보다 작았다. 로마 광장이 검투사 양성소보다 작았던 것이다. 로마 광장의 공간이 작다보니 관중석의 공간 또한 협소했다. 학자들의 계산에 따르면, 전체 공간에서 아레나를 제외한 공간에 한 사람당 0.4미터를 차지한다고 가정할 때 앞 열은 330명, 최소한 10개의 열이 나오므로 광장의 전체 수용 인원은 3300명이다.[9] 따라서 타원형의 아레나에 모두 좌석을 배치한다고 해도 심각한 좌석 부족 현상을 겪을 수밖에 없는 광장에서 버리는 공간이 많은 원형으로 좌석을 배치하지는 않았을 것이다.

셋째, 로마 광장에 들어선 경기장으로서 타원형도 고려해볼 수 있다. 경기장의 형태에 대한 증거는 기원전 122년 검투사 경기를 앞두고 가이우스 그라쿠스와 정무관들이 자리다툼을 한 사건이다.

당시 정무관들이 로마 광장에 임시 좌석을 만들어 구경꾼들에게 사용료를 받으려고 했다. 이에 하층민들의 지지를 얻고 있던 가이우스는 가난한 사람도 돈을 내지 않고 경기를 볼 수 있도록 좌석을 철거하라고 정무관들에게 압력을 넣었다. 그러나 어떤 정무관도 자신의 요구를 들어주지 않자 가이우스는 경기가 벌어지기 전날 밤 일꾼들을 동원해 강제로 좌석을 철거해버렸다.[10]

원로원 의원들에게는 기원전 194년부터 앞 열을, 기사들에게는 그다음 열에 좌석을 할당해주었다. 극장에서 기사들을 위한 좌석을 배정한 규칙은 기원전 2세기에 확립되었다가 술라 때 폐지되었다. 당시 원로원 의원의 수는 300명 정도였다.[11] 공무를 위해, 개인 사정으로 경기에 불참하는 사람들을 제외하면 앞의 한 개 열에 의원들이 모두 앉을 수 있었다. 그 뒤쪽에 앉은 기사들을 공마 보유자로 한정한다면 1500명 혹은 2100명에 달했는데,[12] 이들이 모두 앉았다면 공간의 3분의 2 이상을 차지해버려 평민들이 서 있을 공간은 거의 없어진다. 40만 세스테르티우스라는 재산 자격이 기준이 된다면 인원은 더욱 늘어나고, 평민들은 물론 기사들조차 다 앉을 수 없다. 검투사 경기의 인기에 힘입어 평민들이 다수 참석하는 상황에서 정무관들이 유료 좌석을 설치한 목적이 좌석을 확보하지 못한 상류층을 위해 자리를 마련하기 위한 것인지, 단순히 돈을 받기 위한 것인지는 확실치 않다.

가이우스의 사건에서 경기장의 형태는 1~2세기의 역사가인 플루타르코스의 기록을 통해 알 수 있다. 그는 정무관들이 경기를 위해 키클로스로 좌석을 만들었다고 했다. 경기장을 일컬을 때 키클로스라는 말이 타원형을 뜻한다는 것은 2~3세기의 역사가인 디오의 글에서 증명된다. 디오는 콜로세움의 관중석이 키클로스 형태라고 했는데, 콜로세움은 타원형이었다.¹³ 만약 좌석의 형태가 타원형이라면 비율적으로도 들어설 공간이 있고, 공간의 낭비가 적을 뿐 아니라 다양한 각도에서 모두 아레나를 볼 수 있다는 장점이 있다.

상류층 외에 특권적인 좌석을 차지하는 이들은 베스타의 여사제들이었다. 로마 광장에서 경기가 열릴 때 이들은 아레나 앞에 시야가 트인 자리에 앉을 수 있었다.¹⁴ 그 외의 여성들은 남성과 같이 앉았다. 그 근거는 기원전 80년 술라와 그의 다섯 번째 부인이 된 발레리아의 만남에서 찾을 수 있다. 두 사람이 처음 만난 장소는 검투사 경기장이었다. 경기장에서 술라는 아주 아름다운 여인 근처에 앉았다. 별 생각 없이 경기를 구경하고 있던 술라에게 그 여성이 조용히 뒤로 가서 옷의 실 한 올을 뽑아갔다. 이상한 행동에 놀란 술라가 그 여성을 빤히 보자, 여성은 멋쩍은 듯 웃으면서 당신이 가진 행운을 나누어 가지고 싶어 그러했으니 용서해달라고 했다. 술라는 젊고 아름다운 여성이 자신에 대한 호의로 한 행동이었으므로 기분이 상하기는커녕 좋은 감정을 갖게 되었다고 한다. 플루타르코스는 두 사람이 가까이에 앉아 있었다고 기록했다. 귀족 태생에 집정관 직까지 역임한 술라는 당연히 앞 열에 앉았다. 그렇다면 발레리아 또한 앞 열에 앉았을 것으로 보인다. 그녀 또한 기원전 63년에 법무관 직, 61년에 집정관 직을 지낸 발레리우스의 딸로서 상류층이었기 때문이다. 여성이 남성과 섞여 경기를 관람하는 관행은 아우구스투스 황제 때 중단되었다.¹⁵

기원전 67년 호민관 로스키우스가 제정한 로스키우스 극장법 *Lex Roscia Theatralis*으로 기사들을 위한 특별석이 부활되었다. 이 법은 원로원 의원들이 앉아 있는 좌석 다음부터 14번째 열까지의 좌석을 기사들에게 할당한다는 것이었다.[16] 로스키우스 극장법이란 말 그대로 극장에서 적용되는 법인데, 이를 검투사 경기장의 좌석 배정에도 적용할 수 있었는지가 의문이다. 의문에 대한 해답은 극장의 명칭에서 찾을 수 있다. 극장과 원형경기장의 건물이 확연히 구분되던 시기인 코모두스 황제에 대한 서술에서 디오는 원형경기장을 '극장'이라고 표현했다. 192년 코모두스 황제가 원형경기장에 들어섰을 때의 복장에 대한 설명, 100마리의 야생동물을 사냥할 때 경기장을 두 부분으로 나누었다는 설명은 원형경기장에서 벌어진 일에 대한 서술이다.[17] 디오의 글에서 극장이나 원형경기장이나 모두 관람하는 장소라는 의미로 동일하게 사용되므로 극장법을 근거로 기사들에게 부여되었던 특권이 원형경기장에서도 적용되었을 것이다.

원로원 의원, 기사와 같은 상류층에게 특별석을 배당하는 것은 로마 시에서만 일어나는 현상이 아니었다. 서유럽에서 아우구스투스 황제 이전의 좌석 배정에 대한 중요한 단서를 제공하는 법이 있다. 기원전 44/43년에 제정된 스페인의 우르소 법 *Lex Ursonensis*, 혹은 율리우스의 식민시인 게네티바 법 *Lex Coloniae Juliae Genetivae*이 그것이다. 이 법은 플라비우스 시대의 복사본이 1870년에 발굴되어 좌석 배정에 대한 중요한 단서를 제공해주고 있다.[18]

시의원의 역할을 강조하는 우르소 법에 따르면, 사제와 복점관은 검투사 경기를 볼 때 시의원과 함께 앉아서 볼 권리가 있었다. 또 시의원, 절반 이상의 시의원이 참석한 상황에서 통과된 포고령에 따라 적합하다고 판단되는 사람, 전직 정무관들을 제외하고는 어느 누구도 시의원 좌석에 앉을 수 없었다. 이를 어기면 5000세스테르티우스의 벌금형에 처해졌다. 식민시인, 거주 외인, 손님, 이방인에게도 시의원의 포고령에 따라 좌석을 주어야 했다. 식민시인은 우르소 시민을 일컫고, 거주 외인은 다른 도시의 시민이지만 활동 영역이 우르소인 외부인을 말한다. 공식 초청객은 공적인 성격을 띤 사람인 만큼 이방인보다 더 무대 가까이에 앉았고, 때로는 시의원과 함께 앉을 수도 있었다. 경기를 구경하려는 목적에서 잠깐 방문한 이방인은 고향에서의 지위와 무관하게 하층민의 좌석에 앉았다. 우르소 법을 요약하자면 로마의 원로원 의원, 정무관, 기사, 시의원, 사제, 복점관, 시의원이 허용한 사람은 아레나 바로 앞에 앉았고, 이들 뒤에 식민시인, 거주 외인, 손님, 이방인 순으로 앉았다.[19]

로마 광장에서 열리는 경기에서 원로원 의원들, 특정 개인, 베스타의 여사제들 외에 기사들에게 특별석을 주는 관행은 로스키우스 법으로 부활되었다. 그런 특권은 우르소 법을 통해 볼 때 시의원에게까지 확대되었다. 신분을 기준으로 특권을 확대하는 방향으로 정책이 이루어졌지만 로마 광장의 협소함이 해결되지 않아 특별석은 지켜지기 어려웠다. 특히 원로원 의원들에 비해 수적으로 많은 기사들의 좌석은 보장되지 않아 평민과 섞여 앉았다.

목조 원형경기장 건축

다목적으로 사용되는 로마 광장에서 검투사 경기를 위한 시설이라고는 깨끗하고 평편한 경기장, 구경꾼을 위한 임시 좌석, 경기장과 구분하는 장치인 울타리뿐이었다. 기원전 1세기에 들어서면서 임시 건물이라도 좀더 편리하고, 검투사 경기만을 위한 전용 경기장을 건설하려는 움직임이 일었다. 이런 움직임의 단초를 제공한 것은 기원전 52년에 있었던 로마 광장의 화재였다. 이 화재로 바실리카 셈프로니아는 파괴되었고, 훗날 카이사르가 착공한 바실리카 율리아로 대체되었다. 바실리카 아이밀리아도 곧 복구되었다. 그러나 바실리카 포르키아는 전소된 뒤 재건되지 못했다.

기원전 52년 쿠리오는 아버지를 기리는 검투사 경기를 개최하기 위해 큰 목조 극장을 건설했다. 전통적인 반원형의 극장을 두 개 지어 오전에는 각각의 극장에서 연극을 상연했다. 오후에는 바퀴를 이용해 노예들이 이 두 개의 극장을 회전시켜 원형경기장을 만든 뒤 검투사 경기를 개최했다. 관중이 그대로 앉아 있는 채로 극장을 회전시켰다고 하는데, 당시의 기술로 이런 장치가 가능했을지는 의문이다. 로마 광장에서 임시 좌석을 설치한 뒤 경기가 끝나면 철거했듯이 이 역시 임시 건물이었기 때문에 곧바로 철거되었다.

기원전 46년 카이사르는 로마 광장에 무대 없이 사방에 둥글게 앉을 수 있어서 원형경기장이라고 부르는 사냥극장을 신축했다. 이곳에서 베누스 신전을 봉헌한 업적과 죽은 딸을 기념하여 야생동물 사냥과 검투사 경기를 개최했다. 경기장 밑에는 긴 지하실을 팠는데, 15미터씩 떨어져 있는 4개의 지하실은 각각 1.2제곱미터의 크기로 통로로 연결되어 있었다. 이 지하실에서 노예들이 당기는 윈치로 검투사들을 끌어올렸다. 한마디로 오늘날의 엘리베이터와 같은 구조였는데, 노예들이 밧줄을 감으면 그 밧줄에 연결된 목재 널빤지 위에 올라탄 검투사들이 올라가는 구조였다. 이렇게 올려진 검투사들은 바로 아레나 위에 나타나는 것이 아니라 아레나로 들어가는 입구에 세워졌다. 카이사르의 경기장 역시 임시 건물로서 경기가 끝나면 철거되어 자세한 구조는 알 수 없으나 구경꾼의 안전을 고려하지 않은 건물로 추측된다. 왜냐하면 흥분한 야생동물이 어디로 움직일지 모르는 상황에서 무대도 없이 사방에 관중석을 배치했다는 것은 관중을 보호하는 최소한의 칸막이도 없었음을 뜻하기 때문이다.

검투사 경기에 활용된 또 다른 장소는 사이프타 율리아였다. 마르스 광장에 있는 이 건물은 시민들의 투표 장소로서 원래 양 울타리라는 뜻인 오빌레로 불렸다. 나무로 울타리를 쳐놓았던 이곳에 카이사르는 더 크고 화려한 대리석으로 장식한 건물을 착공했다. 그러던 중 내전과 그의 암살로 잠시 연기되었다가 기원전 26년 아그리파가 완공·봉헌했다.

사이프타에서 검투사 경기가 열렸지만 로마 광장도 여전히 경기 장소로 이용되었다. 기원전 20년대 중반 미래의 황제인 티베리우스Tiberius 재위 14~37가 자신의 아버지를 기리는 경기를 로마 광장에서 개최했다. 로마 광장이 기원전 14년과 기원전 9년의 화재로 상당 부분 파괴되었지만 기원전 7년 재건된 후 계속 경기장으로 활용되었다. 기원전 7년 아그리파의 장례식 경기는 사이프타에서 열렸다. 이유는 아그리파가 사이프타를 봉헌해서 특별한 의의가 있기도 했지만 심각한 화재 피해를 입은 로마 광장은 재건 중이어서 경기를 열 수 없었기 때문이다.[20]

쿠리오와 카이사르의 경기장은 모두 임시 경기장이었다. 경기가 있을 때마다 아레나와 좌석을 설치·철거하는 노력과 비용이 만만찮았다. 검투사 경기의 인기가 날로 치솟으므로 넓은 공터에 영구적인 경기장을 설치하면 모든 문제가 해결될 수 있었다. 그럼에도 그렇게 하지 않는 이유는 첫째, 로마 광장이 로마 시에 거주하는 모든 사람이 왕래하기에 가장 좋은 장소였기 때문이다. 넓은 공터를 찾아 먼 지역에 경기장을 건설한다면 왕래하기 불편할 뿐 아니라 시간 낭비가 많아 이용자가 줄어들지 모를 일이었다. 둘째, 연극이나 경기를 구경하느라 아무 일도 하지 않고 시간을 보낼 가능성이 있다는 우려 때문에 귀족들이 그런 영구적인 경기장 건설을 반대했기 때문이다.[21] 그러나 공화정 후기에 원형경기장을 건축하려는 움직임이 있었다는 것 자체가 경기장의 필요성을 보여주는 것이다. 경기를 보고 싶어하는 사람을 될 수 있는 한 많이 수용하고, 철거의 번거로움이 없고, 왕래에 편리한 경기장을 모두가 원했다.

석 조 원형경기장 건 축

제정기 들어 로마 시에 석조 경기장이 건설되었다. 검투사 경기의 인기가 높아지는 만큼이나 경기를 위한 편의 시설이 필요했다. 폼페이에 최초로 석조 원형경기장이 건립된 뒤 로마 시까지 석조 경기장을 건설하자 경기장 건설 붐은 이탈리아 전역으로 퍼져나갔다. 어느 경기장이든 황제가 정한 좌석 배정 규칙을 따랐다.

석조 원형경기장 건설 시도

로마 시 최초의 석조 경기장은 아우구스투스 황제가 지은 것은 아니지만 로마 시를 알렉산드리아 시만큼 번영하는 도시로, 대리석의 도시로 만들고 싶어했던 그의 바람을 반영하는 듯했다. 석조 경기장은 내전기 아우구스투스의 확고한 지지자였던 스타틸리우스가 기원전 29년에 자비로 지은 것이었다. 로마 광장은 공간이 협소하고 집회 장소인 원래의 용도로 써야 하므로 석조 경기장은 마르스 광장에 지어졌다. 마르스 광장 남쪽에 있는 이 건물은 지하 구조를 석조로, 경기장의 좌석은 목조로 지어 영구 석조 건물과 공화정기의 임시 목조 건물 사이의 과도기 형태를 띠었다.[22]

기원전 34년 아프리카 전쟁에서 승리해 얻은 전리품으로 지어진 스타틸리우스 경기장은 황제의 승인을 받아 건설되었지만 공식적인 경기장이라고 보기에는 미흡했다. 오히려 스타틸리우스 가문이 경기장을 짓고 경기를 열 책임을 진 개인 원형경기장이었던 것 같다. 왜냐하면 그 경기장을 건설한 이후에도 투표 장소인 사이프타에서 여전히 경기가 개최되었고, 아우구스투스 황제가 도시 중앙에 새로운 경기장을 건설할 계획을 가지고 있었기 때문이다. 스타틸리우스 경기장이 무척 협소해 국가가 공식적으로 주최하는 화려한 경기에는 걸맞지 않았지만 그래도 로마 시 최초의 석조 경기장이라는 점에서 여전히 쓰임새를 지녔다. 기원전 20년대 중반 티베리우스가 조부와 부를 기념하여 처음에는 로마 광장에서, 다음에는 스타틸리우스 경기장에서 검투사 경기를 개최했다. 아우구스투스 황제 또한 마르스 광장, 로마 광장과 함께 이 원형경기장에서 야생동물 사냥 경기를 열었다. 그러나 스타틸리우스 경기장은 64년 로마 시에서 대화재가 일어났을 때 소실되었다.[23]

스타틸리우스 경기장이 불타 없어진 뒤 콜로세움이 완성될 때까지 검투사 경기는 여전히 목재로 만든 빈약한 임시 경기장에서 열렸다. 문제는 목조 경기장이 붕괴의 위험성을 안고 있다는 데 있었다. 27년에 일어난 경기장 붕괴 사건은 그 유례를 찾아보기 어려울 정도로 큰 재난이었다.

해방노예인 아틸리우스라는 자가 검투사 경기를 주최하기 위해 피데나 시에 원형경기장을 짓기 시작했다. 그러나 그는 단단한 지반에 토대를 다지지도 않았고, 나무로 된 상부 구조물을 단단히 묶지도 않았다. 그가 이 일에 착수한 이유는 돈이 아주 많아서도 아니었고, 지역민들의 환심을 사기 위함도 아니었다. 오직 엄청난 이익을 얻으려는 목적에서였다. 티베리우스 황제 때 그러한 구경거리가 금지되어 있어서 오락 애호가들이 남녀노소 할 것 없이 경기장으로 모여들었고, 로마 시에서도 가까워 군중 수는 급격히 늘어났다. 이것이 재난의 규모를 더욱 키웠다. 사람들이 경기장에 들어서는 순간 거대한 구조물이 붕괴되었다. 부서진 내부의 파편과 내려앉아버린 외부의 파편들이 구경하러 온 사람이나 그 주변에서 서성이던 사람들 위에 거꾸로 떨어져 그들을 묻어버렸다. 첫 붕괴의 순간에 죽은 사람들은 그러한 끔찍한 상황에서 최소한의 고통만은 피하는 행운을 안았다. 더 안타까운 것은 신체가 떨어져 나갔음에도 아직 생명이 붙어 있는 사람들, 낮에 아내와 아이들을 보았으나 밤이 되어 그들의 비명과 신음 소리를 듣게 된 사람들이었다. 이 소식은 곧 이웃의 모든 사람에게 전해져 형제, 친척 혹은 부모의 죽음을 슬퍼했다. 친구나 친척이 완전히 다른 이유로 집을 떠나 있었던 사람들도 경악을 금치 못했고, 재난으로 죽은 사람들이 누구인지 아직 알지 못했으므로 긴장감이 두려움으로 퍼져나갔다. 붕괴된 건물 더미들이 치워졌을 때 사람들이 달려와 죽은 자들을 끌어안고 입을 맞추었다. 체형이나 나이가 비슷하지만 얼굴이 망가진 경우 신원 확인이 어려워 종종 죽은 자를 두고 싸움이 벌어지기도 했다. 이 재난으로 5만 명이 장애인이 되거나 압사당했다. 그래서 앞으로 40만 세스테르티우스 이하의 재산을 가진 사람은 어느 누구도 검투사 경기를 개최할 수 없고, 단단한 지반이 아니면 원형경기장을 건설할 수 없다는 원로원 포고령이 반포되었다. 아틸리우스는 추방되었다. 재난의 순간에 귀족들은 각자의 집을 개방해 무차별로 의약품과 의사를 제공해주어 로마 시가 아주 큰 불행 속에서도 대규모 전투 후 전리품과 관심으로 부상자들을 돌보았던 우리 조상들의 관습과 유사한 상황을 연출했다.[24]

타키투스는 5만 명이, 수에토니우스는 2만 명이 압사당했다고 했다. 콜로세움의 수용 인원이 5만 명인 점을 감안하면 타키투스의 기록은 당연히 과장되었고, 수에토니우스의 기록 역시 소도시에서 동원하기 어려운 수치다. 어쨌든 이후 원형경기장 건축에 대해 엄격하게 규제를 가할 만큼 대규모 인명 피해가 난 사건임에는 틀림없다. 원래 구경거리를 별로 좋아하지 않았던 티베리우스 황제는 피데나 시의 붕괴 사건으로 건축 희망자의 재산 규모의 하한선을 규정했고, 야생동물 사냥과 같은 구경거리를 로마 시에서 개최하지 말도록 했다. 그 결과 일부 사람들은 로마 시 바깥에서 구경거리를 개최했고, 이를 위해 허술하게 만든 무대가 무너져 또다시 사망자가 속출하기도 했다.

3세기 초 법률가인 마케르의 글에서 건축 규제에 대한 법을 볼 때 개인의 자금이든 공적 자금이든 원형경기장을 지으려면 반드시 황제의 승인을 받아야 했다.

황제의 승인 없이도 개인이 자금을 댄 새 건물을 지을 수 있다. 단 그 건물이 다른 도시와의 경쟁을 유도하거나, 혹은 폭동의 기회를 제공하거나 경주장, 극장, 원형경기장으로 사용될 때는 예외다. 그러나 공적 자금으로 지어진 새 건물은 황제의 승인 없이는 완성할 수 없다고 법에서 선포했다. 황제와 그 건물에 자금을 댄 사람을 제외하고는 어느 누구도 공공건물에 이름을 새길 수 없다.[25]

원형경기장을 지으려면 황제의 승인이 있어야 했지만 구경거리를 향한 사람들의 열망은 사그라지지 않았다. 그런 열망을 충족시키기 위해 무허가의 허술한 건물들이 급조되었고, 그로 인한 피해는 관중이 고스란히 떠안았다.

각종 경기장

검투사 경기에 심취해 있던 칼리굴라 황제는 작고 낡은 스타틸리우스 경기장을 싫어했지만 이 경기장과 사이프타 외에는 달리 경기를 열 장소가 없었다. 그는 마르스 광장의 비르고 도수관을 일부 파괴하면서까지 사이프타 인근에 새로운 원형경기장을 건설하려고 했지만 곧이어 즉위한 클라우디우스 황제가 무산시켰다. 클라우디

우스 황제 때도 사이프타는 검투사 경기를 개최하는 장소로 이용되었다.[26]

화려한 경기장을 갈망했던 네로 황제는 57년 마르스 광장의 판테온 신전 북서쪽에 아주 사치스럽고 거대한 목조 경기장을 건립했다. 어떤 양치기가 네로의 원형경기장에 들어갔는데, 바다표범, 하마 같은 이국적인 동물이 있는 것을 보고 놀라는 일도 있었다. 네로의 경기장은 아레나를 물에 잠기게 할 수도 있는 구조였으나 파괴되었다.

남부 이탈리아의 캄파니아가 로마 시보다 검투사 경기가 더 오래 열렸던 곳인 만큼 원형경기장의 역사 또한 더 오래되었다. 캄파니아의 여러 도시 가운데서도 폼페이는 콜로세움이 세워지기 전 가장 큰 원형경기장이 있던 곳이다. 기원전 78년경에 완성된 석조 경기장은 폼페이 시의 정무관들이 헌납한 건축물일 뿐만 아니라 현존하는 가장 오래된 경기장이다.

> 가이우스의 아들인 발구스와 마르쿠스의 아들인 포르키우스는 그 식민시의 2인직과 5년직을 맡아 공무의 일환으로 자비를 들여 경기장을 짓게 했고, 식민시의 주민들에게 좌석을 영구히 주었다.[27]

대다수의 원형경기장처럼 폼페이의 석조 경기장 역시 도시 끝자락에 있었다. 폼페이 원형경기장은 두 개의 도시 성문인 '노케라의 문'과 '사르누스의 문' 가까이에 있어서 동물이나 다른 장비들을 운반하기 쉬웠다. 경기장의 크기는 140×105미터를 웃돌았고, 아레나는 67×35미터로 1만2000명을 수용할 수 있었다. 경기장 북쪽에 나 있는 입구인 '승리의 문'은 경기 시작 직전 검투사들이 아레나로 들어가는 곳이었다. 동쪽에 나 있는 입구는 장례식의 여신의 이름을 딴 '죽음의 문'으로서 죽거나 부상당한 검투사들을 아레나에서 끌어내는 곳이었다. 땅을 파 좌석의 낮은 열을 만들고, 흙으로 옹벽을 둘러싼 오르막이 상단이었다. 구경꾼들은 건물 바깥에서 계단으로 올라 벽 꼭대기를 따라 있는 통로까지 와서 자신의 좌석으로 걸어서 내려갔다.

캄파니아의 푸테올리에도 기원전 1세기 후반 석조로 된 원형경기장이 건설되었다. 부유한 상인들이 모인 조합에서 돈을 마련해 지은 이 원형경기장은 도시 외곽의 평편한 땅에 마련되었다. 3층으로 된 경기장의 크기는 149×116미터였고, 아레나는 75×42미터로 2만8000명을 수용할 수 있었다. 북부 이탈리아에 있는 베로나의 원형경기장은 네로 황제 때 건설되었다. 72개의 출입구와 64개의 계단이 있는 이 경기장의 크기는 152×103미터로 2만5000명이 수용 가능했다.

부유한 남자들처럼 돈이 많은 여성들도 원형경기장을 건축할 수 있었다. 로마 시 남부 라티움의 카시눔에서 출토된 비문이 이를 증명해준다.

> 가이우스의 딸인 움미디아가 카시눔 사람들을 위해 자기 돈으로 원형경기장과 신전을 지었다.[28]

사람들이 검투사 경기를 즐김에 따라 경기는 자주 열렸다. 그러나 설치와 철거를 반복하는 기존의 방식으로는 번거로울 뿐만 아니라 돈도 많이 들었다. 처음 석조 경기장을 지을 때는 건축비 부담이 컸지만 영구적으로 사용할 수 있다는 점에서 오히려 실용성이 높았다. 세금으로 충당하는 공적 자금 외에 지역의 유력한 정치가나 부자가 자진해서 내는 돈도 경기장 건설에 쏟아부어졌다. 정치가나 부자는 자신의 이름을 알릴 수 있어 좋았고, 주민들은 편의 시설을 이용할 수 있어 좋았다.

콜로세움

수만 명의 사람이 아레나 한곳을 바라보면서 열광하기 위해 만들어진 콜로세움은 로마 제국의 위용과 굳건함의 상징이었다. 콜로세움이 완성되었을 때 그 웅장함은 로마 사람들에게 로마인으로서 사는 데 대한 자부심을 안겨주기에 충분했다. 다른 한편 콜로세움은 로마인들의 사치와 타락, 부패의 상징으로 여겨지기도 했다.

규모와 수용 인원

콜로세움으로 유명한 플라비우스 원형경기장은 로마 광장에서 그리 멀지 않은 곳에 있었다. 마르스 광장에 있던 스타틸리우스 경기장이나 폼페이 경기장처럼 보통 원형경기장은 도시 외곽에 위치했는데, 콜로세움은 도시 중심지에 자리했다는 점이 특이했다. 이 경기장은 베스파시아누스 황제가 72년에 착공, 80년 그의 아들인 티투스 황제가 완공하고, 그다음 해 동생인 도미티아누스 황제가 꼭대기의 열주와 아레나 아래의 공간을 추가 건설했다. 플라비우스 경기장보다 콜로세움이라는 이름으로 더 유명하다. 콜로세움이라는 명칭이 붙여진 이유로는 두 가지를 추측할 수 있다. 하나는 35미터에 달하는 네로 황제의 '거대한colosseus' 상을 콜로세움 인근으로 옮긴 뒤 태양신 헬리오스 신의 이미지로 바꾸었기 때문에 붙여진 이름이라는 것이다. 다른 하나는 네로 상과 무관하게 단순히 크다는 의미에서 붙여진 이름이라는 것이다. 어떤 이유에서든 거대하다는 의미로 콜로세움이라는 명칭을 쓰게 된 것은 중세 때였다. 당시 로마인들은 로마 시에서 유일한 경기장이었으므로 그냥 원형경기장이라고 불렀다. 원래 경기장의 아레나 중앙에 유피테르 신, 혹은 아폴로 신의 거대한 상이 있었는데, 4세기 초 교황 실베스터가 이교의 상징인 조상을 파괴했다고 한다.

우리 눈앞에 원형경기장이 당당하게 서 있는 곳은 과거 네로의 호수가 있던 곳이었다. 우리가 따뜻한 목욕탕, 즉석 선물, 넓은 대지를 칭찬한 곳은 과거 가난한 사람들에게 빼앗은 그들의 거주지였다. 로마 시를 다시 얻었고, 카이사르 당신의 지배 하에서 얻게 된 기쁨은 이제 당신의 것이다.

(콜로세움은) 금의 물결을 써서 로마 시를 최고의 도시로 보이게 하므로 티투스 황제의 권력을 생각하게 했다. 외관이 그리스어

로 극장이라 불리는 반구 두 개가 하나로 합쳐졌으므로 원형극장이라고 부르는 것이 타당하다. 원형극장의 아레나는 계란과 같은 모양이다. 그래서 달리기하기에 적합한 공간이고, 거대한 원형이 구경꾼들의 시선을 끌어당기기에 구경꾼들이 더 쉽게 관람할 수 있다.[29]

베스파시아누스 황제는 건축가들을 동원해 네로 황제의 황금 궁전 앞에 있던 인공 호수의 물을 빼고, 배수로를 만들어 건조한 땅으로 만드는 데 성공했다. 물을 뺀 호수를 파 300톤이 넘는 흙을 제거하고, 콘크리트와 단단한 바위로 아레나 아래 3~4미터 깊이에 지반을 다듬었다. 10만 톤 이상 사용된 석회화는 로마 시에서 27.4킬로미터 떨어진 티베르 강 채석장에서 가져왔고, 자재를 운반하기 위해 도로를 건설했다. 일당을 벌기 위해 모여든 시민들과 70년 예루살렘 파괴 후 로마 시로 송치된 유대인 전쟁포로 1만 명 등 수만 명이 10년 가까이 건설 작업에 동원되었다.

건물 전체의 크기는 187×155미터, 아레나의 공간은 86×54미터다. 높이 52미터에 4층으로 된 콜로세움은 도리아식, 이오니아식, 코린트식 기둥이 각각 80개씩 아치로 연결되어 있었다. 꼭대기 층은 기둥으로 뼈대를 만든 아치가 없지만 약간 단단한 벽에 40개의 직사각형 창문이 나 있었다. 콜로세움 아래는 넓이 55미터인 직선으로 된 4개의 통로가 있고, 통로 사이에는 도르래가 설치되어 있었다. 경기가 시작되기 몇 시간 전 동물들이나 검투사가 통로를 따라 기다렸다. 신호가 떨어지면 동물이나 사람은 승강기에 올라탔고, 노예들이 통로 사이에 있는 도르래를 돌렸다. 그러면 통로를 중심으로 한쪽 승강기는 내려오고 동물이나 사람이 탄 승강기가 올라갔다. 그다음 동물이나 사람은 승강기 바깥으로 나와 경사로와 계단을 따라 걸어 나가면 아레나로 들어서게 되었다. 오전 경기의 야생동물이나 점심시간에 빨리 처형해야 할 사람들은 이런 방식으로 재빨리 아레나로 들어갔다.

고대 사료에는 수용 인원이 8만~9만 명이라고 했으나 실제 크기를 보건대 좌석은 4만~4만5000석이고, 5000명은 입석으로 수용했던 것으로 추정된다. 당시 로마 시의 인구는 100만 명, 그중 25만 명이 성년 남자 시민으로 추정된다. 콜로세움은 남자 시민의 5분의 1만 수용할 수 있었다는 계산이 나온다. 콜로세움이 가장 큰 원형경기장은 아니었다. 북부 아프리카 마우레타니아의 카이사레아에 있는 경기장의 아레나는 140×60미터이고, 스페인의 타라카, 서북 이탈리아의 루카에도 더 큰 경기장이 있었다.[30]

좌석 배정

경기장 지하에서 동물과 사람들이 경기를 준비하면서 긴장을 감추지 못하는 그 순간 지상에서는 사람들이 서서히 경기장으로 들어서기 시작했다. 사람들은 입장권에 표시되어 있는 자리를 찾고자 분주했다. 좌석을 배정하는 데 있어서 중요한 원칙은 어디서든 검투사들이 싸우는 모습을 볼 수 있어야 하고, 관중이 자신의 자리를 빨리 찾을 수 있어야 한다는 것이었다. 좌석에 따라 정면으로 혹은 측면으로 보이는 차이는 있지만 아레나가 타원형이다보니 어느 좌석에서든 경기를 보는 데는 무리가 없었다. 또 아레나의 소리가 타원형의 경기장을 따라 올라가면서 퍼졌던 까닭에 제일 위에 앉은 사람도 검투사의 고함 소리나 무기 부딪치는 소리를 들을 수 있었다.

관중은 입장권에 명시된 수를 따라가면 자신의 자리를 쉽게 찾을 수 있었다. 좌석을 찾지 못하는 사람은 경기장 곳곳에 배치되어 있는 좌석 안내인에게 요청하면 자리를 찾아주었다. 입장권의 간단한 숫자는 자리를 표시하는 것이다. 가령 입장권에 '쿤 두오, 그라드 콰투오르, 로크 두오데킴*CVN II, GRAD IV, LOC XII*'이라고 적혀 있으면 두 번째 부분, 네 번째 열, 열두 번째 자리라는 뜻이다. 쿤은 쐐기형이라는 쿠네우스의 준말로 원형의 경기장 좌석을 쐐기 모양으로 16개로 나누었는데, '쿤 두오'는 그 두 번째 부분이라는 뜻이다. 외부에서 경기장으로 들어가는 문은 80개인데, 이 가운데 76개의 문을 통하면 바로 좌석으로 갈 수 있었다. 나머지 2개 문은 황제와 그 측근들을 위한 것이었고, 또 다른 2개 문은 검투사 소유주들의 출입구였다. 입장권에 적혀 있는 문의 숫자를 찾아 들어가면 바로 자신의 좌석이 있는 부분으로 통하기 때문에 넓은 경기장에서 헤매지 않아도 되었다. 그라드는 그라두스의 준말로 아레나에서 몇 번째 열인지를, 로크는 로쿠스의 준말로 해당 열에서 몇 번째 좌석인지를 뜻한다. 입장권에 적혀 있는 숫자의 문으로 제대로 들어갔다면 열과 좌석을 찾기는 어렵지 않았다.

좌석 중 가장 좋은 위치는 당연히 황제석이 차지했다. 타원형인 아레나의 긴 면 중앙으로부터 앞쪽에 특별한 좌석들이 있었다. 황제와 황실 구성원들, 황제가 초청한 인물들이 여기에 앉았다. 다만 아우구스투스 황제가 못생긴 클라우디우스를 특별석에 앉지 못하게 한 것처럼 황제가 거부한 사람은 아무리 황실 구성원이라고 해도 이 좌석에 앉을 수 없었다.[31] 이 특별석들로 통하는 문이 있어서 황제는 이 문을 통해 바로 자신의 자리로 갈 수 있었고, 경기가 끝나기 전이라도 조용히 자리를 뜰 수 있었다.

콜로세움에서의 좌석 배정은 신분, 성별, 나이, 결혼 유무에 따라 좌석 배정을 확립한 율리우스 극장법*Lex Julia theatralis*에 준했다. 이 법은 기원전 22년에서 기원전 17년 사이에 제정되었다. 수에토니우스가 전하는 율리우스 극장법의 주요 내용은 다음과 같다.

푸테올리에서 열린 검투사 경기에서 어느 누구도 원로원 의원에게 자리를 양보하지 않았을 때 아우구스투스 황제는 그 원로원 의원이 당한 모욕에 격분하여 특별한 규칙을 만들어 무질서하고 무분별한 경기 관람 자세를 고치고자 했다. 그 결과 원로원은 공적인 구경거리가 어느 곳에서 개최되든지 간에 첫 번째 열은 원로원 의원들에게 할당되어야 한다는 결의를 포고했다. 황제는 로마 시에서 자유로운 동맹국의 사절들이 무대 앞 좌석에 앉는 것을 허용하지 않았다. 왜냐하면 그는 심지어 해방노예들까지 사절로 임명된다는 사실을 알았기 때문이다. 군인들을 일반 시민과 따로 앉게 했다. 일반 시민들 중 유부남들에게 특별한 공간을 할당해주었고, 자유민 미성년자들을 위한 좌석과 그들 옆에 교사들을 위한 좌석도 배당했다. 또 황제는 '짙은 회색 옷을 입은 사람*pullatus*'은 어느 누구도 중간층에 앉지 말라고 포고했다. 여성과 남성들이 함께 섞여 그런 경기를 관람하는 것이 관습이었지만 아우구스투스 황제는 여성들에게 제일 위층에서만 검투사 경기를

관람하게 했다. 베스타의 여사제들만 의장석 맞은편에 자신들의 좌석을 할당받았다.[32]

원로원 결의가 연극이나 검투사 경기와 같은 공적인 구경거리에 적용된다고 명시되었으므로 율리우스 극장법은 두 곳 모두의 좌석 배정에 관한 규정이다. 이 법은 극장과 경기장에서 원로원 의원들이 앞 열에 앉았던 규정을 재확인한 것이다.

원로원 의원들은 아레나와 칸막이 바로 너머에 앉았다. 그들은 아무래도 특권층이다보니 다른 좌석보다 두 배 넓은 곳에 앉아 옆 사람과 부딪치지 않았다. 또 좌우로 모두 아는 사람이었다. 이들은 경기에 열중하지 않고 자신들끼리 은밀한 정치적인 이야기를 나누기도 했다. 원로원 의원들 가운데서도 황제 좌석에 가까이 있는 의원들은 어떻게 해서든 눈도장을 찍으려 했다. 국가적인 행사에 열심히 참석하고 있음을 알리고 싶었던 것이다. 이들은 얼굴을 알려 놓아야 혹시 황제가 속주 총독 직에 임명할 자를 고민할 때 자신을 떠올리지 않을까 하는 바람을 갖고 있었다.

원로원 의원들을 위한 좌석은 2000명을 수용할 수 있었는데, 원로원 의원은 600명뿐이었다. 더구나 일부는 군사·행정 업무로 로마 시에 없었고, 개인적인 이유로 불참하기도 했다. 원로원 회의에도 통상 참석하는 인원은 400명이 있다. 질병이나 공무 같은 정당한 이유가 없다면 원로원 회의에 참석해야 하는 상황에서 400명이 출석했는데, 의무 사항도 아닌 경기장에는 더 적은 인원이 왔을 것이다. 그래서 원로원 의원들이 일반 시민들의 것보다 넓은 좌석을 대부분 비워두고 앉거나, 아니면 원로원 의원의 아들, 친구, 친척들까지 같이 앉지 않았을까 하는 추측이 나오는 것이다.

수에토니우스의 글에서는 기사에 대한 언급이 없지만 플리니우스의 기록에 따르면, 기사들은 로스키우스 극장법에 따라 여전히 원로원 의원들 뒤에서부터 14번째 열까지 앉을 권한을 가지고 있었다.[33]

기사 신분의 좌석 배정 규칙은 유베날리스에게 풍자의 대상이었다. 유베날리스가 특히 비난한 것은 벼락출세자가 기사석에 앉는 것으로, 그는 이를 "멍청한 오토의 유산"[34]이라고 혹평했다. 여기서 오토란 기사석을 규정한 로스키우스 오토를 말한다. 벼락출세자들이 과감하게 기사석에 앉을 수 있었던 것은 기사가 갖추어야 할 재산을 소유했기 때문이다. 일부 벼락출세자는 기사 신분이 지녀야 할 또 다른 조건, 즉 조부나 부가 자유민 신분이어야 한다는 조건을 충족시키지 못했음에도 불구하고 단지 재산을 보유했다는 이유로 기사석에 앉았다. 그렇다면 반대로 기사이지만 필요한 재산을 보유하지 못한 사람들, 즉 파산한 기사들은 기사석에 앉을 수 있었는가 하는 문제가 발생한다. 제정기 들어, 특히 티베리우스 황제 때 공마 보유 여부보다 재산 자격이 중시되었다.[35] 유베날리스의 글에서 "법에서 규정한 재산을 가지지 못한 사람은 기사석에서 나가라"라는 표현을 볼 때 파산한 기사는 기사석에 앉을 수 없었던 것 같다. 마르티알리스 또한 기사 신분에 필요한 돈을 갖지 못한 카이레스트라투스가 앞 열에 앉았다가 쫓겨난 사례를 적었다. 마르티알리스가 카이레스트라투스에게 기사 신분에 필요한 돈을 줄 수 있는 친구가 있는지를 물은 것을 볼 때 기사석에 앉는 데 재산이 중요한 기준이었음을 알 수 있다.[36]

기사들은 원로원 의원보다 수가 많아 다 알지는 못하지만 서로 아는 사람들끼리 시간을 맞춰 같이 경기장으로 갔고, 같이 앉으려고 했다. 특권적인 좌석에 앉아 있는 원로원 의원과 기사들은 극장이나 경기장에서 신분이 가져다주는 우월감을 한껏 누렸다. 이들은 자리에 앉자마자 누군가를 찾는 것처럼 괜히 뒤를 돌아다보았다. 자신이 특권적인 신분의 소유자임을 알리고 싶었던 것이다. 또 이들은 뒤에 앉아 있는 평민들이 마음에 들지 않는 구호를 외칠 때 얼굴을 돌려 노려보기도 했다. 관중끼리 사소한 시비로 싸움이 벌어졌을 때는 상류층으로서의 위엄으로 제재를 가하기도 했다.

군인들은 일반 시민들과 따로 앉았다. 여기서 군인이 근위병이나 수도 경비병을 의미하는지, 비번인 현역 군단병인지, 제대 군인인지는 확실치 않다. 하지만 비번인 현역 군단병 수는 따로 좌석을 배정할 만큼 많지 않고, 제대 군인들은 민간인으로 돌아간 터이므로 근위병이나 수도 경비병일 가능성이 높다. 로마 시에서 벌어지는 각종 구경거리에서 안전과 질서를 담당하고 있는 병력은 로마 시에 주둔하는 근위대와 수도 경비대였다. 15년 극장 안에서의 무질서가 심해 관중뿐 아니라 이를 저지하려던 근위병들 중에서 사상자가 발생한 사례를 볼 때 근위대의 역할을 짐작할 수 있다. 군인들 중 특별석을 받은 사람들은 뛰어난 군사 업적을 세운 이들이다. 전쟁 중 로마 시민이나 동료 병사의 생명을 구해 시민관을 받은 군인들은 군인을 위한 좌석이 아니라 원로원 의원들과 기사들 사이의 좌석에 앉았다. 이들이 경기장에 나타났을 때 심지어 원로원 의원들도 자리에서 일어나는 것이 관습이었다.[37]

이색적인 옷을 입은 외국인들의 좌석을 암시하는 사례가 네로 황제 때 있었다. 58년 게르마니아의 프리시이족 사절들이 라인 강을 따라 있는 땅의 권리를 탄원하기 위해 로마 시를 방문했다. 폼페이우스 극장에서 연극을 관람하게 된 사절들은 위신이 낮은 뒤쪽 열에 앉았다. 그들은 앞 열의 원로원 의원들을 위한 좌석에 이국풍의 옷을 입은 사람들이 있는 것을 보고 저 사람들은 왜 그곳에 앉았느냐고 물었다. 용기와 로마에 대한 우정이 뛰어나 거기에 앉았다는 대답을 들은 사절들은 자신들 역시 용맹과 로마에 대한 호의가 뛰어나다고 하면서 자리에서 일어나 밑으로 뛰어 내려가 의원들 사이에 앉았다고 한다. 또 유대의 예속왕인 히르카누스와 그의 아들들은 한 쌍의 검투사가 싸우는 경기와 야생동물 사냥 경기에서 원로원 의원들과 함께 앉는 특권을 부여받았다. 따라서 외국 출신의 구경꾼들 또한 인종이 아닌 신분에 따라 좌석을 배정받았다.[38]

17세 미만의 미성년자들은 교사와 함께, 성인용 토가를 입은 17세 이상은 성인이므로 아버지와 함께 앉았다.[39] 흰색 토가를 입는 유부남들은 기사 열 뒤의 중간층에 앉았다. 반면 '짙은 회색 옷을 입은 사람'은 중간층에 앉지 못하고 제일 꼭대기 층을 차지했다. 풀라투스라는 말은 짙은 회색의, 거무스름한, 탁한이라는 뜻의 풀루스 pullus에서 나왔다. 풀라투스라는 단어를 유베날리스는 화재를 당해 장례식을 치르는 집주인을, 소플리니우스는 더러운 옷을 입은 사람을, 퀸틸리아누스는 평민을 일컬을 때 썼다.[40] 따라서 풀라투스란 상복처럼 칙칙한 옷을 입은 평민을 가리키는 것이라 볼 수 있다. 앞 열이나 중간층에 앉는 사람은 흰색 토가를 입어야 했다. 한 예로 기사 신분이었던 호라티우스는 어두운 색의 망토를 걸치고 앞 열에서 경기를 본 적이 있었다. 이때 갑자기 눈이 내렸고, 그 덕에

호라티우스의 망토가 흰색으로 변해 무례함을 감출 수 있었다고 한다.[41]

공화정기부터 여성들 가운데 특별 좌석을 부여받은 것은 베스타의 여사제들뿐이었다. 하지만 제정기 들어 황실 여성들이 일반 여성들처럼 제일 꼭대기 층에서 경기를 관람했을지는 의문이다. 왜냐하면 사료에서 황실 여성들이 일반 여성들과 섞이지 않았다고 기록하고 있기 때문이다. 티베리우스 황제 때인 24년 원로원은 리비아 황후가 베스타의 여사제와 함께 앉아야 한다고 결의했다. 칼리굴라 황제의 여동생들은 대경주장에서 베스타의 여사제들과 함께 앉았다. 클라우디우스 황제의 아내인 메살리나도 리비아처럼 앞 열에 앉았다. 이런 사례들을 볼 때 황실 여성들은 최상위층이 아니라 아레나 바로 앞에 있는 베스타 여사제들의 좌석에 앉았을 가능성이 높다.[42]

공화정기에는 남녀가 같이 앉았지만 율리우스 극장법으로 남녀의 좌석이 구분되었다. "만일 내가 대리석 극장을 가득 메운 관중석을 우연히 올려본다면 당신의 슬픈 표정 때문에 그곳에 있는 많은 사람 중에 당신을 금방 알아볼 것이다"라는 오비디우스의 글은 남녀의 좌석이 나뉘었음을 암시한다. 기사 신분으로서 앞의 기사석에 앉아 있었던 오비디우스나 프로페르티우스가 제일 꼭대기 층에 있는 여성을 보기 위해 고개를 돌려 올려다보았기 때문이다. 또 유부남만을 위한 좌석이 있었던 것처럼 유부녀들은 따로 앉았다. "불멸의 신들을 위한 축제에서 거행되는 연극 공연을 위해서는 가능한 한 건전한 장소가 택해졌다. 왜냐하면 연극에서 아내와 아이들이 함께 앉아 즐기기 때문이다"[43]라는 비트루비우스의 글은 유부녀들이 아이들과 함께 앉았음을 시사한다. 또 같은 여성이라도 스톨라를 입는 유부녀들은 이를 입지 않는 매춘부와 섞이지 않았다.

아우구스투스 황제가 극장법을 도입한 계기는 원로원 의원에게 자리를 양보하지 않은 무질서에 있었다. 공화정 후기 내전의 혼란을 경험했던 아우구스투스 황제는 가부장적인 사회 확립과 신분질서를 다지는 데 노력을 기울였다. 그 한 예가 결혼과 출산을 장려하고 간통을 금지하는 법들이었다. 기원전 18년과 기원후 9년의 법을 통해 25~60세의 남성과 20~50세의 여성은 결혼을 해야 했고, 이혼이나 사별 후 재혼을 의무 사항으로 만들었으며, 이 나이에 해당되는 남녀가 결혼하지 않거나 최소한 약혼을 하지 않으면 극장을 출입하지 못하도록 했다. 간통을 저지른 두 사람은 결혼생활을 위태롭게 한 죄를 물어 서로 다른 섬으로 추방되었고, 일부 재산을 몰수당하는 처벌을 받았다.[44] 결혼법, 간통법과 함께 아우구스투스 황제는 건전한 사회질서를 확립하기 위해 여성이 구경거리에 참석하는 것을 억제하고자 했다. 그는 여성들이 운동경기를 보러 오는 것을 엄격하게 금지시켰고, 여성들이 다섯 번째 시각(여름에는 9:29~10:44, 겨울에는 10:31~11:15) 이전에는 극장에 가지 않는 것이 자신의 바람이라고 말했다.[45] 어떤 학자의 논평에 따르면, 황제는 여성들이 보는 운동선수들의 나체가 아레나에서의 간통보다 도덕적으로 더 위험하다고 생각했다고 한다.[46] 아우구스투스 황제의 엄격한 도덕관은 여성들이 남성과 떨어져 위층에 앉지 않으려면 검투사 경기를 보지 말라는 극장법의 규정, 즉 남녀의 좌석 분리로 나타났다.

기존에 특별석에 앉을 수 있었던 원로원 의원, 기사, 베스타 여사제, 시의원 외에 황실의 여성들까지 앞에 앉을 수 있었다. 문제는 원로원 의원과 기사들에게 특별석을 부여하는 법이 제정된 시 오래되었지만 현실에서는 여전히 잘 지켜지지 않았다는 데 있었다. 이미 앞 열을 배정받은 원로원 의원들에게 자리를 양보하지 않아 율리우스 극장법으로 다시 한번 앞 열에 앉을 수 있음을 강조한 것이 그 증거다. 기사들에게도 로스키우스 극장법이 적용되었음에도 불구하고 특별석이 있음을 재차 확인하는 사례가 많았다. 타키투스에 따르면, 로스키우스 극장법에도 불구하고 기사들이 평민들과 섞여 앉아 있어서 네로 황제가 다시 기사들에게 앞 열에 앉도록 했다. 도미티아누스 황제 때도 극장에서 평민들이 기사들과 섞여 구경하는 관습을 단속했다.[47] 또 기사인 척하면서 기사석에 앉는 평민도 있었다. 나네이우스라는 가난한 사람이 자기 자리에서 좀더 좋은 곳을 찾아 두세 번 자리를 옮겼다. 머리에 쓴 후드를 벗지 않은 채 경기에 열중하던 그는 자리가 마음에 들지 않았던지 앞쪽으로 갔다. 기사석까지 간 그는 엉거주춤 앉아 몸의 반쪽은 기사인 척, 다른 반쪽은 상류층이 아니면서 상류층인 체하는 사람들을 잡아내는 보조원인 척 행동했다. 경기가 잘 보이는 좋은 자리에 대한 열망이 낳은 행동이었다.[48]

원로원 의원들과 기사들의 특별석이 잘 지켜지지 않는 이유는 협소한 장소에 있었다. 마르스 광장에 있는 스타틸리우스 경기장이 소실되어 정확한 전체 크기와 아레나의 크기는 알 수 없지만 로마 광장보다는 넓었을 것이다. 그럼에도 장소가 좁다는 이야기가 나오는 이유는 로마 광장에서 개최하는 것과 비교할 수 없을 정도로 경기의 규모가 커졌기 때문이다. 아우구스투스 황제는 자신의 이름으로 세 번, 아들과 손자들의 이름으로 다섯 번 개최한 검투사 경기에 약 1만 명의 검투사들을 동원했다. 기원전 65년 카이사르가 아버지를 위해 동원하려고 했던 검투사의 수가 320쌍이었고, 이것은 원로원이 제재를 가할 정도로 당시로서는 화려한 규모였다.[49] 이와 비교할 때 아우구스투스 황제가 개최한 경기는 빈도, 규모, 다양성 면에서 공화정 후기의 경기보다 훨씬 크고 화려했다.[50] 트라키아, 흑해, 이집트, 소아시아, 스페인 지역의 사람들이 콜로세움의 경기를 보러 온 것처럼[51] 로마 시에서의 화려한 경기는 사람들을 끌어 모았다. 경기의 규모가 크다보니 참석하는 사람도 늘어났고, 이는 공간 문제로 이어졌다. 콜로세움이 건립되었지만 여전히 공간은 넉넉하지 않았다. 로마 시에 거주하는 성년 남자 시민의 5분의 1만 수용할 수 있어서 로마 시 거주자뿐만 아니라 제국 전역에서 경기를 구경하러 온 사람들까지 더하면 공간 부족 문제는 해결되지 않았다. 공간이 부족하니 상류층의 특별석을 저해하는 평민들이 늘어났고, 이는 상류층의 특권을 계속 강조, 반복하는 형태로 나타났다.

관중의 안전

경기장을 지을 때 가장 먼저 고려해야 할 사항은 관중이 안전하고 신속하게 자신의 자리를 찾거나 경기장을 벗어날 수 있도록 해야 한다는 점이었다. 관중이 한두 시간에 걸쳐 들어오므로 자리를 쉽게 찾을 수 있도록 설계해야 했다. 반면 화재나 붕괴 같은 위기 상황이 발생할 때면 몇 분 안에 모든 관중이 경기장 밖으로 나올 수 있도록 해야 했다. 공화정기 관중이 안전하게 경기를 관람하도록 하는 책임은 경기 주최자였던 안찰관에게 있었다. 제정기 황제가 관중의 안전을 위해 군인들을 동원했지만 그 책임은 수도 경비대를 지휘하는 로마 시 감독관과 근위대를 지휘하는 근위대장에게 있었다.[52]

관중은 경기장에서 즐거움을 느끼는 동시에 곳곳에 도사리고 있는 위험을 감수해야 했다. 패배한 검투사가 절망감과 복수심에 차 관중을 향해 무기를 던질 수도 있었기 때문이다. 또 표범, 호랑이, 사자와 같은 위험한 동물들은 어두운 지하 우리에서 갑자기 밝은 아레나로 나오면 두려움에 발광할 수 있었다. 더욱이 동물들에게 공격 본능을 일깨우기 위해 경기에 앞서 굶기는데, 아레나로 나오자마자 굶주림을 견디다 못해 관중을 공격할 가능성이 있었다.

아레나 둘레에서는 검투사들, 특히 야생동물들이 갑자기 관중을 덮칠 위험이 있어 관중을 보호하기 위해 나무로 된 칸막이가 쳐져 있었다. 이 칸막이는 2.2미터에서 높게는 4미터에 달해 동물들이 뛰어넘지 못하도록 했다. 그러나 이것이 절대적인 안전장치는 아니었다. 두려움과 굶주림에 격분한 호랑이는 4미터보다 더 높이 뛸 수 있었다. 그럴 경우 앞에 앉아 있는 황제와 원로원 의원들이 위험에 처할 수 있었다. 이에 대비해 그물망이 쳐져 있었다. 동물들이 칸막이를 뛰어넘는다고 해도 그물에 가로막혀 관중을 덮치지는 못했다. 카르타고에서는 칸막이 끝에 그물, 창살, 갈고리를 설치해 뛰어오르는 동물들로부터 관중을 보호했다. 이런 장치에도 불구하고 동물들이 관중을 향해 뛰어오를 경우에 대비해 칸막이와 관중석 사이에 넓은 통로를 만들었다. 뛰어오른 동물들이 통로에 떨어지면 보조원이 즉시 들어가서 동물에게 채찍을 휘둘러 원래 자리로 돌아가도록 했다. 이마저도 여의치 않을 때는 날카로운 창으로 찔러 죽였다. 황제석 주변에는 항상 경비병이 배치되어 있어서 튀어오르는 동물들이 있으면 바로 화살을 쏘아 죽였다. 아레나에서 관중석으로 뛰어든 동물에 관한 기록이 없는 것으로 보아 관중의 안전함이 확보되었던 것 같다.

신분이 낮아 제일 위에 앉은 하층민에게는 튀어오르는 동물이나 잘못 던져진 무기에 맞지 않을까 하는 불안감은 없었으나 시야가 확보되지 않는다는 단점이 있었다. 상처 입은 검투사의 일그러진 얼굴이나 무기로 대치할 때 힘을 쓰는 표정, 검에 맞아 줄줄 흐르는 피 등은 아레나 앞에서만 볼 수 있는 광경이었다. 결국 하층민은 생동감 있는 검투사의 표정보다 고양이 크기의 작은 물체들이 움직이는 모습과 관중의 소리로 경기 상황을 판단할 뿐이었다. 신분이 절대적 판단 기준이었던 당대 하층민에게는 어쩔 수 없는 소외의 순간이었다.

제3부

검투사 경기,
흥분과 피의 향연

제 1 장

흥미를 돋우는 구경거리들

오전 일정, 야생동물과의 싸움

검투사 경기가 벌어지는 날은 기대와 흥분 속에서 꿈꾸듯 시작되었다. 쌓여 있는 난제를 풀어야 하는 정치가나 농장의 수익을 염려하는 지주, 속주와의 교역으로 부를 축적하려는 상공업자, 일자리나 곡물 분배를 갈구하는 시민, 소규모 토지에서 나오는 생산물에 기대어 사는 농민 등 로마 제국에 거주하는 사람들에게 원형경기장에서의 하루는 삶의 무게를 벗어던지는 즐거운 날이었다. 경기를 구경하고 내기에서 이겨 돈까지 벌면 더없이 행복한 하루가 될 것이었다. 경기는 사열식부터 시작해 오전 9시경부터 야생동물 사냥 경기, 정오에 처형식, 오후에 검투사 경기로 세분화되었다.

위풍당당한 사열식

관중이 경기가 시작되기를 기다리며 잡담으로 시끄러울 때 트럼펫이 울렸다. 주의를 환기시키는 트럼펫 소리가 길게 울려 퍼지자 관중석은 이내 조용해졌다. 사열식의 시작을 알리는 신호였다. 본격적인 경기에 앞서 벌어지는 사열식은 경기에 투입되는 야생동물, 공개처형될 범죄자들, 오후에 싸우는 검투사들의 면면을 보여주는 행사였다. 제일 먼저 경기 주최자인 정무관의 수행원이 지나갔다. 토가를 입은 수행원은 권위를 상징하는 막대기나 도끼 묶음을 들고 있었다. 그다음 4명의 트럼펫 취주자가 악기를 연주하면서 지나갔다. 이들 뒤에는 행운의 여신인 네메시스 신이나 영웅인 헤르쿨레스처럼 오늘 이 경기장을 명예롭게 하는 신의 조상을 연단에 세우고 이 연단을 든 4명이 지나갔다. 모든 구경거리는 신의 허락과 가호 하에 개최됨을 상징하는 것이었다. 특히 네메시스 신은 지상의 일을 예의주시한 뒤 운명의 방향을 바꾸어주는 신으로서 정무관, 상인, 검투사, 노예 등 원형경기장과 연관된 사람들이 선호하는 신이었다. 그다음에는 무기와 갑옷 같은 것을 가지고 가는 사람들, 승리를 기록하고 승리자에게 명예를 주기 위한 기록 서판과 종려나무 가지를 가지고 가는 사람들, 상금으로 지급될 은화를 작은 가죽 주머니에 담아가는 사람들이 지나갔다. 뒤를 이어 경기 주최자가 화려하게 무장한 수행원들에게 둘러싸여 나타났다. 공화정기에는 경기 주최자가 정무관이므로 행렬 중간에 등장했다. 한편 제정기에는 경기 주최자가 대개 황제였다. 전용 출입구를 통해 황제가 들어오면 사람들은 일제히 일어서서 환호했다.

의식적인 행렬들이 지나가고 나면 본격적으로 오늘의 주인공들이 등장했다. 물오르간 취주자들과 4명의 트럼펫 취주자가 일제히 큰 소리로 악기를 불어 검투사의 등장을 알렸다. 검투사 경기에서 악기는 사열식에서 사람들의 등장을 알리거나 관중의 주의를 환기시키기 위한 것이거나, 또 싸움이 고조될 때 더 극적인 소리를 연출하기 위한 도구였다.[1] 저음의 웅장한 소리와 고음의 날카로운 소리가 번갈아가면서 울려 퍼질 때 관중은 귀로 즐거움을 느꼈다. 개선식의 웅장하고도 경건한 사열식 때의 소리와 또 다른 가벼움이 있었다. 신상이 지나갈 때 울려 퍼지는 장중한 소리가 들릴 때면 일어서서 경의를 표했다. 한껏 치장한 검투사들이 지나갈 때 퍼지는 빠른 템포에서는 박수를 보냈다.

검투사들은 하나같이 자주색으로 물들이고 금색으로 자수를 놓은 망토를 걸친 채 전차를 타고 나타났다. 아레나 한가운데까지 오면 그들은 전차에서 내려 둥글게 돌면서 관중에게 인사를 보냈고, 관중은 환호로 답했다. 검투사들은 사열식 때 화려한 장식으로 한껏 멋을 냈다. 아버지를 위해 그 어떤 정치가보다 화려한 경기를 열고 싶었던 카이사르는 검투사들의 모든 장비를 은으로 만들었다. 그렇게 치장하는 모든 돈을 카이사르가 부담했으니 가능한 일이었지, 일반적인 경우는 아니었다. 황제 소유의 검투사들도 다른 검투사에 비해 화려했는데, 그들의 투구 깃은 종종 공작이나 타조 깃털로 장식되었다. 마지막으로 '예고자'가 모든 관중이 들을 수 있게 검투사의 이름과 전적을 알리고, 이를 적은 현수막을 들고 가는 사람이 뒤따랐다.

사열식에서 모든 검투사가 황제석 앞으로 가서 황제에게 '만세,

카이사르여! 이제 죽으려는 사람들이 당신에게 인사한다'라는 말을 한다는 것은 잘못 알려진 사실이다. 클라우디우스 황제 때 모의 해전에 참가한 9000명의 죄수가 그렇게 황제에게 인사했다는 기록이 있기는 하다. 그러나 어디에도 검투사들이 그런 인사를 했다는 증거는 없다. 또 검투사들은 죽기 위해, 죽을 수밖에 없는 운명이라서 싸우는 것이 아니라 승리하기 위해, 살기 위해 싸우므로 그런 말을 했을 가능성은 없다.[2]

동물 사냥 경기의 역사

사열식이 끝나면 하루 일정이 시작되었다. 동물들의 경기는 오전에 열렸다. 그 이유는 전통적으로 사냥은 아침에 했기 때문이다. 동물들을 먼저 살육함으로써 하루 종일 좁은 우리에 가두어두는 번거로움을 피하기 위해서이기도 했다. 또 관중 동원력이 있는 검투사 경기를 될 수 있는 대로 늦게 개최함으로써 관중의 흥미를 지속시키려는 목적도 있었다.

여우, 노루, 토끼 같은 동물들을 사냥하는 행위는 신들의 호의를 기원하는 종교 축제의 한 부분으로 건국 초창기부터 있어왔다. 적에게 역병을 퍼트리기 위해 동물을 죽이는 관습은 기원전 6세기부터 이어졌고, 곡물의 여신인 케레스를 경축하는 축제에서는 여우가 병아리를 잡아먹지 못하게 하기 위해 여우를 불태웠다. 또 꽃의 여신인 플로라를 위한 축제에서 토끼와 사슴을 사냥한 적도 있었다. 이 의식은 농업사회인 로마에서 여신들을 만족시켜 풍요를 기원하는 희생제의 의미가 강했다. 그러나 기원전 3세기 로마의 영토가 확장되고 각종 이국적인 동물이 전리품으로 유입되면서 동물은 로마의 지배권을 상징했고, 그 동물을 살육하는 행위는 구경거리로 자리잡았다. 동물 사냥은 이국적인 동물을 끌어올 수 있을 만큼 로마 제국의 정복지가 커졌다는 것, 그들을 제압하여 죽일 수 있을 만큼 로마의 힘이 강대해졌음을 상징하는 행위였다. 이국적이라 함은 로마에서 흔히 볼 수 있는 황소, 여우, 토끼, 사슴 같은 동물이 아니라 코끼리, 곰, 표범, 사자, 호랑이, 퓨마, 코뿔소, 악어, 기린, 스라소니, 타조, 하마 등 아프리카, 인도, 북유럽, 동유럽에서 볼 수 있는 동물들을 일컫는다. 당시 이집트의 알렉산드리아에 프톨레마이오스 2세Ptolemaios II 재위 기원전 285~기원전 246가 세운 동물원이 있었지만 로마는 이를 모방하지 않았다. 로마는 지배력을 과시하기 위해 동물들을 가두지 않고 공개적으로 전시했으며, 이후에는 오락이라는 실용적인 목적에 활용했다.

이국적인 동물들 중 코끼리는 오랜 역사를 함께했다. 이탈리아 남부와 북부 아프리카에 대한 로마의 지배권을 상징하는 코끼리는 기원전 275년 군사령관인 쿠리우스가 로마와 싸웠던 피루스에게서 빼앗아 개선식 때 전리품으로 전시되었다. 사냥이나 살육 목적이 아니라 사람들에게 코끼리나 타조같이 신기한 동물을 보여주려는 목적이었다.

기원전 252년 카르타고에게서 빼앗은 코끼리를 대경주장으로 몰아넣었다.

사제인 메텔루스가 시칠리아에서 승리하여 카르타고에게서 수많은 코끼리를 빼앗았다. 140마리의 코끼리는 줄지어 묶은 포도주 항아리 위에 널빤지를 여러 층 깔아 만든 뗏목을 이용해 (메시나 해협을) 건넜다. 베리우스는 이 코끼리들이 경기장에서 싸웠고, 로마인들이 코끼리를 어떻게 다룰지 몰라 투창으로 살육했다고 기록했다. 또 피소의 말에 따르면, 코끼리들을 단지 경기장으로 밀어넣었고, 서로 간에 경쟁심이 발동하도록 하기 위해 사람들이 끝에 공이 달린 창을 가지고 다니면서 코끼리들을 몰아넣었다.[3]

이때는 좁은 공간에서 코끼리들끼리 우왕좌왕하면서 서로를 해치는 것에 불과했다.

동물 사냥 경기를 처음으로 개최한 것은 기원전 186년 노빌리오르의 후원 하에 이뤄졌다. 이해에 로마 시에서 최초로 운동선수들의 경기가 열렸고, 사자와 표범의 싸움이 무대에 올려졌다. 야생동물 사냥은 노빌리오르가 서부 그리스의 암브라키아를 점령한 뒤 유피테르 신을 기리는 경기의 일부로 개최한 것이었다.

이후 이탈리아로 유입되는 야생동물의 수가 늘어나자 기원전 170년 원로원은 군사령관들이 야생동물 사냥을 개최해 정치적 지지를 얻으려는 시도를 저지하기 위해 아프리카 산 동물을 이탈리아로 유입시키지 못하게 했다. 그러나 이런 조치는 아우피디우스의 반대에 부딪혔다. 호민관이었던 그는 원로원 결의에 맞서 이 안건을 평민회에 상정, 평민회에서 경기를 목적으로 동물들을 수입하는 것을 허용했다. 동물 수입이 허락되자 그다음 해인 기원전 169년 안찰관인 나시카와 렌툴루스는 표범 63마리, 곰 40마리, 코끼리가 싸우는 화려한 경기를 개최해 관중의 흥미를 유발했다. 이즈음 동물 사냥 경기는 국가가 주관하는 공적인 축제의 일부분이 되었다. 동물 사냥은 로마가 정복한 지역의 동물들을 서로 싸우게 함으로써 로마의 군사적 위업을 보여주기에 적합한 구경거리였다.

　기원전 1세기에는 많은 정치가가 야생동물 사냥을 인기와 지지를 얻기 위한 정치적 목적으로 개최했다. 로마 시에서 한꺼번에 수많은 사자의 싸움을 보여준 인물은 기원전 95년의 집정관인 스카이볼라였다. 수사자 100마리의 싸움을 보여준 사람은 훗날 독재관이되는 술라로, 기원전 93년 법무관으로 있을 때였다. 로마인들에게 하마와 악어가 처음 선보여진 것은 기원전 58년의 경기였다. 북유럽의 스라소니와 인도의 코뿔소는 기원전 55년 8월 폼페이우스가 개최했던 경기에 처음 등장했다. 폼페이우스가 최초의 석조 극장을 봉헌한 것을 기념하여 열린 경기에서 5일 동안 하루에 두 번 야생동물 사냥 경기가 열렸다. 이 경기에서 코끼리 20마리, 수사자 315마리를 포함한 총 600마리의 사자, 표범 410마리, 수많은 원숭이가 죽었는데, 그 규모는 콜로세움이 개장되기 전에 벌어진 경기 중 가장 컸다. 기원전 46년 카이사르가 개최한 경기에서 기린을 처음 선보였고, 사자 400마리가 동원되었다. 정치가들이 동원하는 동물의 수를 경쟁적으로 늘리고, 좀더 이색적인 동물들을 보여주려고 한 이유는 그런 동물들이 자신의 정치 역량을 드러내는 것이라 여겼기 때문이다.[4]

　공화정기 야생동물 사냥은 넓은 대경주장에서 거행되었고, 검투사 경기는 대경주장, 로마 광장, 마르스 광장 등 다양한 곳에서 열렸다. 이때에는 사냥 경기와 검투사 경기가 다른 날 열리기도 했다. 제정기 들어 야생동물 사냥은 오전에, 검투사 경기는 오후에 열리는 것으로 정착되었다. 아우구스투스 황제는 시민들을 위해 대경주장에서 혹은 로마 광장, 원형경기장에서 코뿔소나 하마같이 로마 시에서 보기 힘든 아프리카 산 동물들로 26회 야생동물 사냥을 개최했고, 3500마리의 동물을 살해했다. 각 경기에서 평균 135마리의 동물을 살해했다는 결론이 나온다. 기원전 2년 아우구스투스 황제가 마르스 신전을 봉헌할 때 개최한 경기에서는 260마리의 사자가, 12년에는 200마리의 사자가 살육되었다. 칼리굴라 황제와 네로 황제 때는 400마리의 곰과 300마리의 사자가 하루 만에 죽었다. 콜로세움 개장식에서는 9000마리의 동물이, 트라야누스 황제 때는 1만1000마리의 동물이 살육되었다. 또 202년 재위 10주년 기념식에서 세베루스 황제가 개최한 화려한 경기에서는 곰, 암사자, 퓨마, 사자, 타조, 야생 당나귀, 들소, 수퇘지 등 700마리의 동물이 죽임을 당했다. 고대 사가들은 죽은 동물의 수만 기록해놓아 이들 동물을 죽이는 데 얼마나 많은 사람이 동원되었는지는 알 수 없다. 또 한꺼번에 많은 동물이 살육되었기 때문에 죽은 동물의 수치에도 약간의 과장이 있을 것이다.

동물 조달

공화정기 동안 야생동물 사냥 경기에 동물들을 공급하는 조직이 없어 경기를 주최하는 정무관들의 개인적인 연줄에 의존했다. 술라는 동맹국 마우레타니아의 왕인 보쿠스가 보내준 100마리의 사자 덕택에 경기를 개최할 수 있었다. 키케로의 친구로서 기원전

50년 안찰관에 당선된 카일리우스는 이국적인 동물들로 경기를 열고 싶어했다. 그는 소아시아 남부의 킬리키아 총독으로 가 있는 키케로에게 편지를 보내 동물들을 보내줄 것을 간청했다. 편지는 파티스쿠스가 쿠리오에게 10마리의 표범을 보내주었는데, 당신은 그보다 더 많이 보내주었으면 한다는 내용이었다. 이에 대한 키케로의 답은 기술 좋은 사냥꾼들에게 표범을 잡으라고 부탁해 덫을 놓았으나 표범이 몹시 부족하며, 실제 어떤 동물이 덫에 걸릴지 모르겠다는 것이었다.[5]

 제정기 황제가 독점적으로 경기를 개최하면서 동물을 조달할 책임 역시 황제에게 있었다. 황제들은 더 많은 동물이, 더 이국적인 동물이 동원된 경기를 열어 이전 황제들보다 더 뛰어난 자신의 능력을 과시하고 싶어했다. 이런 황제의 욕심을 실질적으로 충족시켜주는 사람은 동물 조달에서 하부 구조의 역할을 맡은 직업적인 동물 사냥꾼과 군인들이었다. 직업적인 동물 사냥꾼들은 북아프리카 전역을 돌아다녔다. 사냥꾼들은 동물들이 다니는 길목에 덫을 놓거나 함정을 파 양가죽을 뒤집어쓰고 동물들을 유인했다. 중동에서는 사자를 포획할 때 새끼를 잡아 어미 사자를 유인했다. 흑해에서는 사자가 물을 먹으러 오는 길목에 포도주가 담긴 통을 두어 취한 사자를 포획하는 방법을 썼다. 북부 아프리카에서 곰을 수입하는 일이 빈번하자 황제들은 2퍼센트의 수입 관세를 매겼다. 이는 야생동물을 거래할 때 부과하는 유일한 관세였다.

 로마 제국 전역에 주둔해 있는 군인들은 훌륭한 동물 조달자였다. 군단 안에는 전문적인 동물 사냥꾼도 있었는데, 이들은 '동물 사냥으로 인한 노역 면제병'으로 불렸다. 155년 하모이시아의 몬타나에 주둔하는 제11군단의 롱기누스와 발레리우스, 241년 로마 시에 주둔하는 제6근위대의 베루스와 베락스의 비문에는 '동물 사냥으로 인한 노역 면제병'이었다고 기록되어 있다. 이들은 말 그대로 군대 안에서 동물 사냥을 전문적으로 하는 일을 맡아 일상의 노역으로부터 면제받은 병사들이었다.

3세기 게르마니아 지역에 있던 한 비문에는 '케소리니우스, 제30군단의 곰 사냥 군인'이라고 기록되어 있다. 케소리니우스는 게르마니아와 다뉴브 강 지역을 돌아다니면서 전문적으로 '곰을 사냥하는 군인'이었다. 제1미네르바 군단의 백부장인 피사우로도 '곰을 사냥하는 군인'으로서 6개월 동안 50마리의 곰을 포획했다고 한다. 곰을 포획하는 기간과 할당량이 정해져 있었고, 피사우로는 이를 넘어서는 업적을 기록했기에 비문을 세웠던 것이다.

전문적으로 사자와 관련된 임무를 맡은 군인도 있었다. 3세기 초 두라-에우로포스에 주둔한 제20팔미라 보조군의 군인 명부에 '사자에게'라는 이름이 보인다. 아마도 이들은 그 지역에서 사자를 사냥하거나 포획한 사자를 돌보거나 다른 먼 지역으로 이송하는 업무를 맡았던 듯하다. 팔미라 보조군 중 219년에는 보병 5명과 기병 2명이, 222년에는 보병 3명과 기병 1명이 사자 사냥에 할당되었다. 적은 인원 같지만 부대에 소속된 노예나 인근 민간인의 도움을 받으면 그렇지도 않았다. 죽은 사자의 가죽은 팔미라 보조군에 소속된 7명의 기수가 가졌다. 기수들은 곰이나 사자 같은 동물 가죽을 머리에 덮어써야 했기 때문이다. 생포한 사자들은 당연히 로마 시나 인근 대도시로 수송되어 동물 사냥 경기에 투입되었다.[6]

1세기 후반 혹은 2세기 초반의 것으로 보이는 이집트에서 나온

한 파피루스 또한 군인들이 동물을 사냥했음을 암시한다.

프로쿨루스가 발레리아누스에게! 우리가 아그리피나 달(11월)에서 지금까지 1년 동안 총독의 명령 하에 온갖 종류의 야생동물과 새를 사냥했다고 말하기 위해 이 편지를 쓴다.[7]

프로쿨루스는 보조군인이고, 발레리아누스는 상관이거나 동물 사냥과 수집을 책임졌던 장교일 가능성이 높다. 이 편지에서 온갖 종류의 야생동물과 새를 사냥했다는 말을 한 것으로 미루어 군인들이 먹기 위함이 아니라 경기를 위해 사냥했음을 짐작할 수 있다. 사슴과 수퇘지는 군인들이 즐겨 먹지만 모든 종류의 야생동물과 새를 먹지는 않았기 때문이다. 이런 활동은 당연히 상관의 명령에 따라 이루어졌다.

우리, 그물, 올가미처럼 사냥에 필요한 도구들은 주둔지마다 배치되어 있었고, 없으면 인근 마을이나 다른 군단에서 빌렸다. 군대에 사냥 도구가 있었다는 것은 4세기 중반 이집트에서 쓰인 또 다른 편지에서 증명된다. 당시 파이윰 지역에 가젤 무리가 농작물을 망치자 그 지역 사제가 인근 기병 분대장에게 가젤을 잡기 위해 부대에 있는 그물을 빌려달라고 요청했다. 창으로 가젤을 죽이는 것이 아니라 그물로 생포하려는 것은 다가오는 동물 사냥 경기에 가젤을 쓰기 위해서였다.

조달된 동물들은 배로 로마 시까지 수송되었다.

돈을 벌기 위해 숲 곳곳에서 야생동물들을 찾아다니는구나.

아프리카의 하몬 신은 동물 몰이꾼들에게 둘러싸여 괴롭도다.
이빨로 인간을 살육하는 동물들은 도망을 다니기 바쁘구나.
인간을 살육함으로써 그들의 가치는 더 높아졌도다.
이상할 정도로 탐욕스러운 야생동물들이 배에 실렸구나.
금칠을 한 창살 뒤의 호랑이는 우리를 어슬렁거리면서 로마 시로 수송되도다.
이제 군중의 환호 속에서 그의 턱에는 인간의 피가 뚝뚝 흐르겠구나.[8]

위의 글은 1세기 소설 속에 나오는 글로서 당시 야생동물 포획이 성행했고, 포획된 동물들은 배로 날라졌음을 말해준다. 상선이나 함대가 동물 수송에 투입되었다. 가령 148년에는 로마 시 건국 900주년을 기념하는 경기를 위해 제1이탈리아 군단의 분견대, 제11클라우디우스 군단, 모이시아의 플라비우스 함대 등 모이시아의 총독이 지휘하는 부대의 군인들이 황제의 동물 사냥 경기를 위해 곰과 들소를 포획했다. 이때 함대의 역할은 사로잡은 동물들을 큰 배에 실어 다뉴브 강 하구에서 이탈리아로 나르는 것이었다.

검투사 경기의 인기와 함께 오전에 벌어지는 동물 사냥 경기도 인기를 얻어갔고, 이에 따라 야생동물에 대한 수요가 증가했다. 살육당하는 동물의 수가 늘어날수록 동물의 개체 수는 급격히 감소했다. 자연히 동물을 조달하는 데 어려움이 일어났다. 3세기에 이르러 동물은 부족하고, 막대한 수송 비용을 감당하기 힘들 만큼 국가 재정이 악화되자 더 이상 동물을 원하는 대로 조달할 수 없었다. 북부 아프리카의 숲이 목초지와 포도밭, 올리브 밭으로 바뀌면서 동물들은 내륙으로 이주할 수밖에 없었다. 그나마 남아 있던 동물들 또한 사냥꾼들의 손에 살아남지 못했다. 이탈리아에서 가까워 수송비가 적게 드는 북부 아프리카 동물들은 멸종 위기에 직면할 정도였다. 이렇게 되자 아프리카 내륙이나 북유럽으로 눈길을 돌렸다. 이탈리아에서 멀리 떨어진 지역으로부터 동물들을 포획하면 자연히 수송 비용도 증가했다.

황제들은 야생동물이 줄어들자 대규모 경기를 벌여 황제의 위상을 높이면서도 비용은 삭감하는 방법을 고심했다. 황제들이 찾은 대안은 값비싼 동물일 경우 패배하더라도 죽이지 않고 다음 싸움을 위해 목숨을 살려두는 것이었다. 또 기존의 야생의 육식동물 대신 초식동물과 사육동물 위주로 경기를 개최하는 방법을 구사했다. 고르디아누스 1세Gordianus I 재위 238 황제가 제위에 오르기 전인 235년에 개최한 경기에서 사자, 호랑이, 표범은 동원되지 않았다. 고르디아누스 3세Gordianus III 재위 238~244 황제는 페르시아에 승리한 것을 기념하기 위해 2000명의 검투사를 동원해 경기를 개최했다. 이때 수집한 동물들 중에는 야생동물도 있었지만 사육된 동물도 많았다. 동원된 동물들 중 코끼리 32마리, 엘크 10마리, 호랑이 10마리, 하이에나 10마리, 하마 6마리, 코뿔소 1마리, 야생 사자 10마리, 기린 10마리, 야생 나귀 20마리, 야생 말 40마리 등은 야생동물이었다. 60마리의 사자와 30마리의 표범은 사육된 동물들이었다. 281년 프로부스Probus 재위 276~282 황제가 개최한 경기에도 역시 사슴, 수퇘지, 염소 등 초식동물과 사육시킨 사자 100마리가 동원되었다. 사람의 손을 탄 사자들이 싸우지 않으려고 해서 애를 먹기는 했지만 상당히 장대한 규모로 거행된 경기였다.[9]

야생동물 부족으로 초식동물과 사육동물을 동원해 벌이는 경기는 규모만 컸지 극적인 재미는 떨어졌다. 피를 뿌리면서 잔인함을 보여주길 원했던 구경꾼들에게 아무리 굶겨도 상대 동물과 싸워서 그 고기를 취하려는 의지를 보이지 않는 초식동물과 포악한 본성을 잃어버린 사육동물의 싸움은 시시하기 그지없었다. 피범벅이 된 입으로 포효하는 모습, 몸이 질질 끌려가도 한 번 물은 적은 절대 놓치지 않으려는 모습, 싸움이 끝났음을 알리는 채찍을 맞으면서도 경기장을 떠나지 않는 승부 근성, 누군가 건드리기만 하면 달려들 기세인 잔인한 본성은 찾아볼 수 없었던 것이다. 동물들에게서 나오는 엄청난 피로 모래를 갈아엎거나 새 모래를 뿌리기 바빴던 경기장은 이제 각종 나무와 풀로 장식된 동물들의 놀이터로 변했다. 동물들끼리의 거친 경기가 사라지면서 재미가 줄어들었고, 그러니 관중은 사냥 경기를 외면했다. 이에 경기 주최자들은 동물 사냥 프로그램을 점차 줄이고, 범죄자 처형이나 검투사 경기로 대체했다. 그래도 야생동물 사냥 경기는 검투사 경기보다 더 오래 존속했다.

긴장감 넘치는 경기

동물 사냥꾼 venator과 동물 조련사 bestiarius는 야생동물과 싸우므로 정확한 의미에서 검투사는 아니었다. 이들은 검투사들로부터 경멸과 멸시를 받다가 2세기 중반부터 야생동물 사냥 경기가 많아지면서 위상이 높아졌다. 페트로니우스의 소설 속에는 동물 조련사가 검투사와 싸우는 장면이 아주 생생하게 묘사되어 있다. 동물 조련사가 여러 명의 기사 검투사와 경기를 치르게 되었다. 그는 말을 타고 있는 기사들의 발을 잡아당기거나 말을 위협해 말에서 내릴 수밖에 없게 만들었다. 일부 기사는 짐마차의 말처럼 날뛰었고, 일부는 서 있을 수도 없었으며, 나머지 기사들 역시 곧 시체가 되었다. 그가 불구로 만들어버린 기사도 있었다. 관중이 부끄러울 정도로 싸움을 못 하는 겁쟁이 기사들에게 벌을 주라고 외칠 정도였다. 그러나 소설처럼 동물 사냥꾼이나 조련사가 검투사와 싸우는 경우는 흔치 않았다.

동물 사냥꾼과 조련사는 공화정기에 엄연히 구분되어 있었다. 동물 사냥꾼은 직업 사냥꾼으로서 동물과 직접 싸워 그들을 죽이는 역할을 해 조련사보다 더 기술이 있었고, 더 나은 대우를 받았다. 동물 조련사는 검과 창을 휴대한 채 동물과 싸우는 판결을 받은 사람이었다. 이들은 루두스 마투티누스에서 훈련받았다. 그러나 시간이 지나면서 사냥꾼과 조련사의 구분이 모호해지고 서로 바꾸어 부르기도 할 정도로 통합되었다. 1세기 동물 사냥꾼은 검투사처럼 투구, 정강이받이, 장검, 단검 등으로 무장했다. 1세기 중반부터 이들의 무장 상태는 가벼워져 투니카, 짧은 다리 보호대, 사냥 창뿐이었다. 2세기에는 다시 다리 보호대, 넓은 벨트, 때로는 작은 가슴 갑옷까지 착용했다. 3세기에는 또다시 가볍게 무장해 투니카를 입고 창만 지니는 형태였다.

야생동물 사냥 경기는 사람들의 감각을 자극했다.

8월 28일 여기 폼페이에서 동물 사냥이 있을 것이다. 이때 펠릭스가 곰과 싸울 것이다.[10]

펠릭스라는 유명한 싸움꾼이 나온다는 것은 사람이 동물을 죽이는 일이 벌어진다는 것인데, 경기 일정에는 그것만 있는 것이 아니었다. 사자 대 곰, 사자 대 퓨마처럼 동물끼리 싸우는 경기도 있었다. 동물들이 득실거리는 경기장에 유죄 판결을 받은 범죄자를 풀어놓아 동물들이 사람을 물어 죽이는 경기도 같이 진행되었다. 한마디로 사냥꾼과 희생자의 구분이 모호했다.

동물끼리의 싸움이든, 동물과 사람의 싸움이든 관중이 경기장에 들어서는 순간 경기장 밑에서 들려오는 동물들의 포효는 흥분과 섬뜩함을 불러일으켰다.

그들의 가장 큰 즐거움은 사람들을 조금씩 찢어 죽이는 것, 그것도 아주 포악하고 더 잔인하게 죽이는 것이다. 야생동물들의 배가 게걸스럽게 먹은 인육으로 채워지면 관중이 즐거워하여 희생자들은 동물의 이빨에 먹히는 만큼이나 관중의 눈초리에 먹히는 것 같았다.[11]

치열한 싸움 장면을 볼 수 있겠다는 기대와 함께 날카로운 울음소리에서 동물들의 포악성을 짐작해보면 두려움을 느끼지 않을 수 없었다. 그런 감정들을 서로 이야기하다보니 경기장은 자연히 시끄러울 수밖에 없었다. 사람들의 떠드는 소리에 흥분한 동물들은 더 크게 울부짖었고, 동물들의 울음소리에 관중은 더 크게 이야기했다. 시끌벅적한 경기장의 소음은 첫 번째 동물이 경기장에 그 모습을 드러내면서 열광적인 환호로 바뀌었다.

좁은 우리에서 배고픔과 공포로 끊임없이 맴돌던 동물들은 철

조망으로 된 문이 위로 올라가면서 열리자 밖을 나섰다. 탈출할 수 있다는 희망에서 문을 나서는지, 죽음으로 가는 길인 줄 알지만 체념하고 나선 것인지는 동물들의 마음이니 알 길이 없다. 선두에 선 동물들이 좁고 어두운 통로를 따라 움직이자 나머지 동물들도 뒤를 따랐다. 통로는 밝은 곳을 향해 이어졌고, 몇십 미터 움직이자 갑자기 넓고 환한 곳이 나왔다. 어두운 곳에 있던 동물들은 급작스레 쏟아지는 빛에 눈이 부셔서, 또 갑자기 질러대는 사람들의 환호 소리에 겁을 먹어서 그 자리에 우뚝 서버렸다. 겁을 집어먹은 것을 넘어 두려움을 느낀 일부 동물은 아예 우리 바깥으로 나오려고 하지 않았다. 그러나 그것도 잠시였다. 동물들은 뒤쪽에서 사육사들이 휘두르는 채찍, 횃불, 불에 달군 철봉에 마냥 서 있을 수도, 우리에 그대로 남아 있을 수도 없었다. 경기장의 빛과 소리에 적응한 우두머리가 경기장 한가운데를 향해 힘껏 내달리자 다른 동물들도 뒤따랐다. 굶주림, 채찍, 횃불, 철봉으로 동물들의 긴장감과 공포는 극에 달했다. 이런 극도의 스트레스는 동물들을 더 잔인하고, 더 포악하게 만들었다.

오전 경기는 동물끼리의 싸움, 동물을 이용한 묘기, 동물과 사람의 싸움으로 이어졌다. 관중에게 나오는 동물들은 미리 알려주지만 그 동물이 어떤 동물하고 싸우는지, 유명한 싸움꾼을 제외하고 사람이 어떤 동물하고 싸우는지는 공개되지 않아 관중의 호기심을 자극했다. 하지만 대개는 짐작 가능했다. 포획한 동물의 종류에 관한 소문이나 곰 대 황소, 황소 대 코끼리, 사자 대 표범, 코뿔소 대 버펄로 등 흔한 싸움 유형이 있었기 때문이다. 동물들은 긴 쇠사슬로 서로 묶여 있었다. 이는 두 동물이 싸우지 않고 경기장만 휘젓고 다녀 흥미를 떨어뜨리는 것을 방지하기 위해서였다.

황소와 곰이 맞붙었을 때 황소는 뿔로 곰을 들이받으려고 한껏 머리를 낮추고 달려들었다. 체중을 실으면서 달려드는 황소의 뿔 공격에 곰은 멈칫하며 뒤로 물러섰지만 이내 왼쪽으로 몸을 틀어 황소의 뿔을 피하면서 날카로운 앞발로 황소의 목에 상처를 입혔다. 공격에 실패한 황소가 다시 뿔로 공격하기 위해 곰을 따라 왼쪽으로 방향을 틀려고 했을 때 곰이 황소의 뿔을 잡았다. 곰을 매단 황소가 이리저리 날뛰자 곰은 황소에게서 떨어지지 않으려고 안간힘을 썼다. 뿔로 받으려는 황소와 앞발로 할퀴려는 곰의 싸움이 치열함을 더해가면서 두 동물을 연결하고 있던 쇠사슬이 엉켜 꼼짝도 할 수 없게 되었다. 이때 유죄 판결을 받은 범죄자나 노예가 다가왔다. 이들은 싸움이 항상 긴박하게 진행되도록 두 동물의 싸움 과정을 예의 주시하고 있다가 사슬이 엉킬 때 긴 막대가 달린 갈고리로 엉킨 부분을 풀었다. 갈고리는 두 동물이 싸울 의지를 보이지 않을 때 찌르거나 때려서 다시 싸우게 하는 데도 유용했다.

황소, 물소, 들소, 곰, 사자, 코뿔소가 함께 투입된 경기에서 코뿔소가 대승을 거둔 일도 있었다. 조련사가 뾰족한 철 막대기로 코뿔소를 자극하자 화가 난 코뿔소는 황소를 머리로 받아 날려 보냈다. 그리고도 분이 풀리지 않은 듯 코뿔소는 달려드는 큰 곰을 뿔로 받아버렸다. 이내 곧바로 물소와 들소를 동시에 들어올리는 듯하더니 바로 아레나에 꽂아버렸다. 코뿔소가 이렇게 날뛰고 있을 때 그 앞을 지나가던 사자가 다음 목표물이 되었다. 코뿔소가 사자를 뿔 위에 매단 채 이러저리 날뛰면서 받아버리자 사자는 치명적인 상처를 입을 수밖에 없었다. 아무리 날카로운 발톱이 있더라도 흥분해

서 날뛰는 코뿔소를 당해낼 재간은 없었던 것이다.[12]

준비된 동물이 부족한 경우가 아니라면 동물들의 싸움에서 패자부활전은 없었다. 패배한 동물들은 부상이 심각하지 않더라도 살해되었고, 승리한 동물들은 다음 경기를 위해 다시 지하의 우리로 들어갔다. 며칠 동안 벌어지는 수차례 경기에서 살아남았다고 해도 마지막에는 숙련된 사냥꾼들이 살아 있는 모든 동물을 추격, 살해했다. 그 이유는 살아남은 동물들을 다음 경기까지 사육하는 데 드는 비용이 만만찮을뿐더러 일부 포악한 동물은 사육 자체가 어렵기 때문이었다. 물론 이는 동물이 풍부한 경우에 한해서였다.

경기 주최자는 관중이 동물들의 싸움에 별로 호응하지 않고 조금 지루해하는 듯한 인상을 받으면 훈련된 동물들을 내보냈다. 한마디로 오늘날의 서커스 경기처럼 훈련된 동물과 조련사가 각종 묘기를 보여주는 시간이었다. 날렵한 몸집의 소년이 황소 등에 올라타서 춤을 추기도 하고, 황소 등에서 사자나 곰, 호랑이 등으로 옮겨 타는 재주를 보여주기도 했다. 코끼리가 양쪽에 팽팽하게 매여 있는 줄 위에서 균형을 잡으면서 걸었다. 표범, 호랑이, 곰, 야생 수퇘지가 갑옷을 걸치고 검투사처럼 싸우는 흉내를 내기도 했다. 토끼를 경기장에 풀어놓고 사자나 호랑이, 개가 추격해 잡는 장면도 있었다. 잡은 토끼를 먹지 않고 풀어주는 것으로 보아 사냥이라기보다는 훈련으로 연출된 장면이었다.

관중은 황소의 등에서 떨어질 듯하면서도 끝까지 붙어 있는 소년, 갑옷이 익숙하지 않은 동물들이 갑옷을 벗으려고 뱅글뱅글 돌다 서로 부딪치는 장면, 날렵한 토끼를 단 한 번의 추격으로 목을 잡아 제압하는 사자의 모습 등을 보면서 즐거운 시간을 보냈다. 황소를 조롱하는 듯한 소년의 우스꽝스러운 몸짓에는 웃음으로, 호랑이에게 잡힐 듯하면서 도망가는 토끼의 모습에는 가슴을 졸이면서 호응해주었다. 이런 상황에서도 경기 주최자는 관중의 호응도를 예민하게 주시하고 있었다. 피를 흘리지 않는 가벼운 경기를 오래하면 관중이 경기에 집중하지 않고 잡담을 나누었기 때문이다. 경기 주최자는 경기의 진행 상황에 맞는 환호와 탄식이 아닌 잡담 소리로 채워지기 전에 다른 경기로 재빨리 바꿔주어야 했다.

동물 사냥꾼이 나서다

오전 일정 중 마지막에 벌어지는 것은 동물과 사람의 싸움이었다. 이 싸움이 얼마나 재미있었는지 폼페이 벽에 동물과 사람이 싸우는 장면을 묘사한 낙서도 있다. 타조, 영양, 가젤, 사슴, 당나귀, 곰, 수퇘지 등 동물들이 한꺼번에 경기장으로 들어섰다. 당나귀나 수퇘지는 힘으로 사냥꾼을 충분히 감당할 수 있지만 닫힌 공간 속에서 여기저기서 날아오는 창은 피할 길이 없었다. 도망다니던 당나귀는 날아온 창에 코가 꿰여 죽었고, 수퇘지는 단창이 목을 관통해 죽었다. 경기장의 다른 쪽에서는 타조와 영양이 깃털을 풀풀 날리면서 경기장을 이리저리 도망다녔다. 이런 유순하면서 빨리 달리는 동물들에게 멀리서 창을 던졌다가는 허탕을 칠 확률이 높았다. 조준한다고 해도 창이 날아가는 속도보다 더 빨리 달리거나 자유자재로 방향을 틀어버리기 때문에 빗나가기 일쑤였다. 따라서 창을 던지기보다 영양이나 가젤이 뛰어가는 길목을 가로막고 창으로 바로 찌르는 편이 적중률이 높았다. 영양의 목에 창을 찔러 급사시키거나 다리에 관통시켜 달리지 못하도록 한 뒤 몸통 곳곳을 수차례 찔러야 했다. 허벅지나 몸통을 어설프게 찔렀다가는 창을 꽂은 채 그대로 달아나기 때문에 죽일 기회를 놓치고 말 터였다.

어떤 사냥꾼은 황소 등에 탄 채 지나가는 사자나 호랑이를 창으로 찔러 죽였다. 대개는 사냥꾼이 이기지만 관중이 더 격렬한 싸움을 원할 때는 또다시 동물들을 상대해야 했다. 첫 번째 동물에 맞선 터라 힘을 소진했기에 두 번째 싸움에서는 동물에게 죽임을 당할 가능성이 높았다. 카르포포루스라는 자는 북부 출신이라는 사실 외에 알려진 것이 거의 없지만 동물과의 싸움에 아주 탁월했다.

카르포포루스에게 수퇘지를 죽이는 것은 하찮은 일이었다.
그의 창은 아주 위험한 동물인 곰도 찔렀다.
그의 단단한 손에서 창이 연이어 목표물을 향해 갔다.
그는 젊었지만 아주 강인하다.
한번은 그가 황소 두 마리를 어깨 위에 짊어졌다.
마치 황소들이 전혀 무게가 나가지 않는 것처럼.
그리고 그는 물소와 들소를 패배시켰다.
사자도 그를 두려워해 스스로 구석으로 갔다.[13]

동물들이 도구를 사용하는 인간의 힘에 제압되기는 했지만 사력을 다하면 관중의 뇌리에서 쉽사리 사라지지 않았다. 기원전 55년 폼페이우스가 개최한 경기에서 코끼리의 용맹성은 관중에게는 동정심을 불러일으키고, 폼페이우스에게는 악명을 안겨주었다.

폼페이우스가 두 번째 집정관 직에 있을 때(기원전 55년) 베누스 신전을 봉헌했는데, 경주장에서 20마리의 코끼리가(어떤 사람들은 17마리라고도 했다) 투창으로 무장한 가이툴리아인과 싸웠다. 코끼리 한 마리가 아주 환상적으로 잘 싸웠지만 발에 심각한 부상을 입어 무릎으로 기었다. 코끼리들이 단체로 자신들을 둘러싸고 있는 철제 방책에서 탈출하려고 해 대다수의 구경꾼이 당황했다. 그러나 폼페이우스의 코끼리들이 탈출의 희망을 포기했을 때 그들은 말로 표현할 수 없는 몸짓으로 탄원하여 관중의 동정을 구했다. 그들은 마치 울부짖는 것처럼 신음 소리를 내어 구경꾼들을 슬프게 만들었다. 구경꾼들은 폼페이우스와 그의 사치스러운 구경거리가 자신들을 위해 개최되었다는 사실을 잊은 채 폼페이우스에게 무서운 저주의 말들을 쏟아 부었다.[14]

대경주장에서 개최한 폼페이우스의 야생동물 사냥 경기에서 20마리의 코끼리와 500~600마리의 사자, 다른 아프리카 야생동물 400마리가 동원되었다. 5일 동안 열린 경기에서 대부분의 야생동물이 죽음을 면치 못했다.

경기장에 풀어놓은 크고 작은 동물들을 한 차례 살육하고 나면 경기장의 모래는 피로 흥건했다. 모래를 질퍽하게 하는 피와 시체로 사냥꾼과 동물들의 움직임이 둔해지면 경기 보조원들이 삽과 갈고리를 들고 나타났다. 일명 '장의사'로 불리는 이들은 밝은 색 투니카를 입은 노예들로, 시체를 치우고 위의 더러운 모래와 아래의 깨끗한 모래를 뒤섞거나 피로 물든 모래 위에 새 모래를 뿌린 뒤 반듯이 정리하는 일을 했다. 모래를 치우는 동안 관중이 지루해할까봐 트럼펫 취주자들이 계속 악기를 불어댔다. 아레나가 깨끗해지면 또다시 동물 무리가 투입되어 흥건한 피의 잔치를 벌였다.

정오 일정, 범죄자 처형식

　오전부터 야생동물과 사람이 뒤엉켜 싸우는 박진감 넘치는 경기를 보고 나면 구경꾼들은 슬슬 허기도 지고, 몇 시간 동안 앉아 있던 터라 온몸이 뻐근해짐을 느꼈다. 동물들의 사체를 치우고, 피로 물든 아레나의 모래를 뒤섞는 동안 일부 관중은 자리에서 일어났다. 화장실을 가거나 음료수와 음식을 사러 가거나 뻐근한 몸을 펴려고 간단한 운동을 하러 나갔다. 오후에 벌어지는 검투사 경기가 그날 경기의 최고조이므로 때맞춰 돌아올 심산이었다. 물론 경기장에 온 이상 모든 경기를 봐야 한다는 열정 때문이든, 자리를 떠나지 않고 있는 황제에 대한 예의 때문이든 자리를 지키는 사람도 많았다. 이들은 정오에 벌어지는 범죄자 처형식을 보면서 점심을 먹을 생각이었다.

공개처형, 피의 향연

　원형경기장에서 경기가 벌어지기 전날 밤 살인, 방화, 신성모독 등 저마다의 죄목으로 사형 판결을 받은 죄수들이 마차에 실려 속속 경기장에 도착했다. 아레나 밑의 어두컴컴한 방에서 하룻밤을 보낸 죄수들은 정오경 지하 방에서 나와 시민과 비시민으로 나누어 섰다. 로마 시민들은 단칼에 처형되고, 비시민은 십자가형, 화형, 야생동물로 처형되기 때문에 따로 선 것이었다.
　로마 시민들은 깔끔하게 죽음으로써 고통을 덜 받았다. 비시민에게 가해지는 처형 중 십자가형은 제일 재미없는 처형식이었다. 숨이 끊어질 때까지 매달아놓는 십자가형은 당하는 범죄자에게는 죽음에 대한 공포와 육체적 고통을 안겨주지만 이를 지켜보는 관중에게는 지루하기 짝이 없는 처형 방법이었다. 관중은 고통으로 일그러지는 얼굴 표정만으로는 극적인 재미를 느끼지 못했다. 금방 죽는 것이 아니라 몇 시간씩 똑같은 모습으로 축 늘어져 있는 범죄자의 육체는 관중의 잠들어 있는 감각 세포 하나하나를 일깨우지 못했던 것이다.
　시민이 아닌 자들이 당하는 십자가형이나 화형은 엄청난 고통을 수반하지만 살갗이 찢기면서 천천히 죽음의 문턱을 넘어서는 야생동물로 인한 처형도 그에 못지않은 고통을 맛보게 했다. 야생동물로 처형당하는 판결을 받은 죄수는 간단한 속옷만 걸치고는 뒤로 손이 묶인 채 타고 온 이륜마차에 그대로 있다가 달려드는 표범에게 물어뜯겼다. 어떤 죄수는 뒤로 묶여 자유롭게 도망갈 수 없어 표범을 피해 뒷걸음질쳤지만 표범의 날카로운 발톱에 할퀴어 온몸이 피범벅이 되었다. 표범은 그 순간을 놓치지 않고 죄수의 가슴과 넓적다리를 지지대 삼아 튀어올라 얼굴을 물어뜯었다. 경기장 바닥에는 죄수들이 흩뿌린 피가 흥건했고, 흥분한 곰, 사자, 표범은 또 다른 희생자를 찾아 날뛰었다. 어떤 죄수는 야생동물의 우리 중간에 높은 처형대 위에 있다가 갑자기 처형대가 붕괴되자 우리로 떨어져 갈가리 찢겼다. 처형대가 쉽게 무너지도록 의도적으로 허약하게 만들어놓았기 때문이다. 셀레루스라 불리는 시칠리아인 도둑의 처형 방식이 그러했다.

나는 검투사 경기가 벌어지는 동안 광장에서 야생동물들에게 갈기갈기 찢기는 그를 보았다. 그는 마치 에트나 산에 선 것처럼 높은 단 위에 서 있었다. 단이 갑자기 무너져 붕괴되었을 때 그는 야생동물의 우리로 떨어졌다. 이런 장치는 그 목적에 맞게끔 단 아래에 미리 준비해두었다.[15]

범죄자와 동물만 풀어놓으면 경기가 원하는 방향으로 이끌어지지 않을 수 있었다. 범죄자들은 묶여 있는 상태이고, 동물은 말을 못 알아들으니 동물들이 공격 대상을 제대로 포착하도록 조정하는 사람이 있어야 했다. 죄수를 실은 마차를 끌고 온 보조원들, 동물 우리를 다잡고 있던 보조원들이 경기 진행을 도왔다. 그들은 흥분한 동물들이 자신들을 해치거나 관중석으로 뛰어오르지 않도록 채찍을 휘둘렀다. 보조원들은 자칫하면 자신들이 다칠 수 있기 때문에 신경질적인 표정을 지으면서 동물들을 몰았다. 또 다른 보조원은 채찍을 들고 벌거벗은 죄수를 때렸다. 왼손으로 도망가려는 죄수의 머리채를 잡고, 오른손으로 채찍을 들고 있는 보조원 역시 도망가려는 죄수 때문에 화가 난 표정이었다. 보조원들은 죄수들이 사자와 싸우지 않고 도망가려 한다는 것에 대한 분노와 더불어 동물들이 포악하지 않은 데 대해 문책당하지 않을까 하는 걱정을 떨쳐버릴 수가 없었다.

한 사가는 절체절명의 순간에 살아남은 죄수에 대해 기록했다.

아피온이 말하기를 "대경주장에서 사치스러운 동물 싸움이 시민들에게 제공되었다. 나는 이때 우연히 로마 시에 있어서 구경꾼으로 갔다. 모습이나 잔인성에서 드물 정도로 포악한 야생동물이 많았다. 다른 어떤 동물들보다 사자들의 크기는 놀라울 정도였고, 특히 한 사자가 다른 사자보다 유독 컸다. 활력 있고 거대하며, 공포스러울 정도로 크게 포효했기 때문에, 또 목에서 물결치는 근육과 갈기 때문에 모든 사람의 사고와 눈이 이 사자에게 집중되었다. 여러 사람 중에 집정관 신분인 사람의 소유였던 노예 한 명이 끌려나와 동물들과 싸우도록 던져졌다. 이 노예의 이름은 안드로쿨루스였다. 사자는 멀리서 이 남자를 보자 놀란 듯이 서 있다가 더 가까이에서 보려는 듯 조용히 그 남자에게 다가갔다. 곧이어 사자는 개가 아양 떠는 습성과 태도로 온순하고 예의 바르게 꼬리를 흔들며, 두려워하면서 죽음을 맞이하려는 남자를 비비대고, 그의 다리와 손을 혀로 부드럽게 핥았다. 안드로쿨루스가 포악한 야생동물이 핥는 동안 잃었던 정신을 차리고 사자를 찬찬히 보았다. 당신은 서로 말이 없었지만 알아본 듯 행복하고 기뻐하는 그 남자와 사자를 보았을 것이다." 이런 놀라운 광경에 사람들의 외침 소리가 더욱 커지자 황제는 안드로쿨루스를 소환해 이 포악한 사자가 그에게만 자비를 베푸는 이유를 물었다. 이에 안드로쿨루스는 경이롭고도 놀라운 이야기를 했다. "나의 주인이 아프리카 속주의 총독이었을 때 나는 매일 행해지는 심한 매질을 피해 도망쳤다. 그 후 한낮의 태양이 이글거릴 때 나는 우연히 먼 곳에 있어서 사람들이 잘 알지 못하는 동굴에 들어가 몸을 숨겼다. 얼마 지나지 않아 이 사자가 한 발을 절뚝거리고 피를 흘리면서 내가 있는 동굴로 와서 상처의 고통 때문에 신음 소리와 안쓰러운 소리를 냈다." 그는 다가오는 사자에게 공포와 두려움을 느꼈다고 말했다. 그는 말하기를, "그러나 사자가 다가오면서 멀리 숨어 있는 나를 보았다. 사자는 온순하고 부드럽게 나에게 와서 발을 들어 보여 마치 도움을 요청하는 것 같았다." 안드로쿨루스는 계속 말하기를, "나는 사자의 발바닥에 있는 거대한 가시를 뽑아내고 깊은 상처를 남긴 독을 짜서 뽑아내고 피를 닦았다. 그때 나는 크게 두려움을 느끼지 못했다. 나의 노력에 안심한 사자는 나의 손에 발이 감싸인 채 드러누워 잠들었다. 그렇게 사자와 나는 그날부터 3일간 같은 동굴에서, 같은 방식으로 살았다. 그러나 내가 야생생활에 녹초가 되었을 즈음 사자가 사냥하러 나갔을 때 나는 동굴을 떠나 3일 동안 돌아다녔다. 그때 군인들에게 발각되어 잡혀 아프리카를 떠나 로마 시에 있는 나의 주인에게 양도되었다. 나는 주요 범죄자로 유죄 판결을 받았고, 야생동물에게 넘겨졌다. 그러나 나는 이 사자도 내가 떠난 뒤 붙잡혔다는 것을 알았고, 지금 이런 행동은 나의 도움과 치료에 대해 보답하는 것이다." 아피온의 기록에 따르면, 안드로쿨루스가 이런 일들을 말했고, 이 모든 일은 서판에 기록되어 사람들에게 알려졌다. 안드로쿨루스는 모든 사람의 요청에 따라 방면되었고, 그에 대한 처벌은 중지되었다. 사자는 모든 사람의 의결에 따라 그에게 보내졌다.[16]

사자가 자신을 구해준 생명의 은인을 알아보고 보답했다는 이 이야기는 허구다. 실제로는 경기장에서 처형되는 판결을 받은 죄수가 살아나는 일은 극히 드물었다.

공개처형이 로마인들에게 즐거움을 주는 동시에 지배 국가의 위엄을 드러낸다고 하지만 당하는 사람 입장에서는 억울한 마음이 앞섰다. 로마 시민권자였으면 충분히 이해되었을 범죄가 단순히 로마인이 아니라는 이유로 동물들에게 살을 물어뜯겨야 한다는 처지가 한탄스러웠다. 처형에 앞서 처음에는 분노와 슬픔으로 관중을 노려보다가 어느 순간 두려움이 엄습해왔다. 동물에게 갈가리 찢기면 많이 아플 것 같았다. 참을 수 없는 고통을 견디는 것보다 차라리 정신을 잃었으면 하고 바라기도 했다. 동물들이 달려들거나 자신을 태울 불이 가까이 올 때는 오히려 머릿속이 하얘졌다. 처형되기 직전의 순간이 가장 고통스럽고 두려웠다.

처형 놀이

관중은 처음에는 죄인들에게 무섭게 달려드는 야생동물이나 한낮의 뜨거운 태양 아래에서 십자가에 매달려 서서히 죽어가는 범죄자들의 모습에 신기한 듯 흥미를 보였다. 공개처형은 로마인들이 죄수들에게 "그를 죽여라! 때려라! 불태워버려라!"라고 외치면서 스트레스를 날려버릴 수 있는 기회였다.[17] 하지만 이런 단조로운 처형 방식에 금방 싫증을 냈다. 경기 주최자는 관중의 반응을 잘 살펴 지루해하는 시점에 또 다른 구경거리를 제공해야 했다. 관중의 시선을 오래 끌기 위해 다양한 처형 방식을 고안해내야 했던 것이다. 한 방법으로 유죄 판결을 받은 사람들 중 한 명은 검으로 무장하고, 다른 한 명은 무장하지 않고 허리옷만 입힌 채 싸우게 했다. 당연히 검으로 무장한 사람이 무장하지 않은 죄수를 끝까지 추격하여 살해할 것이었다. 그러면 다른 죄수가 아레나에 투입되어 살아남은 자와 싸웠다. 이런 식으로 마지막 한 사람이 남을 때까지 죄수들이 차례로 투입되었고, 마지막 살아남은 죄수는 동물 사냥꾼에게 살해되었다. 아무리 잘 싸워도 처형되기는 마찬가지였으므로 죄수들이 싸우려 하지 않을 수도 있다. 이겨서 생명을 몇 분 연장하나 싸우지 않고 도망다녀 생명을 연장하나 매한가지였기 때문이다. 그러나 죄수들이 싸우지 않을 때에는 어김없이 채찍이 날아들었다. 싸움을 피해 맞아죽거나 싸움에서 패배해 죽거나 결론은 정해져 있었다. 한꺼번에 쉽게 죽이지 않고 싸움을 붙이는 것은 죄수에게 희망을 품게 하기 위한 수단이 아니라 관중에게 색다른 재미를 주기 위한 방편일 뿐이었다.

　　대규모 공개처형도 특색 있는 처형 방법이었다. 예를 들어 64년의 대화재는 그리스도 교도들의 처형으로 이어졌다. 네로 황제는 대화재의 책임을 그리스도 교도들에게 전가시켰다. 잡혀온 교도들은 십자가형, 화형, 야생동물형을 당했다. 화형으로 인한 불은 야간에 등불을 대신할 만큼 활활 타올랐고, 야생동물의 가죽을 뒤집 어쓴 교도들은 개에 물리고 찢겨 죽었다. 네로 황제는 이 구경거리를 위해 황실 정원을 개방하고, 전차 경주를 열어 스스로 전차 기수로 나서기도 했다. 로마인들이 보기에도 국가를 위한 처형이 아니라 단순히 네로 개인의 잔인성을 만족시키기 위한 처형식이었다.

처형에 신화를 덧씌워 처형식을 일종의 연극으로 만드는 것도 관중의 흥미를 끌기 위한 방법이었다. 아내가 죽은 뒤 여성들에게 전혀 관심이 없던 오르페우스가 여성들에게 죽임을 당하고는 시체가 갈기갈기 찢기는 신화를 빗대어 야생동물들이 오르페우스로 분장한 죄인들을 죽였다. 또는 험준한 바위산에 묶여 새에게 가슴을 쪼이는 프로메테우스를 빗대어 수퇘지에게 벌거벗은 살점을 뜯기고, 찢긴 손과 발에서 피가 뚝뚝 흐르는 죄수도 죽을 때까지 그대로 두었다. 높은 곳에서 아레나에 떨어져 죽음으로써 이카루스를 상징하는 죄수, 화형당하면서 거세된 아티스와 헤르쿨레스 역할을 하는 범죄자, 붉게 달군 쇠로 죽은 자를 헤집어보는 메르쿠리우스 복장을 한 사람, 손에 망치를 들고 죽은 검투사들을 끌고 가는 유피테르 복장을 한 사람 등이 나오면서 경기에 신화가 덧입혀졌다.

즐거운 점심시간

범죄자 처형식이 곧 점심시간으로 이어졌다. 오전부터 경기를 관람했던 이들은 심한 허기를 느꼈기에 처형되는 장면을 지켜보면서 점심을 먹었다. 상류층은 경기장 외곽을 따라 세워진 아케이드에서 빵, 과일, 치즈, 샐러드에 포도주를 곁들인 간단한 식사를 하거나 먹을거리와 컵에 담긴 포도주를 샀다. "안찰관의 허락 하에 아니니우스가 그 자리를 차지했다"는 비문에서 보듯이 경기가 있는 날 상인들은 여러 곳의 아케이드 중 안찰관이 배정해준 지점에서 장사했다.[18]

좌석이 표시된 입장권이 발매되기 전까지 하층민들은 마음 놓고 자리를 뜰 수 없었다. 한편 상류층의 좌석은 앞자리로 지정되어 있었다. 간혹 평민들이 상류층 좌석을 차지해버려 실랑이가 벌어지기도 했다. 개인별 좌석이 정해져 있지 않으니 상류층도 쉽게 자리를 비울 수 없었다. 하층민의 좌석은 수가 많지 않았고, 지정석도 아니었다. 로마 광장이나 사이프타는 개방된 구조여서 아무나 들어갈 수 있었고, 들어오는 순서대로 마음에 드는 자리에 섰다. 늦게 오면 맨 뒤에 서서 까치발로 경기를 구경해야 했기에 아침 일찍 서둘렀다. 꼭두새벽부터 부지런을 떨어 겨우 좋은 자리를 잡았는데, 화장실을 가거나 음식을 사기 위해 자리를 뜨면 다시 차지하기 어려웠다. 같이 온 가족이나 동료가 있다면 자리를 맡기고 나가면 되지만 그렇지 않을 때는 자리를 포기하고 볼일을 보러 나갈 수밖에 없었다.

입장권에 좌석이 표시되면서 좌석이 있는 사람은 마음 놓고 자리를 비울 수 있었다. 뒤쪽에 앉은 사람은 생리적인 현상을 해결할 때와 집에 잠깐 들를 때 자리를 비웠다. 뒤쪽의 가난한 사람들은 경기장 주변의 비싼 음식을 사먹을 수 없었다. 이를 대비해 바쁜 와중에도 빵, 피클, 계란, 삶은 콩과 같은 먹을거리와 포도주 및 물을 챙겨왔다. 경기장과 집이 가까우면 점심을 먹고 다시 경기장으로

왔다. 사먹듯 싸서 오든 피가 난무하는 처형식을 보면서 음식을 먹는다는 것이 보통 비위가 좋은 게 아니라고 여겨질 수 있다. 그러나 처형식은 단순한 오락거리일 뿐이고, 경기 때마다 보는 광경이라 별 거리낌 없이 식사를 즐겼다.

관중은 점심시간을 이용해 참았던 생리 현상을 해결했다. 오전 내내 야생동물들이 펼치는 재미있는 경기가 이어져 자리를 뜰 수 없었다. 범죄자 처형이야 특별히 흥미로운 인물이 아니고서는 어떤 형태로 진행된다는 것을 알기에 긴장감이 떨어졌다. 이때를 틈타 화장실을 다녀왔다. 원형경기장에는 칸막이 없이 개방되어 앉아서 소변을 보는 시설이 있어서 편리했다. 최소한의 가림막조차 없는 화장실이 여성들에게는 불편하고 지저분했지만 달리 방법이 없었다. 대변을 보려면 경기장 바깥의 공중화장실로 향해야 했다. 물론 소변만 보는 데도 줄을 서야 했고, 여러 사람이 이용하다보니 청결하지 못했다. 경기장에는 워낙 사람이 많았고, 화장실을 이용하는 시간은 비슷했다. 될 수 있으면 잠시 경기가 중단되었을 때나 정오의 처형식을 이용해 빨리 화장실에 갔다 오려고 해서 한꺼번에 사람이 몰렸다. 새치기하는 사람과 이를 저지하는 사람, 줄을 서다가 사소한 부딪침으로 시비가 붙은 사람, 급하다면서 양보를 부탁하는 사람 등 화장실 앞의 풍경은 어느 시대나 마찬가지였다.

Gladius

제 2 장

검투사 경기, 오후 경기의 최고봉

경기 전 의례

관중은 그날 경기의 정점인 검투사 경기를 놓치기 싫어 경기 시작 전에 식사와 생리 현상을 해결하고 기대하는 마음으로 앉았다. 관중 수가 많다보니 사위가 갑자기 조용해지지는 않았다. 화장실에 기다리는 사람이 많아 늦게 자리에 온 사람, 바깥에 나갔다 와서 자기 자리를 잘 찾지 못하는 사람, 옆 사람과 잡담하는 사람, 떨어져 앉은 가족에게 가려고 일어서는 사람 등으로 어수선하기 짝이 없었다. 이런 관중의 소음과 무질서를 가라앉히고 본격적인 경기를 펼칠 분위기를 조성하기 위해 사진 경기가 시행되었다. 사진 경기로 흥미를 돋우면 싸우는 조를 추첨하는 일과 무기가 제대로 되었는지를 검사하는 일이 이어졌다.

사전 경기

본격적인 경기에 앞서 준비운동이라 불리는 가벼운 사전 경기가 시작되었다. 양성소 운영자가 두 명씩 짝을 지어줬으며, 이들 여러 쌍이 아레나로 들어섰다. 이 경기에 투입되는 검투사는 '공연 검투사paegniarius'라 불렸는데, 명칭에서 알 수 있듯이 진짜 싸움이 아니라 싸움 흉내를 내는 이류 검투사들이었다. 격렬한 싸움을 벌이는 진짜 검투사들은 이들을 검투사라고 부르는 것조차 아깝다며 멸시했다. 루두스 마그누스에 소속된 세쿤두스가 98년 8개월 18일 살 수 있었던 것도 그가 공연 검투사로서 격렬하거나 위험한 싸움을 하지 않았기 때문이다.

(칼리굴라 황제는) 검투사들의 평범한 장비를 없애고, 쓸모없고 늙어빠진 검투사들에게 허약한 맹수들과 싸우게 했다. 약간의 신체 장애가 있어 눈에 잘 띄지만 훌륭한 명성을 얻고 있는 가장들을 야생동물과 싸우는 공연 검투사들로 만들었다.[1]

아레나를 가득 메운 공연 검투사들은 상대와의 싸움에 집중했다. 한 쌍으로 싸우는 두 사람은 모두 투니카에 종아리 보호대를 하고 왼손에 작은 방패를 들고 있었다. 방패라봐야 길이 50센티미터 정도에 불과한 작은 것으로 몸의 절반도 보호하지 못했다. 두 사람 중 한 사람은 오른손에 채찍을, 다른 사람은 막대기를 들고 싸웠다. 장비 수준을 보면 말 그대로 싸우는 흉내만 내는 정도였고, 목재 무기이므로 맞아도 심각한 부상을 입지 않았다. 목재 무기를 휘두를 힘만 있으면 몇 시간이고 싸울 수 있었기 때문에 진짜 검투사들이 준비하는 동안 그 시간을 충분히 메웠다.

사전 경기나 막간 경기라고 해서 단순히 시간만 때운다는 식으로 생각했다가는 관중의 외면을 받기 십상이었다. 목재 무기라서 긴박감을 줄 수 없다면 재미있는 동작으로라도 관중의 주의를 끌어야 했다. 각 쌍의 싸움 형태는 제각각이었다. 어떤 쌍은 파란색 투니카를 입은 키가 큰 검투사와 베이지색 투니카를 입은 키가 작은 검투사로 이루어져 싸움을 펼쳤다. 키 큰 검투사는 몸을 틀어 오른손에 든 채찍을 휘둘렀다. 키 작은 검투사는 방패와 막대기를 동시에 사용하면서 상대에게 달려들었다. 또 다른 쌍은 검투사 경기를 하는 건지 권투 경기를 하는 건지 모를 정도로 서로 엉켜 있었다. 상대의 무기에 맞지 않으려고 일정한 거리를 두다가도 서로 무기를 빼앗으려고 달려들어 끌어안고 있는 듯한 자세를 취하기도 했다. 상대의 무기에 제압당하면 발을 자유롭게 놀려 반격하기도 하고, 재빨리 도망다니기도 했다. 검투사들의 체격 조건이나 성격에 따라 목재 무기이지만 나름대로 격렬하기도 하고, 웃기기도 하여 관중은 흥미를 느꼈다. 사전 경기는 관중의 긴장과 웃음을 적당히 이끌어낸다면 그 소임을 다한 것이었다.

조 추첨과 무기 검사

사전 경기로 관중의 흥미를 자극하고 난 뒤 공개 추첨이 이어졌다. 검투사의 이름을 적은 목재 서판을 커다란 바구니에 넣어두었고, 경기 주최자가 하나씩 꺼냈다. 싸우는 조는 유형별로 이미 정해져 있었다. 관중은 트라키아 검투사가 대부분 물고기 검투사와 싸운다는 것은 알고 있었다. 동원할 수 있는 검투사들 중에서 어느 트라키아 검투사와 어느 물고기 검투사가 싸우는지는 추첨으로 결정되었다. 검투사 양성소에서 각자의 유형이 정해짐과 동시에 맞붙어야 할 상대의 유형을 알고 있었다. 거기에 맞춰 싸움 기술을 연마해왔다. 같은 양성소에서 먹고 자면서도 상대가 될 가능성이 있는 검투사라면 알게 모르게 장단점을 눈여겨보았다. 따라서 추첨으로 상대가 누가 되든 구사할 가능성이 있는 전술은 서로 눈치 채고 있었다. 동료로서 솟아나는 동정심만 억누를 수 있다면 해볼 만한 싸움이었다.

조 추첨이 검투사들에게 당혹감을 주는 경우는 여러 양성소에 흩어져 있는 검투사들을 끌어 모아 경기를 벌일 때였다. 로마 시처럼 양성소가 여러 곳 있는 대도시에서 경기가 열리거나 지역 양성소의 검투사로 모자랄 정도로 큰 경기를 개최할 때 여러 양성소의 검투사들이 동원되었다. 이때는 전혀 모르는 상대와 겨룰 수 있었다. 어차피 유형별로 싸우므로 상대가 누구든 방식은 똑같다고 할 수 있다. 그러나 동일한 유형이라고 해도 체격이나 성격, 사고방식에 따라 구사하는 기술은 천차만별이었다. 자신보다 월등한 체격을 가진 사람, 성격이 급해 계속해서 공격하는 사람, 점잖은 성격으로 정정당당한 대결을 선호하는 사람과 싸울 수 있었다. 반대로 체격은 왜소하지만 발이 빠른 사람, 방어만 하다가 상대의 허점을 노려 일격에 승부를 결정짓는 철두철미한 사람, 반칙을 쓰더라도 이겨야 직성이 풀리는 사람과도 맞붙을 수 있었다. 상대를 모를 때는 실전에 돌입해봐야 경기를 어떻게 풀지 감이 왔다.

상대가 정해지면 검투사나 해당 교관은 상대를 잘 아는 검투사에게 가서 넌지시 혹은 노골적으로 정보를 캐려고 했다. 발이 빠른지, 검을 쳐내는 힘이 센지, 주로 구사하는 기술은 무엇인지에 관해 상세히 알아내려고 했다. 같은 양성소 출신이라면 검투사들의 특성을 모두 알고 있으므로 각자 알아서 하도록 했다. 그러나 다른 양성소 출신이라면 정보가 거의 없는 탓에 전략을 짜기 어려웠다. 결국 같은 양성소 출신은 많이 알아 죽이기 쉽지 않았고, 다른 양성소 출신은 전혀 몰라 패배할 수 있었다.

조 추첨이 끝나면 흰색 바탕에 붉은색 줄이 두 개 나 있는 투니카를 입은 주심이 부하인 부심을 불렀다. 검투사로 싸우다가 은퇴한 심판들은 긴 막대기를 들고 있었다. 막대기는 두 검투사를 떨어트리거나 경기 재개를 선언할 때 사용했다. 주심의 명령을 받은 부심이 다시 아레나에서 경기 진행과 관련된 모든 일을 보조원에게 지시했다. 부심의 지시를 받은 사람이 아레나로 내려왔다. 이때 황제나 경기 주최자가 열의를 가지고 직접 아레나로 내려오기도 했다. 사열식을 끝내고 지하 대기실로 들어갔던 검투사들도 다시 아레나로 올라왔다. 이때 검투사들에게 '날카로운 철', 즉 진짜 무기가 지급되었다. 무기는 항상 아레나에서 검투사들에게 지급되었다. 아레나 지하에서 자신의 순서를 기다릴 때 무기를 미리 주지 않은 이유는 검투사들이 언제 위협적인 존재로 돌변할지 모른다는 생각에서였다. 로마인들에게 훈련이 잘된 검투사가 무기까지 지녔을 때만큼 위험한 일은 없었기 때문이다.

무기 검사가 시작되면 먼저 경기 주최자가 과일이나 채소를 들어 보인 뒤 진짜 무기로 잘랐다. 검이 얼마나 날카로운지를 관중에게 보여주기 위한 행동이었다. 그다음 검사원들이 검이나 창의 날이 날카로운지, 검이나 창의 길이가 다른 사람보다 길어 공격에 유리한 것은 아닌지, 투구나 방패에 다른 공격용 무기를 숨겨놓지는 않았는지, 유형에 맞는 무장을 했는지 등을 일일이 점검했다. 검투사 수만큼이나 무기의 종류가 많으므로 한 사람이 감당하기에는 벅차 여러 검사원이 돌아다녔다. 검투사들도 상대가 자신보다 유리한 무기를 들고 있으면 불만을 표시하므로 규격에 맞지 않는 무기를 감추기는 어려웠다. 따라서 이 시간은 의례적인 행사로 지나갈 때가 많았다.

　검사원이 무기를 검사하는 동안 검투사들이 무기를 보여주면서 가만히 있지는 않았다. 멀리서 무기의 날이 잘 보이지 않으므로 무기 검사 시간은 관중에게 지루하기 짝이 없었다. 검투사들은 이 틈을 타 관중에게 자신을 알렸다. 사열식에서는 여러 사람이 정해진 규칙에 따라, 정해진 속도로 지나가는 것에 불과하므로 관중에게 자신을 각인시킬 여지가 많지 않았다. 반면 무기 검사 시간에는 관중이 지루해하므로 특이한 행동을 해 자신을 드러낼 수 있었다. 검투사들은 방패나 검을 공중에 높이 던져 잡기도 하고, 투창을 땅에 꽂은 뒤 손잡이를 잡고 몸을 거꾸로 세우기도 했다. 또 투구를 쓴 채 여러 바퀴를 돌아 민첩성과 균형 감각을 선보이기도 했다. 이런 행동을 하는 검투사는 성격이 대담하고 자신감이 넘치는 성향을 지닌 사람이었다. 소심하고 왜소한 검투사는 1초라도 더 오래 살아남기 위해 무기를 잘 사용하는 법, 공격하는 법을 연습하기에 바빴다. 자신을 알리기 위해 과장된 행동을 할 정도의 여유는 없었던 것이다. 화려한 연기를 펼치거나 공격 연습을 하는 동안 무기 검사가 끝나면 트럼펫 소리가 울려 퍼졌다. 이제는 들어가라는 뜻이었다. 검투사들이 아레나를 떠나면 곧 진짜 검투사들의 경기가 시작되었다.[2]

진짜 싸움이 시작되다

검투사들의 경기가 시작되었다고 해서 바로 유명한 검투사들이 나오는 것은 아니었다. 관중의 관심을 오랫동안 붙잡아놓기 위해 유명하면서도 유능한 싸움꾼은 제일 뒤에 배치되었다. 관중만큼이나 검투사들 역시 초조하게 경기를 기다렸다. 지하에서 같이 대기하고 있던 동물과 범죄자들은 이미 모두 빠져나갔다. 신참 검투사들은 경기장에 들어서기도 전에 극도로 긴장해서 경기장을 가득 메운 관중의 모습이 하나도 눈에 들어오지 않았다. 빈자리도 없이 빼곡히 앉아 있는 사람들이 자신을 응시하면 어떤 자세를 취해야 할지, 시선을 어디에 둬야 할지 몰라 당황할 수밖에 없었다. 말 그대로 머리가 하얘졌다. 반면 선참 검투사들 중 대담한 이들은 전체 관중의 모습을 훑고 난 뒤 앞에 앉은 원로원 신분의 사람들에게 잘 보이려는 양 고개를 끄덕이며 인사까지 했다. 그리고 나서 시작된 경기는 관중의 고함과 탄성 소리, 힘을 불어넣는 검투사들의 기합 소리, 무기 부딪치는 소리가 뒤섞이면서 극적인 상황들을 연출했다.

초창기 검투사들

트럼펫이 울리자 관중의 환호 속에 싸움을 벌일 검투사들이 등장했다. 이때 '예고자'가 모든 관중이 들을 수 있게 큰 소리로 경기할 검투사들의 이름과 전적을 알려주었다. 아무리 목소리가 큰 예고자라도 경기장 맨 꼭대기에 있는 관중까지 들을 수 있을 만큼 클 수는 없었다. 따라서 경기 보조원이 커다란 서판에 검투사들에 대한 정보를 써서 글을 읽을 줄 아는 관중이 볼 수 있도록 아레나를 돌아다녔다. 이를 읽은 관중이 글을 모르는 사람들에게 알려주었다.

검투사 비문에는 본명을 적지만 관중에게 알려진 이름은 대개 예명이었다. 검투사들의 사회적 신분이 낮다보니 관중에게 자신이 어디에 사는 누구인지 밝혀지지 않았으면 하는 것이 그들의 마음이었다. 돈 때문에 검투사로 자원한 자유민 출신이라면 더더욱 그랬다. 그물 검투사를 제외하고 투구가 얼굴 대부분을 가리기 때문에 관중에게 얼굴이 노출될 일은 없었다. 검투사들이 예명을 쓰는 것 또한 이름처럼 강인한 사람이 되기를 원하는 마음도 있지만 자신의 실체를 숨기기 위한 마음도 있었다.

예명으로는 동성애적인 모습이나 암시를 나타내기 위해 신화에서 유명한 미소년의 이름을 차용했다. 스스로의 미모에 반한 나르키수스, 아폴로 신의 애인인 히아킨토스, 헤르쿨레스의 사랑을 받은 힐라스 등이 이런 부류의 예명이었다. '싸움을 좋아하는 남자' '전사 같은 남자' '행운의 남자' '즐거운 남자' '가장 위대한 남자' '백조 같은 남자' '공손한 남자' 같은 이름은 자신의 강인하고도 뛰어난 자질을 강조하기 위해 사용하는 이름이었다. 뱀, 호랑이처럼 동물의 성향을 지녔다는 의미에서 쓰는 이름도 있었다. '아시아 출신의 남자' '사비니 출신의 남자'처럼 출신지를 이름으로 끌어오기도 했다.[3]

초기의 검투사는 대부분 전쟁포로였다. 이들이 로마와 싸워 패배한 적이었다는 사실을 강조하기 위해 각자 고유의 무기와 양식으로 싸웠다. 인종과 장비를 기준으로 '삼니움' '갈리아' '트라키아'로 나뉘었다. 처음에는 그 지역 출신의 전쟁포로들에게 자국의 무기를 주어 싸우게 했으므로 인종이라는 기준이 우선이었지만 차츰 인종과 상관없이 무장하고 있는 장비에 따라 구분했다. 삼니움과 갈리아 검투사는 제정기에 '추격 검투사 secutor'나 그 상대인 '물고기 검투사' 혹은 '중장보병 검투사 hoplomachus'로 변형되었다는 견해도 있으나 그 변화 과정을 정확히 추적하기는 어렵다. 공화정 후기부터 제정기까지 변하지 않은 검투사 유형은 트라키아 검투사가 유일하다.

아페닌 산맥 중앙에 위치한 삼니움은 서쪽의 비옥한 라티움과 캄파니아 지역을 눈독 들이고 있었다. 로마 검투사들의 전형으로 여겨지는 '삼니움 검투사'는 제2차 삼니움 전쟁(기원전 327~기원전 304)을 겪으면서 삼니움인에 대한 우월감과 증오심에서 유래되었다. 전쟁이 끝난 후 로마인들은 연회 중간에 검투사들을 삼니움 전사 형태로 무장시켜 싸우게 하고, 이들을 '삼니움 검투사'라고 불렀다. 삼니움 전사들을 대규모로 경기에 투입한 사람은 술라였다. 기원전 90년 술라는 삼니움인의 반란을 진압했는데, 이를 기념해 개최한 경기에서 삼니움 전쟁포로들에게 자국의 무기를 주어 경기를 치르도록 했다.

삼니움 검투사들은 가슴받이, 긴 직사각형의 방패, 왼쪽 다리에 가죽이나 금속으로 된 정강이받이, 큰 볏과 깃털이 있는 투구, 검이나 장창, 오른팔이나 왼팔에 두꺼운 천을 덮고 가죽 끈으로 묶은 팔 보호대 등 군단병처럼 무겁고 화려한 장비들을 착용했다. 특히 삼니움의 가슴받이는 세 개의 원반을 합친 것으로 심장을 보호하는 앞판, 등을 보호하는 뒤판, 어깨판으로 구성되어 있었다. 이 갑옷은 삼니움만의 것이 아니라 캄파니아, 로마, 그리스, 카르타고에서 공통으로 사용되었다. 6.35~12.7센티미터의 넓은 벨트를 차는 것 또한 삼니움 검투사들의 특징이었다. 넓은 벨트가 허리를 보호해줄 뿐 아니라 역도선수들처럼 배에 힘을 주어 상체에 힘을 더 실을 수 있게 했다. 공화정기에 인기를 끌었던 삼니움 검투사는 차츰 쇠퇴하고, 제정기 그들의 장비와 기술은 다른 유형의 검투사들에게 분리·계승되었다.

삼니움 다음으로 도입된 유형은 로마의 증오하는 적이었던 갈리아 검투사였다. 기원전 4세기 초 로마 시를 약탈할 때부터 기원전 1세기 중순 로마에 완진히 성복될 때까지 갈리아는 로마의 주적이었다. 갈리아와의 전쟁 동안 포로로 끌려온 전사들이 간간이 검투사로 활용되다가 대거 들어오게 된 것은 카이사르가 갈리아를 정복한 이후였다. 갈리아 검투사는 상대를 베는 데 유리한 길고도 무거운 검, 창, 볏이 달린 투구, 방패, 왼쪽에 정강이받이, 오른팔에 보호대로 무장했다.

　이국적인 포로를 검투사로 활용해 인기를 얻은 술라가 또 다른 포로를 데려왔는데, 바로 유명한 트라키아 검투사였다. 트라키아 포로들은 기원전 80년대 술라가 폰투스와의 전쟁에서 데려왔다고 전해진다. 그러나 문헌에서 트라키아인에 대해 처음 언급한 사람은 키케로로, "'트라키아인처럼 문신한' 어떤 야만인"이라는 말을 했다. 흑해 서쪽에 있는 트라키아는 로마 입장에서 멀고도 잘 알려지지 않은 나라, 야만인들의 나라로 인식되었던 것이다. 이런 트라키아 고유의 무기는 34센티미터의 날을 가진 굴곡진 짧은 검이었다. 양날의 검이었는지, 한쪽 날만 있었는지는 알려져 있지 않다. 일반적으로 사용하는 글라디우스 검은 대량 생산이 가능하지만 굴곡이 있는 이 검은 그렇지 않았다. 트라키아에서 전통적인 방식으로 제조되었으므로 로마는 이 검을 수입해 사용했다. 트라키아 검투사들이 모두 트라키아 출신은 아니라는 사실을 염두에 두어야 한다. "텔리푸스는 트라키아인이지만 삼니움 검투사로 싸웠다"는 비문이 이를 입증한다. 또 이집트 알렉산드리아 출신이지만 로마 시민권을 가진 엑소쿠스가 트라야누스 황제의 개선식 때 벌인 경기에서 트라키아 검투사로 싸웠다.[4]

　검투사 경기가 인기를 끌면서 1세기에 와서 다양한 싸움 형태가 발달하고, 그에 따라 장비도 달라졌다. 다양한 크기의 검과 단도로 무장하면서 싸움 방법이나 기술이 더 발달했고, 싸움 결과를 예측하기 어려울 정도로 흥미로워졌다. 그래도 허리에 걸쳐 벨트를 차는 허리옷, 다리에 가죽이나 천으로 덧댄 다리 보호대, 두꺼운 천을 덮고 가죽 끈으로 묶거나 종종 금속판을 덧씌운 팔 보호대, 투구,

방패 등 일부 장비는 표준화되었다. 투구, 팔과 다리 보호대는 머리, 팔, 다리와 같은 인체의 중요한 부분을 보호해주었다. 검투사들의 방패는 크기와 모양이 각기 다르지만 여러 겹의 널빤지를 아교로 붙여 가죽으로 덮는 제작 방법과 방패 중앙에 철이나 청동으로 돌기를 만들어 상대를 가격할 때 쓰는 용도는 군인의 방패와 유사했다.

그물 검투사 대 추격 검투사

검투사 경기에서는 서로 수준이 비슷한 사람끼리 싸웠다. "검투사는 자신보다 못한 검투사와의 싸움을 수치스럽게 생각한다. 검투사가 아무런 위험 없이 쉽게 지는 사람을 상대로 이기는 것은 영광이 없다는 것을 알기 때문이다."[5] 또 두 명이 한 쌍이 되어 싸웠고, 이들의 싸움이 끝난 뒤 다음 조의 싸움이 시작되었다. 한 명의 검투사가 두 명의 검투사와 맞붙거나 여러 쌍이 맞붙는 것은 예외에 속했다. 이따금 전체 검투사가 한꺼번에 싸울 때도 있었는데, 이는 황제가 주최하는 아주 규모가 큰 경기 때뿐이었다. 이때는 신화적인 전투나 역사적인 전투를 흉내 냈다. 참가자도 싸움 기술이 뛰어난 직업 검투사가 아니라 범죄에 대한 처벌로서 싸워야 하는 이류 검투사들이었다.

오후 들어 첫 번째로 경기할 그물 검투사와 추격 검투사가 아레나로 들어섰다. 남아 있는 검투사들의 비문 중 절반을 넘게 차지하는 유형이 그물 검투사, 물고기 검투사, 트라키아 검투사였다. 그

만큼 이 세 유형이 수가 가장 많고 인기 있었다. 이 가운데 오랫동안 인기를 끌었던 이들은 1세기 초에 처음 도입된 '그물 검투사'였다. 대부분의 검투사가 로마군이나 적군에서 유래한 것과 달리 그물 검투사의 유래는 불분명하다. 17~25세의 젊은이들로 구성된 그물 검투사는 투구, 정강이받이, 방패와 같은 보호 장비를 하지 않았다. 그들은 오른손에 원형인 지름 3미터의 무거운 그물을 들었고 왼손은 날이 철이나 청동으로 되어 있고 21.6센티미터인 삼지창, 25.5센티미터인 단검으로 가볍게 무장했다. "오른손으로 그물을 던졌다"는 유베날리스의 기록과, 삼지창보다 그물을 다루기가 더 까다롭다는 점을 고려하면 그물은 오른손에 쥐고 있었을 것이다. 영국 중부 체스터에서 나온 부조를 포함해 일부 부조에는 그물을 왼손에, 삼지창을 오른손에 들고 있는 모습으로 묘사되어 있다. 이는 싸움 도중이 아니라 싸움이 끝난 뒤나 정자세를 취한 상황을 담은 것으로 추측된다.[6]

그물 검투사는 여느 검투사와 달리 투구를 쓰지 않아 얼굴이 그대로 드러났다. 때문에 양성소 운영자는 잘생겼거나 얼굴 표정이 밝은 사람을 그물 검투사로 삼아 얼굴의 장점을 최대한 활용했다. 그런 사람이 관중, 특히 여성들에게 인기가 높았기 때문이다. 이들은 얼굴을 드러내는 만큼 검투사 중에서도 낮은 신분에 속했다. 유베날리스가 누구보다도 좋은 가문 출신인 그라쿠스가 투구도 쓰지 않는 그물 검투사로 나선 것을 비난하고 경멸한 것도 이 때문이었다. 그물 검투사는 투구도 쓰지 않고 적으로부터 도망다니므로 겁쟁이들이 좋아하는 싸움 형태라는 비난을 받곤 했다. 그물 검투사는 얼굴에 감정을 그대로 드러냈는데, 고통으로 일그러진 얼굴을 보고 싶어하지 않는 관중은 그들을 외면했다. 특이하게도 클라우디우스 황제는 숨통이 끊기는 순간의 얼굴을 보고 싶어해 그물 검투사의 목을 칠 것을 명령하기도 했다.[7]

그물 검투사의 보호 장비는 왼팔에 천을 감싼 뒤 가죽 끈으로 묶어 팔을 보호하는 팔 보호대와 가죽이나 금속으로 되어 머리와 목을 보호하는 봉긋한 어깨 보호대가 전부였다. 어깨 보호대는 어깨에서 12~15센티미터 솟아 있는 것으로 무게는 1.1~1.2킬로그램 나갔다. 가죽이나 금속으로 되어 있는 이 보호대를 팔 윗부분에 대고는 겨드랑이에서 가죽 끈으로 묶어 고정시켰다. 어깨 보호대는 오른손잡이인 상대가 가격했을 때 왼쪽의 머리와 목을 보호하도록 했다. 작은 방패와 같은 역할을 하는 이 장치가 있어서 방패를 드는 여느 검투사와 달리 손이 자유로워 그물, 삼지창, 단검을 들 수 있었다. 제정 후기 동부 지역에서는 그물 검투사가 어깨 보호대 없이 싸웠는데, 이때는 어깨와 가슴 윗부분을 보호하는 사슬로 된 보호대를 착용했다. 그물 검투사는 다른 검투사와 마찬가지로 허리옷을 입는데, 사료에는 특이하게 '투니카를 입은 그물 검투사'라는 표현이 나온다. 유베날리스와 수에토니우스, 페트로니우스만 이들의 이름을 언급하고, 다른 문학작품과 비문에서는 언급되지 않았다. 도덕적으로 음란하다는 뜻으로 입는 것인지, 자유민 출신임을 표시하기 위한 것인지는 알 수 없지만 투니카를 입는다는 것이 일반적이지 않았다는 점만큼은 분명하다.

'추격 검투사'는 그물 검투사의 주요 상대여서 '그물 검투사의 적contraretiarius'으로도 불렸다. 추격 검투사는 왼손으로 직사각형 방패를 들었고, 팔 보호대를 한 오른손으로 검을 들었다. 오른쪽 다리에는 간단한 다리 보호대를 하고 있었고, 왼쪽 다리에는 다리 보호대 위에 정강이받이를 덧씌웠다. 추격 검투사의 투구는 얼굴 전체를 가리며 직경 35밀리미터의 눈구멍 2개만 달랑 뚫려 있었다. 이런 투구는 눈구멍을 정확히 맞지 않는 한 얼굴을 잘 보호할 수 있었다. 얼굴이 보이지 않으므로 당황한 기색이나 절망감, 지친 표정 등을 상대에게 들키지 않는 장점이 있었다. 자신의 타격이 상대를 얼마나 고통스럽게 만드는지를 잘 볼 수 없기 때문에 무덤덤하게 벨 수 있었다. 그러나 얼굴 전체를 감싼 투구로 인해 소리를 잘 들을 수 없었고, 눈구멍이 작아 바로 옆의 사물도 고개를 돌려서 봐야 했다. 시야가 좁고 코와 입에 구멍이 없어서 목을 통해 들어오는 공기로 호흡하므로 장기전에는 호흡 장애를 일으킬 만큼 불리했다.

시야나 무게를 기준으로 검투사와 군인들의 투구를 비교하면, 검투사가 군인보다 더 활동하기 어려웠다. 군인들의 투구는 눈, 코, 입을 모두 드러내는 형태이므로 시야가 상당히 넓고 무게도 2킬로그램 정도였다. 반면 검투사의 투구에는 조그마한 구멍들만 나 있어 시야가 아주 좁았다. 무게도 평균 4킬로그램으로 군인들이 쓰는 투구의 두 배에 달했다. 한편 전체 상황을 고려하면 검투사들이 군인들보다 더 힘들다고 단정지을 수 없다. 군인들은 싸울 때는 물론 행군할 때도 투구를 써야 했고, 무기 외에 건설 도구와 조리 도구 같은 다른 장비들을 함께 지고 다녀야 했다. 그에 비해 검투사들은 전투 장비 외에는 아무것도 소지하지 않았고, 장비를 착용하는 시간도 짧았다. 검투사들이 투구를 착용하는 시간은 아레나로 들어가서 싸우기 직전부터 싸움이 끝난 직후까지 10~15분에 불과했다. 무거운 투구는 사열식 때 장식용으로 쓰고, 실전에서는 더 가벼운 투구를 썼다는 주장도 있지만 짧은 시간 착용하므로 장식용과 실전용을 구분하지는 않았을 것이다.

군인들이 적의 타격으로 울림을 방지하기 위해 투구 안쪽에 천을 덧대는 것처럼 검투사들도 투구 안에 천을 덧댔다. 타격으로 울림을 방지하려는 목적도 있었지만 땀을 흡수케 하기 위함이기도 했다. 검투사의 투구는 눈을 빼고 얼굴을 모두 가리기 때문에 싸우면서 흘린 땀을 닦을 수 없었다. 얼굴에서 흘러내린 땀이 투구 안쪽의 천으로 자연스럽게 스며들어야 했다. 그렇지 않으면 염분이 있는 땀이 눈으로 흘러 들어가 눈을 제대로 뜰 수 없게 만들었다. 땀을 닦을 수도, 눈곱을 뗄 수도, 가려운 얼굴을 긁을 수도 없는 것이 검투사들에게 작은 고통을 안겨주었다.[8]

주심의 공격 신호가 떨어지자 그물 검투사는 주 무기인 그물을 재빨리 던졌다. 그물 검투사는 그물을 아래에서 위로 던지듯 상대에게 던졌다. 그래야 상대가 그물을 간파하지 못한 상황에서 재빨리 포획할 수 있었다. 반대로 위에서 아래로 던지면 그물이 위에서 내려오는 데 몇 초가 걸리고, 그동안 상대가 그물을 볼 수 있어서 포획에 성공하기 쉽지 않았다. 유능한 그물 검투사는 추격 검투사가 10미터쯤 떨어져 있어도 단번에 그물로 잡을 수 있었다. 그러나 이런 방법은 유능한 추격 검투사에게 먹혀들지 않았다. 그 정도 거리에서 그물을 펼쳐 던지는 데 4초가 소요되었는데, 이는 추격 검투사가 검으로 그물을 벨 수 있을 정도의 긴 시간이었기 때문이다.

추격 검투사가 눈구멍이 2개인 투구와 방패로 기동성이 떨어진다고 해도 경기 초반에는 체력이 충분해 그물을 잘 피했다. 추격 검투사는 눈구멍으로 보면서 검을 휘두르지만 시야 확보가 안 되었다. 아래를 내려다보려면 고개를 숙여야 하는데, 이때 상대에게 머리를 가격당할 위험이 있었다. 반대로 정면을 응시하면서 싸우면 상대가 아래쪽을 베었다. 그물 검투사는 투구를 쓴 검투사가 잘 보이지 않는 아래쪽으로 그물을 질질 끌면서 다가가 포획하는 전술을 폈다. 이런 단점을 보완해주는 것이 맨발이었다. 앞이 막힌 투구를 쓰는 검투사들에게 맨발은 특별한 의미를 지녔다. 맨발로 모래를 이리저리 헤집다보면 그물이나 검, 창, 올가미 같은 무기를 알아채므로 경계할 수 있었다.

추격 검투사는 그물을 피하기만 할 뿐 단숨에 그물을 낚아채지는 않았다. 그러면 싸움이 쉽게 끝나므로 그물에 잡힐 듯하다가 도망치는 과정을 두세 번 한 뒤 승부를 봐야 관중을 쥐락펴락할 수 있었다. 그물에 잡힌 상황에서 상대의 삼지창을 막으면서 검으로 그물을 잘라 탈출하면 더 극적이었다. 단 주의할 점은 장비의 무게로 움직임이 둔하므로 잡힐 듯하면서 도망치는 과정을 기력이 좋은 싸움 초반에 해야 한다는 것이었다. 투구, 방패, 정강이받이 등의 장비를 갖추고 있는 추격 검투사는 경무장한 그물 검투사와 오래 싸우면 싸울수록 체력 소모가 많아 이기기 힘들었다. 추격 검투사는 15~18킬로그램에 달하는 장비를 하고 있는 반면, 그물 검투사의 장비는 7~8킬로그램밖에 나가지 않았기 때문이다. 그래서 발 빠른 그물 검투사를 구석으로 몰아 움직일 수 없게 만든 뒤 검으로 공격하는 것이 승리를 거머쥐는 방법이었다.

추격 검투사가 그물을 피하자 그물 검투사는 그물을 재빨리 끌어당겼다. 그물 정중앙에 연결된 끈이 검투사의 팔목에 감겨 있으므로 그물을 던졌다 하여 검투사의 손에서 떨어지는 것은 아니었다. 1.8~2.7미터 정도가 그물을 잘못 던졌을 경우 빨리 회수할 수 있고, 그물을 던질 때 힘을 실을 수 있는 좋은 거리였다. 만일 추격 검투사가 그물을 잡아당기면 그물 검투사는 끌려가지 않도록 단검으로 재빨리 그물을 잘라버렸다. 그물 검투사는 여러 번 그물을 던져 상대를 포획하는 데 성공하면 긴 삼지창으로 상대가 쓰고 있는 투구의 눈구멍을 찌르고자 했다. 물론 그물에 포획되어 발버둥 치는 상대의 눈구멍을 정확히 맞추기란 어려웠다. 이때는 발버둥 치느라 노출된 상대의 옆구리나 다리 쪽을 공격해야 했다.

경무장한 그물 검투사들은 민첩성을 최대한 활용하는 전략을 펴는 것이 유리했다. 중무장한 검투사들이 장비의 무게로 인해 쉽게 지치므로 그물 검투사는 도망다니면서 시간을 끌었다. 그물을 던지거나 손잡이가 긴 삼지창을 제대로 활용하기 위해 접근전보다 원거리에서 공격하면 승산이 있었다. 어쩔 수 없이 접근전을 벌이게 되면 왼팔 보호대와 왼쪽 어깨 보호대로 상대의 검을 막으면서 삼지창을 휘두르고, 단검은 마지막 일격을 가하는 데 사용해야 했다. 반대로 중무장한 추격 검투사는 왼손의 방패를 높이 들어 몸통과 넓적다리를 보호하면서 될 수 있는 대로 접근전을 시도해야 했다. 그물을 사용할 수 없을 만큼 가까워지면 검과 방패로 상대의 삼지창을 쳐내면서 제압했다. 그물 검투사와의 싸움은 항상 단시간에 끝내야 했다.

그물 검투사인 칼렌디오와 추격 검투사인 아스티아낙스의 대결은 전형적인 유형이었다. 칼렌디오가 그물을 던졌지만 아스티아낙스를 완전히 포획하지 못했다. 그는 곧바로 삼지창으로 상대를 공격해 승기를 잡고자 했다. 아스티아낙스는 당황하지 않고 방패로 그물을 벗겨내면서 검으로 상대의 삼지창을 쳐냈다. 삼지창을 떨어뜨린 칼렌디오는 재빨리 단도로 상대를 찌르려 했으나 오히려 공격을 받았다. 그는 상대의 검에 찔려 주저앉았고, 바닥에 깔린 모래에는 피가 흥건했다. 싸움이 종반을 향해 치달으면서 트럼펫과 호른 소리가 일제히 울려 퍼지기 시작했다. 악기 소리와 관중의 고함 소리 속에서 칼렌디오의 신음 소리는 묻혀버렸다. 극심한 통증을 느낀 칼렌디오는 단도를 들어 항복을 표시했다. 이를 지켜보던 주심은 싸움을 중지시킨 뒤 경기 주최자를 바라보았다. 아스티아낙스의 이름에는 당연히 승리했다는 표시가 적혔다. 이제 패배한 칼렌디오의 이름 옆에는 죽음의 신인 타나토스에서 따온 테타ø라는 표식이 새겨질 것이었다. 영, 무, 죽음을 상징하는 이 표식이 있으면 그 검투사는 죽었다는 것을 의미한다.

투니카를 입은 그물 검투사들이 5명의 추격 검투사를 상대로 아주 볼품없는 싸움을 했다. (칼리굴라 황제가) 그들에게 처형 판결을 내렸을 때 그들 중 한 명이 삼지창을 잡아 승리한 상대 검투사 한 명을 살해했다. 그러자 칼리굴라 황제는 그를 "가장 잔인한 살인자"라고 부르며 공포심과 참을 수 없는 혐오감을 공개적으로 표현했다.[9]

패배한 검투사는 무기를 내려놓는 순간 패배를 인정해야 했다. 칼리굴라 황제 때 패배한 그물 검투사가 싸움이 끝났다고 생각하여 방심한 추격 검투사를 공격한 것은 비겁하면서도 비난받아 마땅한 행동이었다. 방심이라는 동일한 실수는 디오도로스라는 검투사에게 죽음을 안겨주었다.

여기 승리했지만 비참한 나 디오도로스가 있다. 나는 나의 적인 데메트리오스를 무너뜨린 뒤 그를 즉각 살해하지 않았다. 그러나 나는 잔인한 운명의 신과 주심의 교활한 배신 때문에 죽었고, 밝은 세상을 떠나 하데스에게 갔다. 나는 원주민들의 땅에 누워 있다. 그리고 어떤 좋은 친구가 연민 때문에 나를 여기에 묻어 주었다.[10]

디오도로스는 상대의 무기를 쳐내 무장 해제시킨 뒤 승리를 확신했다. 그는 패자의 목숨을 어떻게 할지에 대해 결정을 내려달라는 뜻으로 경기 주최자를 바라보았다. 그 틈에 상대는 재빠르게 일어나 싸움을 다시 시작했다. 심판이 싸움을 저지했어야 하는데, 그렇게 하지 않았다. 디오도로스는 상대가 주저앉자마자 그의 목에 곧바로 검을 겨눠 꼼짝달싹하지 못하게 만든 뒤 다음 행동을 취했어야 했다. 완전히 방심한 것이다. 재개된 싸움에서 그는 패하여 살해되었다. 억울한 일이지만 그의 방심과 자만, 심판의 불공정함이 패배로 몬 것이다.

다음은 추격 검투사인 프리에덴스와 그물 검투사인 네그리무스의 경기였다. 트럼펫이 울렸지만 어느 누구도 선뜻 공격에 나서지 못하고 상대의 약점을 찾기 위해 서로 맴돌았다. 방패 뒤에 숨은 프리에덴스가 먼저 네그리무스를 검으로 찌르려고 가까이 다가갔다. 그러자 네그리무스는 뒤로 발을 빼면서 삼지창으로 상대를 찌르려고 했다. 삼지창 때문에 가까이 가지 못한 프리에덴스는 방패로 삼지창의 공격을 계속해서 막아냈다. 삼지창의 공격이 여의치 않자 네그리무스는 삼지창을 모래 바닥에 재빨리 꽂고 대신 자신의 주무기인 그물을 움켜잡았다. 여차하면 그물을 던질 기세로 경기장을 돌면서 상대의 눈을 뚫어져라 응시했다. 삼지창이 사라지자 프리에덴스는 검으로 찌르려고 다가오다가 그물을 보자 다시 뒷걸음질쳤다. 프리에덴스가 너무 멀리 떨어지기 전에 붙잡으려고 네그리무스가 그물을 재빨리 던졌다. 그러나 프리에덴스는 빠른 걸음으로 우회하여 그물을 피하는 동시에 네그리무스의 오른쪽 종아리를 깊숙이 베었다.

일격을 당한 네그리무스가 쓰러졌으나 다시 정신을 차려 모래에 박아놓은 삼지창을 빼들고 프리에덴스에게 돌진했다. 그러나 네그리무스의 삼지창 공격은 프리에덴스의 방패와 검 때문에, 또 검에 베인 오른쪽 다리에 제대로 힘을 실을 수 없었기에 번번이 실패로 돌아갔다. 프리에덴스가 승리를 확신하며 다시 검으로 공격해 들어오는 순간 네그리무스가 재빨리 삼지창으로 상대의 다리를 가격했다. 다리 깊숙이 박힌 삼지창으로 고통스러웠던 프리에덴스는 더 이상의 싸움은 어렵다고 여겨 손가락을 높이 올려 항복을 표시했다. 경기 주최자는 프리에덴스를 살릴지 죽일지를 관중에게 맡겼다. 관중은 '죽여라'라고 소리쳤다. 이제 프리에덴스는 죽은 목숨이었다. 그러나 상대의 검에 깊은 상처를 입은 네그리무스는 프리에덴스를 죽일 힘조차 남아 있지 않았다. 관중의 결정을 무시할 수도 없는 노릇이었다. 네그리무스는 경기장 한쪽에서 다음 경기를 준비하고 있던 그물 검투사인 히폴리투스를 손짓으로 불렀다. 히폴리투스가 경기장으로 들어오자 고통 속에서 신음하고 있던 프리에덴스는 조용히 무릎을 꿇었다. 히폴리투스는 투구를 쓰고 있는 프리에덴스의 목을 뒤로 젖혀 맨살이 드러난 곳을 검으로 단숨에 베었다. 프리에덴스의 목에서 피가 솟구쳐 올랐다. 그는 곧바로 모래 바닥에 얼굴을 처박으며 죽어갔다.

트라키아 검투사 대 물고기 검투사

앞 경기가 끝난 뒤 '장의사'라 불리는 사람이 피의 흔적을 없애기 위해 큰 나무판을 들고 아레나로 들어왔다. 밑의 깨끗한 모래와 위의 피 묻은 모래를 섞어 평평하게 만들었다. 그러자 트라키아 검투사와 물고기 검투사가 모든 장비를 갖춘 뒤 아레나로 걸어 들어왔다. 이 두 유형의 검투사 경기는 가장 인기 있는 조합이었다. 트라키아 검투사는 격자무늬 구멍, 넓은 테두리, 초승달 모양의 볏이 있는 투구를 쓰고 있었다. 팔 보호대를 한 오른손에는 트라키아인 고유의 무기인 굴곡진 짧은 검을 들고 있었다. 왼손에는 60×55센티미터 크기에 무게가 약 3킬로그램이고, 중앙 돌기가 없는 직사각형 모양의 작은 방패를 들고 있었다. 양쪽 다리에는 보호대를 하고 그 위에 넓적다리 중간까지 덮는 긴 정강이받이를 하고 있었다. 정강이받이가 길어 짧은 방패를 대신해 하체를 보호할 수 있었다.

트라키아 검투사는 무장 상태만 놓고 보면 얼굴, 팔, 다리 등 어느 한 곳 허점을 찾을 수 없을 정도로 완벽했다. 완벽하게 무장한 만큼 장비가 무거웠다. 격자무늬로 되어 시야가 제한적인 투구, 몸통만 보호할 수 있는 작은 방패, 빨리 움직일 수 없는 긴 정강이받이는 약점으로 작용했다. 한마디로 둔중하므로 싸움을 빨리 끝내야 했다.

오랜 전통과 완벽한 무장을 선호하는 사람들은 트라키아 검투사를 좋아했는데, 칼리굴라 황제와 티투스 황제가 대표적인 인물이다. 특히 칼리굴라 황제는 트라키아 검투사들을 게르만족 경호대장으로 임명할 정도로, 또 자신이 직접 트라키아 검투사로 싸울 정도로 열광했다. 황제는 물고기 검투사들의 무기를 대폭 줄여 트라키아 검투사들이 쉽게 이길 수 있게 했다. 어느 날 트라키아 검투사가 이기는 경기를 구경하고 싶었던 황제의 바람과 달리 물고기 검투사인 콜룸부스라는 자가 가벼운 부상만 입고 승리를 거두었다. 콜룸부스가 얄미웠던 황제는 그의 상처에 독을 바르게 했고, 이로 인해 상처가 악화된 콜룸부스는 사망했다. '콜룸부스의 독'이라 불리는 독의 성분은 알 수 없으나 이 사건은 칼리굴라 황제 시대에 눈치 없는 자, 솔직하게 싸우는 자의 말로를 보여주었다.

칼리굴라 황제와 정반대로 도미티아누스 황제는 트라키아 검투사를 극도로 싫어했다. 어떤 시민이 "트라키아 검투사가 물고기 검투사는 상대할 수 있어도 경기 주최자를 이길 수는 없을 것"이라며 경기를 개최한 황제를 조롱했다. 트라키아 검투사가 실제 싸움에서 물고기 검투사를 이길 수 있지만 이들을 싫어하는 황제 때문에 승리자가 될 수 없음을 빗대어 한 말이었다. 이에 격분한 황제는 그 시민을 관중석에서 끌어내려 "불경스럽게 말한 트라키아 검투사 지지자"라는 표식을 달아 아레나에 있는 개들에게 던져주었다.

2세기의 해몽가 아르테미도루스는 검투사가 나오는 꿈으로 미래의 아내를 맞힐 수 있었다. 그에 따르면 트라키아 검투사와 싸우는 꿈은 길몽이었다.

> 나는 이 꿈(검투사들이 경기하는 꿈)에서 남자가 사용한 무기의 종류나 그가 싸운 상대의 무기 종류에 따라 앞으로 결혼할 여성의 성격을 추측할 수 있다고 종종 말해왔다. 예를 들어 남자가 꿈에서 트라키아 검투사와 싸웠다면 부유하고, 손재주가 많고, 일인자를 좋아하는 여성과 결혼할 것이다. 트라키아 검투사의 육체가 갑옷으로 완전히 감싸여 있으므로 여자가 부유할 것이고, 검이 일직선이 아니라 굽어 있기 때문에 손재주가 있을 것이며, 이 검투사가 진보된 기술을 사용하므로 일인자를 좋아한다. 꿈에 추격 검투사와 싸우면 그 사람은 매력적이고 부유한 여자와 결혼할 것이다. 그러나 아내는 자신이 가진 부를 아주 자랑스러워하는데, 이 때문에 남편을 경멸하고 많은 악행을 저지를 것이다. 왜냐하면 추격 검투사는 항상 (다른 사람을) 쫓아다니기 때문이다. 만일 꿈꾸는 자의 상대가 그물 검투사라면 가난하고 음탕한 여자, 자신을 원하는 누군가와 아주 자유롭게 사귀면서 돌아다니는 여자와 결혼할 것이다.[11]

꿈에 자신과 싸운 검투사가 가진 특징 그대로 아내를 맞이한다는 것이다. 특히 그물 검투사는 무장을 많이 하지 않으므로 가난한 여자를 만나고, 항상 추격 검투사를 피해 도망다니므로 맞이하는 여자 역시 자유롭게 돌아다니는 여자라는 표현이 인상적이다.

트라키아 검투사의 상대가 되는 물고기 검투사는 1세기에 등장한 검투사 유형이었다. 물고기 검투사란 투구 꼭대기의 형태가 바닷물고기의 등지느러미와 같다고 하여 붙여진 이름이다. 등지느러미 모양의 투구 꼭대기는 볏으로 장식되어 있고, 작은 눈구멍이 여러 개 있었다. 물고기 검투사는 추격 검투사의 장비와 모두 동일하나 투구 모양이 달랐다. 팔 보호대를 한 오른손에는 40~50센티미터의 검을 들고 있었다. 왼손에는 길이 1미터, 넓이 65~70센티미터, 무게 6~8킬로그램에 달하는 긴 직사각형 방패를 들고 있었다. 오른쪽 다리에는 다리 보호대를, 왼쪽 다리에는 약 1킬로그램 나가는 짧은 정강이받이를 착용했다. 정강이받이가 짧으면 넓적다리가 약점으로 작용할 수 있지만 긴 직사각형 방패가 있어 충분히 보호할 수 있었다. 물고기 검투사가 착용하고 있는 장비의 총 무게는 16~18킬로그램에 달했다.

트라키아 검투사처럼 물고기 검투사도 날렵하지 못했다. 오히려 트라키아 검투사가 물고기 검투사보다 더 가볍게 무장해 쉽게 움직일 수 있다고 할 정도였다. 물고기 검투사는 왼손에 든 큰 직사각형 방패와 왼쪽 다리의 정강이받이가 겹쳐지면서 왼쪽을 완벽하게 방어했다. 상대가 오른손잡이라고 가정하면 검투사의 왼쪽은 완벽히 방어되었고, 덜 방어한 오른쪽은 상대의 검이 왼쪽을 거쳐 오른쪽으로 가야 하므로 공격받을 가능성이 적었다. 그러나 큰 방패는 역으로 움직임을 둔하게 만들었고, 체력을 많이 소모시키는 단점이 있었다.

트라키아 검투사와 물고기 검투사가 싸울 태세를 갖추자 주심의 눈짓에 따라 트럼펫 취주자가 짧게 트럼펫을 불었다. 싸움을 시작하라는 신호였다. 두 검투사는 서로 허점을 찾으려는 듯 빙그르 돌았다. 두 검투사 모두 나름의 전략이 있었으나 섣불리 공격하면

패할 수 있기에 일격을 가할 절호의 기회를 노리고 있었다. 하지만 이렇게 서로를 노려보는 시간은 단 몇 초에 불과했다. 관중은 탐색전에 시간을 길게 줄 정도로 인내심 강한 사람들이 아니었기 때문이다.

몇 초의 정적이 흐른 뒤 누가 먼저랄 것도 없이 검과 방패가 바삐 움직였다. 트라키아 검투사는 상대가 방심한 틈을 타 기습적으로, 또 자주 단검을 찔렀다. 물고기 검투사는 장검으로 단 한 번 휘둘러도 상대가 꼼짝할 수 없을 정도의 치명상을 입히고자 했다. 노련한 검투사는 검의 날이 몇 센티미터 들어가면 장기에까지 치명적인 손상을 가하는지 알고 있었다. 날이 조금 더 들어가 상대가 죽을 수 있다는 것, 조금 덜 들어가 부상만 입힐 수 있다는 것을 감각적으로 알았다. 그래서 같은 양성소에서 숙식을 함께 했던 동료이고 승리하는 것이 목적일 때는 될 수 있으면 치명상을 주지 않으려고 했다. 192년 코모두스 황제는 같은 양성소 출신의 검투사들이 서로 죽이는 것을 꺼리자 모든 검투사에게 동시에 싸우도록 명령했다. 서로 봐주는 듯한 싸움에 분노한 황제가 상대를 죽일 때까지 치열하게 싸울 것을 명령한 것이다.

두 검투사가 서로 몇 번 검을 주고받다가 물고기 검투사가 방패로 상대의 방패를 쳐냈다. 그 타격으로 트라키아 검투사가 방패를 놓쳤고, 바로 그 순간 물고기 검투사가 노출되어 있는 상대의 상체에 검을 찔러넣었다. 트라키아 검투사의 상체에서 피가 솟구쳐 올랐고, 그와 동시에 주저앉았다. 처음에는 피가 나온다는 사실에 놀란 듯 멈칫했으나, 곧이어 통증이 밀려오는지 상처를 부여잡고 웅크렸다. 관중은 트라키아 검투사가 얼굴을 가리는 투구를 쓰고 있어서 자세한 표정 변화를 알 수 없었지만 웅크린 자세만으로 그 고통을 짐작하고도 남았다. 패배한 검투사는 들것에 실려 나갔고, 승리한 검투사는 상을 받은 뒤 유유히 아레나를 빠져나갔다.

경기당 시간은 30분을 넘기지 않았지만 공식적인 시간제한은 없었다. 싸움은 승부가 날 때까지 멈추지 않았다. 티투스 황제 때 프리스쿠스와 베루스는 모두 키가 크고 승부욕이 하늘을 찌를 듯한 검투사들이었다. 두 사람이 얼마나 열심히 싸웠는지 관중이 두 사람 모두 죽을까봐 싸움을 중지시키라고 황제와 심판에게 요청할 정도였다. 관중은 그처럼 싸움 기술이 뛰어나고 인기 있는 검투사를 잃을까봐, 그 경기를 다시는 보지 못할까봐 두려웠던 것이다. 그만두라는 관중의 외침 속에서도 두 검투사는 계속 싸웠다. 황제 또한 승패가 날 때까지 싸워야 하는 것이 '싸우는 법 lex pugnandi'이라면서 경기를 중지시키지 않았다. 한참을 싸운 뒤 두 검투사는 동시에 손가락을 들어올려 항복을 표시했다. 황제는 끝까지 용감하게 싸운 두 검투사에게 목검과 종려나무 가지를 하사하여 칭찬했다. 둘 다 승리한 것이다. 힘이나 기술, 그것도 아니면 운에 의지해서라도 죽을 각오를 하고 싸운다면 패배하더라도 살아남을 수 있었다.[12]

선참 검투사와 신참 검투사를 맞붙게 하는 경우는 드물었다. 아무래도 싸움이 싱겁게 끝나버릴 가능성이 높았기 때문이다. 그러나 양성소의 훈련 과정에서 두각을 나타낸 신참 검투사라면 이야기가 달라진다. 선참 검투사에게 지지 않는 기술과 힘을 보여준 신참 검투사를 경험이 없다는 이유로 그 재능을 사장시킬 필요는 없었다. 물고기 검투사인 신참 검투사와 노련한 트라키아 검투사가 싸워 신참 검투사가 승리한 사례도 있으니 말이다. 물고기 검투사인 아틸리우스는 처음으로 트라키아 검투사인 힐라루스와 싸웠다. 같은 네로 검투사 양성소 출신인 두 사람은 서로에 대해 잘 알지 못했지만 신참인 아틸리우스의 재능은 양성소 안에서 소문이 자자했다. 열네 번 싸워 열세 번 승리한 힐라루스는 신참 검투사와 싸운다는 데 자존심이 상했지만 자신만만한 아틸리우스의 콧대를 꺾어 선참의 위엄을 보여주려 했다. 결과는 예상 밖이었다. 힐라루스가 힘과 기술로 밀어붙여도 검투사로서의 재능을 타고난 아틸리우스를 이길 수는 없었다. 신참이 선참을 이긴 것이다. 선참으로서의 자존심을 걸고 열심히 싸운 힐라루스의 불굴의 정신에 감복한 관중은 그를 산 채로 경기장 밖으로 나가도록 해주었다. 아틸리우스는 그다음 싸움에서 12전 12승인 트라키아 검투사 펠릭스를 맞아 또다시 승리를 거두었다. 패배한 펠릭스도 끝까지 싸운 용기로 살아남았다. 경험이 힘과 재능 앞에 무릎을 꿇은 사건이었다.[13]

아틸리우스처럼 신참 검투사가 승리하는 경우는 드물었다. 훈련 양이 많거나 경험이 풍부한 검투사들은 검 하나로도 온갖 기술을 발휘할 수 있었다. 찌를 것처럼 달려들었다가 웃으면서 뒤로 물러서는 것은 조롱 섞인 행동인 동시에 상대에게 위협을 가하는 행동이었다. 상대가 똑같이 거짓으로 공격하는 몸짓을 하면 곧바로 달려들어 승기를 잡는 것은 노련한 검투사만이 펼칠 수 있는 작전이었다. 한마디로 싸움을 하거나 멈출 능력이 있었던 것이다. 이런 노련함에 번번이 속는 것이 신참 검투사들이었다. 상대가 싸움을 거는 것 같아 달려들면 도망가고, 뒤로 물러서면 죽일 듯이 달려들었다. 상대의 치고 빠지는 작전에 아무런 대책 없이 휘말렸다가는 공격도 제대로 못 해보고 힘만 소진할 것이다.

물고기 검투사 대 중무장 검투사

 물고기 검투사의 주요 상대는 '중장보병 검투사'나 '도전 검투사 provocator' 같은 중무장한 검투사들이었다. 중장보병 검투사는 트라키아 검투사와 물고기 검투사 모두의 상대였다. 볏이 달리고 테두리가 있는 투구, 단검, 오른팔 보호대, 다리 보호대, 두 개의 긴 정강이받이, 검 등 17~18킬로미터나 되는 중무장을 한다는 점에서 트라키아 검투사와 유사했다. 직사각형의 작은 방패를 드는 트라키아 검투사와는 방패가 달랐다. 중장보병 검투사는 37센티미터 크기에 무게가 1.6킬로그램 나가는 작고 둥근 청동제 방패를 지니고 있었다. 공격용 무기로는 1.8미터에 달하는 창과 단검을 사용했다. 그리스의 중장보병처럼 창으로 먼저 공격한 뒤 창이 부러지거나 이를 놓치면 단검으로 마지막 승부를 보았다.
 물고기 검투사나 자신들끼리 싸우는 '도전 검투사'는 공화정 후기와 제정 초에 만들어진 유형이었다. 도전 검투사는 볏이 없는 투구, 검, 오른팔 보호대, 큰 직사각형의 방패, 뒤에 가죽 끈으로 묶어 고정시킨 직사각형의 가슴받이, 왼쪽 다리에만 정강이받이로 무장했다. 도전 검투사는 가슴받이를 한 유일한 검투사였다. 장비 무게는 14~15킬로그램으로 전체 검투사 가운데 중간 정도에 해당되는 무게다.
 트라키아 검투사, 물고기 검투사, 중장보병 검투사, 도전 검투사들은 모두 중무장하는 검투사들이었다. 그들 모두 뜨거운 햇볕과 먼지, 장비 무게로 인해 땀투성이가 된 투구를 쓰고 있어 빨리 싸움을 끝내고 싶어했다. 시간이 흐르면서 싸움 기술이 아니라 인내력이 승부를 결정짓는 듯했다. 이들이 갖추고 있는 장비의 무게는 비슷하므로 검술이 뛰어난 검투사가 승자의 자리를 차지했다. 방패로 막고 검을 휘두르는 싸움이 검투사들에게는 숨 막히는 대결이었다. 투구를 쓰고 있지만 검을 빠르게 내리치면 목이나 쇄골에 있는 정맥을 끊을 수 있었다. 팔이나 겨드랑이의 혈관을 건드려 치명상을 입히기도 했다. 이때 겨드랑이에서 솟구치는 피를 손으로 급하게 막아봐도 터져버린 정맥을 어떻게 할 수는 없었다. 넓적다리의 동맥도 노려볼 만한 부위였다. 다리 보호대와 성기 사이의 넓적다리 안쪽을 깊게 찌른다면 동맥을 끊을 수 있었다. 동맥을 파열시키지 않고 작은 상처만 내더라도 주체할 수 없을 만큼 피가 솟구쳐 일어나지 못했다. 또 위장, 소장, 대장과 같은 장기는 몇 센티미터만 더 깊이 찌르면 손상을 입힐 수 있었다. 노련한 검투사라면 허리 부분을 감싸는 넓은 벨트와 갈비뼈 사이의 작은 공간을 찔러 상대의 장기에 치명타를 입힐 줄 알았다. 오금을 베어 일어설 수 없게 만들거나 목을 베거나, 후두를 잘라 질식사시키는 것도 한 방법이었다.

기습적으로 공격하는 것은 승리의 한 비법이었다. 주심의 공격 신호가 떨어지기 무섭게 공격하면 싸울 태세를 갖추지 못한 상대를 제압할 수 있었다. 기습 공격에서 바로 승리하면 싱거운 싸움이 되는데, 그렇지 않더라도 이점은 있었다. 상대는 불시에 공격을 당했으므로 당황하고, 공격한 자는 자신감을 가질 수 있었다. 이런 심리적 이점을 얻게 되면 절반은 성공한 셈이었다. 상식을 깨는 공격 방식도 승리를 거두는 한 방법이었다. 상대를 피하려고 몸을 돌릴 때 왼손잡이는 오른쪽에 보호 장비가 있으므로 왼쪽으로 돌리기 쉬웠다. 오른손잡이는 그 반대였다. 그러나 검투사들은 이런 일반적인 움직임 또한 의도적으로 고치고자 훈련했다. 어느 쪽 발이 먼저 나가 있는지, 방패로 공격할지 검으로 공격할지에 따라 몸을 돌리는 방향은 달랐다. 정해진 방향이 없다는 것은 상대의 예상을 깨는 것이었고, 이것은 반격의 시점을 잡는 데 유리했다.

아무리 몇 분밖에 싸우지 않는다고 해도 무더운 여름에 중무장을 하고 검과 방패를 휘두르기란 여간 힘든 일이 아니었다. 체력 소모를 대비해 양성소에서 하루도 빠지지 않고 훈련에 임했지만 수천 명 관중의 시선이 주는 부담감은 훈련할 때와 달랐다. 그런 상황에서 상대의 칼에 처음 베였을 때는 아프지 않았다. 관중의 소리와 격렬한 몸싸움으로 인해 작은 상처는 느낄 수 없었다. 싸움을 계속하면서 몇 군데 베였고, 그중 장기까지 베인 상처도 있었다. 솟구치는 피의 양이 많아지면서 상처를 자각하게 되면 갑자기 힘이 빠졌다. 정신이 혼미해지는 와중에도 이기겠다는 승부 근성 때문에 계속 싸우다보면 흐르는 피의 양과 체력 소모는 자연히 많아졌다.

경기 내내 심판들은 바삐 움직였다. 정정당당하게 싸우지 않을 경우 심판은 긴 막대기로 두 검투사를 떨어뜨려놓은 뒤 다시 싸우게 했다. 주심 옆에 서서 검투사들의 싸움을 주시하는 부심은 주심이 보지 못한 점을 조언해주었다. 공격용과 방어용 무기를 적절히 사용하면서 싸움이 치열해지자 관중의 흥분은 극에 달했다. 그러나 승부가 나지 않은 채 오랜 시간 맞붙으면 검투사들의 체력도 바닥을 드러냈다. 헐떡이면서 검도 제대로 못 들 만큼 지친 검투사들의 싸움은 관중의 흥미를 떨어뜨렸다. 그런 까닭에 심판은 지루하게 싸움이 지속되면 두 검투사를 떼어 '휴식 시간*diludium*'을 주었다. 아레나를 에워싸고 있는 보조원들이 검투사를 떼어내 숨을 가라앉히고 마실 것을 주었으며, 가벼운 부상도 치료해주었다. 휴식을 취한 뒤 다시 싸움을 시작해도 두 검투사의 실력이 비등해 좀처럼 승부가 나지 않을 때는 경기를 멈추고 두 명 모두 승자로 대우했다. 그러나 팽팽한 싸움으로 인해 승부가 나지 않는 경우는 드물었다.

한 차례의 싸움으로 상대가 만만치 않다는 것을 감지하거나 겁을 먹은 검투사는 휴식 시간에 보조원에게 더는 싸움을 못 하겠다는 말을 하기도 했다. 보조원이 검투사를 보고 온 힘을 다해 싸우지 않은 것으로 판단되면 곧바로 심판에게 알렸다. 심판이 싸움을 계속해야 한다고 판단하면 보조원은 검투사에게 다가가 막대기나 채찍을 휘둘러 싸울 것을 종용했다. 살기 위해 심각한 부상을 당한 척, 죽은 척하면서 쓰러진다면 심판이 보조원을 불러 횃불이나 달군 쇠막대기를 살갗에 대어 조사하게 했으므로 거짓으로 행동할 수 없었다. 상대는 힘에 버겁고, 보조원들의 채찍이나 쇠막대기가 두려우면 도망치는 것도 한 방법이었다. 그러나 경기장에 있는 보조원, 수행원, 경비병 등 모든 인력이 도망친 검투사를 잡으려고 달려들었다. 이때 잡히면 경기 주최자나 관중에게 묻지도 않고 곧바로 목이 잘려나갔다. 경기 주최자도, 양성소 운영자도, 관중도 그런 허약한 검투사를 더 이상 살려둘 이유가 없었던 것이다. 폼페이 검투사 양성소의 벽 한켠에는 도망친 검투사의 동료가 남겨놓은 낙서가 있다.

드루수스와 유니우스가 집정관이었던 해 11월 6일에 폴리카르푸스가 쓸데없이 도망쳤다.[14]

'쓸데없이'라는 표현으로 보아 폴리카르푸스가 도망치다가 잡힌 것 같다. 검투사들의 승패는 기술로 결정되기도 하지만 누가 더 이성적이냐에 따라 판가름 나기도 했다. 감정적인 검투사는 패배할 가능성이, 이성적으로 싸우는 검투사는 승리할 가능성이 높았다. 어떤 유형의 싸움이건 잡힐 듯 도망치는 적에게 약이 올라서, 혹은 무기를 놓친 데 따른 당혹감으로 인해 평정심을 잃는다면 이는 곧바로 패배로 이어졌다. "검투사들은 기술로 보호받고, 화 때문에 위태로운 상태에 빠진다"[15]는 말을 절대 잊지 말아야 했다.

말을 타는 검투사들

말과 관련된 검투사의 유형은 '기사 검투사' '전차 검투사' '중장기병 검투사cataphractarius' '기마궁수 검투사sagittarius' 등이다. 그 중 두 명의 기사 검투사가 말을 타고 아레나로 들어왔다. 벌거벗은 여느 검투사와는 다른 복장에 멋진 말까지 대동하고 나타나면 관중의 환호성은 더욱 높아졌다. 기사 검투사들은 허리옷을 걸치는 검투사들과 달리 공화정 후기에는 미늘 갑옷을, 제정기에는 무릎 길이의 소매 없는 밝은 색 투니카를 입었다. 처음에는 어깨에서부터 끝까지 2.5센티미터가량의 붉은색 좁은 줄을 두 개 넣어 짠 투니카를 입었지만 훗날에는 중앙에 목에서부터 한 줄만 있는 투니카를 입었다. 아마도 기사 검투사인 만큼 토가 끝자락에 좁은 줄을 넣는 기사 신분을 상징적으로 표현한 듯하다. 원로원 의원들은 기사들보다 더 넓은 7.5센티미터의 줄을 넣었다. 토가에 특별한 줄무늬를 넣는 것은 이 두 신분뿐이었다. 따라서 검투사로서 줄이 있는 투니카를 입었다는 것 자체가 다른 검투사들보다 신분이 높음을 드러냈다. 이들은 테두리가 있고 양옆을 깃털로 장식했으며 몇 개의 눈구멍을 제외하고 모두 덮여 있는 투구, 직경 60센티미터 정도의 작고 둥근 방패, 장창, 검 등으로 무장했다. 종아리 부분은 가죽으로 감싼 다리 보호대를 했는데, 이는 정강이받이와 같은 효과를 냈다. 이들이 무장하는 장비의 무게는 총 10~12킬로그램 정도였다. 기사 검투사들은 말을 타고 2미터 길이의 장창으로 먼저 싸웠고, 이후 말에서 내려 검으로 싸웠다. 장창은 말 위에서도 사용할 수 있지만 40~50센티미터의 검은 말 위에서 휘두르기에는 무척 짧았기 때문이다.[16]

기사 검투사인 하빌리스와 마테르누스는 아레나에 들어서자마자 방패와 검을 휘두르면서 열성을 다했다. 주심은 누군가가 먼저 휴식을 원하거나 패배를 인정하는 신호를 보내지는 않는지, 심각한 부상을 당하지는 않았는지를 살펴보기 위해 이리저리 바삐 움직였다. 검과 방패로 치고 막기를 수차례 한 끝에 드디어 결론이 났다. 하빌리스가 승리를 거두었고, 패한 마테르누스는 얼굴을 모래에 처박고 있었다. 싸움의 승패가 판가름 나자 주심은 위쪽 귀빈석에 앉아 있던 경기 주최자인 심마키우스를 바라보았다. 그 눈빛은 패배한 마테르누스를 어떻게 할지 대답해달라는 청을 담고 있었다. 관중이 지켜보는 가운데 마테르누스는 심마키우스의 지시로 살해되었다.

기사 검투사들의 싸움이 끝난 뒤 전차 검투사, 중장기병 검투사, 기마궁수 검투사들이 차례로 아레나로 들어섰다. 전차 검투사는 전투에서 바퀴가 둘 달린 전차를 이용하는 브리타니아인과 싸웠던 카이사르가 도입했다. 43년 클라우디우스 황제가 브리타니아를 침입한 뒤 검투사의 한 유형으로 자리잡았지만 오래 존속되지는 않았다. 전차 경주가 있는 데다 전차를 구입·유지하는 비용이 비쌌고, 전차에서 싸울 줄 아는 기수를 훈련시키는 일 또한 녹록지 않았기 때문이다.

전차 검투사는 두 명이 한 쌍으로 움직였다. 검투사와 함께 탄 전차 기수가 전차를 몰아 상대 전차를 향해 돌격했다. 큰 경기장에서는 검투사들이 땅에 발을 딛고 싸우는 것보다 전차를 타고 싸우는 것이 훨씬 극적인 광경을 연출했다. 전차를 타고 상대의 말을 향해 창을 던져 전차를 무용지물로 만들거나 말 사이에 창을 던져 기수와 검투사를 맞혔다. 다만 바닥이 모래여서 전차 바퀴가 잘 빠졌으므로 속도를 내기 어려웠다. 전차를 타고 웅장하게 등장했다가 이내 바퀴는 모래에 빠지고, 바퀴를 빼기 위해 휘두른 채찍은 말의 심기를 건드렸다. 말이 화를 내 그 몸을 솟구치자 검투사는 전차에서 떨어져 바닥에 나뒹굴었다. 기수가 이리저리 말을 몰아보려 했지만 말은 제멋대로여서 급기야 검투사를 깔아뭉개기 시작했다. 다급한 비명 소리가 난무하자 싸움이 제대로 될 리 없었다. 이때 심판의 지시로 아레나 구석에서 경기를 지켜보던 노예들이 들어왔다. 이들이 흥분한 말의 고삐를 움켜쥐려고 다가가자 말은 더욱 날뛰었다. 전차 기수가 말의 고삐를 더 세게 잡아당기고, 노예가 말에게 서서히 다가가면서 회유하자 말은 진정한 듯 보였다. 그 사이에 전차에 치인 검투사들을 안전한 장소로 끌어내면서 전차 검투사들의 싸움은 끝났다. 전차로 승부를 보지 못했을 때는 기사 검투사처럼 전차에서 내려 브리타니아의 타원형 방패와 장검으로 맞붙었다.

파르티아와의 전쟁 후 도입된 검투사 유형은 중장기병 검투사와 기마궁수 검투사였다. 이들 역시 전차 검투사처럼 단기간에 인기를 끌다가 사라졌다. 중장기병 검투사는 갑옷을 두 겹 입고, 투구와 정강이받이를 하고 있을 뿐 아니라 말도 이중으로 갑옷을 입고 있어서 허점을 찾기 어려웠다. 머리에서 발끝까지 모두 무장한 중장기병 검투사들이 아레나에 등장할 때면 관중은 숨을 죽였다. 노출되어 있는 부분이 저렇게 없는데, 어떻게 죽일 수 있을지를 눈여겨보았다. 4미터에 달하는 마상창을 들고 서서히 상대를 향해 다가왔다. 마상창은 길고 두꺼워 두 명을 한꺼번에 꿰뚫을 만큼 강력한 무기였다. 말이 달리는 속도를 더해 창을 휘두르므로 한 번 찔리면 치명상을 입을 수 있었다.

완벽한 무장을 한 중장기병 검투사의 상대는 기마궁수 검투사였다. 이 검투사는 투구와 미늘 갑옷을 입고, 화살을 무기로 삼았다. 기마궁수 검투사는 경무장을 한 만큼 말의 체력이 되는 한 싸움을 질질 끌었다. 멀리서 화살을 쏘면서 좀체 다가오지 않는 기마궁수로 인해 중장기병 검투사는 애가 탔다. 중무장을 한 탓에 말의 체력이 급격히 저하되므로 빨리 승부를 결정지어야 했다. 기마궁수도 약점이 없는 것은 아니었다. 적중률을 높이기 위해 말과 함께하는 훈련 시간이 많아야 했다. 그러나 검투사들이 훈련 명목으로 값비싼 말을 마음대로 다룰 수는 없었다. 땅에서 훈련하는 것도 한 방법이었으나 말 위에서 쏘는 것과 달라 적중률이 떨어졌다. 기마궁수가 택한 방법은 될 수 있는 대로 많은 화살을 쏘아 적중률을 높이는 것이었다.

기마궁수 검투사는 사정거리가 200미터에 달하는 반사활로 무장했다. 이들이 아레나에 있으면 관중은 자기도 모르게 긴장했다. 정확히 상대를 맞힐 정도로 뛰어난 궁수라도 실수할 수 있었다. 궁수가 허공이나 땅바닥을 향해 화살을 잘못 쏘았다면 빗나간 화살로 치부하면 그만이지만 관중석을 향해 화살을 날린다면 큰일이었다. 검투사들의 힘과 싸움 기술에 두려움을 느낀 로마인들이 자신들을 맞힐 수도 있는 활을 검투사들에게 쥐여줬을지는 의문이다. 때문에 이들이 검투사로 분류되기는 하지만 실제 경기장에는 투입되지 않았을 거라는 주장도 있다. 이 검투사들이 문헌에 거의 기록되어 있지 않은 것도 이 때문이다.

막간 경기

그물 검투사, 트라키아 검투사, 물고기 검투사 등 인기 있는 검투사들이 차례로 등장하자 경기장의 열기는 고조되어갔다. 짧은 시간 싸우고 들어가지만 관중의 몰입도는 최고였다. 같은 형태의 싸움이 계속되면 지루해지는 까닭에 몇 차례 싸움이 있고 난 뒤 막간 경기가 벌어졌다. 막간 경기에 투입되는 검투사는 공연 검투사와 '눈을 가린 검투사 andabata'였다. 경기의 흥미를 돋우는 역할을 하는 이들은 다른 검투사들에게 진정한 검투사가 아니라고 멸시받는 존재였다. 그래도 이들이 있었기에 경기에 대한 관심을 흩뜨러뜨리지 않았다.

공연 검투사는 사전 경기에서 싸웠던 검투사들이었다. 두 명의 공연 검투사는 아레나에 들어서자 목재 무기를 들고 싸우는 시늉을 했다. 이들은 당시 유명한 검투사의 특징적인 움직임을 흉내 냈다. 가령 검을 높이 쳐든 뒤 관중의 환호가 있어야 적에게 달려드는 자신만의 독특한 스타일을 가진 검투사가 인기 있다면 공연 검투사가 나와 그 동작을 흉내 내는 식이었다. 비극처럼 목재 무기임에도 큰 상처를 입은 듯 과장되게 흐느끼는 시늉을 하기도 했다. 약간 우스꽝스러운 몸짓으로 흉내 내기는 했지만 관중의 웃음과 흥미를 유도하기에는 적격이었다.

공연 검투사들이 경기인지 연극인지 알 수 없을 정도로 한바탕 싸우고 나면 눈을 가린 검투사들이 아레나로 들어왔다. 이들은 방패 없이 검으로만 무장했다. 걸어서 싸우는 일반 검투사들의 검은 40~50센티미터인 반면, 눈을 가린 검투사는 말 위에서 휘둘러야 하므로 60~90센티미터에 달하는 장검을 지니고 있었다. 눈을 가린 검투사의 무장에서 특이한 것은 눈구멍이 하나도 없는 투구였다. 당연히 앞이 보이지 않아 상대가 정확히 어느 위치에, 어떤 자세로 있는지 알지 못했다. 오직 말에 씌운 미늘 갑옷이 스치는 소리, 말굽 소리, 말과 검투사의 거친 숨소리로만 상대의 움직임을 가늠하고 검을 휘둘러야 했다. 싸움에 돌입한 눈을 가린 검투사들에게 유일하게 열려 있는 감각은 청각이었기 때문이다.

검투사들은 상대의 소리를 듣기 위해 관중이 숨죽여주길 바랐다. 하지만 그런 바람은 허공으로 사라졌고 관중은 더 시끄럽게 떠들었다. 관중 입장에서 보면 그럴 만도 했다. 조용히 지켜보기에는 몹시 답답했던 것이다. 바로 옆에 적을 두고 아무도 없는 허공을 향해 검을 휘두르는 꼴이라니. 승리에 돈을 걸었는데 헛된 공격만 하고 있으니 상대의 위치를 알려주려고 소리쳤다. '왼쪽에' '바로 옆에' '그쪽에' '아니 앞으로' 하는 식의 외침이 경기장을 가득 메웠다. 그런 소리들이 뒤섞여 눈을 가린 검투사들은 무슨 말인지 아무것도 알아들을 수가 없었다. 소란스러운 분위기 속에서 나름의 판단을 내려야만 했다. 그 판단에 중요한 조력자 역할을 하는 것이 말이었다. 말은 앞이 보이므로 상대를 공격할 수 있는 방향으로 움직였다. 눈을 가린 검투사는 그런 말에 의지해 상대의 위치를 가늠했다. 말과 검투사가 혼연일체가 되지 않는다면 어려운 일이었다. 눈을 가린 검투사들이 양성소에서부터 말에게 먹이를 먹이면서 많은 대화를 나누어 공감대를 이끌어내려 한 것은 이 때문이었다. 아무리 말의 움직임에 몸을 맡긴다 해도 아무것도 보이지 않는 상태에서 말 위에서 균형을 유지하기란 어려웠다. 이들이 상대를 향해 검을 휘두르며 허우적거리는 모습을 일부 관중은 재미있어했지만 좀더 격렬한 싸움을 원하는 관중은 차갑게 시선을 거두었다.

막간 경기 후 오후의 뜨거운 태양이 한풀 꺾여 차광막이 걷히고 나면 유명한 검투사들의 싸움이 이어졌다. 그물 검투사와 물고기 검투사, 물고기 검투사와 도전 검투사, 물고기 검투사와 중장보병 검투사, 트라키아 검투사와 중장보병 검투사, 도전 검투사와 도전 검투사 등 다양한 형태로 조가 짜여 격렬한 싸움을 이어나갔다.

잡다한 검투사들

인기 있는 검투사는 아니지만 독특한 싸움으로 눈에 띄는 이들이 있었다. 먼저 '올가미 검투사 *laquearius*'가 있었다. 이들은 그물 검투사의 변형인 만큼 그와 유사한 장비를 갖추었으나 그물 대신 올가미를 사용했다. 그물 검투사처럼 어깨 보호대와 팔 보호대를 하고, 올가미와 검으로 무장했다. 싸움 상대는 그물 검투사였다.

'경장보병 검투사 veles'는 가죽 끈으로 동여맨 장창을 가지고 맨발로 싸우는 검투사였다. 로마 군단에서 장창을 들고 앞 열에서 전초전을 치르는 경장보병에서 유래한 명칭으로 투구와 방패 없이 싸우는 검투사였다. '양검 검투사 dimachaerus'는 말 그대로 두 개의 검을 가지고 싸웠다. 2~3세기 인기 있던 검투사로 갑옷, 투구, 정강이받이로 중무장하는 경우와 단순히 다리 보호대만 하는 경우가 있어 장비 수준은 명확하지 않다. 양손에 검을 쥐고 있으므로 자신을 방어하는 데 어려움이 있었다. 이들은 같은 양검 검투사끼리 싸웠다.

'반원형 검 검투사 scissor, arbelas'는 그물 검투사와 싸웠다. 끝에 반원형의 검이 달린 단단한 강철 통을 왼팔에 끼고, 오른손은 단검으로 무장했다. 이 검은 그물 검투사의 그물을 자르거나 상대의 무기를 쳐내는 동시에 심각한 부상을 입힐 수 있었다. 짧은 정강이받이와 무릎까지 오는 미늘 갑옷을 착용했다. 제국의 동부 지역에서 나타난 유형으로 투구는 추격 검투사와 유사했다. '권투 검투사 caestus'는 손가락을 제외한 주먹과 팔 부분을 가죽으로 감싸고, 다른 무장을 하지 않은 채 양 주먹으로 싸우는 검투사였다. 상대를 죽일 때까지 싸워야 하므로 갈수록 잔인해졌고, 결국 기원전 1세기에 공식적으로 금지시켰다.

'제3의 검투사 tertiarius'는 검투사들이 싸울 수 없을 때 대신 투입되거나 두 명이 싸운 뒤 이긴 자와 싸우는 세 번째 검투사를 말한다. 상대는 유죄 판결을 받은 범죄자였고, 죽을 때까지 붙었다. 무장을 한 자는 눈가리개를 하고, 무장을 하지 않은 자는 눈가리개를 하지 않았다. 때로는 각각 보조원을 두어 방향을 지시받기도 했다. '자유 검투사'는 승리해서 목검을 받았으나 다시 검투사로 나선 사람들이었다. 경험이 풍부해 흥미로운 경기를 끌어나가는 데 탁월한 능력을 지닌 이들은 관중의 인기를 한 몸에 얻었다. '장례 검투사 bustuarius'는 장례식에서 죽을 때까지 싸우는 검투사들로 자신들끼리 검과 작은 방패만 들고 싸웠다.

역사가인 타키투스만 언급한 것은 '철갑 검투사 crupellarius'였다. 21년 아이두이족인 사크로비르가 갈리아 지역에서 세금과 높은 이자, 폭정에 항거해 반란을 일으켰을 때 검투사로 훈련받던 노예들도 가담했다. 이들은 몸 전체를 철제 갑옷으로 감쌌기 때문에 기동성이 떨어졌고 신속하게 상대를 공격하기는 어려웠지만 방어만큼은 자신했다. 사크로비르는 철제 갑옷을 입은 부대를 전면에 배치해 승기를 잡고자 했다. 로마군은 창이나 검으로 이들을 상대했으나 갑옷에 튕겨져나가 공격을 가하기 힘들었다. 결국 로마군은 도끼나 곡괭이로 성벽을 부수듯이 갑옷과 몸을 난도질해 적을 물리칠 수 있었다.[17]

규모가 큰 양성소에는 다양한 유형의 검투사들이 있었다. 177년 로마 시 가까이에서 나온 비문에는 양성소에 소속된 검투사들의 명부가 기록되어 있다.

> 코모두스와 퀸틸루스가 집정관 직에 있을 때 실바누스의 조합 지도자들이 황실의 해방노예인 힐라루스와 지하실 경비원인 마르그누스를 감독했다.

첫 번째 십인조
보리스테네스, 선참 트라키아 검투사
클로니우스, 선참 중장보병 검투사
칼리스테네스, 선참 트라키아 검투사
조시무스, 선참 전차 검투사
플루티온, 선참 전차 검투사
페르티낙스, 선참 그물 검투사의 적(추격 검투사)
카르포포루스, 선참 물고기 검투사
크리스피누스, 선참 물고기 검투사
파르두스, 선참 도전 검투사
밀레투스, 선참 물고기 검투사

두 번째 십인조
비툴루스, 선참 물고기 검투사
데모스테네스, 팔 보호대 제조자
펠리키아누스, 신참 그물 검투사
세르반두스, 신참 그물 검투사
유베누스, 물고기 검투사들의 검사원
리파누스, 신참 그물 검투사의 적
실바누스, 신참 그물 검투사의 적
세쿤디누스, 신참 도전 검투사
엘루테르, 신참 트라키아 검투사
피라타, 마사지사

세 번째 십인조

바로수스, 신참 그물 검투사의 적

아이멜리아누스, 그물 검투사의 적

울피우스

프로소두스, 신참 그물 검투사의 적

펠리키아누스

펠릭스

조일루스, 비전투원

마리스쿠스

산크투스

디오도루스, 비전투원

네 번째 십인조

아프릴리스, 공연 검투사

조시무스, 트라키아 검투사들의 검사원

모든 행복은 황제에게! 살부스 양성소의 가족도 행복하여라! 이 양성소의 가족이 실바누스의 비를 복구했다. 감독관인 세베리아누스가 이 비를 봉헌했다. 황제의 해방노예인 에우포라의 관리 명령하는 지도자들과 교양 있는 교관들도 행복하여라! 세베리아누스여! 카이사르가 당신에게 호의를 보일 것이다.[18]

검투사들은 조합을 형성해 정규 모임을 갖고, 죽은 동료 검투사를 위해 그에 걸맞은 장례식을 치러주기도 했다. 조합의 구성원들을 적은 비문인데, 해당 유형이 없는 사람들은 앞 사람과 같은 유형이어서 기록하지 않은 것으로 추정된다. 또 10명씩 십인조로 분류했는데, 네 번째 십인조는 2명뿐이다. 이는 뒤 문구가 현존하지 않기 때문이다. 조합을 편성할 때 첫 번째 십인조는 유형에 상관없이 최고의 싸움꾼들로 구성되었다. 두 번째 십인조는 신참이나 인기 있는 검투사들로 묶었다. 세 번째 십인조는 신참으로, 네 번째 십인조는 진정한 싸움꾼이라고 볼 수 없는 사람들로 구성되었다.

경기에 동원되는 검투사 수는 지역과 부의 정도에 따라 달랐다. 1세기 폼페이에서 30쌍 혹은 40쌍의 검투사가 동원된 경기가 열렸다. 당시 로마 시에서 공식적으로 동원할 수 있는 검투사 수는 120명으로 제한되어 있었다. 그러나 황제의 축일이나 개선식과 같이 황제가 주최하는 경기에는 더 많은 검투사가 동원되었다. 아우구스투스 황제는 경기당 평균 625쌍의 검투사를 투입했다. 트라야누스 황제가 다키아 원정에서 승리한 후 107년 개최한 경기에서는 1만 명의 검투사가 싸웠다. 프로부스 황제는 개선식에서 "야만족과 전쟁포로를 포함한 800명의 검투사"를 동원했다.[19]

정오에 행하는 범죄자 처형은 범죄자 수에 따라 처형 시간이 제각각이므로 배제하고, 정오부터 해가 긴 여름날 오후 8시까지 검투사 경기를 개최한다고 가정해보자. 각 경기에 10분씩, 연달아 다음 쌍이 싸운다고 보면 한 시간에 6쌍이 경기를 치를 수 있다. 8시간 동안 경기하면 48쌍의 검투사가 하루 동안 싸울 수 있다. 30~40쌍의 검투사를 동원하는 경기라면 바쁘게 일정을 진행해서 하루에 모두 소화할 수 있었다. 혹 검투사 수는 적지만 경기를 연장하려면 각 쌍이 싸우는 시간을 조금씩 더 주거나 막간 경기, 동물 묘기로 시간을 메웠다.

규모가 큰 경기라면 수백 쌍의 검투사가 동원되었다. 이때는 한 쌍씩 연이어 싸우면 전체 경기 시간이 많이 걸렸다. 아우구스투스 황제 때 경기당 10분씩 잡고, 625쌍이 차례로 싸우려면 13일이 걸린다. 오스티아에서 발견된 달력의 단편을 보면 107년 5월 말 혹은 6월 초에 시작한 경기에서 332.5쌍의 검투사가 싸웠다. 이 수는 한꺼번에 수십 쌍씩 싸우거나 며칠에 걸쳐서 경기를 열어야 소화할 수 있는 수치였다. 108년 13일 동안 행한 경기에서 340쌍의 검투사가 동원되었는데, 매일 평균 26쌍의 검투사가 싸운 꼴이었다. 108년 6월 4일에서 109년 11월 1일까지 516일 중 117일 동안 검투사 경기가 열렸다. 이때 4941.5쌍의 검투사가 동원되어 매일 평균 42쌍의 검투사가 싸웠다.[20] 따라서 수백 수천 명의 검투사가 동원된다 해도 차례로 싸울 경우 하루에 소화할 수 있는 싸움 수는 한정되어 있었으므로 경기 날짜를 연장할 수밖에 없었다.

관중의 모습

관중은 경기장이 떠나갈 듯한 함성을 지르면서 경기에 열중했다. 경기장 바깥에서 평민들의 인사를 거만하게 받던 원로원 의원들도 경기장 안에서는 다 같이 감정에 충실했다. 신분에 따라 자리는 달랐지만 검투사 경기에 열중하는 모습은 지위고하, 남녀노소를 막론하고 한가지였다. 자신들의 돈이 걸린 경기인 만큼 열심히 싸우지 않는 검투사들에게는 똑바로 싸우라고 외쳤다.[21] 소리를 지르면서 관중이 느낀 카타르시스는 일상에서 잠들어 있던 몸의 감각들을 되살려냈고, 그것이 그들을 경기장으로 다시 발걸음하게 한 이유였다. 열광적인 분위기 속에서도 관중이 최대한 편안하고 즐겁게 경기를 관람할 수 있도록 하는 것이 경기 주최자의 의무였다. 햇볕과 더위를 차단하는 시설과 각종 선물 공세는 검투사 경기가 일상의 한 부분을 차지하게 만드는 데 충분한 동기가 되었다.

검투사의 생사 결정권은 관중에게

관중의 고함 소리가 어찌나 컸던지 경기장 바깥에서도 소리로 경기 과정을 알 정도였다. 두 검투사가 무기를 휘두를 때는 어느 쪽이 비었다, 지금 찔러라 하면서 온갖 훈수를 두느라 시끄러웠다. 상류층 사람들이라고 점잖을 떨며 앉아 있지만은 않았다. 처음에는 방석에 앉아 햇볕을 가리며 경기에 관심이 없다는 듯, 중요한 정치적 담화를 나누는 듯 앉아 있었다. 그러다 사람들의 고함 소리에 이야기를 멈추고 아레나를 바라보면 자신도 모르는 사이에 경기에 빠져들었다. 흥분을 감추지 못하고 일어나다가 방석이 바닥으로 떨어진 것도 모른 채 소리쳤다.

한 검투사가 결정적인 승기를 잡아 상대를 꼼짝 못하게 만드는 중요하고도 긴박한 순간에는 사위가 정적에 싸인 듯 고요해졌다. 검투사들이 싸우는 리듬에 따라 관중의 소리도 커졌다 작아졌다, 탄식했다 환호했다를 반복했다. 포도주 항아리를 끼고 앉아서 홀짝홀짝 마셔 취기가 오른 관중은 가끔 옆 사람과 시비가 붙었다. 경기보다 술과 시비에 재미를 느낀 듯한 사람들도 한목소리로 외치는 관중의 고함에 경기에 집중할 수밖에 없었다. 수만 명이 내는 소리는 우렁찼고, 수만 명이 숨죽일 때는 긴장감이 하늘을 뚫을 듯했다.

관중의 고함 속에서 싸우다가 더 이상 버틸 수 없는 검투사는 땅에 방패나 검, 삼지창 등 무기를 떨어트리고 왼손 검지를 폈다. 넘어진 자세라면 그대로, 선 자세라면 무기를 내려놓고 무릎을 꿇고 검지를 들었다. 검투사들이 싸우는 과정을 지켜보면서 주변을 맴돌던 심판은 이때를 놓치지 않고 두 명의 검투사를 떨어트려 승자가 패자에게 또 다른 공격을 가하는 것을 막았다. 승기를 잡은 검투사도 이미 승패가 난 상황에서는 무지막지하게 달려들지 않았다. 두 검투사는 격정적인 싸움으로 인해 가슴 근육으로 깊은 숨을 몰아쉬면서 떨어졌다. 심판이 싸움을 중지시켰을 때 트럼펫과 호른 취주자들이 일제히 악기를 불어 관중에게 결정의 순간이 왔음을 알렸다. 악기 소리와 관중의 웅성거림이 뒤섞인 가운데 심판은 아레나가 가장 잘 보이는 자리에 앉아 있는 경기 주최자를 바라보았다. 그 눈빛에는 패배자를 어떻게 할 것이냐는 물음이 담겨 있었다.

215년 카라칼라Caracalla 재위 211~217 황제 때 패배한 검투사의 운명에 대한 결정권은 승자에게 있었다는 기록이 있다.

안토니누스 카라칼라 황제는 니코메디아를 떠나기 전 자신의 생일을 기념하여 검투사 경기를 개최했다. 그날에도 그는 유혈사태를 억제하지 못했다. 한 패배한 싸움꾼이 황제에게 목숨을 살려줄 것을 간청했을 때 황제는 "가서 당신의 적에게 탄원하라. 나는 당신을 구해줄 힘이 없다"고 했다고 한다. 적에게 목숨을 구걸해야 하는 그 불쌍한 사람은 이런 탄원의 말을 하지 않아 목숨을 잃었다. 승자 자신이 황제보다 더 인간적으로 비칠 것을 두려워하여 패자를 감히 풀어줄 수 없었기 때문이다.[22]

사가는 니코메디아에서 열린 검투사 경기를 빗대어 카라칼라의 잔인성을 알리고 싶어했다. 승자는 패자를 풀어줄 마음이 있었으나 카라칼라가 지금까지 패자를 잔인하게 죽였기 때문에 자신도 죽일 수밖에 없었다는 의미였다. 검투사의 가격이 고가인 터라 경기에 영향을 끼치는 주최자나 군중이 아닌 승자에게 결정권을 주는 경우는 극히 드물었다.

일단 아레나에 들어선 검투사의 운명은 다섯 가지 유형뿐이었다. 첫째는 승리하여 당당하게 살아서 나가는 것, 둘째는 싸우는 도중 상대에게 살해되는 것, 셋째는 싸우다가 항복한 뒤 황제나 관중의 명령에 따라 승자에게 살해되는 것, 넷째는 졌지만 황제나 관중의 자비로 '산 채로 떠나는 것', 다섯째는 치열하게 싸웠으나 무승부로 끝나고, 황제나 관중의 허락 하에 두 검투사 모두 산 채로 아레나를 떠나는 것이다. 이중 승자는 스스로 운명을 결정하지만 패배한 검투사의 목숨은 주로 경기 주최자의 손에 달려 있었다.

패배한 검투사에 대한 경기 주최자의 결정이 냉정해야 관중이 이에 수긍했다. 누가 봐도 패자가 잘 싸우지 못했고, 열성적으로 싸운 것 같지도 않다면 경기 주최자는 바로 숨통을 끊을 것을 선포했다. 경기 주최자의 솔직한 마음은 제대로 싸우지 못한 패자라도 살려두고 싶은 것이었다. 직업 검투사의 가격이 적게는 3000세스테르티우스에서 많게는 1만 5000세스테르티우스에 이르렀다. 부상이 없으면 검투사 소유주에게 전체 가격의 일부를 임대료로 지불하면 되지만 죽이면 검투사 가격을 모두 치러야 했기 때문이다. 그러나 돈이 아깝다고 누가 봐도 열심히 싸우지 않은 검투사를 살려둔다면 흥미는 반감될 것이었다. 돈을 절약하면서 경기에 흥미를 끌기 위해 무딘 무기로 싸우거나 날카로운 무기라도 처음 상처를 입었을 때 싸움을 종결시키는 방법도 있었다. 이 역시 경기를 개최하는 궁극적인 목적인 관중의 지지와 인기를 얻을 수 없었다. 검투사들이 날카로운 무기를 가지고 싸우는 경기는 관중에게 경기 주최자의 성격이 잔인하다고 인식되는 것이 아니라 주최자가 값비싼 검투사를 죽일 정도로 많은 돈을 들이는 사람, 관중을 위해 아낌없이 베푸는 사람으로 보였다. 어설픈 꼼수를 썼다가는 돈은 돈대로 쓰고 인기는 얻지 못할 수도 있었다.

    패배한 검투사의 생사를 결정할 때 경기 주최자는 관중석으로 고개를 돌렸다. 결정권을 관중에게 준다는 의미를 띤 몸짓이었다. 이제부터 관중이 임의적이고도 거친 재판을 시작했다. 결정의 기준은 싸움에 임하는 자세, 즉 얼마나 용감하게, 얼마나 치열하게 싸웠는가 하는 것이었다. 로마인들은 "손을 뻗어 살려달라고 애원하는 약하고 구걸하는 검투사를 싫어했다." 그들에게 "자신 있게 명부에 들어갈 수 있는 유일한 싸움꾼은 자신의 피를 본 사람, 상대의 주먹에 맞아 자신의 이빨이 덜거덕거리는 것을 느낀 사람, 돌진한 상대의 거대한 힘을 느낀 사람, 육체는 무너졌으나 정신은 살아 있는 사람, 패배할 때마다 전보다 더 큰 도전정신으로 다시 일어나는 사람이었다." 죽을 각오를 하고 최선을 다한 검투사의 모습은 관중에게 재미를 넘어 아름다움과 경건함을 느끼게 해주었다. 용감하게 패배하는 것은 이미 양성소에서부터 새겨넣은 검투사의 기본 자질이었다. 검투사들은 그 기본을 지켜야 패배해도 살아남을 수 있었다.

    최하층민의 운명이 연관되어 있는 검투사 경기에서 살려주기를 갈망하는 떨고 있는 자원자를 싫어하는 것은 우리에게 당연하다. 우리는 열성적으로 스스로를 죽음으로 내모는 용기 있고 정신력 있는 사람을 살려주고자 한다. 우리 동정심을 얻기 위해 우리를 성가시게 하는 삶보다 우리 동정심을 갈망하지 않는 사람들에게

연민을 가진다.[23]

결정권을 쥔 관중은 패배한 검투사가 잘 싸웠다면 "보내라*mitto*"라고 외쳤다. 그러면 경기 주최자는 심판에게 패배한 검투사를 산 채로 떠나보내라는 손짓을 했다. 구경거리에 종사하는 사람도 돌볼 가치가 있다고 생각한 아우구스투스 황제는 '산 채로 떠나는 것이 없는*sine missio*' 검투사 경기를 금지했다. 패자가 살길을 열어놓은 것이다. 유명한 검투사인 헤르메스는 "죽이기 위해서라 아니라 정복하기 위해 훈련한다"고 했다. 메일레시스의 비문에는 "나는 메일레시스라 불리고, 민간 이름은 메스트리아노스다. 나는 다섯 번 싸웠고, 어느 누구에게도 상처를 입히지 않았다. 이제 내가 부상당했다. 아내인 알렉산드라가 남편을 기억하여 자신의 돈으로 이 비를 세웠다. (이 비 앞을) 지나가는 사람들 안녕히!"라고 기록되어 있다. 승리했지만 상대에게 해를 입히지 않았다는 것은 죽이지 않는 싸움을 했다는 의미다.[24]

관중은 패자를 살려둘 것인가 목을 벨 것인가를 엄지손가락으로 표시했다.

자치시의 아레나를 여행할 때 호른 취주자들이 검투사 경기를 개최하고 있었다. 관중이 '엄지손가락을 돌려서*pollice verso*' 명령했을 때 검투사들은 사람들이 원하는 대로 살해되었다.[25]

엄지손가락을 어떻게 돌리는지는 패배한 검투사의 목을 베려는 순간 관중의 엄지손가락을 묘사한 몇몇 부조에서 알 수 있다. 부조를 보건대, 검투사에게 만족하지 못한 관중은 "죽여라 *iugulo*"라고 외치면서 엄지손가락을 위로 치켜세웠다. 엄지손가락을 위로 세우는 것은 검을 들어 패자를 죽이라는 뜻이었다. 반대로 엄지손가락을 아래로 할 때는 검을 내려놓아라, 패배한 검투사의 목숨을 살려주라는 뜻이었다. 엄지손가락은 패자의 목의 상태가 아니라 승자의 검의 위치를 말하는 것이었다. 관중에게 행동을 지시받는 사람은 패자가 아니라 승자였기 때문이다.

관중이 엄지손가락을 위로 하면 패자를 살려주고, 아래로 하면 죽이라는 뜻으로 널리 알려졌는데, 이는 사실과 반대된다. 반대로 해석을 하게 된 것은 1873년 프랑스 화가 제롬이 '폴리케 베르소'라는 제목으로 검투사 경기 장면을 그린 데서 비롯되었다. 이 그림에서 관중이 손가락을 아래로 했고, 승리한 검투사가 패배한 상대를 죽인 채 밟고 서 있다. 제롬은 라틴어의 '돌리다 *verso*'를 엄지손가락을 아래로 돌리는 것으로 잘못 해석했다. 그러나 이 그림이 인기를 얻으면서 제롬이 한 실수가 마치 사실인 양 받아들여졌다.

관중이 패배한 검투사를 죽이라고 외치면 검투사는 무릎을 꿇고 왼손으로 승자의 왼쪽 넓적다리를 잡고 목을 앞으로 내밀었다. 이때 투구를 쓰는 유형의 검투사들은 투구를 벗지 않았다. 승리한 검투사가 패자의 얼굴과 눈을 보지 않아야 목을 더 쉽게 벨 수 있었기 때문이다. 승자는 패자의 목을 뒤로 젖힌 후 검으로 투구 아래 드러난 패자 목의 맨살을 있는 힘껏 베었다. 최후의 일격을 가하려는 순간 검투사도 인간인 까닭에 만감이 서렸다. 같은 양성소에서 먹고 자고 같이 훈련한 동료였기에 고민은 더욱 깊었다. 패자에게 들었던 그의 가족 이야기, 성장 과정, 검투사로서의 포부와 기대 등은 승리한 검투사의 손을 잠시 붙잡아두었다. 그러나 감정에 연연하여 죽이지 않거나 지체한다면 승자와 패자 모두에게 앞날은 없었다. 살해가 결정된 상황, 어떤 이유로라도 결과가 번복되지 않을 상황이라면 단칼에, 고통 없이 죽이는 것이 패자를 위한 길이었다. 단번에 숨통을 끊지 못하면 패자를 더 처절하고도 깊은 고통으로 빠뜨리는 것이었다. 굳은 결심으로 승자가 패자의 목을 가르는 순간 관중의 외침에 화답하듯 승자는 관중에게 무기를 들어 보이며 환성을 지르면서 승리를 자랑했다.

경기 주최자가 관중에게 결정권을 넘겼는데 관중의 의견이 일치하지 않을 때가 있었다. 어떤 관중은 비열한 싸움이라며 패자를 죽일 것을, 또 다른 관중은 동정심과 연민에 살려줄 것을 요구했다. 서로 자신의 판단이 맞다고 확신하면서 죽여라, 혹은 살려라라고 외쳤다. 경기 주최자는 관중의 소리와 엄지손가락 모양이 제각각이어서 그들의 속을 시원하게 꿰뚫을 수 없었다. 관중의 판단이 명확하지 않을 때는 경기 주최자가 과감하게 판단했다. 어차피 의견이 첨예하게 갈린다는 것을 알기 때문에 관중도 불만을 제기하지 않았다.

경기 주최자와 관중이 결정한 검투사의 승패를 서기는 꼼꼼하게 기록했다. 그는 승자의 이름 옆에는 '승리했다*vicit*'의 첫 글자인 'V'를 적었다. 패했으나 '산 채로 떠나는 것'을 허락받은 패자에게는 '떠남*missus*'이라는 뜻의 첫 글자인 'M'을 적었다. 산 채로 떠나는 것을 허락받은 검투사들은 '생명의 문', 즉 타원형인 경기장의 서쪽에 나 있는 문으로 빠져나갔다. 패하여 경기 중 살해된 검투사의 이름 옆에는 '사망했다*periit*'의 첫 글자인 'P'를 기록했다. 아니면 그리스어로 죽은 자를 뜻하는 타나토스의 약자인 테타Ø로 죽었다는 표식을 했다. 검투사의 지지자들이 서기가 기록하지 않은 검투사의 이후 상황을 덧붙이기도 했다. 어떤 검투사의 이름 옆에는 'M'에다 'P'가 덧붙여져 있었다. 이는 이 검투사가 주최자와 관중의 자비로 산 채로 아레나를 떠났으나 훗날 부상으로 죽었음을 뜻한다.

열기를 식히는 장치들

검투사 경기가 주로 여름에 열리다보니 경기를 하는 검투사도, 관중도 하루 종일 경기에 몰입하기란 어려웠다. 한낮에 30도를 웃도는 기온은 피부를 뚫고 들어와 고통을 안겼다. 로마 시의 경우 1월과 2월의 최고 기온은 11.9도, 13도이던 것이 7월에는 30.3도, 8월에는 34도로 높아진다. 더운 날씨 속에서 아래 좌석은 그나마 좌석 사이의 간격이 넓었으나 위쪽으로 갈수록 간격도 좁고 서 있는 사람도 많아 서로 부딪치기 일쑤였다. 이로 인해 서로 간의 불쾌감은 높아만 갔다. 더위 때문에 아우구스투스 황제는 3월이나 12월에 검투사 경기를 개최할 계획을 세웠었다. 그러나 추운 계절의 야외활동에는 제약이 따랐다. 지중해성 기후 탓에 겨울은 춥고 비가 많이 내려 관람이 어려웠던 것이다. 황제의 생일이 여름이면 당연히 경기는 여름에 개최되었다. 승전을 기념하는 행사 역시 여름에 열렸다. 식량을 현지 조달하기 위해서는 들판에 밀이 있는 여름에, 활동할 시간이 긴 여름에 전쟁을 했다. 그러다보니 승전 소식은 여름에 전해졌고, 경기는 주로 여름에 열렸다. 그 외 야외활동을 할 수 있는 계절까지 포함하면 대부분 5월에서 11월 사이에 경기가 열렸다.

한낮의 태양을 피해 밤에 경기를 여는 것도 한 방법이었다. 도미티아누스 황제는 횃불을 밝혀 야간 경기를 개최했다. 그러나 횃불을 들고 있을 사람들을 동원해야 했고, 횃불로 인한 화재의 위험이 도사리고 있었으며, 횃불의 열기는 태양의 열기만큼이나 사람들을 달아오르게 했다. 그리하여 야간 경기를 열기보다는 뜨거운 열기를 다스리기 위한 각종 장치가 동원되었다. 경기 일정을 알리는 광고에 차광막이 있다는 사실을 굳이 밝히는 것도 차광막의 유무가 경기의 질을 좌우했기 때문이다. 햇볕이 강렬해지는 오후에 열리는 검투사 경기에서 차광막은 큰 효과를 발휘했다. 차광막은 콜로세움 최상층부에 빙 둘러쳐져 있는 지지대에 연결된 밧줄을 당기면 설치되었다. 차광막을 드리우고 걷어내는 역할은 오피우스 언덕에 있는 루두스 다키쿠스에서 숙식하는 선원들이 맡았다.

차광막이 처음 설치된 곳은 이탈리아 남부 캄파니아 지역이었고, 로마 시에서는 기원전 78년의 집정관인 카툴루스가 처음 설치했다. "부가 늘자 뒤이어 경기에도 우아함이 나타났다. 카툴루스는 캄파니아의 사치를 모방해 앉아 있는 관중에게 그늘 지는 차광막을 드리운 최초의 사람이었다."

극장에서 차광막으로 린넨 천이 사용되었는데, 이 계획은 카툴루스가 카피톨리움을 봉헌했을 때 처음 고안되었다. 그다음 (기원전 57년의 집정관인) 렌툴루스가 아폴로 축제 때 극장에서 마로 만든 차광막을 처음 펼쳤다고 전해진다. 얼마 후 카이사르가 독재관으로서 그의 집에서 신성한 가도까지, 또 카피톨리움에 이르는 경사면에서 로마 광장 전체에 차광막을 드리웠다. 이는 카이사르가 개최한 검투사 경기보다 훨씬 더 경이로운 광경이었다고 전해진다. 최근에는 네로 황제 때 하늘색과 별이 반짝이는 차광막이 장대 위에 펼쳐졌다.[26]

루크레티우스에 따르면 카이사르가 설치한 노란색, 주황색, 고동색의 화려한 차광막은 굽이쳐 흐르는 물결과 같았다. 차광막으로 내부는 햇볕을 더 잘 피하고, 바닥의 색채는 더욱 빛났다고 한다.

차광막은 관중이 경기를 관람토록 하는 최소한의 장치였는데, 칼리굴라 황제는 이마저도 걷어버릴 때가 있었다. 황제는 검투사 경기 중 햇볕이 가장 뜨거울 때 차광막을 걷어버리고 어느 누구도 나가지 말라고 명령했다. 뭔가 마음에 들지 않아 관중을 괴롭히고 싶었던 것이다. 이런 사소한 심술이 황제에 대한 평판을 나쁘게 만들었다.

차광막이 있다고 하여 경기를 관람하는 데 아주 쾌적한 환경이 갖춰지는 것은 아니었다. 관중석은 차광막으로 인해 더 덥게 느껴졌다. 차광막이 햇볕을 차단하는 동시에 시원한 공기가 유입되는 것도 차단해버렸기 때문이다. 또 더운 공기와 함께 냄새도 빠져나가지 못했다. 동물들의 체취, 오전 경기에서 동물들이 흘린 피 냄새, 처형된 범죄자들이 흩뿌려놓은 피 냄새, 싸우다 죽은 검투사들의 몸에서 흘러나오는 피 냄새가 고약했다. 아무리 재빨리 모래로 덮었다고 해도 워낙 흘린 피의 양이 많으므로 피 냄새는 모래를 뚫고 올라왔다. 피 냄새는 더운 공기와 결합해 정신을 혼미하게 만들 정도로 역했다. 물론 그런 탁한 냄새가 원형경기장을 떠올리게 하지만 말이다.

더위로 경기장의 열기가 후끈하고, 피와 땀 냄새가 코를 찌를 무렵이면 시원한 물줄기가 경기장에 퍼졌다. 경기장 위 탱크에서 파이프를 통해 뿜어져 나오는 물에는 사프란이나 발삼이 첨가되어 있어 상쾌함을 느끼게 해주었다. 이 살수기는 기원전 55년에 완성된 폼페이우스 극장에 처음 도입되었다. 세네카는 살수 장치를 즐거움이라는 시시한 목적을 위해 인간의 지식을 잘못 활용한 예라며 비판했다. 그러나 더운 지중해 날씨에 땀에 젖은 관중을 시원하게 해주는 물줄기는 어두운 동굴에 비치는 한 줄기 빛과 같았다.

보너스 선물

검투사 경기가 끝난 뒤 관중이 나가려고 부산히 움직일 때 트럼펫 소리가 길게 울려 퍼지면서 관중의 주의를 잡아끌었다. 관중이 일제히 주최자석을 보자 예고자가 큰 소리로 선물을 주는 시간임을 알렸다. 그 소리를 듣자 사람들은 경기장 제일 뒤를 바라보았다. 뒤쪽에서 경기 보조원들이 나무로 만든 작은 공이 담긴 큰 바구니를 들고 있었다. 트럼펫 신호와 함께 보조원들은 나무 공을 앞쪽 관중에게 던졌다.

선물은 관중에게 경기장을 찾은 보람을 안겨주었다. 관중이 공을 잡으려고 이리저리 달려들어 경기장은 곧 난장판이 되었다. 공이 자신의 손가락을 스치면서 다른 쪽으로 가 그쪽으로 냅다 몸을 던지는 관중, 옆 사람의 품으로 떨어진 공을 자신의 것이라고 우기는 관중, 애매한 장소에 떨어진 공을 주우려고 한꺼번에 달려드는 관중, 빼앗기지 않으려고 너무 꽉 잡아 나무 공을 부러뜨려 글자를 알아볼 수 없게 만든 관중, 아무에게도 잡히지 않고 땅에 떨어진 공을 두고 서로 자신의 공이라며 실랑이하는 관중, 공을 잡기 위해 바구니를 미리 준비해와 옆 사람에게 오는 것까지 낚아채는 관중으로 인해 경기장은 아수라장이나 다름없었다. 공이 던져진 좌석 어디에서나 싸움이 일어났다. 공으로 인해 난장판이 되는 경기장을 참지 못해 이 시간이 되면 경기장 밖으로 나가버리는 이들도 있었다. 주변 사람들은 이런 관중을 젠체한다고 비웃거나 아예 신경도 쓰지 않았다.

나무 공에는 음식 품목에서부터 현금까지 경기 주최자가 관중에게 베푸는 다양한 선물 목록이 적혀 있었다.

> 티투스 황제 또한 사람들이 실질적으로 사용할 수 있는 것을 제공했다. 그는 원형경기장에서 여러 품목을 적은 나무로 된 공을 약간 높은 곳에서 아래로 던졌다. 어떤 공에는 음식, 어떤 공에는 옷, 또 다른 공에는 은제나 금제 용기, 말, 동물 무리, 소, 노예와 같은 품목이 적혀 있었다. 공을 잡은 사람들은 상품 분배자에게 가서 적혀 있는 품목을 받았다.[27]

네로 황제의 선물 품목은 다른 황제에 비해 유독 풍성했다. 곡물을 비롯해 여러 종류의 음식은 물론 옷, 금, 은, 보석, 진주, 그림, 노예, 가축, 맹수, 심지어 배, 공동주택, 농지까지 나누어주었다.

선물 품목 가운데 가장 흔한 것은 음식이었다. 식사 분배는 후견인이 아침에 인사를 오는 피호민에게 하는 개인적인 행사에서부터 개선식, 검투사 경기와 같은 공적인 행사까지 전반적으로 이루어졌다. 특히 저녁 만찬에 친구들을 불러 음식을 먹으면서 검투사 경기를 보는 관행도 있었다. 한 소설에 경기 주최자가 2데나리우스짜리 저녁을 제공한다면 경쟁자보다 더 많은 표를 얻어 당선될 것이라는 대목이 있다. 노쇠하고 값싼 검투사를 동원한 경쟁자보다 훌륭한 검투사와 좋은 저녁을 제공한 경기 주최자가 사람들의 인기를 끄는 것은 당연했다.

음식 분배는 관중의 환심을 사기 위한 수단이었다. 북부 이탈리아의 카이레에서 출토된 한 비문에는 기원전 25년 아우구스투스의 외손자인 가이우스와 루키우스의 해방노예들이 제공한 선물이 기록되어 있다.

> 가이우스의 해방노예인 케르케니우스와 루키우스의 해방노예인 마길리우스가 2월 24일부터 3월 1일까지 행해진 검투사 경기에서 사람들에게 쿠키와 벌꿀이 섞인 포도주를 나누어주었다.[28]

클라우디우스 황제 또한 빵과 음료를 포함한 간단한 도시락을 관중에게 제공했다.

클라우디우스 황제는 검투사 경기를 최초로 스포르툴라 sportula(작은 바구니라는 뜻으로 정규 만찬과 대비되는 간단한 식사)라는 명칭으로 불렀다. 왜냐하면 황제가 경기를 개최하기에 앞서 최초로 "즉석에서 빨리 준비한 식사에" 시민들을 초대한다고 공표했기 때문이다.[29]

도미티아누스 황제 또한 원로원 의원과 기사들에게는 빵 바구니를, 일반 시민들에게는 도시락을 주었다.

선물이나 도시락의 식재료로 가장 인기 있으면서 흔한 품목은 고기였다. 오전에 열리는 야생동물 사냥은 로마인들에게 부족한 단백질을 보충해줄 좋은 기회였다. 경기가 열리기 며칠 전 제국 전역에서 포획된 동물들은 로마 시에 도착해 또 다른 우리로 이송되었다. 비위생적인 좁은 우리, 무더위, 굶주림으로 경기장에 들어서지 못하고 죽는 동물이 상당수였다. 사육사들은 우리가 좁은 탓에 죽은 동물들을 재빨리 끌어내 바깥 통로나 거리에 두었다. 그러면 사람들이 와서 죽은 동물들의 고기를 베어갔다. 동물이 죽을 때마다 사람들을 불러 모을 수 없는 노릇이므로 경기장 주변에 버려두면 필요한 사람이 알아서 가져갔다. 곰이나 사자, 사슴처럼 평소에 먹을 수 없는 동물들은 인기가 높아 죽어 나오자마자 사람들이 순식간에 잘라갔다. 다만 언제 죽은 동물이 나올지 모르기 때문에 매일 경기장에 들르는 부지런함과 인내력을 지녀야 고기를 차지할 수 있었다.

오전 야생동물 사냥 경기에 동원된 동물들의 고기도 사람들에게 분배되었다. 경기장에서 죽은 동물의 고기는 아직 신선하고, 사람들도 경기장에 많이 있으므로 당장 처분할 수 있었다. 문제는 어떻게 나누어주느냐 하는 것이었다. 경기 전에 죽은 고기를 분배하는 방식처럼 알아서 가져가게 했다가는 한꺼번에 수많은 사람이 달려들어 혼란을 일으킬 게 뻔했다. 그래서 공을 고안했다. 공을 잡은 사람에게 고기를 나누어주는 것이 단순하면서도 현명한 방법이었다. 다만 공을 주운 사람들은 푸주한이 야생동물을 개복해 뼈를 발라내는 다음 날까지 기다려야 했다. 카이사르가 경기장에서 죽은 늑대 고기를 무료로 나누어주었던 것처럼 모든 사람에게 고기가 분배되기도 했다. 이처럼 야생동물을 먹는 관행은 변호사로 활동하다가 2세기 말 그리스도교로 개종한 작가 테르툴리아누스로부터 비난을 샀다. 그리스도 교도들이 식인종이라는 로마의 비난에 대해 테르툴리아누스는 아레나에서 야생동물을 살해하고 그 고기를 먹는 로마인들이야말로 식인종이라고 반박했다.

해가 질 무렵 오전부터 시작되었던 모든 행사가 끝이 났다. 열성적으로 환호했고, 즐겁게 웃었고, 배불리 먹었다. 운이 좋은 관중이라면 공을 주워 선물도 두둑이 챙겼다. 모두 흡족한 마음으로 하나둘 경기장을 떠났다. 관중이 돌아가고 난 다음 경기장의 풍경은 더럽기 짝이 없었다. 한마디로 쓰레기 천지였다. 열기를 식히려고 뿌린 물은 거의 말랐지만 계단 구석이나 움푹 팬 곳에는 물이 고여 있었고, 그 물에는 음식 찌꺼기들이 떠다녔다. 물이나 피가 빠지도록 하기 위해 아레나 가장자리에 파놓은 작은 해자는 쓰레기로 막혀버렸다.[30] 앞쪽의 상류층석이나 위쪽의 하층민석이나 모두 과일 껍질, 빵 부스러기, 휴지 용도로 사용한 천 조각들, 잊어버리고 간 포도주 항아리나 그릇들로 지저분했다. 누구 하나 쓰레기를 싸가는 사람이 없었고, 버리는 행위에 죄책감을 느끼는 사람 또한 없었다. 모두가 즐기면 그만이었고, 치우는 것은 노예들 몫이었다. 노예들은 내일의 또 다른 경기를 위해 부산히 움직였다. 바로 다음 날 경기가 열린다면 그날 밤을 새워서라도 치워야 했다. 다음 날 경기가 없더라도 더운 여름날이라 부패를 막으려면 빨리 치워야 했다. 불에 타는 것은 소각하고, 타지 않는 것들은 모아서 일정한 장소에 묻어버리거나 마차에 실어 도시 바깥에 버렸다. 밤사이 이뤄진 노예들의 힘겨운 노동 덕택에 다음 날 관중은 즐거운 마음으로 경기장을 찾을 수 있었다.

제4부

검투사와 로마인

제1장

검투사들의 삶과 죽음

검투사들의 전 적

검투사들이 승리하면 다행이고, 패배하더라도 관중에게 감명을 주었다면 살아 나갈 수 있으므로 더 다행스러운 일이었다. 그렇게 하루하루 목숨을 부지하다가 은퇴를 허락받으면 더없이 기쁜 일이었다. 성공한 검투사는 자신의 영웅적인 삶을 비문으로 남겼다. 비석에 검투사라는 직업에 대한 긍지와 자랑이 절절히 묻어나는 글을 적었다. 그러나 이런 행운이 모든 검투사에게 주어지는 것은 아니었다. 대다수의 검투사는 힘들게 훈련하면서 고작 두세 번 경기장에 서보았을 뿐이고, 그마저도 깊은 인상을 남기지 못했다. 비문을 세워줄 아내나 자식, 친구도 없고, 그럴 돈도 없어 흔적조차 남기지 못하고 사라져간 검투사가 대부분이었다. 비문이라도 남길 수 있는 검투사는 행복한 축에 들었다.

비문으로 남아 있는 전적들

검투사 경기가 끝나면 경기장 지하에는 오전에 죽은 야생동물, 정오에 처형된 범죄자, 오후 검투사 경기에서 패해 죽은 검투사의 시체가 곳곳에 널려 있었다. 야생동물들은 될 수 있으면 신선한 상태에서 관중에게 나누어주기 위해 푸주한에게 넘겨졌다. 문제는 범죄자와 검투사들이었다. 더운 날씨에 며칠만 지나도 살 썩는 냄새가 진동했다. 무엇보다도 다음 날 바로 경기가 예정되어 있으면 그날 안으로 경기장을 깨끗이 비워놓아야 했다. 고용한 일꾼과 노예들이 총동원되어 시체를 말끔히 정리했다. 그들은 얼굴이나 몸이 심하게 손상된 시체를 보고는 역겨움에 몸을 떨기도 했다. 그래도 빈틈없이 내일의 경기를 준비해야 했다.

완전히 죽은 검투사나 숨이 간신히 붙어 있는 검투사는 들것에 실려 '죽음의 문'을 통해 경기장을 빠져나간 뒤 소위 '탈의장 *spoliarium*'이라 불리는 곳으로 옮겨졌다. 원형경기장 인근의 카일리우스 언덕에 있는 탈의장에서 검투사의 투구, 갑옷과 같은 장비와 무기는 다시 사용하기 위해 모두 회수되었다. 옷은 벗겨져 쓰레기로 처리되거나 시체와 함께 태웠다. 간신히 목숨이 붙어 있는 검투사는 이곳에서 살해되었다. 시체를 다루는 사람은 죽은 자의 영혼을 지옥으로 안내하는 신이나 죽음의 고통을 끝내주는 카론 신의 복장을 하고 있었다. 투니카를 입고 가죽으로 된 장화를 신었고, 손에는 긴 방망이를 들었다. 신이 죽은 자를 소유한다는 뜻으로 방망이를 죽은 자에게 갖다댔다. 이로써 재미를 위한 죽음은 종교 의식으로 승화되었다.

범죄자들은 아무 데나 버려지거나 강에 던져졌다. 장례식을 치르지 않은 영혼이 쉴 곳이 없어 계속 산 자의 세상을 떠돌며 고통받는다는 생각에서였다. 이와 달리 검투사들은 장례식을 치를 수 있었다. 죽은 검투사들의 장례식이 있는 날 검투사 양성소의 분위기는 무겁게 내려앉았다. 검투사 조합의 주도 하에 진행되는 장례식에는 죽은 검투사의 가족과 동료, 친척들이 참석했다. 참석자들은 부모에게 효심을 다했던 모습, 함께 훈련하면서 신세를 한탄하던 모습을 기억하면서 영광스러우면서도 불쌍하게 살다 간 죽은 검투사를 추모했다. 특히 자신이 죽인 검투사의 장례식에 참석한 검투사의 통곡 소리는 하늘을 찌를 듯했다. 죽이지 않으면 죽임을 당하기에 택한 길이지만 슬픔을 물리치긴 힘들었다. 명복을 빌어주는 것 외에 달리 할 수 있는 일은 없었다.

장례식을 마친 뒤 참석자들은 죽은 검투사의 시체를 마차에 실어 도시 바깥에서 불태웠다. 도시 안에서 거대한 화장용 장작더미를 밝히는 것은 목재 건물이 대다수인 그 시대에 아주 위험한 행위였다. 또 도시의 성문 안에서는 화장이나 매장 자체가 금지되어 있었다. 인간의 살은 그렇게 쉽게 사그라지지 않으므로 화장할 때 나무나 타르를 장작더미에 더 넣어야 했다. 검투사의 가족, 친구, 팬, 경기 주최자나 양성소 운영자가 원한다면 매장하고 비문을 남길 수 있었다. 남아 있는 비문들 중 서부 지역에서 나온 것에는 이름, 나이, 유형, 전적 등 기술적인 정보들만 적혀 있다. 동부 지역에서 나온 비문에는 이외에 시적인 문구들도 덧붙여져 있다. 소아시아의 카리아에서 나온 폴리네이케스의 비문에는 "무기로 영광을 얻었다"거나 "나는 기술로 정복당한 것이 아니다. 젊음이 나이 든 육체를 힘으로 제압했다"는 표현이 눈에 띈다. 앞의 표현은 승리했음을 자랑한 것이고, 뒤의 표현은 기술이 아니라 나이로 졌음을 우회하여 말한 것이다.

경기 주최자는 자신의 관대함을 널리 알리기 위해 그날 경기장에서 죽은 검투사들을 한꺼번에 화장했다. 북부 이탈리아의 테르게스테에서 나온 비문은 경기 주최자가 경기가 흥행한 것에 대한 보답으로 자신의 검투사들을 위해 세워준 것이었다.

검투사 경기를 개최한 콘스탄티우스 1세가 경기가 아주 잘되었으므로 자신의 검투사들을 위해 이 비를 세웠다. 카이룰레이우스를 살해하고 자신도 죽은 그물 검투사인 데코라투스를 위한다. 두 사람 모두 동일한 검으로 죽었으므로 동일한 화장용 장작더미로 둘을 덮었다. 아홉 차례 싸운 뒤 추격 검투사가 된 데코라투스는 아내인 발레리아에게 처음으로 슬픔을 안겨주었다.[1]

같은 양성소의 검투사들을 한곳에서 화장하거나 매장하고 비문을 세우기도 했다. 남부 이탈리아의 베누시아에서 나온 비문은 카피토라는 양성소 운영자의 가족들의 전적을 기록한 것이다.

카피토의 검투사 가족
말을 타는 검투사들: 라비리우스의 노예인 만다투스, 3번 승리했고, 2번 화관을 받음
트라키아 검투사들: 폼페이우스의 노예인 세쿤두스, 2번 승리했고, 2번 화관을 받음

마소니우스, 7번 승리했고, 4번 화관을 받음

도미티우스의 노예인 필레로스, 12번 승리했고, 11번 화관을 받음

살비우스의 노예인 옵타투스, 신참 검투사

알피디우스, 신참 검투사

물고기 검투사들: 클레피우스, 신참 검투사

율리우스, 신참 검투사

그물 검투사들: …, 신참 검투사[2]

카피토 양성소에 소속된 19명의 검투사가 기록되어 있다. 이 가운데 3명은 한 번만 싸웠고, 4명은 두 번, 3명은 세 번, 1명은 네 번, 2명은 다섯 번, 1명은 여섯 번, 2명은 일곱 번, 3명은 열두 번 싸웠다. 10번도 싸우지 못한 검투사가 대다수였다.

카피토 양성소의 비문과 같이 나온 또 다른 비문에는 양성소 운영자의 이름은 빠져 있지만 한꺼번에 장례식을 치를 같은 양성소 소속 검투사들의 명부가 기록되어 있다.

아빌리우스의 노예인 오케아누스, 신참 검투사

기마궁수 검투사: 피시우스의 노예인 도루스, 6번 승리했고, 4번 화관을 받음

경장보병 검투사: 오필리우스의 노예인 미크테르, 2번 승리했음

중장보병 검투사: 아빌리우스의 노예인 파이데르, 신참 검투사

트라키아 검투사들: 네리우스의 노예인 도나투스, 12번 승리했고, 8번 화관을 받음

아리우스의 노예인 힐라리아, 7번 승리했고, 5번 화관을 받음

피시우스의 노예인 아퀼리아, 12번 승리했고, 6번 화관을 받음

문닐리우스의 노예인 콰르티오, 1번 승리했음

페르페르니우스, 신참 검투사

물고기 검투사들: 문닐리우스의 노예인 아미쿠스, 1번 승리했음

파비우스, 5번 승리했고, 3번 화관을 받음

문닐리우스의 노예인 엘레우테르, 1번 승리했음

멤미누스, 3번 승리했고, 2번 화관을 받음

문닐리우스의 노예인 안테로스, 2번 승리했음

도니우스의 노예인 아틀란스, 4번 승리했고, 1번 화관을 받음

전차 검투사: 아리우스의 노예인 인클루투스, 5번 승리했고, 2번 화관을 받음

삼니움 검투사: 도니우스의 노예인 스트라보, 3번 승리했고, 2번 화관을 받음

그물 검투사: 클로디우스, 2번 승리했음

반원형 검 검투사: 카이킬리우스, 신참 검투사

갈리아 검투사: 그라니우스, 신참 검투사[3]

기록한 20명의 검투사 가운데 8명은 한 번만 싸웠고, 3명은 두 번, 2명은 세 번, 1명은 네 번, 2명은 다섯 번, 1명은 여섯 번, 1명은 일곱 번, 2명은 열두 번 싸웠다. 이 역시 10번도 싸우지 못한 검투사가 대다수였다.

이탈리아 시칠리아에서 나온 비문은 용감하게 싸워 산 채로 경기장을 떠난 검투사에 관한 기록이다. 비문의 주인공인 플라마는 17세에 검투사가 되어 용감하게 싸운 덕에 은퇴하여 교관이 되었다. 비문에서 "서 있는 상태에서 산 채로 떠남 *status missus*"이라는 것은 두 검투사 모두 잘 싸워 무승부가 되었고, 모두 산 채로 경기장을 떠났다는 말이다. 패자이지만 주최자의 자비로 '산 채로 떠나'

는 것과는 다른 의미다.

시리아에서 태어난 추격 검투사인 플라마는 30세까지 살았다. 34번 싸워 21번 승리했고, 9번은 '서 있는 상태에서 산 채로 떠났고', 4번은 '산 채로 떠났다.' 델리카투스가 훌륭한 동료 싸움꾼을 위해 이 비를 세웠다.[4]

비석에는 대부분 죽은 검투사의 전적을 기록했다.

아시아티쿠스, 일급 검투사. 53번 싸운 뒤 은퇴했다. 그의 아내가 이 비를 세웠다.

막시무스, 율리우스 검투사 양성소 출신의 전차 검투사. 40번 싸워 36번 승리했다.

네로 검투사 양성소 출신의 핀나. 16번 싸워 승리했다.

은퇴한 콜룸부스는 88번 싸운 뒤 사망했다.

율리우스 검투사 양성소 출신의 아욱투스, 50번 싸웠다.

150번 싸운 비리오타스, 100번 싸운 섹스티우스와 싸웠다.

100번 싸운 섹스티우스, 75번 싸운 발레리우스와 싸웠다.

50번 싸운 마르쿠스, 75번 싸운 세콰누스와 싸웠다.

세둘라투스, 25번 싸웠다.[5]

두세 번만 싸우고 죽은 경우도 많은 것에 비하면 이 비석의 주인공들은 상당히 오랜 기간 검투사로 살아남았다.

대다수의 검투사는 1년에 평균 두세 차례 아레나에 섰다. 검투사가 부상당하면 회복할 시간이 필요했고, 관중도 동일한 검투사가 구사하는 동일한 유형의 싸움을 자주 보면 지겨워했기 때문이다. 트라야누스 황제 때 한 검투사가 9일 동안 매일 싸웠다. 황제와 관중이 감사의 뜻으로 경기가 끝난 뒤 자유를 주었는데, 이는 그만큼 매일 싸우기 어려웠다는 뜻이다. 매년 경기장에 선다고 해도 10번도 싸워보지 못하고 죽는 검투사가 대다수였다. 검투사들 중 4분의 3은 10번도 채 싸우지 못하고 사망했으며, 4분의 1만 10번 이상 싸울 때까지 생존했다.[6] 역설적이게도 검투사가 오래 살아남을수록 아레나에서 죽을 확률은 더 낮았다. 경험과 기술이 축적되면서 적을 제압하여 살아남을 가능성이 높았다. 또 싸움을 할수록 팬이 늘어나 이들이 산 채로 떠나는 것이 허용되었기 때문이다.

검투사의 생사 확률

공화정 초기 검투사들이 화장장이나 무덤에서 싸울 때 패자는 거의 죽였다. 공화정 후기 인기를 얻으려던 야심가나 정무관들이 경기를 개최할 때도 관중에게 극적인 재미를 주기 위해, 또 자신의 부를 과시하기 위해 검투사를 죽이는 경향이 많았다. 로마의 영토가 넓어지면서 전쟁포로와 노예는 넘쳐났기 때문이다. 한편 살려주는 싸움도 많았다. 아우구스투스 황제는 '산 채로 떠나는 것 없이' 죽을 때까지 싸우는 경기를 금지했다. 패배한 싸움꾼이 자비를 구하는 것을 허락해야 한다는 것이다. 숙련된 싸움꾼을 그대로 죽이는 것은 엄청난 낭비였다.

이러한 아우구스투스 황제의 조치는 오래 지속되지 못했다. 콜로세움을 봉헌한 기념으로 열린 경기에서 두 명의 검투사 모두 열심히 싸워 승부가 나지 않는 교착 상태에 빠졌다. 황제는 두 사람 모두 산 채로 떠나게 해달라는 관중의 요청을 무시하고 한 명이 패배를 시인하는 손가락을 올릴 때까지 싸움을 계속해야 한다고 했다. 황제 자신이 끝까지 싸워야 한다는 원칙을 가지고 있었던 것이다. 관중이 삶과 죽음, 둘밖에 없는 경기를 선호할 때도 있었다. 240년 마케도니아 베로이아에서 나온 비문에는 한 쌍의 검투사가 목숨을 걸고 싸운다고 광고했다. 이는 산 채로 경기장을 떠나는 일은 없다는 것, 극적인 재미를 주는 경기라는 것을 암시했다. 이런 광고를 하는 자체가 죽는 경기를 즐기는 관중이 있다는 뜻이다.

비문은 검투사들의 생존율을 추론하는 데 중요한 근거를 제공해준다. 비문을 근거로 볼 때 검투사들은 비교적 젊었을 때 죽었다.

모든 트라키아 검투사가 훌륭한 알렉산드리아인이자 트라키아 신참 검투사인 마케도누스를 기억하며 이 비를 세웠다. 그는 20년 8개월 12일을 살았다.

교관인 라티누스가 스페인 출신의 트라키아 검투사로서 3번 화관을 받은 25세의 그라킬리우스에게 이 비를 봉헌한다.[7]

비문에 기록된 검투사들은 평균 17세에 입문했고, 22.5세에 사망했다. 이는 검투사로 입문한 뒤 5.5년 싸운다는 이야기다. 또 1년에 평균 두세 차례 아레나에 설 때 10번도 채 싸우지 못하고 죽는 검투사의 수가 4분의 3이라는 말과 일맥상통한다. 당시 로마 남성의 평균 기대 수명은 25~30세로 추정된다. 검투사들이 평균 22.5년 살았으므로 일반인의 기대 수명보다 훨씬 짧았다. 명예의 목검을 받고 은퇴한 지 얼마 되지 않아 60세에 사망한 시게루스와 같은 경우는 드물었다. 시게루스를 제외하고 가장 오래 산 세 사람은 48세, 45세, 38세까지 산 자들이었다.[8]

비문에는 사망한 원인도 적혀 있다.

나 빅토르는 왼손잡이이고, 여기에 누워 잠든다. 나의 고국은 테살로니카다. 거짓말쟁이 핀나스가 아니라 운명이 나를 죽였으므로 그를 자랑스럽게 여기지 않는다. 나의 검투사 동료인 폴리네이케스가 핀나스를 살해해 나의 죽음을 복수해주었다. 탈루스가 내가 죽은 뒤 남긴 유산으로 이 기념비를 세웠다.

무티나 출신으로서 7번 싸웠고, 8번째 싸움에서 죽어 23년 5일을 살다 간 나 글라우쿠스를 기억하려고 아우렐리아와 그의 친구들이 소중한 남편을 위해 이 비를 세웠다. 나는 여러분 자신의 별을 찾기를 충고한다. 네메시스를 믿지 마라. 그것이 내가 속은 방법

이다. 만세, 그리고 안녕.[9]

대부분의 비문에는 운명의 신이나 사망한 검투사 자신의 잘못 때문에 죽었다고 기록되어 있었다. 빅토르는 상대인 핀나스가 유능해서가 아니라 운이 나빠 죽은 것이니 그를 칭찬할 필요는 없다는 마지막 말을 남겼다. 글라우쿠스는 행운의 신인 네메시스를 믿다가 죽었으니 자신의 행운을 스스로 찾아 나서라고 권고했다. 행운이 누구에게나, 또 항상 찾아오는 것은 아니니 신에게 크게 의지하지 말라는 뜻이다.

비문에는 검투사가 죽어서도 전하고 싶었던 말을 적었다. "운명으로 인해 죽은 것이 아니라 사람에게 살해당했다" "이겼으나 부상으로 죽었다" "동료의 복수로 죽었다" "모든 사람의 사랑을 받았다" "어느 누구도 나로 인해 고통을 당하지 않았다. 그러나 이제 내가 고통스럽다" "많은 생명을 구했다"라는 문구들은 죽은 검투사 자신이 만든 것이었다. 비문들을 보면 검투사들의 용맹함이나 관중의 뜨거운 환호성이 허망하게 느껴진다. 치열하게 살다 간 검투사들의 죽음이 관중에게는 쉽게 잊혔지만 그들의 영광스러우면서도 애틋한 삶은 비문을 통해 수 세기 동안 전해졌다.

황제와 관중은 더 많은 피를 보기를 원했다. 2~3세기에 산 채로 내보내는 것보다 죽이는 경우가 많아 사망률은 더욱 높아졌다. 폼페이의 낙서에서 16명의 경험 많은 검투사가 싸워 3명이 죽었다고 한다. 반면 249년 남부 이탈리아의 민투르나이에서 2인직에 재직하던 바이비우스가 개최한 경기에서 11쌍이 싸워 패한 11명 모두 죽었다. 학자들의 계산에 따르면, 제정 초기 아레나로 들어가 죽을 확률이 10분의 1이었다면 후기에는 약 5분의 1로 높아졌다. 패자가 살 확률이 제정 초 75퍼센트에서 3세기에는 55퍼센트로 낮아졌다. 전체 5000~6000만 명에 달하는 제국 인구 중 매년 8000명이 아레나에서 사망했다는 말이다. 이는 전체 20세 남성 인구의 1.5퍼센트에 해당되는 수치였다. 4세기 검투사의 사망률이 낮아졌다. 로마의 경제가 쇠퇴하고, 그리스도교가 전파된 상황이라 검투사를 무한정 죽이지는 않았다. 검투사 한 사람을 키우는 데 드는 시간과 경비를 고려할 때 단지 관중의 즐거움을 위해 죽일 수는 없었다. 산 채로 떠나는 것이 일상적으로 허용되었고, 죽을 때까지 싸우는 것은 황제의 허락을 받아야 했다. 또 무딘 무기를 쓰거나 날카로운 무기라도 검투사가 처음 상처를 입었을 때 싸움을 종결지었다.[10]

검투사에게는 죽어서 남긴 비문들로 추론한 생존율이나 사망률이 아무런 의미가 없었다. 아레나에 처음 싸우러 나가 죽을 확률이 99퍼센트라고 해도 그 자신이 살았다면 생존율은 100퍼센트인 셈이었다. 반대로 99퍼센트가 산다고 해도 자신이 죽었다면 생존율은 0퍼센트였다. 이러저러하게 죽은 이유를 적어 자신의 흔적을 남기기는 했지만 그들에게 우선 중요한 것은 오늘 이 싸움에서 살아남는 것이었다. 이겨서 돈과 인기를 거머쥘 능력이 있는 검투사에게는 경기가 가벼운 운동쯤으로 생각됐겠지만 그럴 능력이 없는 검투사에게는 살아남는 것 자체가 목표였다. 그들에게는 다른 검투사의 전적도, 검투사로서의 생존율도 아무런 의미가 없었다.

검투사와 돈

　검투사 경기는 돈으로 시작해서 돈으로 끝난다고 해도 과언이 아니었다. 경기장 건설 비용부터 경기 진행에 도움을 주는 사람들의 인건비와 관중에게 주는 선물 비용까지 모두 경기 주최자의 주머니에서 나갔다. 가장 큰 비용은 경기장 건축 비용이었지만 이것은 제정기 영구적인 석조 원형경기장이 세워지면서 없어졌다. 그다음으로 많은 비용이 드는 것은 검투사들을 동원하는 일이었다. 경기 주최자가 황제라면 직영 검투사 양성소에서 데려다 쓰면 되었지나 양성소를 운영하지 않는 개인은 돈을 주고 검투사를 빌려와야 했다. 특히 유명한 싸움꾼은 관중 동원력이 큰데, 그런 검투사를 불러오려면 주머니가 얄팍해질 수밖에 없었다.

경기 개최 비용

검투사 경기 초창기에는 개인이 장례식에서 개최하는 사적인 경기였으므로 그 비용 역시 개인이 조달해야 했다. 상속자는 상속받는 재산의 일부를 경기 개최 비용으로 썼다. 가령 스타베리우스는 상속자들에게 자신이 남긴 돈으로 자신의 기념비를 세우든지, 아니면 100쌍의 검투사로 경기를 열고 수천 명을 초대해 연회를 베풀라고 유언했다. 상속자들은 후자보다 전자가 돈이 덜 들 것 같아 전자를 택했다. 공화정 후기 정무관 선거에 입후보하는 자들은 시민들에게 자신의 이름을 각인시키는 수단으로 검투사 경기를 개최했다. 공개적으로 개최하는 경기라 해도 여전히 개인이 여는 사적인 성격을 띠었기에 그 비용은 대부분 주최자가 떠안았다.

경기를 개최하는 비용은 엄청났다.

파비우스는 아버지의 장례식에서 검투사 경기를 개최하기를 원했지만 그런 구경거리를 제공하는 데 따른 엄청난 비용 때문에 경비를 조달할 수 없자 스키피오가 비용의 절반을 대주었다. 사치스러운 경기를 개최하려면 총비용은 30탈렌트 정도 들었다.[11]

파비우스의 아버지란 집정관 직을 역임하고 마케도니아를 정복한 아이밀리우스를 말한다. 그에게는 파비우스와 스키피오라는 두 아들이 있었다. 기원전 2세기에 30탈렌트는 큰돈이었다. 기원전 196년 로마가 그리스 보이오티아에 500탈렌트의 전쟁 배상금을 요구했으나 실제로 받은 금액이 30탈렌트였다. 또 기원전 152년 스페인이 로마에 지불했던 기부금과 기원전 140년 스페인에 요구했던 기부금이 각각 30탈렌트였다. 국가를 상대로 받는 배상금과 기부금에 해당되는 금액을 한 번의 검투사 경기에 쏟아 붓는다는 것은 상당한 부담으로 작용했다. 2세기 중반 그리스의 부자가 가진 전 재산이 30탈렌트였다고 하니 아무리 파비우스가 부유하다고 해도 스피키오의 도움이 없었다면 경기를 개최할 수 없었을 것이다.

루키우스가 팔레르니아 부족 출신인 아버지 파피우스를 기리기 위해 시누에사와 카이덱스 식민시에 거주하는 모든 사람에게 꿀이 든 포도주와 과자를 제공했다. 시누에사 식민시에 거주하는 모든 사람과 파피우스 가문의 사람들에게 검투사 경기와 식사를 제공했다. 그는 아버지의 마지막 유서와 유언에 따라, 푸피니아 부족 출신의 루키우스의 아들인 폴로의 인정에 따라 1만2000세스테르티우스라는 기념할 만한 돈을 썼다.[12]

캄파니아의 카리놀라에서 나온 것으로 기원전 60년경의 이 비석에는 경기에 사비를 쓴 사실이 자랑스럽게 기록되어 있다.

제정기에도 개인이 경비를 지급하는 경우가 있었다. 이탈리아 중부 이구비움의 한 비문에는 시트리우스가 아우구스투스 황제의 승리를 기념하는 경기를 개최하라며 7750세스테르티우스를 헌납했다는 기록이 남아 있다. 또 피사우룸이라는 사람은 5년마다 한 번씩 검투사 경기를 개최하라고 60만 세스테르티우스의 유산을 남겼다.[13]

아무리 사적인 경기라도 개최하는 돈의 출처가 전쟁 배상금과 같은 공적인 돈이라면 제약을 받았다. 기원전 179년의 집정관인 풀비우스는 경기 개최 비용으로 8만 세스테르티우스만 써야 했다.

(풀비우스는 그리스의) 암브라키아를 획득한 날 유피테르에게 대규모 경기를 개최할 것을 맹세했다. 그는 이 경기를 위해 금 100폰두스(32.7킬로그램)를 이 도시로부터 기부받았다고 사람들에게 말했다. 그는 이런 목적에 쓸 돈을, 개선식 행렬에서 전시하려고 했던 돈과 국고에 예치하려고 했던 돈과는 별도로 보관하라는 지시를 내려달라고 원로원에 요청했다. 원로원은 사제들에게 이 큰돈을 경기를 개최하는 데 쓸 필요가 있는지를 논의해달라고 건의했다. 사제들은 종교적인 측면에서 볼 때 경기에 얼마나 많은 돈을 쓰는지는 중요하지 않다고 대답했다. 이에 원로원은 총 8만 세스테르티우스를 초과하지 않는다면 얼마를 쓸지를 결정하는 일은 풀비우스에게 맡기기로 했다.[14]

허용된 8만 세스테르티우스는 당시 금 20폰두스(6.5킬로그램)에 해당되는 돈이었다. 기부받은 액수에 훨씬 못 미치는 금액이었다. 정무관들은 국고에서 할당된 금액 외에 자신들이 개최하는 일상적인 경기에 사비를 썼다. 사비로 여는 경기에서는 액수 제한이 없었기 때문이다.

국가가 공식적으로 검투사 경기에 자금을 대는 것을 규정한 최초의 법은 기원전 44/43년에 제정된 스페인의 우르소 법이다. 이 법은 정무관이 경기를 개최하는 데 쓸 수 있는 사비와 공금의 기준을 정해놓은 것이었다. 이 법에 따르면 2인 직에 재직하는 정무관은 가능한 한 4일 동안 경기를 열어야 하는데, 사비와 공금을 각각 2000세스테르티우스씩 쓸 수 있었다. 안찰관은 검투사 경기를 가능한 한 3일 동안 개최해야 하는데, 각자 사비로 2000세스테르티우스를, 공금으로 1000세스테르티우스를 써야 했다. 그래서 기원전 38년 크레타의 코노수스라는 사람이 "식민시 법에 따라 500데나리우스(2000세스테르티우스)를 검투사 경기를 위해 지불했다"고 기록한 것이다.

국고에서 경비를 지급하는 공적인 행사에서도 그 액수가 갈수록 커졌다. 기원전 212년 로마 시에서 열린 아폴로 축제에서는 4800세스테르티우스가, 기원전 179년 로마 시에서 열린 경기에서는 8000세스테르티우스가 쓰였다. 이에 반해 로마 시 남부 안티움에서 51년에 개최된 아폴로 축제에는 38만 세스테르티우스, 로마 축제에는 76만 세스테르티우스, 평민 축제에는 60만 세스테르티우스가 국고에서 지출되었다. 1세기 중반 3일 동안 경기를 개최한 비용은 40만 세스테르티우스였다. 또 트라야누스 황제가 다키아 원정을 성공시킨 뒤 123일 동안 개최한 경기에서는 200만 세스테르티우스가 지출되었다.[15]

검투사 경기에 동원되는 검투사와 관중의 수가 늘어나면서 비용도 치솟았다. 특히 인기 있는 싸움꾼을 부르려면 더 많은 돈을 지불해야 했다. 승리한 전적이 많은 검투사의 인기는 갈수록 치솟았고, 그를 등장시키는 것만으로도 관중이 몰렸다. 이는 곧바로 경기 주최자에 대한 인기와 지지로 나타났다. 이에 주최자는 관중의 환심을 사기 위해 유명한 검투사 누가 나온다는 식으로 광고했다. 검투사 헤르메스를 보면 뛰어난 검투사의 인기와 경제적 가치를 알 수 있다.

헤르메스, 이 시대의 유명한 싸움꾼.
헤르메스, 모든 무기를 다루는 기술을 가지고 있네.
헤르메스, 검투사이자 교관.
헤르메스, 양성소에서 사납고 전율을 느끼게 하는 싸움꾼.
헤르메스, 헬리우스를 두렵게 만들었고, 그렇게 할 수 있는 유일한 사람.
헤르메스, 아드볼란스를 쓰러뜨렸고, 그렇게 할 수 있는 유일한 사람.
헤르메스, 부상 없이 이기는 법을 아는 사람.
헤르메스, 어느 누구도 그를 대신할 사람이 없네.
헤르메스, 암표상들의 노다지.
헤르메스, 여성 관중의 연인이자 애간장을 녹이는 사람.
헤르메스, 군사용 창을 자랑스러워하는 사람.
헤르메스, 삼지창으로 위협하는 사람.
헤르메스, 투구를 떨어뜨려도 두려움을 주는 사람.
헤르메스, 모든 종류의 싸움을 영광스러워하는 사람.
헤르메스, 혼자서 모든 일을, 그것도 3배나 더 해내는 유일한 사람.[16]

암표상들의 노다지라는 표현에서 검투사의 경제적인 가치를 짐작할 수 있다. 무료입장권도 헤르메스가 나온다면 돈을 주고서라고 구하려는 사람이 많았다. 입장권을 선점한 사람들은 돈을 긁어 모았다. 헤르메스 같은 검투사를 부르려면 주최자는 더 많은 몸값을 치러야 했다. 최하급의 검투사가 1000세스테르티우스인데, 최고의 검투사 가격은 그보다 15배 비쌌다. 최고의 검투사는 대개 검투사로 생활한 지 3년 6개월 정도 된 이들을 일컬었다. 이 기간은 경험이 부족한 신참과 체력이 달리는 선참 사이에서 기술과 체력이 가장 좋은 때였다.

공적 자금으로 개최하든, 사비로 개최하든 국가의 경제적 여건이 좋으면 상관없었다. 그러나 제국의 부가 쇠락의 길을 걷고, 제국을 지키기 위한 전쟁 비용이 끊임없이 지출되면서 경기를 개최하기 버거워졌다.

검투사 경기에 열광하지 않았던 아우렐리우스 황제는 검투사와 관련된 세금을 폐지하고자 했다. 검투사 소유주가 검투사들을 판매해 얻는 수입에서 내는 25~33퍼센트의 세금이 매년 2000~3000만 세스테르티우스에 달했는데, 이 돈을 포기한다는 것이었다. 이유는 검투사 가격이 비싸 경기를 개최하는 속주의 사제들과 상류층의 부담이 가중되었기 때문이다. 군사적 위기를 겪는 시기에 지배층의 지지를 필요로 했던 아우렐리우스 황제는 세금을 줄여줌으로써 경기 주최자와 양성소 운영자들의 호응을 얻고자 했다. 또 경기 개최로 인해 재정 부담을 느끼던 속주의 상류층들에게 세금 감소를 빌미로 사제 직을 맡도록 종용할 수도 있었다. 황제가 제시한 안에 대해 원로원은 검투사들의 가격을 제한하고, 경기 개최 비용에 상한선을 둘 것을 결의했다.

177년 아우렐리우스 황제와 코모두스 황제가 공동 황제로 있을 때 검투사와 관련된 결의는 "검투사들의 가격 제한에 대한 원로원 결의senatus consultum de pretiis gladiatorum minuendis"였다. 검투사를 유형별로 구분하지 않고 등급에 따라 가격과 총비용을 규정한 이 결의는 검투사 경기와 관련된 비용을 줄이기 위한 방책이었다. 이 결의는 스페인 남부 이탈리카의 청동판과 소아시아 사르디스의 대리석판에 새겨졌다.

3만~6만 세스테르티우스의 경비를 들여 구경거리를 제공하는 사람들에게 검투사들은 3개 등급에서 동일한 수로 공급해야 한다. 1등급 검투사의 최고 가격은 5000, 2등급은 4000, 3등급은 3000세스테르티우스여야 한다. 다음 6만~10만 세스테르티우스의 경비를 들일 때 검투사들을 3개 등급으로 나누어야 한다. 1등급 검투사의 최고 가격은 8000, 2등급은 6000, 3등급은 5000 세스테르티우스여야 한다. 그다음 10만~15만 세스테르티우스의 경비를 들일 때는 검투사들을 5개 등급으로 나눈다. 1등급 검투사의 가격은 1만 2000, 2등급은 1만, 3등급은 8000, 4등급은 6000, 5등급은 5000세스테르티우스여야 한다. 마지막으로 15만~20만 세스테르티우스나 그 이상의 경비를 들여 경기를 개최할 때는 가장 낮은 등급의 검투사의 최고 가격은 6000, 그 위 등급은 7000, 세 번째로 높은 등급은 9000, 네 번째로 높은 등급은 1만 2000, 마지막으로 최고로 높은 등급의 최고 가격은 1만 5000세스테르티우스여야 한다. 등급으로 분류되는 모든 검투사 경기에서 양성소 운영자는 전체 검투사의 절반을 평범한 그룹이나 '무리를 지어 싸우는 검투사들'에게서 공급해야 한다. 또 이들 중 우월한 자로 분류된 사람은 기본인 2000세스테르티우스 이하의 검투사들과 싸울 수 있고, 이 그룹 중 어느 누구도 1000세스테르티우스 이하의 검투사들과는 싸울 수 없다.[17]

1000~2000세스테르티우스의 가치를 지니는 '무리를 지어 싸우는 검투사들'이란 말 그대로 한꺼번에 무리를 지어 싸우는 검투사들인 만큼 값이 쌌다.

가격 제한에 대한 원로원 결의를 정리하면 다음 표와 같다.

"검투사들의 가격 제한에 대한 원로원 결의"에 따라 검투사의 가격과 수는 정해졌다. 예를 들어 상한선이 제일 낮은 3만 세스테

총 경비	3만~6만	6만~10만	10만~15만	15만~20만
검투사들의 가격과 등급 (단위는 세스테르티우스)	3000(3)			
	4000(2)			
	5000(1)	5000(3)	5000(5)	
		6000(2)	6000(4)	6000(5)
				7000(4)
		8000(1)	8000(3)	
				9000(3)
			1만(2)	
			1만2000(1)	1만2000(2)
				1만5000(1)

르티우스로 경기를 개최할 경우 5000세스테르티우스인 1등급 검투사 2명(1만)+4000세스테르티우스인 2등급 검투사 2명(8000)+3000세스테르티우스인 3등급 검투사 2명(6000)=총 6명의 검투사로서 2만4000세스테르티우스+전체 검투사의 절반이어야 하는 무리 검투사 6명(1000세스테르티우스×6명=6000)=총 12명의 검투사를 동원, 총 경비는 3만 세스테르티우스다.

상한선이 15만~20만 세스테르티우스나 그 이상인 최고의 경기를 열 경우 1만5000세스테르티우스인 1등급 검투사 4명(1만5000×4=6만), 1만2000세스테르티우스인 2등급 검투사 4명(1만2000×4=4만8000)+9000세스테르티우스인 3등급 검투사 4명(9000×4=3만6000), 7000세스테르티우스인 4등급 검투사 4명(7000×4=2만8000), 6000세스테르티우스인 5등급 4명(6000×4=2만4000)=총 20명의 검투사를 동원, 19만6000세스테르티우스+전체 검투사의 절반인 무리 검투사 20명(1000×20=2만)=총 40명의 검투사를 동원, 총 경비는 21만6000세스테르티우스다.[18]

규모가 큰 속주의 사제들은 자체적으로 검투사들을 구입해 경기를 개최하다가 임기가 끝나면 후임 사제에게 더 높은 가격을 받고 되팔았다. 다만 검투사에게 정해진 상한선보다 더 높게 파는 것은 허용되지 않았다. 그보다 작은 도시의 사제들은 검투사를 소유한 양성소 운영자로부터 검투사를 임대해 경기를 열었다. 임대할 경우 검투사가 경기를 마친 뒤 어떤 상처도 입지 않고 운영자에게 돌아가면 임대료는 20데나리우스(80세스테르티우스)였다. 그러나 검투사가 싸움으로 죽거나 또다시 싸울 수 없을 정도로 심각한 부상을 입었다면 주최자는 운영자에게 임대 가격의 50배인 1000데나리우스(4000세스테르티우스)를 지불해야 했다. 더 이상 검투사로 활동하지 못하는 만큼 지불하는 가격은 검투사 가격에 달했다. 1000데나리우스가 검투사의 구입 가격이라면 이 금액은 상한선이 3만 세스테르티우스의 경기에서 2등급에 속하는 검투사의 몸값이다. 또 범죄자로서 검투사 양성소에 팔리는 판결을 받은 사람의 가격은 2000세스테르티우스가 상한선이었다.

임대료가 20, 검투사 가격이 1000데나리우스라는 말은 검투사 가격의 2퍼센트가 임대료라는 뜻이 된다. 가령 검투사 가격이 1만 세스테르티우스이면 검투사가 상처를 입지 않았을 경우 임대료는 200세스테르티우스라는 말이다. 그러나 검투사 소유주가 2퍼센트의 임대료만으로 수지가 맞았을지는 의문이다. 검투사가 대부분 10번 이하로 싸우지만 20번 싸웠다고 가정해보자. 1만 세스테르티우스의 가치가 있는 검투사가 일생 동안 벌어들이는 소득이 검투사의 판매가에도 못 미치는 4000(200×20)세스테르티우스가 된다. 검투사의 의식주와 무기 비용까지 감안하면 수입은 더 적어져 검투사를 거느릴 필요가 없을 지경에 이른다. 따라서 임대료가 2퍼센트라는 기록은 대략의 수치에 불과하고, 실제로는 협상에 따라 더 높게 책정되었을 것이다.

승리한 검투사의 수입

승자에게 가장 중요한 상은 바로 살아남았다는 것이다. 살아남은 검투사는 생존에 대한 대가를 받고 싶어했다. 싸움이 끝난 뒤 승자는 경기 진행을 돕는 노예의 안내로 주최자인 황제의 좌석으로 연결되어 있는 목재 사다리로 갔다. 각종 장비와 투구를 착용한 채 사다리를 올라 황제석으로 들어간 검투사는 승리의 상품을 받았다. 관중의 환호 속에 승리의 대가를 거머쥐는 것은 지극히 자연스러운 일이지만 간혹 황제를 잘못 만나면 그마저도 꿈꾸지 못했다. 39년 칼리굴라 황제는 검투사 경기에서 살아남은 자들을 집정관, 법무관, 자발적인 구매자, 구입 의사가 전혀 없는 사람들에게 비싼 값에 강매했다. 황제 소유의 검투사 양성소에 있던 검투사들이므로 황제가 마음대로 처분할 수 있었다. 황제가 어떤 마음에서 승리한 검투사들을 팔아버렸는지는 알 수 없지만 검투사들은 원치 않아도 풍요로운 황제 소유의 양성소를 떠나야 했다.

승리한 검투사가 받을 수 있는 최고의 상은 바로 자유였다. 경기 주최자가 잘 싸운 검투사의 몸값을 운영자에게 지불하고 자유를 줄 때가 있었다. 매매는 검투사의 주인인 운영자의 동의가 있어야 이뤄졌다. 인기 있는 검투사라면 팔지 않거나 인기에 준하는 높은 가격을 불렀다. 경기 주최자가 검투사를 구입해 해방시키는 일은 특별히 마음에 드는 경우가 아니라면 드물었다. 검투사로 활용해 돈을 버는 것이 아니라 단지 자유를 위해 돈을 쓰는 것이 주최자에게 아무런 이득이 되지 않았기 때문이다.

승리한 검투사가 일반적으로 받는 상은 승리의 종려나무 가지와 상금이었다. 특별히 잘 싸운 검투사에게는 월계수 화관이 수여되었는데, 이것은 명예의 상징이었다. 이 화관은 단순히 이겼다고 받는 것이 아니라 모두가 인정할 만큼 훌륭하고도 용맹한 싸움을 벌였을 때 주어지는 것이었다. 이런 승리는 비문에 기록하여 자랑했다. 카이사르가 카푸아에 세운 검투사 양성소인 '율리우스 양성소 출신의 검투사가 5번 싸워 5번 승리하여 월계수 화관을 받았다'는 비문이나 파우스투스라는 검투사가 37개의 화관을 받았다는 비문이 그것이다.

검투사에게 승리의 상징물도 중요하지만 더 관심이 쏠리는 것은 돈이었다. 승리하든 패하든 무승부이든 상관없이 임대료의 일부는 검투사 개인에게 돌아갔다. 아우렐리우스 황제는 검투사들의 구입 가격에 근거해서 지불하는 최대한의 임금 비율을 정해놓았다. 기술적으로 보자면 검투사는 모두 소유주의 노예이지만 그래도 원래의 출신 성분에 따라 보수가 달랐다. 노예 출신의 검투사는 전체 수입의 최대 20퍼센트, 자유민 출신은 25퍼센트 정도를 받았다. 예를 들어 한 경기에서 5000세스테르티우스인 검투사가 10퍼센트에 임대되었다면 운영자의 수입은 500세스테르티우스다. 이 수입 중 임대된 검투사가 노예라면 20퍼센트인 100세스테르티우스를, 자유민이라면 25퍼센트인 125세스테르티우스를 지급받았다. 이는 최대치다. 나머지는 양성소 운영자 몫이었다. 그래서 열심히 싸워봤자 돈을 버는 사람은 운영자뿐이고, 운영자는 더 많은 수입을 얻기 위해 검투사들을 착취한다는 비판이 나온 것이다.[19]

승자가 받는 상금에 대한 주요한 단서는 북부 아프리카의 튀니지아 스미라트 개인 집에서 발견된 마게리우스의 모자이크에서 얻을 수 있다. 3세기에 만들어진 이 모자이크에서 중간 양쪽 끝에 마게리라고 적혀 있는 것은 마게리우스를 일컫는다. 중앙 왼쪽은 원형경기장과 관련된 강력한 신인 네메시스 신, 혹은 행운의 신인 포르투스 신으로 묘사된 마게리우스다. 중앙 오른쪽의 마게리우스는 망토를 하고, 샌들을 신고 지팡이를 들고 있는 젊은 신으로 묘사되어 있다. 이 신은 아마도 상업의 신인 메르쿠리우스이거나 아레나에서 헤르메스로 알려진 신으로 죽은 경기자의 영혼을 지하세계로 인도한다. 중앙의 잘 차려입은 이름이 알려지지 않은 젊은이는 관중을 바라보고 있다. 그의 손에는 각각 1000데나리우스(∞)씩 들어 있는 4개의 주머니를 담은 쟁반이 들려 있다. 이 돈은 마게리우스가 경기에 쓴 경비였다. 돈을 가진 자 양쪽에 있는 글은 마게리우스가 자비로 경기를 개최해준 것에 대한 고마움을 표현했다.

마게리우스여! 마게리우스여! 나의 주인이시여. 텔레게니우스 가문(마게리우스의 경기를 위해 고용된 동물 사냥꾼 가문)이 당신의 호의로 돈을 벌었으니 표범 한 마리당 그들에게 500데나리우스씩 주소서. 사람들이 외쳤다. 당신의 예를 따라 이처럼 경기를 개최해야 한다는 것을 배운다. 과거를 들어보도록 하자. 이제까지 어느 누가 그런 경기를 개최했는가? 그런 경기를 언제 제공했는가? 당신은 재무관들의 예를 따라 경기를 제공할 것이다. 당신은 사비로 그날 경기를 제공할 것이다. 당신이 (돈을) 주었다. 이것이 부유하다는 것이다. 이것이 강력하다는 것이다. 이제 집으로 가야 할 시간이다. 텔레게니우스 가문을 돈이 가득 든 자루와 함께 보내자.[20]

마게리우스가 500데나리우스씩, 1000데나리우스씩 쓴 것에 비하면 그리스인인 톡사리스와 스키티아인인 시시네스가 여행 중 검투사 경기에 자원해서 싸우게 된 대가는 그보다 더 컸다. 그들은 몸집이 큰 사람과 싸우는 대가로 1만 데나리우스를 벌었다.

문제는 상한선까지 혹은 그 이상 버는 검투사가 극히 소수에 불과했다는 것이다. 500데나리우스나 1000데나리우스 같은 높은 상금이 걸린 경기는 많지 않았다. 잘 싸우는 검투사는 임대료가 높아 20~25퍼센트를 받아도 수입이 꽤 되었지만 그렇지 않은 검투사는 임대료가 싸 벌어들인 돈이라고는 보잘것없었다. 대부분의 검투사는 관중이 던져주는 작은 돈에 만족할 뿐이었다. 관중의 흥미를 자극한 검투사는 경기가 끝난 뒤 관중이 주는 돈을 받았다. 관중이 바구니를 들고 지나가는 경기장 보조원에게 동전을 던졌고, 보조원이 그 돈을 경기 주최자에게 주면 주최자가 해당 검투사에게 주는 식이었다. 동전이라 큰 액수는 아니었지만 검투사가 과외로 받는 보수였다. 주최자가 주는 상금은 최고로 잘 싸우는 소수의 검투사에게 돌아갔다. 황제가 돈을 내릴 때도 있었는데 이는 크나큰 행운이었다. 클라우디우스 황제는 큰 소리로 금화를 세어 승리한 검투사에게 베풀었다. 정확한 액수는 알 수 없으나 관중이 주는 동화나 은화에 비하면 큰 액수임은 분명했다. 황제의 마음을 흡족시킬 만큼 세대로 싸운 검투사는 예외적으로 엄청난 돈과 집을 하사받았다. 네로 황제는 물고기 검투사이자 해방노예인 스피쿨루스에게 군사령관들이 개선식에서 벌어들이는 것과 똑같은 값어치의 돈과 집을 내렸다. 반대로 황제가 많은 돈을 받아가는 특이한 경우도 있었다. 검투사 경기에 몰두했던 코모두스 황제는 다른 검투사들과 똑같이 맨발로 싸웠다. 다만 일반 검투사들이 아주 적은 금액을 받은 반면 황제는 매일 100만 세스테르티우스(25만 데나리우스)를 받았다는 사실만 달랐다.[21]

승리한 검투사는 상품과 상금을 자랑스럽게 관중에게 흔들어 보였고, 관중은 승리를 축하하는 박수를 보냈다. 이윽고 사다리를 내려와 '생명의 문'으로 경기장을 빠져나갔다. 검투사들에게 이 순간만큼 뿌듯한 때는 없었다. 그동안 혹독한 훈련으로 흘린 땀방울과 눈물에 대한 대가를 모두 받는 듯했다. 이제 승리한 검투사의 인기와 몸값은 치솟을 것이고, 그를 부르려면 더 높은 가격을 약속해야 했다.

검투사들이 목숨 걸고 돈을 번 만큼 미래를 위해 잘 쓸 것 같지만 실상은 달랐다. 전쟁포로 출신이나 범죄자인 검투사들은 웬만한 인내와 독기를 품지 않는 한 돈을 모으기 어려웠다. 아레나에서 오늘 죽을지 내일 죽을지 모르는 터에 미래를 꿈꿀 수 없었기 때문이다. 술이나 여자를 사는 데 돈을 써버릴 때가 많았다. 술과 여자는 시간을 보내고 현실의 고통을 삭이는 데 더없이 좋은 유흥거리였다. 싸움 기술이 없으면 오늘은 다행히 살아남았지만 내일은 없는 목숨일지 모르니 불안을 잠식시키기 위해 술을 마셨다. 로마인과 결혼한 전쟁포로나 부양할 가족이 있는 범죄자는 돈을 저축해 그나마 가족에게 주었다. 유명하고 싸움을 잘하는 검투사는 많은 상금을 거머쥐며 자유를 기대했다. 그러나 현실은 꿈같지 못했다. 인기 있는 검투사는 관중을 끌어 모으고, 경기를 성공적으로 이끄는 데 중요한 역할을 했다. 그런 중요한 인물을 소유권자인 양성소 운영자가 해방시킬 리 없었다. 검투사의 몸값보다 훨씬 더 큰 수익이 보장되므로 검투사를 팔지 않았던 것이다. 싸움을 잘하면 아무리 돈을 모아도 운영자가 놓아주지 않으니 체력이 달리거나 아레나에서 숨통이 끊어질 때까지 검투사로서의 삶은 계속되었다. 이런 현실이 한탄스러워 술을 마시지 않고는 못 견뎠다. 반면 자유민이지만 가난 때문에 검투사가 된 사람들은 악착같이 돈을 모으려고 했다. 5년 동안 검투사로 있으면서 모은 돈은 자유민으로 살아가는 데 기반이 되었다. 최하층민으로서 사회적인 편견을 견뎌내기만 하면 자신이 과거 검투사로 있었던 어떠한 표시도 없으므로 자유민에게 검투사는 또 하나의 직업일 뿐이었다.

검투사의 가족

　검투사들은 훈련과 실전으로 강인한 육체를 소유하게 되었다. 운동으로 얻은 상체의 근육과 팔의 힘줄은 여성들의 눈길과 마음을 잡아 끌었다. 강인한 남성미에 이끌린 여성들이 검투사 주변에 넘쳐났고, 어떻게든 검투사의 시선을 사로잡으려고 안간힘을 썼다. 상류층 여성들은 검투사들과 단순한 불륜관계를 맺는 데 그쳤지만 비슷한 신분의 여성들은 결혼에까지 이르렀다. 검투사들은 언제 죽을지 모르는 불안한 상황에서도 양성소 바깥에 있는 아내와 아이들을 위해 사력을 다했다. 검투사의 아내가 남긴 비문은 생과 사의 길목에서 열심히 살다 간 한 가장의 잔재다.

검투사를 사랑한 여인들

로마인들에게 경기장은 연애 장소였다. 힘들고 억눌린 삶을 이어나가는 여성들에게 전차 경주장, 검투사 경기장, 극장은 하나의 해방구였다. 매력적인 검투사들을 눈으로 즐길 수 있었고, 낯선 남자를 만날 수 있었다. 남성들 역시 경기 관람으로 마음이 흐트러진 여성들을 공략해 애인을 만들 기회를 포착했다.

1세기에 활동한 작가인 오비디우스는 전차 경주장을 예로 들면서 여성을 유혹하는 방법을 자세히 설명했다. 그에 따르면, 말들이 달릴 때 시합에 열중하지 말고 좋아하는 여성 곁에 앉는 것이 좋다. 경기를 보는 동안 자연스럽게 신체 접촉을 하려면 가까이 앉는 것이 유리하기 때문이다. 그다음 공통된 주제, 그녀가 관심을 가질 만한 주제를 찾으려고 노력해야 한다. 주변의 다른 사람들이 다 듣고 있기 때문에 특별한 질문보다는 "어느 색깔의 기수가 좋으냐?"와 같은 단순하고도 일상적인 질문으로 대화의 문을 여는 것이 좋다. 대화 도중, 혹은 대화로 그녀의 관심을 끌기 어렵다면 가끔 그녀의 옷에 묻은 것을 떼어주라. 먼지가 묻었으면 조심스럽게 털어주고, 아무것도 묻어 있지 않아도 마치 묻어 있는 것처럼 털어주어라. 그녀의 옷이 땅에 떨어져 더럽혀진다면 조심스럽게, 아주 천천히 올려주어라. 또 그녀 뒤에 앉은 관중에게 신경을 써라. 뒤에 앉은 구경꾼의 무릎이 그녀의 섬세한 등뼈에 닿아 그녀가 불쾌해한다면 구경꾼에게 주의를 주어라. "모든 사람이 알고 있듯 그녀는 이런 작은 관심에 감탄한다. 경주장은 애인을 얻을 수 있는 기회의 장소다."[22]

사실 여성들은 관중석의 로마 남성이 아니라 아레나의 검투사에게 더 끌렸다. 근육질의 다부진 몸매, 땀으로 젖은 머리카락과 번들거리는 몸, 같은 남자를 쓰러뜨릴 정도의 강인함, 꽉 다문 입매와 매서운 눈초리에서 느껴지는 카리스마 등은 거친 남성미를 풍기기에 충분했다. 그런 매력으로 인해 검인 글라디우스가 성기를 뜻하는 은어로 쓰이기도 했다. 커다란 성기를 가진 검투사를 새긴 청동 딸랑이는 검투사의 성적인 매력을 한껏 표출한 것이었다. 검투사들이 '싸움을 좋아하는 남자' '전사 같은 남자'처럼 힘과 억셈, 성적인 매력을 풍기는 별칭을 짓는 것도 자신의 매력을 한껏 드러내기 위함이었다. 더욱이 잘생기기까지 하다면 여성들의 애간장은 녹아났다.[23]

폼페이의 벽에 남아 있는 낙서는 검투사들에 대한 여성들의 열망을 잘 보여준다.

> 트라키아 검투사로 3번 승리하고, 3번 화관을 받은 켈라두스가 소녀들을 한숨 쉬게 만든다.
> 소녀들의 영광! 트라키아 검투사인 켈라두스.
> 켈라두스여! 소녀들의 영웅이자 연인.
> 그물 검투사인 크레스켄스는 밤마다 소녀들의 주인이자 치료사.[24]

어떤 여성은 아레나에서 죽은 검투사를 그리워하는 감정을 표현했다.

가장 자긍심이 높았던 물고기 검투사의 명령에 따라
당신은 가버렸네.
당신의 유일한 무기인 검을 강한 손으로 잡고 있네.
당신은 나만을 고통의 한가운데 남겨놓았네.[25]

강인한 육체와 현란한 싸움 기술, 뛰어난 외모를 지닌 검투사에게 여성들이 빠져들곤 했지만 그것만이 전부는 아니었다. 단지 검투사라는 직업, 진정한 남자일 것 같다는 환상이 그들을 사랑하게 만들었다. 여자 노예인 크리시스는 비천한 혈통의 남자를 좋아하는 여주인에게 냉소를 퍼부었다.

어떤 여자들은 비천한 혈통의 남자들에게 흥분하고, 짧은 옷을 입은 노예나 하인이 아니면 욕망이 끓어오르지 않는다. 그런 여자들은 검투사나 먼지를 뒤집어쓴 마부, 혹은 무대에서 자신을 드러내는 불명예를 안고 있는 배우에게만 열정이 일어난다. 나의 여주인도 이 부류에 속한다. 그녀는 오케스트라에서 14번째 열까지 건너뛰어 뒤쪽에 앉은 비천한 사람들 중에서 연인을 찾으려고 한다.[26]

부유층 출신이자 원로원 의원의 아내인 에피아와 그녀의 애인이자 검투사인 세르기우스의 관계는 검투사라는 직업 자체가 맺어준 것이었다.

원로원 의원의 아내인 에피아가 검투사와 함께 파로스, 나일 강

지역, 악명 높은 도시인 라구스(알렉산드리아)로 도망쳤을 때 그녀는 집, 남편, 자매도 잊어버리고, 고향도 생각하지 않았다. 그녀는 울고 있는 아이들도 부끄럼 없이 버렸다. 에피아를 사로잡은 그 젊은이는 어떤 매력을 발산하는가? 그녀는 무엇을 보았기에 자신을 '검투사의 여자 ludia'라고 부르는 소리도 인정할 수 있었는가? 그녀의 애인인 세르기우스는 이미 턱수염을 밀 만큼 나이가 들었고, 팔 부상으로 인해 은퇴를 바라고 있었다. 게다가 그의 얼굴에는 많은 흉터가 있었다. 그의 코 중간에는 큰 사마귀가 있어 투구에 스치고, 그의 눈에서는 계속 진물이 흘러내렸다. 그러나 그는 검투사였다. 이 사실이 그를 (아름다운 소년이자 아폴로 신의 애인인) 히아킨토스로 만들었다. 이 사실이 그녀가 자신의 아이들과 조국보다, 자신의 자매와 남편보다 그를 더 좋아하는 이유였다. 이런 여성들이 사랑하는 것은 검이다. 만일 세르기우스가 목검을 받았다면 그는 베이엔토보다 더 나을 게 없는 인물이 될 것이다.[27]

얼굴에 사마귀와 흉터가 있는 못생긴 세르기우스이지만 검투사라는 이유로 그 추한 외모가 에피아의 눈에는 들어오지 않았다. 베이엔토라는 말은 에피아 남편의 이름이거나 추한 늙은 남자의 대명사로 추정된다. 베이엔토보다 나을 것이 없다는 말은 세르기우스의 초라함을 깨닫게 된다는 뜻이다. 한마디로 세르기우스가 목검을 받아 검투사라는 직업을 그만두면 에피아의 눈에 세르기우스의 못생긴 외모가 제대로 눈에 들어온다는 것이다.

만일 당신이 아내를 얻는다면 리릭 연주자인 에키온이나 글라피루스 혹은 플루트 연주자인 암브로시우스가 (아이의) 아버지가 될 것이다. 만일 당신의 문과 문기둥이 월계수 화관으로 장식되어 있다면 고귀한 혈통인 당신의 아들은 (검투사인) 에우리알루스나 물고기 검투사의 얼굴 생김새를 하고 있을지도 모른다.[28]

이 문장 역시 여성들은 에피아처럼 강인한 체력을 지닌 검투사에 대해 무한한 애정을 품고 있고, 음란한 생활을 하고 있음을 전제로 했다. 여성들은 흠모하는 검투사를 가까이에서 한번 보고 싶어했고, 손이라도 만질 수 있다면 더없이 행복해했다. 아레나에서 보는 것에 만족하지 못한 여성들은 양성소 운영자에게 은밀히 돈을 쥐여주어 맘에 품은 검투사와 하룻밤 자기도 했다. 또 어떤 여성은 잘생긴 검투사를 사서 집안의 노예로 삼아 부리는 동시에 밤마다 성욕을 해소하는 도구로 이용했다.

검투사의 매력에 원로원 의원의 아내도 빠지는데 황후라고 예외는 아니었다. 로마 사람이라면 아우렐리우스 황제의 부인인 파우스티나의 방탕함과 불륜을 모두 알았다. 당연히 코모두스 황제의 출생에 문제를 제기하는 사람이 많았다. 어느 날 파우스티나가 검투사들의 행렬을 보았는데 그들 중 유달리 잘생긴 검투사가 눈에 띄었다. 보는 순간 숨이 멎은 그녀는 낮이고 밤이고 그 검투사를 생각했고, 그에 대한 사랑이 점점 깊어갔다. 상사병에 걸려 괴로워했던 그녀는 남편에게 사실을 고백했고, 남편인 아우렐리우스 황제는 예언자를 찾아갔다. 예언자는 황제에게 파우스티나가 사랑하는 검투사를 죽이고, 그의 피로 목욕을 한 뒤 남편과 함께 자면 괜찮아진다고 말했다. 예언자의 충고대로 하자 검투사에 대한 그녀의 열정은 사그라졌지만 지배자가 아니라 검투사처럼 행동하는 코모두스를 낳았다고 한다. "코모두스가 황제가 되었을 때 사람들이 지켜보는 가운데 1000번 가까이 검투사 경기를 개최했다. 많은 작가는 코모두스 황제가 간통으로 태어났다고 말했다. 왜냐하면 파우스티나가 이탈리아 중서부의 카이에타에 있을 때 선원과 검투사들을 애인으로 삼았다고 소문이 났기 때문이다."[29] 검투사에 대한 사랑과 예언을 적절히 섞어 사실성이 부족하고, 또 소문으로만 나도는 이야기이므로 신빙성은 떨어진다. 하지만 검투사들이 상류층 여성에게 치명적인 매력을 풍긴 것은 사실이었다.

인기 있는 검투사는 자신의 열등한 신분을 잊고 들뜨기도 했다. 지나가는 사람마다 자신을 알아봐주고, 아레나에 들어설 때 열화와 같은 환호가 울려 퍼지면 우쭐하는 마음이 들 수밖에 없었다. 양성소로 돌아오면 간혹 자신을 흠모하는 여성들이 담 벽에 몰래 기대어 서서 훈련 모습을 훔쳐보고 있는 것이 눈에 띄었다. 양성소 가까이 어느 조용한 곳에서 은밀히 만날 것을 제안하는 여성도 있었다. 상류층 여성들은 허름한 검투사 막사도 개의치 않고 들락거렸다. 이들은 각종 보석으로 치장한 채 좋아하는 검투사를 보러 왔고, 일부는 그에게 선물로 주었다. 검투사 막사에 있었던 여성의 흔적이 폼페이에서 나왔다. 폼페이의 폐허가 발굴되었을 때 검투사의 잿더미에서 17명의 검투사 시체와 1명의 여성이 발견되었다. 그녀는 에메랄드 목걸이, 두 개의 팔찌, 반지, 작은 고리가 있는 카메오 등 값비싼 보석을 하고 있었다. 부자인 그녀가 누구인지, 그곳에서 무엇을 했는지는 알 수 없다. 그녀가 검투사 중의 한 명과 사랑했을 수도, 방문자일 수도, 베수비우스 산에서 흘러나오는 용암을 피해 검투사 양성소로 도망온 여자일 수도 있다. 어떤 이유든지 이것은 여성이 원한다면 검투사들을 직접 만날 수 있었음을 보여준다.

로마 남성들은 당연히 비천한 신분의 남성에게 빠져드는 여성들을 좋게 보지 않았다. 그들은 멀쩡한 여성이 검투사에게 빠져드는 것에 욕망이나 타락, 유혹과 같은 말을 갖다붙이며 경멸의 시선을 거두지 않았다. 포주나 매춘부처럼 다른 사람의 즐거움을 위해 몸을 파는 검투사를 좋아하는 것 자체가 그들에 대한 성적인 욕망을 품었다는 것이다. 정숙한 여성이라면 머리는 텅 비고, 벌거벗은 몸으로 왔다 갔다 하는 검투사를 좋아할 리 없다고 생각했다. 남성들의 이런 비난은 자신들이 받아야 하는 여성들의 관심을 검투사가 빼앗아간 데서 오는 시기심이자 질투심이었다. 윤리와 도덕을 거론하면서 짐짓 점잖은 척했지만 검투사와 같은 인기를 누리고 싶은 마음이 없지 않았다.

검투사 가족의 비문

전쟁포로, 노예, 범죄자와 같이 강요로 검투사 양성소에 들어온 사람들은 자신들의 소유주 이름을 따서 가족의 이름을 지었다. 예를 들어 파우스투스가 거느리는 검투사들은 파우스투스 검투사 가족으로 불렸다. 동일한 검투사 양성소에 있는 사람들이 한 경기에 같이 투입되기 때문에 서로를 경쟁 상대로만 볼 것 같으나 실제로는 그렇지 않았다. 이들은 동일한 검투사 가족의 구성원으로서 서로에게 어쩔 수 없이 칼을 겨누지만 함께 생활하면서 상당한 친밀감을 느꼈다.

가족 구성원 모두가 혹은 친한 사람들이 죽은 동료의 비석을 세워주었다. 로마 시, 파타비아, 밀라노, 스미르나 등지에서 나온 아래의 비문에는 검투사들의 가족관계가 여실히 드러나 있다. 아내와 자식들이 먼저 죽은 검투사를 위해 남긴 비석이다.

라케디아모니아인으로서 시네토스의 아들인 니케포로스를 위해, 추격 검투사인 나르키수스를 위해, 사티루스가 자비로 이 비를 세워 기린다.

헤르메스를 위해 같은 방을 썼던 동료 파이트라이이테스가 이 비를 세웠다.[30]

선참 트라키아 검투사로서 18번 싸웠고, 38년을 살다 간 니게르를 기억하려고 플라비아가 소중한 남편을 위해 자신의 돈으로 이 비를 세웠다.

그리스 출신이고, 전차 검투사로서 20번 싸운 뒤 해방되었으며, 25년을 살다 간 베릴루스를 위해, 그의 아내인 노마스가 소중한 남편을 위해 이 비를 세웠다.

도전 검투사이자 소중한 남편인 유베누스를 기억하기 위해 그의 아내가 이 비를 세웠다. 그는 21년을 살다 갔고, 검투사로서 4년 동안 검투사 양성소에 있었고, 5번 싸웠다.

비엔나에서 태어나 그물 검투사로서 9번 승리의 화관을 받고 25세까지 살다 간 폼페이우스를 위해, 그의 아내가 훌륭한 남편을 위해 자비로 이 비를 세웠다.

동물 사냥꾼으로서 3번 싸우고 3번 승리한 퀸투스를 위해, 아내인 하테리아가 이 비를 세웠다.

주심인 코르넬리우스와 코르넬리아의 떠나버린 영혼을 위해, 그들의 딸이 귀중하고 사랑스러운 부모를 위해 이 비를 세웠다.[31]

검투사가 먼저 죽은 아내를 위해 남긴 비문들도 있다.

떠난 푸블리키아의 영혼을 위해, 루두스 마그누스 출신의 선참 기사 검투사인 알바누스가 22년 5개월 8일을 살다 간 소중한 아내를 위해 이 비를 세웠다.

앞면: 2년 11개월 17일 11시간을 살다 떠난 사랑스러운 아들 알키비아데스의 영혼을 위해, 그에 대한 애정이 아주 깊은 부모가 이 비를 만들었다.
뒷면: 떠나버린 율리아의 영혼을 위해, 선참 물고기 검투사인 가이수스가 아주 귀중한 배우자를 위해 이 비를 세웠다.

떠나버린 마리아의 영혼을 위해, 트로아드 출신의 선참 트라키아 검투사인 푸블리우스가 가장 신성하고, 가장 애정이 깊고, 가장 귀중한 아내를 위해 이 비를 세웠다.³²

아내가 세운 대리석 비석에는 검을 쥔 오른손을 들어올리고, 왼손에 방패를 들고 있는 우르비쿠스가 묘사되어 있다. 그 옆에는 두 개의 눈구멍이 있는 투구가 세워져 있었다.

우르비쿠스를 위해 정령에게 이 비를 봉헌한다. 그는 플로렌티아 출신의 일급 추격 검투사였고, 13번 싸웠고, 22세까지 살았다. 그에게는 5개월 된 올림피아와 포르투넨시스라는 두 딸과 존경하는 남편과 7년 동안 살았던 아내 라우리키아가 있다. 그는 그를 패배시킨 사람을 죽이라고 충고했다. 그의 지지자들은 그의 정신을 명예롭게 간직할 것이다.³³

우르비쿠스처럼 22세라는 젊은 나이에 결혼생활을 7년이나 했다는 것은 아주 드문 일이었다. 그래서 그의 나이를 돌에 새길 때 32를 22로 잘못 기록한 것이라고 추측하지만 확실한 증거는 없다. 수백 개에 달하는 현존하는 검투사들의 비문 가운데 우르비쿠스의 것처럼 자신을 죽인 상대를 살해할 것을 충고하는 비문은 드물다.

검투사의 가족은 양성소 인근에서 살았다. 양성소 생활에 익숙해져야 하는 신참 검투사들은 운영자가 허락하지 않는 한 가족을 만나러 나갈 수 없었다. 반면 여러 번 싸움에서 승리한 일급과 이급 검투사는 대개 훌륭한 체격 조건을 지닌 자원자들이었다. 아내와 아이들이 있는 가장이라면 아침에 양성소로 출근하고, 훈련이나 경기를 마친 뒤 저녁에는 집으로 퇴근했다. 여느 직업인과 나를 바 없는 생활을 했던 것이다.

검투사들이 결혼한 비율과 아이를 낳은 비율을 정확히 알 수는 없지만 아마도 소수일 것이다. 싸워서 벌어들인 수입이 가족을 부양할 만큼 충분치 않았고, 언제 죽을지 모를 위험한 직업이었기 때문이다. 여성들이 단순한 호기심과 부러움으로 검투사를 사랑할 수는 있었지만 결혼으로 이어질지는 미지수였다. 그마나 자유민 출신은 5년이라는 계약 기간을 마치면 목돈을 마련하는 동시에 원래의 시민권을 회복하므로 결혼할 가능성이 있었다. 하지만 강제로 검투사가 된 자들은 처지가 달랐다. 검투사 중에서도 더 열등한 이들은 해방될 날만 기다리며 양성소에서 싸움 기술을 연마하면서 세월을 보냈다.

은퇴 후의 삶

자유민으로 검투사 양성소에 들어와 계약한 5년이 다 되어가는 검투사는 자신의 최종 경기를 어떻게 화려하게 장식할지 고민했다. 은퇴 경기에서도 관중에게 확실하게 각인시켜줘야 더 좋은 조건에서 계약을 연장할 수 있기 때문이었다. 또 마지막까지 잘 싸워야 은퇴하더라도 검투사와 관련된 직업을 찾기 수월했다. 인기가 있으면 현역이든 은퇴한 뒤이든 관중이 찾기 마련이었고, 이는 수입과 직결되었다.

검투사 양성소에서 직업 찾기

자유를 사거나 결혼을 하거나 혹은 풍요로운 생활을 하기에 충분한 돈을 버는 검투사는 소수에 불과했다. 승리를 거두기 어려울 뿐더러 경기 주최자나 관중이 승리자에게 주는 상금의 액수가 많은 경우가 드물었기 때문이다. 그래도 악착같이 돈을 긁어 모은 자유민 출신의 검투사도 있었다. 5년 동안 검투사로 있으면서 마련한 돈은 자유민으로 살아가는 기반이 되었다.[34]

노예 출신의 검투사는 돈을 모아 자신의 몸값을 지불하고 은퇴할 수 있었다. 자유민 출신의 검투사는 계약 기간, 대개는 5년이 지나면 계약 연장이나 은퇴를 고려했다. 나이가 든 상태에서 검투사가 되었다면 5년을 못 채우고 은퇴하기도 했다. 이때는 황제나 양성소 운영자 등 검투사 소유주의 허락을 받아야 했다. 가령 어느 전차 검투사에게 4명의 아들이 있었다. 이들은 경기장에서 클라우디우스 황제에게 연로한 아버지가 은퇴할 수 있도록 해달라고 요청했다. 이 전차 검투사의 나이와 체력을 본 관중이 은퇴를 적극 지지하자 황제는 목검을 하사했다. 목검은 검투사로서 싸워야 할 의무가 해제되었다는 증표였다. 그러면서 관중에게 출산율이 저하되는 상황에서 검투사의 자식들도 부모에게 효도하는 것을 보니 자식을 키우는 것이 얼마나 위대한 일인지 알겠는가 하고 충고했다.

노예 출신이든 자유민 출신이든 대다수의 검투사는 죽을 때까지 검투사 양성소에 남아 있으려고 했다. 젊었을 때 들어온 양성소에서의 공동체 생활에 익숙해 은퇴한 뒤 생활 방식이나 규칙이 익숙지 않은 세상에서 살기 어려웠기 때문이다. 은퇴한 검투사가 가질 수 있는 직업 중 가장 좋은 것은 젊은 검투사들을 소유한 양성소 운영자가 되는 것이었다. 그러나 양성소 건축 비용과 검투사 구입 비용에는 큰돈을 쏟아주어야 했는데, 그럴 여력이 있는 검투사는 흔치 않았다. 운영자가 된다는 것은 인기가 있어서 경기장에 자주 섰고, 싸움을 잘해 승리의 상금을 많이 받았고, 그 돈을 악착같이 모아야 가능한 일이었다. 그럴 돈이 있는 사람은 적당한 장소를 물색해 양성소를 세웠다. 돈만 충분하다면 인기 있고 싸움을 잘하는 검투사를 구입하면 되지만 그렇지 않을 경우에는 초보자를 훈련시켰다. 싸움 경험은 적지만 젊은 검투사를 몇 명 데리고 잘 훈련시켜 경기 주최자에게 임대하면 돈을 벌 수 있었다.

재계약하는 것도 전직 검투사가 살아갈 수 있는 한 방편이었다. 은퇴한 뒤 현직에서의 경력이 인정되어 큰 보수를 받고 재계약하면 더없이 좋은 일이었다. 1세기 초 티베리우스 황제가 은퇴 후 다시 불러들인 전직 검투사들에게 일인당 10만 세스테르티우스(2만5000데나리우스)를 지불했다. 이는 조부와 부를 기리는 검투사 경기를 열면서 유명하고 유능한 검투사들을 불러 모아 화려한 경기를 열기 위해 지불한 돈이었다. 물론 일반적으로 지급되는 액수는 그보다 훨씬 적었다. 2세기 후반 자유민 자원자의 가치는 4000세스테르티우스였다. 은퇴한 뒤 다시 검투사로 나설 때 그 가치는 1만2000세스테르티우스였다. 경험과 인기, 기술을 인정받은 금액이었다. 다만 최고의 대우를 받는 현직 검투사가 1만5000세스테르티우스를 받는 것과 비교하면 한 단계 낮은 금액이었다.

아레나를 떠났으나 여전히 검투사로 활동하는 사람이 있었다. 은퇴한 뒤 다시 아레나에서 경기하는 검투사들은 현직에 있을 때 싸움을 굉장히 잘하거나 인기를 누렸던 이들이었다. 은퇴했으나 싸움 기술이 뛰어난 자들은 일종의 프리랜서로서 경기장에 초청되었다. 이들은 재계약이 아니라 일회성으로 싸우지만 관중은 그렇게라도 한때 유명했던 검투사들의 싸움을 다시 보고 싶어했다. 또 상류층 집안의 저녁 만찬에 흥을 돋우기 위해 초청되어 손님들 앞에서 싸우기도 했다. 이때는 목검이나 날이 무딘 검을 써서 치명상을 입지 않았다. 무기 상태가 허술해 자칫 손님들이 지루해할 수 있으므로 급박한 싸움인 양 연기를 해야 했다. 주인과 손님이 흡족할 만큼 싸우면 일당은 물론 남은 음식을 얻을 수 있었다. 고기나 질 좋은 포도주와 올리브유를 챙기는 것도 또 다른 즐거움이자 혜택이었다.

일부 성공한 검투사는 엄청난 찬미와 칭찬 속에서 신분 상승의 줄을 붙잡기도 했다. 아일리우스는 검투사로서의 특기를 살려 경기장의 주심으로 활동했고, 여러 도시에서 명예시민으로 칭송되었다.

신들을 위해. 아일리아가 남편인 아일리우스를 위해. 아일리우스는 페르가뭄의 뛰어난 주심이자 로마 시 주심들의 조합원이다. 그는 평생 나와 함께 행복했고, 37세에 사망했다. 아일리아가 그를 기억해 이 비를 세운다. 그는 테살로니카, 니코메디아, 라리사, 필로폴리스, 아프로스, 베르가, 타소스 등의 시민이었다.[35]

양성소의 교관으로 활동하는 전직 검투사들도 은퇴 후 잘된 편에 속했다. 뛰어난 기술을 보유한 전직 검투사인 교관이 작은 양성소에 근무한다면 여러 유형의 검투사들을 가르쳤다. 큰 양성소에는 유형별로 교관을 따로 두고 있어 대개 현직에 있을 때 자신이 싸웠던 유형의 검투사들을 가르쳤다. 검투사와 같이 교관들도 서로 경쟁했으므로 전직 검투사로서의 경험을 활용하고, 다른 검투사들의 싸움 형태를 유심히 관찰해 자신의 경력을 쌓아야 했다. 자신이 가르친 검투사들이 승승장구한다면 교관 역시 재계약과 봉급 인상이라는 혜택을 누릴 수 있었다.

싸움 기술이나 체격이 뛰어나지 못했고, 그나마 나이가 들어 더 이상 싸울 수 없는 전직 검투사들은 양성소에서 잡다한 일을 했다. 이들은 검투사들의 마사지나 간호를 담당하는 직원이 되기도 했고, 식당에서 일하거나 양성소 곳곳을 청소하는 일도 했다. 부상을 잘 입는 부분을 알고 있는 전직 검투사들에게 마사지사나 심각한 부상을 입은 검투사의 간호사는 맞춤한 직업이었다. 노예들과 함께 식사나 청소 같은 허드렛일을 담당하는 전직 검투사들 또한 대개 노예 출신이었다. 검투사들의 잡다한 시중을 들면서라도 양성소에 붙어 있고 싶은 것이 전직 검투사들의 마음이었다. 미래가 펼쳐져 있다지만 미로 속에 갇힌 듯 불확실한 바깥세상보다 가장 잘 알고, 가장 잘할 수 있는 일이 양성소 안에 있었다. 이 일도 경쟁자가 많아 선택받기 어려웠고, 나이가 들면 이마저도 꿈꿀 수 없었다.

경호원, 군인으로 변신

전직 검투사들이 선망하는 직업은 황제나 고위 정치가들의 경호원으로 일하는 것이었다. 경호원은 생사의 귀로에 서 있는 아레나에서의 생활보다 훨씬 더 안전하고 편안한 삶을 보장해주었다. 제정기에는 황제를 호위하는 근위대라는 합법적인 경호부대가 있었으므로 일자리를 찾기가 쉽지 않았다. 그래도 칼리굴라 황제는 꽤 많은 검투사를 모집했고, 몇몇 트라키아 검투사는 게르만 경호부대의 장교로 임명해주었다. 칼리굴라 황제가 암살된 후 클라우디우스 황제가 검투사 부대를 해산시켰으므로 그들은 다른 고용주를 찾아야 했다. 오토Otho 재위 69는 비텔리우스와의 내전에서 2000명의 검투사를 징집해 보조 병력으로 썼다. 아우렐리우스 황제 또한 전염병으로 군인들이 부족해지자 검투사들을 무장시켰다. 193년 제위 경쟁에 나섰던 율리아누스Julianus 재위 193도 카푸아의 검투사 양성소에서 훈련하던 검투사들을 군인으로 활용했다.³⁶

  황제 외에 전직 검투사를 고용하는 부유층이나 정치가는 많지 않았다. 권력이 황제에게 집중된 상황에서 황제들은 유력한 정치가들이 사병을 거느리는 것을 경계했기 때문이다. 그럼에도 일부 정치가는 정적들로부터 혹은 여행에서 도적 떼로부터 자신을 보호하기 위해 전직 검투사들을 고용했다. 체격과 싸움 기술밖에 내세울 것이 없는 전직 검투사들은 일단 경호원으로 고용되면 충성심이 남달랐다. 전직을 살릴 만한 일이 많지 않았고 나이도 찼기 때문에 막다른 골목에 몰린 심정으로 고용주에게 열과 성을 다했다. 그리하여 아우렐리우스 황제는 전직 검투사들로 구성된 군인들의 남다른 충성심을 빗대어 '순종하는 자들obsequentes'이라 불렀다.

  자유민 출신의 전직 검투사들에게는 군대에 입대하는 것도 선택할 수 있는 하나의 직업이었다. 노예 출신의 검투사는 위급한 상황이 아니면 입대 대상에서 제외되었다. 자유민 출신의 검투사는 계약 기간이 끝나면 시민권이 회복되므로 입대할 수 있었다. 자유민 중 로마 시민권자는 군단에, 속주민은 보조군에 입대했다. 문제는 군인이라는 직업이 큰돈을 벌게 해주지 않는다는 데 있었다. 봉급은 의식주 생활비로 들어가고, 25년이라는 직업 군인의 복무 기간을 채운다고 한들 제대 상여금이라는 것이 5, 6년 연봉에 불과했다. 이미 몸과 마음이 지치고 나이마저 먹은 터에 선택한 직업치고는 대가가 적었던 까닭에 군대로 선뜻 입대하기도 힘들었다.

우람한 체격과 날카로운 인상을 가진 전직 검투사들은 해결사라는 직업을 가졌다. 노련한 검투사들은 해부학적인 지식도 상당해 신체의 급소나 고통을 안겨주는 부분을 알고 있었다. 이런 지식은 사람들에게 위협이 되므로 간혹 채권자들에게 고용되곤 했다. 채무자들을 찾아가 신체에 고통을 주면서 위협하면 돈을 내놓았기 때문이다. 간단한 나무 막대기 하나만 들어도 이들의 전직 검투사라는 명성과 체격만으로도 빚을 갚지 않고 못 배겼다. 노예라는 신분 때문에, 가난에서 벗어나기 위해 어쩔 수 없이 검투사가 되었던 사람들이 자신과 비슷한 처지의 하층민들을 억압하는 데 앞장섰던 것이다. 하지만 채무자를 못살게 구는 전직 검투사들 또한 적은 수수료를 위해 폭력을 행사하는 가난한 하층민이었을 따름이다.

돈이 없는 전직 검투사들은 은퇴 후 양성소나 군대를 전전하다가 육체노동을 할 수 없을 정도로 나이가 들면 양성소 주변을 돌아다니면서 구걸했다. 현직에 있을 때 남의 생명을 앗아가고 받은 대가에 대한 죄책감과 언제 생을 마감할지 모른다는 불안감으로 대부분의 돈을 술과 여자를 사는 데 허비했다. 그나마 가족이 있으면 여생을 기댈 수 있지만 가족을 둘 만큼의 정신적·경제적 여유가 없었던 검투사는 오롯이 홀로 살아내야 했다. 노동이 없는 터에 수입은 당연히 주어지지 않았고, 구걸밖에는 살길이 없었다. 돈이 없는 전직 검투사들은 노숙을 하거나 초라한 오두막에서 살면서 나름대로 영광스러웠던 과거에 대한 이야기로 세월을 흘려 보냈다. 이를 불쌍히 여긴 사람들이 이야기를 들은 대가로 한 푼이라도 쥐여주면 다행이었다. 대부분은 반복되는 경험담에 자리를 피하거나 눈살을 찌푸렸다. 그렇게 최소한의 영양도 섭취하지 못하면서 하루하루를 보낸 노쇠한 검투사는 쓸쓸히 죽어갔다.

Gladius

제2장

검투사 경기에 대한 로마인들의 태도

로마인들의 이중적인 태도

노예를 '말하는 도구'[1]로 여겼던 시대 상황에서 검투사는 인간이기 이전에 하나의 오락 도구에 불과했다. 때문에 로마인들은 검투사와 그들이 펼치는 경기에는 열광하지만 검투사라는 직업 자체는 경멸하는 이중적인 태도를 보였다. 용맹하게 싸우는 검투사를 사랑하고 영광스러워하면서도 멸시했고, 검투사들을 업신여기면서도 그들이 자신에게 칼을 들이대지는 않을까 두려워했다. 한마디로 로마인과 검투사는 애증의 관계였다.

검투사의 열등한 신분에 대한 경멸

검투사들이 '버려진 사람이거나 야만인' '비천한 혈통'[2]으로 불리는 것에서 알 수 있듯이 로마인들에게 그들은 진정한 인간이 아니었다. 로마인들에게 검투사는 비천한 목숨을 부지하기 위해 동료를 죽이는 것도 마다하지 않는 비열한 존재였다. 또 필요하긴 하나 거추장스러울 때면 언제든 버릴 수 있는 존재였다. 5년에 로마 시에 강력한 지진이 일어나 티베르 강이 범람하고 기근이 발생했다. 6년에도 기근, 세금, 화재로 인한 손실로 비참한 처지에 놓인 사람이 많았다. 로마 시의 기근 문제를 해결하기 위해 제일 먼저 취한 정책이 검투사들과 팔려고 내놓은 노예들을 추방하는 것이었다. 로마 시 거주자의 수를 줄여 곡물 소비를 최대한 억제하고자 한 정책에서 가장 먼저 추방되어야 할 이들이 검투사와 노예였다.

원래 검투사들은 '명예롭지 못한 사람 infamia'으로 불렸다. 이 말은 악행을 저질러 시민 명부에 검은 표식이 찍혀 있는 자들에게 썼다. 그러나 기원전 2세기 후반부터 원래 신분이 무엇이든 검투사, 배우, 매춘부로 일하는 사람들을 일컬었다. 공화정기의 한 비문에서 자유민이라도 검투사, 매춘부와 함께 목을 매달아 자살한 사람은 불명예스러운 사람과 같으므로 장례를 금한다고 했다. 아우렐리우스 황제 역시 검투사들의 돈은 인간의 피라는 오점으로 더럽혀졌기 때문에 검투사들을 세금을 내는 이들과 같이 분류할 수 없다고 했다.[3]

명예롭지 못한 사람들은 자치시 의원직은 물론 어떠한 공직에도 입후보할 수 없고, 투표권도 주어지지 않았다. 기원전 46년 카이사르의 '율리우스 자치시 법 Lex Julia Municipalis'에 따르면, 검투사 양성소 운영자나 배우, 절도로 유죄 판결을 받은 자가 자치시 의원이나 원로원 의원이 되거나 민회에 참석하면 5만 세스테르티우스의 벌금을 물어야 했다.⁴ 또 이들은 유언장에 대해 증언할 수 없고, 법적인 거래를 할 수 없으며, 자기 외에 다른 사람을 위해 법정에 설 수 없었다. 아무리 좋은 신분 출신이라고 해도 야생동물과 싸우는 판결을 받거나 처형당하는 판결을 받은 범죄자는 '처벌로 인한 노예'였다. 판결을 받은 그 순간 이전에 했던 모든 유언의 효력이 상실되었다. 그런 까닭에 "검투사보다 더 비참한 상황에 처한 사람은 없다"⁵라는 말까지 나왔다.

사람들의 인기를 독차지하면서도 낮은 신분 때문에 멸시받는 괴리감은 다음 글에 잘 나타나 있다.

구경거리를 제공하는 자와 관리하는 자는 우상화된 전차 기수, 배우, 운동선수, 검투사와 동일한 대우를 받는다. 사람들은 그들의 영혼에 굴복하고, 여성들조차도 그들의 신체에 항복한다. 바로 그런 이유 때문에 그들은 비난받을 만한 죄를 저지른 것이다. 그들을 영광스럽게 하는 바로 그 기술 때문에 그들은 타락하고 열등해진다. 더 안 좋은 것은 그들은 공개적으로 불명예스럽다고 비난받고, 시민권을 박탈당해 원로원 회의, 연설 단상, 원로원 신분과 기사 신분에서 배제되고, 다른 모든 관직과 영예에서도 제외된다. 얼마나 심술궂은 일인가! 그들은 자신을 처벌하는 사람들의 사랑을 받는다. 그들은 자신에게 박수를 보내는 사람들의 악평 속으로 떨어진다. 사람들은 그런 예술을 칭찬하면서 예술가는 불명예로 낙인찍어버린다. 명성을 얻게 된 그 일을 비난받아야 하는 상황을 어떻게 판단해야 하는가?⁶

검투사 경기를 비난하는 테르툴리아누스의 글이므로 정제하고 봐야 하지만, 검투사 신분의 이중성을 잘 표현했다.

검투사들은 노예이고, 이들의 소유권은 당연히 주인에게 있었다. 주인이자 미래의 황제인 비텔리우스의 변덕으로 여러 곳을 전전하게 된 아시아티쿠스는 행복한 결말을 맺은 경우다. 비텔리우스는 정치적인 결정 사항에 대해 해방노예인 아시아티쿠스의 충고를 들을 정도로 그를 사랑했다. 하지만 그는 비텔리우스의 사랑을 받는 것에 염증을 느끼고 도망쳤다. 얼마 후 비텔리우스는 푸테올리에서 값싼 음료를 팔고 있는 그를 발견하고 붙잡아 다시 사슬로 묶어놓았다. 비텔리우스는 그를 다시 사랑했다. 그렇지만 조금 지나 그가 거만하게 행동하고 도벽까지 생기자 격노하여 그를 검투사 양성소 운영자에게 팔아버렸다. 어느 날 아시아티쿠스는 그날의 마지막 경기를 하려고 원형경기장에 들어섰다. 이를 본 비텔리우스는 연민을 느껴 다시 그를 사들였고, 게르마니아 총독으로 가면서 해방시켜주었다. 이후 황제가 되어 로마 시로 돌아온 비텔리우스는 그에게 기사 신분의 금반지를 선사했다.

정당한 절차 없이 소유주가 자신의 노예를 검투사 양성소에 파는 행위에 대해 국가는 제재를 가하고자 했다. 19년에 통과된 페트로니우스 법과 원로원 결의에 따르면, "주인은 노예들을 마음대로 야생동물과 싸우도록 넘길 권한을 잃었다. 그러나 노예가 재판관 앞에 선 후에, 또 주인의 불평이 정당하다면 주인은 처벌을 위해 노예를 넘길 수 있다."[7] 이런 절차를 거치지 않고 노예를 야생동물 사냥에 보냈다면 그 노예를 판 자뿐만 아니라 그를 산 자도 처벌받았다. 그러나 비텔리우스의 경우나 하드리아누스 황제가 재차 재판을 거치지 않고 남녀 노예들을 포주나 검투사 양성소 운영자에게 파는 것을 금지한 칙령을 볼 때 소유주들이 여전히 자신의 노예를 검투사 양성소에 팔았음을 알 수 있다.

노예가 주인에게 즐거움을 주기 위해 재롱을 떠는 것이나 검투사들이 관중에게 재미를 주기 위해 싸움을 하는 것은 별반 다르지 않았다. 관중이 경기장에서 싸움을 잘하는 잘생긴 검투사들에게 매료되어 환호를 보냈다고 해도 경기장을 벗어나면 곧 싸늘한 경멸로 바뀌었다. 로마인들에게 검투사는 매력적인 존재인 동시에 피를 팔아먹고 사는 저급하면서도 하찮은 부류에 불과했다. 검투사에 대한 사랑과 집착 이면에는 철저한 멸시와 냉소가 들끓고 있었던 것이다.

검투사 경기에 대한 집착

로마인들이 즐기는 세 가지 구경거리는 연극, 전차 경주, 검투사 경기였다. 로마인들이 이것을 얼마나 좋아했는지는 타키투스의 글에 잘 나타나 있다.

> 당신의 고국에서 (연극, 검투사 경기, 전차 경주) 외에 다른 것에 대해 이야기하는 사람들이 얼마나 있겠는가? 당신이 강의실에 들어섰을 때 (이들 세 가지) 외에 다른 것을 이야기하고 있는 젊은이들을 봤는가?[8]

그중에서도 제일 늦게 나온 검투사 경기가 연극의 인기를 능가하는 데는 오랜 시간이 걸리지 않았다. 기원전 165년 극작가인 테렌티우스의 극이 상연될 때 검투사 경기가 열린다는 소문이 나돌자 사람들이 모두 경기장으로 몰려가 극장이 텅 비어버린 일도 있었다.

로마인들이 검투사 경기에 몰입한 것은 그만큼 재미있었다는 이야기다. 경기가 치명적인 매력을 지녔다는 사실은 한 젊은이의 경험이 입증한다. 4~5세기에 활동했던 교부 철학자인 아우구스티누스의 장래성 있는 제자이자 북부 아프리카의 좋은 가문 출신인 알리피우스에 대한 이야기는 널리 알려져 있다.

알리피우스는 법을 공부하기 위해 나보다 먼저 로마 시로 떠난 후 검투사 경기에 대한 무한한 열정에 도취되어 있었다. 이것은 아주 이상했다. 왜냐하면 그는 검투사 경기를 아주 혐오하고 싫어했기 때문이다. 어느 날 그가 점심을 먹고 돌아오는 친구와 동료 학생들을 우연히 만났을 때 그들은 그에게 미묘한 압력을 넣었다. 그가 처음부터 완고하게 거절하고 저항했음에도 불구하고 잔인한 경기가 개최되는 원형경기장으로 함께 가자고 설득했다. 알리피우스는 말하기를, "비록 너희가 강제로 나를 끌고 가서 그곳에 앉혀놓는다고 해도 너희는 나의 정신과 눈을 경기에 붙들어두지는 못할 것이다. 비록 나의 육체가 그곳에 있다고 해도 나의 정신과 눈을 강제로 경기에 돌릴 수 있을까? 나는 경기를 보지 않음으로써 너희를 극복할 것이다!" 친구들은 그의 저항의 말을 듣기는 했으나 개의치 않고 그를 경기장으로 데리고 갔다. 그들은 경기장에 도착해 무료 좌석을 차지하고 앉았다. 원형경기장의 모든 사람은 이미 무시무시할 정도로 아주 열광하고 있었다. 알리피우스는 눈을 꼭 감고 정신을 놓지 않으려고, 나쁜 것을 보지 않으려고 애를 썼다. 그가 귀만 막았다면 얼마나 좋았을까! 싸움하는 동안 이런저런 극적인 상황이 있었고, 군중은 크게 환호했다. 큰 소리에 깜짝 놀란 그는 호기심 때문에 더 이상 참을 수가 없었다. 그는 자신이 본 어떤 것도 극복할 준비가 충분히 되어 있다고 생각하면서 오만함으로 가득 차서 눈을 떴다. 그가 눈을 뜨고 본 것은 옆구리를 찔리는 검투사보다 더 강하게 그의 영혼을 찔렀다. 그는 군중의 환호를 불러일으킨 쓰러진 검투사보다 더 나쁜 추락을 경험했다. 군중의 괴성은 그의 귀를 뚫고 들어와 무방비 상태로 놓여 있던 그의 눈을 열어 그의 영혼을 전복시킬 정도였다. 그의 영혼은 강하지 않았고 더 어리석게 되었다. 그가 한 것처럼 모든 약자는 하느님이 아니라 자신을 믿었기 때문이다. 그는 피를 봄과 동시에 비인간성으로 깊이 끌려 들어갔다. 그는 고개를 돌리지 않고 계속 경기를 보았고, 무의식적으로 야만적인 격정을 한껏 즐겼다. 그의 눈은 지독한 싸움을 기뻐하고 있었고, 그 스스로 피비린내 나는 음탕함에 취해 있었다. 이즈음에 그는 이미 원형경기장에 들어설 때의 그가 아니었다. 그는 자신을 그곳으로 데려간 사람들과 진정한 동료가 되어 있었다. 내가 왜 더 이상 말을 해야 하는가? 그는 보았고, 환호했고, 어느 순간 열성적으로 타올랐다. 원형경기장을 떠났을 때 그는 심취해 있어서 처음 그를 원형경기장으로 데려간 사람들보다 먼저 그가 다른 사람들을 데려갈 정도였다.[9]

아무리 굳은 의지를 가졌다고 해도 검투사 경기장에 들어서는 순간 그 매력에 중독될 수밖에 없었다. 웅장한 경기장에서 울려 퍼지는 트럼펫 소리, 한껏 멋을 내고 앉아 있는 관중의 웅성거리는 소리, 아레나 한쪽에서 몸을 풀고 있는 검투사들의 기합 소리, 화려한 규모에 만족해하는 황제와 상류층 사람들의 웃음소리 등 이 모든 소리가 경기장에 있는 이들의 기분을 한층 들뜨게 만들었다. 흥분을 발산하는 듯한 관중의 고함 속에서 아레나로 들어서는 검투사들의 몸놀림은 춤을 추는 듯했다. 그러면서 관중은 서서히 경기에 동화되어갔고, 경기가 끝남과 동시에 다음 경기 날을 기다리게 되었다. 경기를 좋아하는 사람들은 건물의 현관, 집의 벽이나 바닥에 경기 장면을 그려넣었다. 화려한 장식을 할 돈이 없는 하층민들은 검투사 경기에 대한 즐거움을 집의 벽이나 거리의 벽에 낙서하는 것으로 대신했다.

검투사들의 강인함에 대한 두려움

로마인들은 검투사들의 비천한 신분을 깔보면서도 그들의 싸움 기술과 강인함은 두려워했다. 검투사인 스파르타쿠스의 반란은 로마인들에게 검투사들이 언제든 무서운 존재로 탈바꿈할 수 있다는 인식을 심어주었다. 또 14년에 다뉴브 강 지역에 주둔하던 군단병들의 반란은 검투사들에 대한 두려움을 자극했다. 비불레누스라는 병사는 동료 병사들을 선동하면서 말하기를, 자기 동생이 "어젯밤 총독의 지시로 검투사들에게 살해되었다. 총독은 병사들을 죽이기 위해 검투사들을 무장시키고 있었다"라고 했다. 비불레누스에게는 동생이 없었기 때문에 검투사에게 살해되었다는 이야기는 거짓말이었다. 하지만 무장한 검투사들이 자신들의 목숨을 노린다는 사실은 병사들에게 큰 충격을 안겨주었다. 비불레누스가 병사들을 자극하자 병사들은 총독이 데리고 있던 검투사들을 사로잡아 고문했다.

64년 로마 시에서 약 35킬로미터 떨어져 있는 프라이네스테라는 지역에서 검투사들이 폭동을 일으켰다. 다행히 주둔해 있던 병사들이 폭동을 무사히 진압했다. 또 프로부스 황제 때 로마 시 인근의 검투사 양성소에 있던 600명의 검투사 가운데 80명이 반란을 일으켰다. 그들은 양성소 운영자와 교관 등을 죽이고, 약탈을 일삼으며 로마 시로 입성했다. 다행히 황제가 군대를 파견해 무사히 진압했지만 검투사들에 대한 두려움을 각인시키기에 충분한 사건이었다.[10]

로마인들은 단순한 체력 싸움이 아니라 교묘한 기술로 승부하기를 바라는 마음에서 검투사들이 싸움 기계가 되기를 원했다. 검투사들은 인기와 돈을 움켜쥐기 위해 로마인들이 원하는 대로 훈련했고, 갈고닦은 기량을 아레나에서 십분 발휘하고자 했다. 로마인들이 원하는 것은 딱 거기까지였다. 검투사들의 모든 행동은 아레나에 국한되기를 원했다. 아레나를 벗어난다면 검투사는 더 이상 즐거움을 주는 존재가 아니었다. 싸움 기술을 연마하고 체력을 다지는 데 대부분의 시간을 보내는 검투사가 로마에 반기를 든다면 가공할 만한 세력이 될 것이었다. 로마인들이 검투사를 경멸하면서도 그들의 집단행동을 두려워한 것은 그들의 힘을 알기 때문이었다.

교육적 효과를 강조하는 지식인들

로마 지식인들은 검투사 경기에서 단순히 재미만을 추구한 것이 아니라 검투사 경기를 빗대어 로마사회를 보고자 했다. 로마인들이 검투사 경기에 얼마나 매료되었는지, 검투사 경기가 로마사회에 미치는 영향은 무엇인지, 검투사를 통해 로마인이 배워야 할 자질은 무엇인지를 고민했다. 그들은 힘든 삶을 사는 검투사의 입장이 아니라 경기를 보고 즐기는 관중의 입장에 더 관심을 가졌다. 그들은 관중의 폭력성을 비난했고, 검투사들이 가진 자질을 로마인들도 가지기를 원했다. 검투사는 여전히 멸시받을 존재이지만 그들이 보여준 용맹, 용기, 근성, 성실성, 동료애 등은 본받아야 할 자질이었다. 검투사를 로마사회를 비판하는 잣대이자 젊은이들이 지향해야 할 자질의 기준으로 삼았던 것이다.

관중의 폭력성에 대한 비판

관중은 자기 마음에 들지 않는 경기나 관중을 보면 반드시 고치겠다는 결심을 한 것처럼 달려들곤 했다. 관중끼리의 싸움이 빈번하다보니 경기장에서의 하루는 폭력, 잔인, 흥분, 열정으로 물들었다. 관중의 폭력성을 단적으로 보여준 사건은 59년의 폼페이 폭동 사건이다. 검투사 경기 도중에 벌어진 누케리아와 폼페이 주민 사이의 난투극은 검투사 경기의 과열 양상을 여실히 드러낸 사건이었다. 발단은 사소했다. 원로원에서 추방된 리비네이우스라는 사람이 폼페이에서 경기를 개최했다. 두 지역의 주민 모두 성격이 급하고 경기에 열정적이다보니 앉아 있는 상태에서 서로를 향해 조롱과 야유를 주고받다가 욕설까지 하게 되었다. 그다음에는 서로에게 돌을 던지다가 급기야 칼부림을 하기에 이르렀다. 경기 개최지가 폼페이였기 때문에 폼페이 주민들이 수적으로 우세했다. 당연히 싸움도 폼페이 주민들에게 유리하게 돌아갔다. 누케리아 주민 상당수가 손발이 절단되는 심각한 부상을 입었고, 사망자가 속출했다. 이 사건에 대한 조사는 원로원에 위임되었다. 원로원은 다음과 같이 결정했다. "폼페이 주민들은 향후 10년 동안 폼페이 공동체의 이름으로 유사한 집회를 개최하는 것을 금지하고, 불법으로 조성된 조합들도 해산하라." 그리고 경기를 개최한 리비네이우스와 폭동을 선동한 자들은 모두 추방되고, 정무관들은 파면당했다.

폼페이에 남아 있는 알레이우스에 대한 기록은 59년의 폭동 이전과 이후의 상황을 잘 보여준다. 알레이우스가 5년직에 재직하던 55년에는 검투사 경기를 개최할 수 있었다.

5년직에 재직하는 알레이우스가 개최하는 경기에서 30쌍의 검투사와 그들을 대체할 싸움꾼들이 12월 칼렌데스 전 8일째 날, 7일째 날, 6일째 날(11월 25~27일)에 폼페이에서 싸울 것이다. (당시의 유명한 검투사인) 엘리우스도 싸울 것이고, 야생동물 사냥 경기도 열릴 것이다.

알레이우스가 검투사 경기와 야생동물 사냥 경기를 개최한다는 사실을 광고했다.
59년의 폭동 사건으로 경기를 개최하지 못하게 된 지 10년이 지난 69년 금지령이 풀렸을 때 '지체하지 않고' 경기가 재개되었다.

제단을 봉헌하면서 베스파시아누스 황제와 그의 아이들의 건강을 위해 황제의 사제인 알레이우스가 개최하는 경기에서 여러 쌍의 검투사가 7월 노네스 전 4일째 날(7월 4일)에 지체하지 않고 폼페이에서 싸울 것이다. 야생동물 사냥도 열릴 것이고, 살수기와 차광막이 있을 것이다.[11]

검투사 경기가 번성했던 대표적인 도시인 폼페이에서 경기 금지령이 내려질 정도로 관중의 폭력성은 도마 위에 올랐다.
폼페이 폭동은 세네카에게도 영향을 끼쳤다. 폼페이의 검투사 양성소에는 "철학자 세네카가 피비린내 나는 경기를 비난한 유일한 로마 작가다"라는 낙서가 적혀 있다.[12] 인간의 기본 덕성에 관심을 가졌던 세네카는 일관된 도덕주의자로서 사회의 부조리나 잔인성에 대한 비판을 서슴지 않았다. 그러한 비판의 일환으로 제기한 것이 검투사 경기였다. 검투사 경기에 대한 인기가 갈수록 높아지는 상황에서 그에 대한 비판은 사람들의 주목을 받았다. 급기야 폼페이의 검투사 양성소에 세네카가 비판자라는 낙서까지 나타났다.

세네카의 글에서 그가 진정으로 비판하고자 한 것은 잔인한 처벌 방식이나 검투사 경기의 폭력성이 아니라 처형식을 관람하는 관중이었다. 그는 정오의 처형식만 언급했을 뿐 검투사 경기를 말하지는 않았다. 그가 두려워하고 비판적으로 본 것은 범죄자들을 좀 더 잔혹하게 처형할 것을 요구하는 관중이었다.

당신은 나에게 특별히 피해야 한다고 생각하는 것이 무엇인가라고 물었다. 나의 대답은 대중이다. 대중과 어울리는 것은 해롭다. 우리에게 어떤 해도 끼치지 않는 사람이 없고, 우리와 얽힌 사람이 많으면 많을수록 위험도 더 크다.[13]

소크라테스나 카토도 자신들을 싫어하는 사람들 때문에 그들의 도덕적인 힘이 흔들렸다. 그래서 감각적이고 쉽게 영향을 받는 사람, 즉 옳다는 것을 지지할 만큼 확고한 성격이 아니라면 대중과 떨어져 있어야 했다. 왜냐하면 그 사람은 쉽게 자신을 저버리고 대중의 편에 서기 때문이었다. 그런 사람들은 대중과 섞이는 검투사 경기를 피해야 했다. 세네카는 훌륭한 인물이라면 폭력성을 띠는 대중과 함께하는 그런 오락거리에 탐닉하지 않아야 한다고 했다. 오락거리에 빠지면 지적인 추구에 관심을 갖지 않게 되고, 더 위험한 것, 더 나쁜 것에 몰두하게 되었다. 그에 따르면, 즐거움은 가장 쓸모없는 악이었다. 미덕은 높고 침범할 수 없는 것인 반면, 즐거움은 낮고 허약하고 몰락하기 쉬운 감정이었다. 따라서 현명한 사람은 즐거움을 추구하지 않아야 하고, 진정한 즐거움은 즐거움을 경멸하는 데 있었다.[14]

세네카와 같은 지식인들이 우려한 것은 검투사 경기의 잔인성이 아니라 바로 관중의 폭력성과 과격성, 군중심리였다. 검투사 경기의 인기는 관중이 부실 경기장이라도 찾고 싶어할 정도로 높아져 갔다. 관중이 경기의 매력에 빠지면서 흥분과 열기는 더해갔다. 그리하여 조그마한 시빗거리도 큰 싸움으로 번졌다. 폭력 사태를 예방·진압하기 위해 원형경기장에 배속된 군인들이 경기장 외곽, 아레나 주변, 관중석 곳곳에 배치되었다. 그들은 관중 사이에 과격한 몸싸움이 일어나지 않도록 주의를 기울였다. 그럼에도 배치된 병력에 비해 관중의 수가 훨씬 많았기에 한번 폭력 사태가 발생하면 걷잡을 수 없었다. 검투사 경기는 단순한 구경거리로 치부할 수 있지만 관중의 폭력은 정치적 혼란을 초래할 뿐 아니라 경제적인 손실도 가져왔다. 검투사 경기가 관중에게 어려운 현실을 잊어버리게 하는 즐거움을 주었지만 그것이 과하면 오히려 현실을 더욱 어렵게 만들 수 있었다.

검투사들의 용맹함에 대한 칭송

로마인들은 검투사들의 따뜻한 피가 간질 발작을 치료해준다거나 결혼식에서 신부가 머리카락을 자를 때 경기장에서 치명적인 상처를 입은 검투사의 창으로 자르면 행운을 가져다준다고 믿었다.

로마 지식인들은 그런 미신이 아니라 검투사들의 강인함과 인내라는 긍정적인 자질을 논했다. 검투사는 로마인으로서 갖추어야 할 자질을 설명하는 데 유익한 교육 주제였던 것이다. 키케로는 검투사들이 치명적인 타격을 받아도 명성에 대한 열망으로 고통을 참아내는 모습이 본받을 만하다고 했다. 그는 "우리 눈에 검투사보다 고통과 죽음에 대해 더 강하게 훈련하는 것은 없다"면서 검투사들의 고통스러운 훈련, 용기, 겸허한 죽음에 대한 극찬을 아끼지 않았다.[15]

검투사들에게 있는 용맹, 용기, 전투정신과 같은 미덕은 로마가 팽창하는 시기에 필요한 덕목이었다. 로마 시에서 처음 검투사 경기가 열린 시기는 카르타고와 전쟁을 시작하던 시점이었다. 로마가 마케도니아, 그리스, 소아시아로 영토를 확장해나가면서 검투사 경기의 횟수와 규모는 커졌다. 전쟁이 빈번하던 시기에 검투사의 자질을 들면서 전쟁의 주역인 군인들은 그보다 더 훌륭한 자질을 갖추어야 함을 강조했다. 검투사는 비교의 대상이자 뛰어넘어야 할 존재였던 것이다. 제정기에 광대한 영토와 정치적 안정을 갖췄을 때는 전사와 같은 용맹함보다 지적이고 문화적인 가치를 더 중요시했다. 그러나 아우구스투스 황제는 이런 가치만큼이나 과거의 전사적 자질을 강조하고자 했다. 검투사 경기는 나약함, 안주, 도덕성 저하, 부패에 대항히는 수단으로 여겨졌다. 사람들 또한 자신이 갖지 못한 강인함과 용맹함에 대해 환상을 품고 있었기에 검투사 경기에 매료되었다.

검투사의 긍정적인 측면은 여러 사가에게서 감지된다. 황제 소유의 검투사 양성소에 있던 어떤 검투사가 심각한 부상을 입어 의사에게 갔을 때 실없이 웃었다. 검투사의 이런 행동이 로마인들에게는 심각한 육체적인 고통도 견뎌내는 강인함과 용맹함으로 보였다. 숙련되지 않은 싸움꾼이 더 잘 싸우는 것이 아니라 노련하고 이성적인 검투사가 잘 싸우므로 이상적인 연설가는 이성적으로 행동해야 한다는 주장도 있었다. 죽음에 대한 검투사들의 자세는 2세기의 총독인 소플리니우스에게도 배워야 할 덕목이었다. "구경거리가 인간의 정신을 허약하고 무기력하게 만드는 것도, 연약하게 만드는 것도, 파괴하는 것도 아니다. 그것은 영광스러운 상처를 주고, 죽음을 경멸하게 한다. 왜냐하면 노예와 범죄자들의 신체에도 영광에 대한 사랑과 이기고자 하는 열망이 명백히 나타나기 때문이다."[16]

검투사의 긍정적인 면을 강조한 대표적인 사가는 세네카였다. 그는 훌륭한 사람들이라면 갖추어야 할 미덕, 용기, 영광, 명성과 같은 덕목을 검투사에게서 찾았다. 그에게 미덕은 가장 훌륭한 덕목이었고, 이것은 지혜와 일맥상통했다.

운동선수들이 자신의 얼굴을 포함한 모든 신체에 얼마나 많은 타격을 받는가! 그럼에도 그들은 명성에 대한 열망으로 고통을 모두 참아낸다. 그들은 싸우고 있기 때문일 뿐만 아니라 싸울 수 있도록 하기 위해 이런 일들을 경험한다. 그들의 훈련은 바로 고통을 의미한다.[17]

세네카는 오래 사는 것보다 잘 사는 것이 더 중요하다고 했다. 잘 살기 위한 필수 요건은 죽음을 경멸하는 방법을 배우는 것이었다. "사는 것이 중요한 문제가 아니다. 당신의 노예도 살고 있고, 모든 동물도 살고 있다. 명예롭게, 분별력 있게, 용감하게 죽는 것이 중요하다"라는 말에서 죽음을 얼마나 중요하게 여기는가를 알 수 있다. 삶은 작은 것이고, 삶에 대한 경멸은 영원한 것이라고 여긴 세네카에게 검투사들은 죽음을 경멸하는 이들로 보였다. 그는 검투사들이 자신의 생명을 구하려고 하면 관중이 적대감을 품어 죽게 만들지만 그들이 죽음을 경멸하면 관중은 지지를 보낸다고 말했다.

세네카에 따르면 "용감한 사람은 자신을 위험에 노출시키고, 위험을 두려워하지 않는" 자인데, 검투사가 바로 그런 존재라는 것이다. 그에 따르면, 검투사는 자신보다 열등한 상대를 만나는 것을 불명예로 여기고, 위험 없이 승리하는 것은 영광 없는 승리임을 알고 있었다. 또 위대한 사람들만 정신력을 가지고 있다고 생각하는 것은 잘못되었다. 검투사들도 과감히 죽음을 맞이할 수 있는 용기를 지니고 있었다.[18]

세네카에게 최고선인 미덕은 질병, 가난, 추방, 사망과 같은 고통이나 고난 없이는 도달할 수 없었다. 자신의 한계를 넘어서는 훈련의 고통을 참아내고 죽음을 두려워하지 않는 검투사들이야말로 진정한 미덕의 소유자였다. 검투사가 가진 또 다른 미덕은 욕망을 억제한다는 것이었다. 검투사에게는 대다수의 사람이 중요하게 생각하는 부와 사치가 없기 때문이 아니라 그러한 것에 대한 열망이 없기 때문에 위대한 사람이었다. "가난한 사람은 너무 적게 가진 사람이 아니라 더 많은 것을 동경하는 사람"이라는 입장에서 보면 검투사야말로 진정으로 부자였다.[19]

검투사는 로마인들이 갖추어야 할 자질을 일깨워주지만 로마인들을 비난하는 사례로도 활용되었다. 검투사와 같이 저급한 행동을 일삼는 로마인들은 유베날리스의 비판의 대상이었다. 유베날리스가 비판한 인물은 자신의 용맹함을 과시하기 위해, 혹은 돈이 없어서 검투사를 자원한 사람, 벼락출세한 검투사, 검투사에게 반한 상류층 여성, 검투사로 자원한 여성 검투사 등이었다. 이들은 구경거리를 통해 인간사를 풍자하고자 하는 유베날리스에게 적절한 풍자거리를 제공했다. 염세주의적 경향이 있었던 유베날리스는 훌륭한 혈통을 물려받았으나 그에 적합한 행동을 하지 않는 귀족을 비난했고, 그 반대의 경우도 경멸했다. 그에게 이집트 출신의 해방노예로서 기사 신분인 근위대장에까지 오른 부유한 크리스피누스, 황제의 총애를 받은 연극배우 파리스와 같은 벼락출세자들은 돈으로 그 자리를 획득, 유지하는 천박한 사람들일 뿐이었다.

유베날리스는 벼락출세자들이 황제의 총애로 얻은 돈과 영향력으로 극장이나 전차 경주장, 검투사 경기장에서 상류층을 위해 마련된 좌석에 앉는 관행을 꼬집었다. 귀족적 윤리와 고귀한 혈통을 강조했던 유베날리스는 돈을 근거로 신분 상승을 꾀하는 사람들에게 분노를 느꼈다. 포주의 아들, 검투사의 아들, 검투사 양성소 운영자의 아들이 상류층 좌석에 앉아서 마치 귀족인 듯 행세하는 것을 비난했다. 벼락출세자들에 대한 그의 분노는 부유한 해방노예가 귀족이지만 가난한 법무관에게 길을 양보하지 않는 단순한 사건도 용인하지 못하게 만들었다.[20]

일반 사람들처럼 지식인들도 검투사의 비천한 신분을 경멸했고, 처형식과 검투사 경기의 잔인성에 대해 언급했다. 다만 그들이 주로 초점을 맞추었던 것은 검투사 경기가 아니라 그와 관련된 로마인들이었다. 검투사들이 얼마나 비천한지, 검투사 경기가 얼마나 잔인한지는 관심의 대상이 아니었다. 지식인들은 로마의 관중이 검투사 경기를 보면서 폭력적인 성향을 보이는 것을 어떻게 설명해야 할지에 주의를 기울였다. 또 검투사 경기를 통해 로마인들이 얻어야 할 교훈을 알고자 했다. 그들에게 검투사는 로마의 도덕적인 가치를 높여줄 좋은 교육 주제였다.

제5부

검투사 경기와 정치

Gladiating

제1장

검투사 경기의 시작은?

에트루리아 기원설

 검투사 경기의 기원 논쟁에서 19세기 중반 제기된 이래 20세기까지 많은 지지를 얻고 있는 전통적인 학설은 에트루리아 기원설이다. 이 학설은 검투사 경기가 이탈리아 북부 에트루리아에서 시작되어 로마로 전파되었다는 것이다. 왕정기 에트루리아 출신들이 로마의 왕이 되는 상황에서 종교, 예술, 건축, 행정, 군사 등 여러 측면에서 에트루리아의 영향을 받은 것은 사실이었다. 그런 타국 문화의 유입 속에 검투사 경기도 끼어 있었다는 것이 에트루리아 기원설이다.

글로 된 증거

에트루리아 기원설을 뒷받침하는 가장 강력한 증거는 문헌 사료다.

로마인들은 연회에서 검투사 경기를 벌였다. 그들은 축제나 극장에서뿐 아니라 연회에서도 검투사들을 싸우게 하는 구경거리를 마련했다. 이것은 에트루리아인의 관습에서 차용해온 것이었다. 일부 로마인들은 저녁 식사에 친구들을 초대해 다른 오락거리를 할 뿐만 아니라 두세 쌍의 검투사가 경기하는 것을 볼 때가 종종 있었다. 그들은 저녁을 먹고 음료를 마시려고 자리를 잡았을 때 검투사들을 불렀다. 검투사가 상대의 목을 베는 그 순간 구경꾼들은 환호했다.[1]

검투사 양성소의 운영자인 라니스타가 사형집행인이라는 의미의 에트루리아어였다는 기록이 있다.

우리는 정오의 잔인하고도 어리석은 경기 중에 메르쿠리우스가 죽은 자를 보기 위해 불타는 쇠막대기를 사용하는 것을 보고 웃었다. 또 우리는 손에 망치를 들고 검투사들의 시체를 끌어내는 요브의 형제도 보았다.[2]

세 번째 테르툴리아누스의 글에서 그는 검투사와 범죄자를 구분하지 않았다. 또 정오의 경기라는 표현이 있으므로 그가 말하는 것은 범죄자 처형식이었다. 요브의 형제는 악마의 신, 죽은 자를 지하세계로 끌고 가는 신을 뜻한다. 요브의 형제와 에트루리아에서 망치를 든 신인 카론 혹은 카룬이 동일 신이고, 이는 검투사 경기의 에트루리아 기원설을 뒷받침해준다. 로마의 전설적인 왕인 타르퀴니우스Lucius Tarquinius Priscus 재위 기원전 616~기원전 578가 26년 동안 매년 한 쌍의 검투사를 로마인들에게 보였다는 역사가 수에토니우스의 기록도 중요한 사료다.

에트루리아설을 지지하는 학자들은 검투사 경기가 에트루리아인에게서 빌려온 것이라고 분명하게 말하는 니콜라우스의 글, 검투사 경기와 연관된 용어들이 에트루리아어에서 유래했다는 지적, 에트루리아 출신인 타르퀴니우스 때부터 검투사 경기가 있었다는 기록 등 어느 것을 보아도 검투사 경기가 에트루리아로부터 전파되었다는 데는 의심의 여지가 없다고 주장한다. 특히 테르툴리아누스는 검투사 경기가 인기를 끌었던 카르타고에서 생활했고, 그리스도 교도들이 원형경기장에서 순교하는 시대에 살았다. 때문에 누구보다 검투사 경기를 관찰할 기회가 많았고, 비판적인 시각을 견지하면서 관심을 가졌다. 그래서 기원 문제에 관한 한 그가 제공하는 정보는 신빙성이 있다고 여겼다. 그런 그가 에트루리아 기원설을 암시한 것이다.[3]

한편 에트루리아설을 반박하는 학자들은 이런 문헌 사료들이 검투사 경기가 에트루리아의 것임을 증명하지는 않는다고 주장한다. 그들은 다음과 같이 주장한다. 니콜라우스의 글은 로마인들이 검투사 경기의 관습을 에트루리아인에게서 빌려왔다고만 했을 뿐 그것이 에트루리아 고유의 것이라고는 말하지 않았다. 또 라니스타는 이탈리아에 검투사 경기가 확산되면서 나타난 직업이므로 기원을 해명하는 근거가 아니다. 테르툴리아누스의 글에서 요브의 형제를 에트루리아의 카론과 동일시하는데, 그 근거가 없다. 테르툴리아누스는 어떤 글에서도 카론에 대해 말하지 않았다. 에트루리아 기원설을 인정하는 학자들이 단지 같이 망치를 들고 다닌다는 점에서 요브의 형제와 카론 신을 동일시했을 뿐이다. 설사 두 신을 동일한 신으로 보아도 에트루리아 기원설을 주장할 만한 근거는 못 된다. 타르퀴니우스 왕과 검투사 경기를 연관지은 단편적인 글은 전체 문맥이 확실치 않아 이 역시 정확한 근거가 되지 못한다. 설령 이 글이 타르퀴니우스의 업적을 열거한 글이었다고 해도 검투사 경기를 포함시킨 것은 추정에 불과하다. 로마인들은 로마 광장의 배수 시설 건설, 카피톨리움 신전 건축, 전차 경주 시행과 같은 혁신적인 정책을 모두 타르퀴니우스와 연관지었기 때문에 검투사 경기 역시 아무런 의심 없이 타르퀴니우스의 업적으로 여긴 것이다. 게다가 타르퀴니우스의 치세 기간이었던 기원전 7세기 말에서 기원전 6세기 초에 로마에는 검투사 경기가 있었던 것 같지도 않다.[4]

그림으로 된 증거

에트루리아 기원설은 문헌 사료뿐 아니라 벽화와 같은 고고학적 사료도 주요 증거로 채택하고 있다. 에트루리아의 벽화는 기원전 6세기 후반의 것으로, 캄파니아설의 근거로 들어지는 기원전 4세기의 벽화보다 1세기 이상이나 앞서기 때문에 기원을 해명하는 문제에서 더 설득력이 있다는 주장이다. 대표적인 벽화는 '점성가들의 무덤'에 그려진 벽화다. 이 벽화에서 수염을 하고 화려한 모양의 웃옷을 입고, 원뿔 모양의 모자와 마스크를 쓴 채 개 끈을 쥐고 있는 '페르수'라는 인물과 곤봉을 들고는 개에게 다리를 물린 인물에 주목할 필요가 있다. 이것을 초기 검투사의 모습을 보여주는 것 혹은 검투사 경기가 열리기 전에 거행되는 야생동물 사냥 모습이나 처형 모습을 보여주는 것으로서 검투사와 연관지었다. 에트루리아의 또 다른 벽화에서 투구, 방패, 때로는 갑옷을 착용한 사람, 검으로 무장한 사람, 나무로 된 의자에 앉아 있는 구경꾼 등은 에트루리아 기원설을 지지하는 근거로 거론된다. 벽화에서 에트루리아인들이 살육을 오락거리로 여긴 흔적은 많이 나타난다.

    이에 반박하는 학자들은 이들 프레스코화가 야생동물 사냥이 에트루리아에서 유입되었다는 근거는 될지 모르나 검투사 경기의 기원에 관한 근거는 아니라고 주장한다. 개 끈을 상당히 느슨하게 잡고 있었으므로 동물 사냥이나 처형과 무관하고 장례식의 일부인 도보 경주에 불과하다는 것이다. 또 여러 벽화에서 투구나 방패로 무장한 사람들이 보이지만 이들이 쌍으로 싸우는 검투사 경기를 암시하는 것은 아니다. 구경꾼 역시 운동 경기를 보고 있는 것만 보일 뿐 검투사 경기를 보고 있는 장면은 없으므로 근거가 될 수 없다. 그러자 에트루리아 기원설을 지지하는 학자들은 곤봉을 들고 있는 사람의 팔과 다리가 가죽 끈에 감겨 있어 도보 경주에 불편하고, 넓적다리에 이미 여러 차례 물린 흔적이 있는 것으로 보아 단순한 경주라고는 볼 수 없다고 반박했다.[5]

    1857년 불치 무덤은 발견자인 고고학자 프란시스의 이름을 따프란시스 무덤이라고 불리기도 했다. 기원전 400~기원전 310년경에 완성된 이 무덤의 프레스코화 가운데 아킬레우스가 포로의 목을 베는 장면을 묘사한 것이 있다. 이 프레스코화에 대한 설명은 트로이 전쟁에 대해 쓴 호메로스의 『일리아스』에서 찾을 수 있다. 아킬레우스는 자신을 대신해 싸우다 죽은 파트로클로스의 장례식에서 말하기를, "파트로클로스야! 하데스의 집에서도 잘 지내라. 보아라. 나는 이제 내가 전에 너에게 한 약속을 지키고 있다. 너와 함께 불 속에 던져넣은 12명의 고결한 트로이 귀족의 아들이 있다." 이처럼 고대 지중해 문명에서 장례식을 치르며 죄수들을 희생시키는 이야기는 많이 있다. 에트루리아 기원설은 이런 인간 희생제의 문화가 그리스를 거쳐 에트루리아, 로마로 들어왔다는 것이다. 이 프레스코화에서 주인공은 포로 뒤에서 처형 장면을 보고 있는 카론이다. 푸른색 피부에 갈고리 같은 코를 하고, 거칠게 짠 투니카를 입고 있는 카론의 가장 중요한 특징은 큰 망치를 들고 있다는 것이다. 망치는 하데스 집의 문을 두드리거나 문의 빗장을 벗기는 데 쓰였다. 아레나에서 죽은 시체를 운반하는 사람을 카론이라 부르는 것은 에트루리아 기원설의 증거로 간주한다.[6]

에트루리아설의 근거가 되는 또 다른 벽화는 '피리카 Pyrrhica' 춤을 추는 벽화다. 군인은 아니지만 투구, 방패, 종종 갑옷과 검으로 무장한 사람들을 검투사로 추정하는 것이다. 로마인들은 피리카 춤을 추었고, 제정기에는 원형경기장에서 펼치는 정규 프로그램으로 편성되었다. 투구를 쓰고 창을 든 사람이 피리카 춤을 추는 모습이 있고, 나체로 운동을 하면서 춤을 추는 운동선수들이 있다. 이들이 모두 싸우는지, 특정 몇 명만 싸우는지, 죽을 때까지 싸우는지, 단순히 승패만 가리는지는 알 수 없다. 그러나 기원전 6~기원전 5세기에 그려진 이 벽화들은 에트루리아 지역에서 나온 것으로 검투사들의 초기 형태를 보여주는 것이라는 주장이다. 이를 반박하는 학자들은 수많은 에트루리아 벽화가 장례식에서 하는 권투와 전차 경주를 보여주지만 어느 것도 검투사 경기는 아니라고 주장한다. 한 마디로 무장한 두 사람이 싸우는 장면은 하나도 없다는 것이다.

에트루리아 기원설을 주장하는 학자들은 문헌 사료와 고고학적 사료가 모두 에트루리아 기원설을 강력히 지지하고 있다고 보았다. 그러나 이를 반박하는 학자들은 국가가 형성되는 과정에서 정치적 상징들을 이웃 문화에서 빌려오는 경향이 흔하다고 주장한다. 로마가 개선식, 관료들의 복장, 희생 의식, 예언 등을 에트루리아로부터 차용한 것도 역사적 사실이다. 전차 경주와 같은 구경거리가 발전하는 데 에트루리아가 중요한 역할을 했다. 그러나 검투사 경기의 에트루리아 기원설은 자신들의 것이 아닌 것을 모두 '이국적' '신화적'인 에트루리아의 것으로 치부해버리는 로마인들의 성향에서 나온 것이지 역사적인 근거가 있는 것은 아니라고 보았다.

어떤 학자는 역사적 근거가 없는 에트루리아 기원설이 그럴듯해 보이는 것은 도덕성과 인종을 연결짓는 19세기적 믿음을 기반으로 하고 있기 때문이라고 주장한다. 도덕적으로 우수한 로마인이 도덕적으로 퇴폐적인 에트루리아인과 접촉, 검투사 경기를 받아들여 타락했다는 식으로 결론지을 수 있는 근거가 에트루리아 기원설이다. 에트루리아인이 기근을 피해 소아시아의 리디아를 떠나 이탈리아로 왔다는 기원전 5세기의 역사가인 헤로도토스의 기록이 있기 때문에 인도유럽어족인 로마인과 동양적 에트루리아인은 대비시키기 좋은 주제라는 것이다.[7] 에트루리아 기원설이 제기된 19세기 제국주의 시대의 분위기를 지적한 이 주장은 지나치게 비약했다는 느낌이 없지 않지만 에트루리아 기원설을 반박하는 흥미로운 이론으로 회자된다.

캄파니아
기원설

캄파니아 기원설은 20세기 초에 제기된 뒤 1981년 프랑스 역사가인 빌이 다시 강력히 지지하면서 부상했다. 이 학설은 로마 시 남부에 있는 캄파니아에서 검투사 경기가 시작되어 에트루리아를 거쳐 로마로 전해졌다는 이론이다. 이 이론을 지지하는 가장 단순하면서도 중요한 증거는 이탈리아 최초의 원형경기장이 캄파니아 지역에서 발견되었다는 것이다. 문헌 증거는 에트루리아 기원설에 비해 빈약하지만 구체적인 싸움 장면들을 묘사한 벽화, 최초의 검투사 경기를 보여주는 벽화가 이 지역에서 나왔기 때문에 이 학설이 탄력을 받고 있다.

글로 된 증거

1세기 초의 사가인 리비우스는 기원전 308년 로마가 캄파니아를 지배하고 있던 삼니움에게 승리를 거둔 것을 경축하는 상황을 설명했다.[8]

(기원전 308년 루키우스 파피리우스가 독재관이었을 때) 원로원 결의에 따라 독재관이 개선식을 했고, 포획한 무기들이 전시품의 대부분을 차지했다. 신들을 기리기 위해 로마인들은 상대의 독특한 무기들을 이용했다. 캄파니아인들은 삼니움인에 대한 우월감과 증오심으로 연회 동안 구경거리를 제공하기 위해 포획당한 사람들의 양식대로 검투사들을 무장시켰다. 이 검투사들은 '삼니움 검투사'라고 불렸다.[9]

1세기 초 역사가이자 지리학자인 스트라본은 "캄파니아인은 몹시 사치스러워 만찬에 여러 쌍의 검투사를 초청했는데, 검투사의 수로 그 만찬의 중요성을 규정할 정도였다"고 했다. 1세기의 정치가이자 서사시인인 실리우스 역시 캄파니아인의 관행에 대해 언급했다.

피를 흘림으로써 연회의 활기를 띠게 하고, 무장한 사람들이 싸우는 무서운 구경거리를 연회와 결합시키는 것이 그들의 고대 관습이었다. 종종 싸움꾼이 죽어 연회를 즐기는 사람들의 컵 바로 위에 떨어지거나 식탁이 폭포와 같이 흐르는 죽은 자의 피로 물

들기도 했다. 이렇게 풍기 문란을 야기하는 사람들이 카푸아인이었다.[10]

이들 사료는 모두 캄파니아인의 만찬에서 오락거리로 검투사 경기를 펼쳤다고 말하고 있다. 또 캄파니아의 관습과 로마의 관습을 비교하면서 캄파니아인이 잔인하고, 거만하고, 무례하고, 경솔하다는 부정적인 측면을 강조했다. 그에 반해 로마인들은 진지하고, 솔직하고, 경건하고, 더 적합한 지도력을 지니고 있다는 긍정적인 측면을 은연중에 드러내고자 했다. 캄파니아에 대한 로마인들의 비판은 캄파니아 지역의 카푸아 시가 제2차 포에니 전쟁 기간 동안 적국인 카르타고의 한니발에게 성문을 열어준 것에 근거하고 있다.

캄파니아 기원설을 반박하는 학자들은 이들 사료가 결정적인 증거는 되지 못한다고 본다. 그들에 따르면, 공화정 후기 카푸아 지역의 검투사 양성소를 소유한 사람은 카푸아인이 아니라 로마인이었다. '삼니움 검투사'에 대한 문구도 검투사 경기가 정확히 캄파니아와 관련 있다는 것을 의미하기보다는 막연하게 로마가 '외래에서 온 것' '이국적인 것'을 빌려왔다는 의미를 담고 있을 뿐이다. 무엇보다 중요한 것은 이들 사료가 기원전 4세기 말 캄파니아인들이 검투사 경기를 즐겼다고만 말했을 뿐이고, 캄파니아인들이 만들었는지, 그런 관행이 로마에 언제 어떻게 전해졌는지에 대해서는 침묵하고 있다는 것이다.[11]

그림으로 된 증거

이탈리아 최초의 원형경기장은 기원전 2세기 말 카푸아, 쿠마이, 리테르눔에 세워졌다. 폼페이의 경기장은 기원전 78년경에, 푸테올리와 파이스툼의 경기장은 기원전 1세기 중반에 설립되었다. 이들 도시가 위치한 캄파니아 지역은 다른 어느 지역보다 석조 경기장이 먼저 세워졌다. 캄파니아 지역은 폼페이의 베수비우스 산에 수 세기 동안 축적된 화산재가 풍부했다. 가볍고 구멍이 숭숭 나 있는 이 화산재는 시멘트를 만드는 원료로 쓰였다. 또 이 지역에는 돌이 많았고, 푸테올리라는 천혜의 항구가 있어서 부족한 건축 자재를 구하기 쉬웠다. 이런 지리적인 측면이 캄파니아 기원설을 뒷받침하는 하나의 증거다. 이 지역에서 검투사 경기가 만들어졌고 인기 있다보니 경기장을 건설할 필요성이 대두되었고, 풍부한 건축 자재가 경기장 건설로 이어졌다는 것이다.

기원전 4세기 후반 남부 이탈리아에서 검투사 경기가 유행했다는 것은 고고학적 자료로 증명된다. 방패, 창, 검, 정강이받이로 무장한 사람들은 나체에 가까운 복장을 하고 있었다. 파이스툼의 프레스코화에서 심판인 듯한 사람의 모습은 군인들의 싸움을 묘사한 것이 아니라 검투사 경기를 표현한 것이다. 연회 장면과 전차 경주를 하는 모습도 같이 그려져 있으므로 신화를 그린 것이 아니라 단 한 차례의 싸움을 묘사한 것이다. 장례식에서 싸우는 모습이 그려져 있는 것으로 보아 검투사 경기와 장례식이 관련되어 있다는 점, 여성의 장례식이므로 싸움 장면은 죽은 자의 삶과 무관하다는 점을 알 수 있다.

캄파니아에서 시작되었던 검투사 경기가 어떻게 로마까지 전해질 수 있었는가에 대해 학자들은 에트루리아의 중개 역할을 거론했다. 에트루리아인들이 비옥한 캄파니아에 관심을 가졌고, 기원전 7세기에는 무역로를 통해 이탈리아 남부에 실질적인 영향력을 행사하기 시작했다.[12] 기원전 6세기 에트루리아의 패권은 더욱 확대되어 캄파니아 해안 지대를 차지하고 지중해 서부를 장악하기 위해 카르타고와 경쟁할 정도였다. 그리하여 기원전 2세기의 역사가인 폴리비우스는 "에트루리아인들은 접근하기 쉽고 비옥한 토양으로 명성을 떨치던 카푸아와 놀라 인근에 있는 플레그라이아 평원을 소유했고, 그 시기에 평원의 가장 오래된 주민이었다"고 기록했다. 이처럼 캄파니아에 막강한 영향력을 행사하고 있던 에트루리아는 캄파니아의 관습을 자연스럽게 받아들였다. 그런 관습 중 하나가 당시 캄파니아인들이 연회에서 즐겼던 검투사 경기였고, 이를 자신들의 영향력 하에 있던 로마에 전해주었다.

캄파니아 기원설을 반박하는 학자들은 에트루리아가 캄파니아에 영향력을 미친 시기와 로마에 검투사 경기가 전파된 시기가 맞지 않는다는 점을 지적하고 있다. 기원전 7세기와 기원전 6세기에 에트루리아의 영향력이 캄파니아에 미쳤으나 기원전 474년 쿠마이 해전에서 패배한 뒤 그 세력은 급격히 쇠퇴했다. 시라쿠사이와 쿠마이 대 에트루리아가 벌인 이 해전에서 에트루리아가 대패하면서 서부 지중해는 물론이고 이탈리아에 대한 지배권까지 상실했다. 캄파니아에 있던 에트루리아 식민시들은 삼니움인과 로마인들에게 점령되었고, 무역로도 쇠퇴했다. 따라서 기원전 5세기에 이미 캄파니아에 대한 영향력을 거의 잃었던 에트루리아가 기원전 4세기 캄파니아에서 유행하던 검투사 경기를 받아들여 로마에 전해주었다고 보기에는 100년 정도의 시간 차가 있다. 이런 격차를 해명하지 않고서는 캄파니아 기원설은 설득력을 얻기 어렵다고 주장했다.

캄파니아 기원설에 대한 또 다른 의문은 과연 당시 문화적으로 뛰어났던 에트루리아가 오두막에 사는 조야한 캄파니아 문화를 받아들였을까 하는 것이다. 당시로서는 선진 전술인 밀집대형을 구사하고, 로마에까지 영향을 줄 정도로 정부 조직이나 건설 능력이 뛰어났던 에트루리아가 비옥한 땅이라는 것 외에는 뚜렷한 장점이 없던 캄파니아의 문화를 차용했다고 보기 어렵다. 산속 오두막에 살면서 평지든 해안이든 약탈하면서 살던 삼니움인들이 평야를 끼고 있는 캄파니아 지역을 장악한 뒤 캄파니아의 문화와 제도를 받아들인 것과 같은 이치다.[13] 문화의 발전 과정에서 단순하고 비효율적인 문화가 더 발달한, 더 복잡하고, 더 효율적인 문화의 영향을 받는다는 기본적이고 합리적인 전제를 캄파니아 기원설은 무시하고 있다고 주장했다.

문헌 사료와 고고학적 사료를 보건대, 에트루리아 기원설과 캄파니아 기원설은 모두 나름의 설득력과 맹점을 갖고 있다. 에트루리아 기원설은 에트루리아로부터 차용했다는 문헌 사료의 기록이 있다는 것이 강점이다. 캄파니아 기원설은 실제 싸우는 장면들을 묘사한 고고학적 사료가 있다는 점을 부각시킨다. 문제는 이 두 지역 외에 여러 지역이 거론되었다는 데 있다. 기원전 1세기에서 기원후 1세기에 활동했던 역사가 니콜라우스의 기록에 따르면, "때때로 갈리아인들은 만찬을 여는 동안 검투사 경기를 했다. 그들이 무장하여 모였을 때 그들은 소심한 싸움과 서로에게 공격하는 척하는 관행에 빠진다. 때로 그들은 서로에게 부상을 입히는 시점까지 가는데, 만일 동료가 중재하지 않는다면 실제로 분노하여 서로를 죽이기까지 한다." 또 다른 글에서 그는 "헤르미푸스는 자신의 저서에서 말하기를, 만티네이아인들이 검투사 경기의 창시자이고, 그 도시의 시민인 데모낙스가 조언해주었다"고 기록했다. 이로써 이탈리아 북부와 프랑스 지역의 갈리아인, 그리스 펠로폰네소스 반도의 만티네이아인이 검투사 기원 논쟁에 포함되었고, 히타이트인까지 거론하는 학자도 있다.[14]

로마인들은 자신들이 즐기는 검투사 경기가 어디에서 유래했는지에 지대한 관심을 보이며 이를 추적하려고 했다. 그러나 니콜라우스의 글에서 여러 지역이 후보로 떠오른 것을 보면 로마인들 스스로도 이에 대한 명쾌한 해답을 얻지 못했음을 알 수 있다. 검투사 경기의 기원 문제는 문헌 사료가 정확하게 언급하지 않았을 뿐 아니라 고고학적 사료 역시 추측의 여지를 많이 남겨두어 혼란이 가중되고 있다.

로 마 시 최 초 의 검투사 경기

로마 시에서 검투사 경기가 시작되는 때는 로마가 군사적으로 팽창하던 시기와 일치한다. 쉬지 않고 전쟁을 치르던 시기에 전쟁포로나 노예들이 벌이는 검투사 경기는 로마인들에게 강인한 전투 의식을 고취시키는 역할을 했다. 전쟁포로를 즐거움을 주는 도구로 사용함으로써 전쟁에서 승리하는 로마의 국력을 과시했다. 반대로 로마인이 전쟁포로로 끌려가지 않기 위해서는 적을 무너뜨릴 군사력을 보유해야 한다는 것, 로마가 강인해야 한다는 것을 느꼈다. 전쟁터에서는 군인이 로마를 지키기 위해 싸웠고, 로마 시에서는 검투사들이 로마인들을 즐겁게 하기 위해 싸웠다.

우시장에서 개최된 경기

검투사 경기를 개최하는 것은 죽은 자를 기리는 장례식에서 해야 할 일종의 의무였다. 테르툴리아누스는 비판을 목적으로 검투사 경기의 기원부터 따져 들어갔다.

이제 모든 구경거리 가운데 가장 유명하고 가장 인기 있는 것을 논해야 한다. 그것은 마땅히 해야 하는 의무라는 뜻에서 '무누스 munus'로 불린다. 의무와 '직무 officium'는 동일한 일을 의미한다. 고대인들은 잔인성을 더 문명화된 형태로 누그러뜨린 뒤 이런 종류의 구경거리를 행하는 것을 죽은 자에 대한 의무라고 생각했다. 고대인들은 옛날부터 죽은 자의 영혼이 인간의 피로 정화된다고 믿었기 때문에 장례식에서 포로나 자신들이 구입한 자질 나쁜 노예들을 희생시키곤 했다. 그렇게 조달된 사람들은 당시 가지고 있거나 가질 수 있는 무기로 훈련했다. 훈련이라는 것은 사람을 죽이는 법을 배우는 것이다. 당시 고대인들은 정해진 장례식 날 그들을 죽였다. 이것이 무누스의 기원이다.[15]

테르툴리아누스의 글에서 주목할 점은 검투사 경기의 기원이다. 인간의 피로 죽은 자의 영혼을 정화하기 위해 장례식에서 행하는 구경거리가 검투사 경기였다. 로마인들은 죽은 자를 위험하거나 공격적인 대상으로 보지 않았다. 죽은 자에 대한 의무를 이행하지 않았을 때만 죽은 자가 산 자에 대해 적대감을 표출했다. 그런 의무가 바로 검투사 경기였다. 검투사 경기를 무누스, 즉 직무, 임무,

의무라고 부르는 것은 이 때문이었다.

로마 시에서 검투사 경기를 개최한 최초의 직접적인 증거는 제1차 포에니 전쟁이 시작된 해인 기원전 264년에 관한 기록이다. 그러나 그보다 더 일찍 경기가 벌어졌을 가능성을 암시하는 단서가 있다. 첫째는 타르퀴니우스가 26년 동안 매년 검투사를 로마인들에게 보였다는 기록이다.[16] 둘째 삼니움 전쟁(기원전 343~기원전 290)과 관련지을 수 있다. 전쟁포로를 검투사로 활용하려면 외국과의 전쟁에서 승리해야 했다. 로마가 그런 포로를 얻을 수 있었던 시기는 삼니움과 전쟁한 때였다. 기원전 7세기 말에서 기원전 6세기 초인 타르퀴니우스 시대에 경기가 열렸을 가능성은 희박하지만, 다른 근거를 종합해볼 때 기록과 달리 기원전 264년 훨씬 이전에 로마 시에서 검투사 경기가 열렸을 가능성이 높다.

기원전 264년 에트루리아의 풍습에 심취한 브루투스의 두 아들이 검투사 경기를 개최했다.

클라우디우스와 풀비우스가 집정관 직에 재직할 때(기원전 264) 로마 시에서 처음으로 검투사 경기가 보아리우스 광장에서 개최되었다. (브루투스의 아들들인) 마르쿠스와 데키무스가 죽은 아버지에 대한 기억을 기리기 위한 장례식을 후원했다.[17]

경기는 장례식을 시작하고 9일째 되는 날, 즉 장례식부터 시작된 통곡의 시기가 끝나는 날에 열렸다. 9일 동안 소요되는 장례식 비용과 포로를 조달하는 비용을 고려하면 검투사 경기는 일반적인 형태의 장례식이 아니라 부유층의 장례식에 한정되었을 것이다.[18]

최초의 검투사 경기에 대해 4세기의 시인인 아우소니우스는 트라키아 형태, 즉 작은 방패, 검, 정강이받이로 무장한 검투사 3쌍이 싸웠다고 했다. 그러나 트라키아인들이 포로로 잡혀온 것은 제3차 마케도니아 전쟁(기원전 171~기원전 168) 이후였기 때문에 아우소니우스가 착각한 듯하다. 기원전 264년에는 트라키아 형태의 검투사가 아니라 긴 직사각형의 방패, 곧은 검, 투구, 정강이받이로 무장한 삼니움 형태의 검투사였을 가능성이 높다. 삼니움과의 전쟁으로 포로로 끌려온 삼니움인이 많았기 때문이다.[19]

로마인들에게 장례식은 근본적으로 죽은 자의 영혼이 지하세계에 잘 안착하기를 바라는 의미에서 치려진 것이었지만 반드시 죽은 자만을 위한 것은 아니었다. 장례식은 상속자들을 시민에게 알리는 기회인 동시에 죽은 자와 그 가문에 대한 대중의 관심을 유도하는 계기였다.

커져가는 경기 규모

로마 시에서 벌어진 검투사 경기에 관한 두 번째 기록은 제2차 포에니 전쟁에서 로마가 카르타고의 한니발에게 대패한 기원전 216년 칸나이 전투가 벌어진 해의 것이었다. 집정관 직을 기원전 232년과 기원전 220년에 두 번, 복점관 직을 한 번 역임한 아이밀리우스의 장례식에서 검투사 경기가 개최되었다. 그의 세 아들인 루키우스, 마르쿠스, 퀸투스가 로마 광장에서 3일 동안 22쌍의 검투사가 싸우는 장례식 경기를 개최했다. 기원전 200년에는 죽은 발

레리우스의 세 아들이 25쌍의 검투사가 싸우는 장례식 경기를 4일 동안 열었다.[20]

장례식에서 동원되는 검투사 수는 갈수록 늘었다. 장례식이 끝나고 열리는 연회의 규모도 더불어 사치스러워졌다.

(기원전 183년) 리키니우스의 장례식에서 고기가 공개적으로 분배되었고, 120명의 검투사가 싸웠다. 장례식 경기는 3일 동안 지속되었고, 경기가 끝난 후 공식적인 연회가 개최되었다. 식사용 침상이 로마 광장 전체를 뒤덮었을 때 거대한 돌풍을 동반한 폭풍우가 대다수의 사람을 강타하자 광장에 천막을 쳤다.[21]

검투사 경기에 동원된 검투사 수와 연회 규모는 죽은 자와 상속자의 재력과 정치적 영향력을 가늠하는 잣대로 여겨졌다. 장례식에서 싸운 검투사 수가 3쌍, 22쌍, 25쌍, 30쌍, 60쌍으로 증가하는 것도 이 때문이었다. 인기가 있었던 만큼 기원전 2세기에 이미 로마 시에 검투사를 양성할 수 있는 기관도 들어섰다.[22]

기원전 3세기와 기원전 2세기를 거치면서 검투사 경기의 규모가 갈수록 커졌는데, 여기에는 세 가지 이유가 있었다. 첫째는 로마의 증가된 부였다. 이 시기 로마는 포에니 전쟁과 마케도니아 전쟁을 치르면서 스페인에서부터 북부 아프리카, 그리스, 시리아에 이르기까지 폭넓은 영토를 차지했다. 전쟁으로 얻은 전쟁배상금과 전리품, 조세 등은 로마의 부를 증대시켰다. 부와 권력을 통해 대토지를 소유하고 있던 상류층의 부 역시 더욱 늘어났다. 증대된 부는 검투사 경기의 규모에 그대로 반영되었다.[23] 둘째는 인기였다. 전차 경주 외에는 극적인 싸움을 볼 만한 구경거리가 없었던 상황에서 검투사 경기는 흥미를 불러일으키기에 충분했다. 창이나 검과 같은 간단한 무장만 한 채 혹은 방패와 투구까지 쓰고 중무장한 채 싸우는 방식은 전장을 재현한 듯했다. 아버지와 아들이 저 멀리 전장에서 이렇게 싸우고 있을 것이라는 상상이 사람들을 몰입시켰다.

셋째는 검투사 경기의 사적인 성격이었다. 전차 경주나 극 상연과 같은 '공적인 구경거리'는 정무관들이 엄격히 규제했지만 장례식의 일부인 검투사 경기는 이 통제에서 벗어났다. 기원전 1세기 검투사 경기가 점점 공적인 영역으로 포섭될 때까지 경제적인 부담 때문에 저명한 가문의 구성원들만 경기를 개최했긴 했으나 최소한 이론적으로는 누구든 경기를 주최할 수 있었다. 상류층은 장례식에서 자신의 부와 사회적 지위를 과시하기 위해 검투사 경기에 시간과 돈을 아끼지 않았다. 사람들의 기대와 달리 소규모로 경기를 치러 구두쇠라는 인상을 남기고 싶지 않았던 것이다. 상류층은 시민들에게 자신의 존재와 부를 각인시켜 검투사 경기를 사회적 지위를 얻는 기회로 삼았다. 죽은 자의 아들은 검투사 경기를 개최할 것을 약속할 수 있지만 자신의 정치 일정에 적합한 때, 즉 고위 정무관직 선거가 있을 때 그 약속을 이행했다. 장례식을 치를 만한 사람이 없다면 오래전에 죽은 친척을 찾았다. 카이사르는 기원전 65년 안찰관 직에 재직할 때 죽은 지 21년이 된 아버지를, 기원전 45년에는 8년 전에 죽은 딸 율리아를 기려 검투사 경기를 개최했다.[24]

검투사 경기의 규모나 경기 주최자의 신분을 보면 완전히 사적인 성격의 경기라고 할 수 없었다. 경기를 주최하는 사람이 저명하거나 공직에 있는 공인이었기 때문이다. 유력한 정치가가 자신의 명성을 드높이고 시민들의 지지를 얻기 위해 죽은 조상의 이름을 빌려서 하는 경기였다. 평민들이 하는 것처럼 가족끼리 모여 조용히 죽은 조상을 기리는 폐쇄적인 성격의 모임은 아니었던 것이다. 그래도 정치가가 자신의 죽은 조상을 기린다는 개인적인 목적에서 사비로 개최했으므로 국가가 여는 공적인 축제와는 달랐다.

제2장

권력 획득의 수단이 된 검투사 경기

로마의 정치와 스파르타쿠스의 반란

 검투사 경기가 인기를 끌면서 단순히 상류층의 장례식 경기가 아니라 국가가 주관하는 공적인 행사로 변모했다. 이제 정무관들이 국고로 검투사들과 관중을 동원했다. 날로 확대되어가는 검투사 경기에 찬물을 끼얹은 것은 검투사 스파르타쿠스의 반란이었다. 검투사가 로마인들에게 재미와 즐거움을 제공하기 위해 살아가지만 언제든 로마의 등에 칼을 꽂을 수 있는 존재임을 여실히 보여준 사람이 바로 스파르타쿠스였다.

장례식 행사에서 국가적 행사로 변한 검투사 경기

 상류층이 죽은 조상을 위해 개최했던 경기는 인기를 등에 업고 퍼져나갔다. 죽은 자를 알든 모르든 그것은 상관이 없었다. 기원전

1세기 중반경에는 검투사 경기가 장례식과 무관하게 치러지기 시작했다. 검투사 경기가 정무관들이 주최하는 공적인 경기로 도약하게 된 해로 기원전 105년이 거론된다. 이는 두 가지 기록에 근거한다. 하나는 이해의 집정관들이었던 루푸스와 만리우스가 평화가 오래 지속되어 시민들이 전장에서 일어나는 일을 이해하지 못하자 이를 알도록 하기 위해 검투사 경기를 개최했다는 기록이다. 또 하나는 이해에 4개 군단이 킴브리족에게 대패한 아라우시오 전투 후 군사적 위기를 느낀 집정관들이 검투사 양성소에서 교관을 데려와 군단병들에게 검술 훈련을 시켰다는 기록이다.

만리우스의 동료인 루푸스는 타격을 피하고 가하는 더 복잡한 체계를 군단에 심기 위해 스카우루스 검투사 양성소에 있는 교관들을 불렀다.[1]

만리우스는 훗날 킴브리족과 싸우기 위해 루푸스가 훈련시킨 병사들을 데리고 갔다. 그는 전장에서 루푸스 휘하의 병사들이 수는 적지만 검투사 교관들의 가르침으로 인해 더 잘 훈련되어 있다는 사실을 알았다. 이들 덕택에 킴브리족을 무사히 물리칠 수 있었던 것이다.[2] 기원전 107년 재산 자격을 철폐하면서 하층민들이 군대에 들어왔고, 국가적인 위기에 처해 있었으므로 이들을 빨리 강하게 훈련시켜 전장으로 내보내야 했다. 그 훈련법의 일환으로 검투사들을 활용했다. 검투사들의 방식대로 젊은 병사들을 훈련시키는 관행은 이후에도 이어졌다. 요약하면 집정관들이 공무의 하나로 검투사 경기를 개최하고 교관에게 군사훈련을 맡긴 것은 검투사 경기가 공식적이고도 정규적인 행사임을 인정한 것이라고 보는 견해다. 반면 이 두 가지 기록만으로는 검투사 경기가 공식적으로 인정되었다고 볼 수 없으며 제정기에 와서야 공식적·주기적으로 경기가 열렸다는 견해도 있다.

검투사 경기가 국가에서 공식 행사로 인정된 시기에 대한 논란은 분분하지만 공화정 후기 정치가들이 정치적 목적에서 경기를 열었던 것은 사실이다. 한번 경기를 본 시민들은 그 매력에 흠뻑 빠졌다. 삶과 죽음의 기로에 선 검투사들의 치열한 싸움은 손에 땀을 쥐게 했다. 시민들은 이런 흥미진진한 경기를 개최해준 주최자에게 감사했다. 그들은 상류층이 베푸는 검투사 경기와 연회를 즐기면서 경기 주최자의 경제력과 호의를 알게 되었다. 경기 주최자에게 느끼는 시민들의 감사와 지지는 주최자가 정치에 나설 때 든든한 힘이 되었다. 이제 정치가들에게 검투사 경기는 유익한 권력 장악 수단이 된 것이다.

검투사 스파르타쿠스, 로마를 떨게 하다

기원전 70년대를 거치면서 로마인들은 나날이 인기를 끌던 검투사 경기를 진지하게 생각해보았다. 그 계기가 된 것은 기원전 73~기원전 71년 트라키아 출신의 검투사인 스파르타쿠스가 이끄는 반란이었다. 가장 기억할 만한 노예 반란이자 로마의 심장부를 겨냥했던 이 사건을 통해 로마인들은 뛰어난 전사들을 검투사로 만드는 일이 얼마나 위험한 것인가를 절감했다. 스파르타쿠스의 반란에 참가한 이들의 수가 많았고, 이탈리아에서 발생해 국가 자체가 위험에 빠질 수도 있는 상황이었다. 죽고 죽이는 오락을 즐긴 대가로 로마인들 자신이 죽을 뻔한 사건이었고, 대대로 노예에 대한 경계심을 불러일으킨 사건이었다.

기원전 73년 봄. 스파르타쿠스가 검투사 경기의 본고장이었던 카푸아에서 동료 검투사들과 함께 반란을 일으켰다. 로마인들의 간담을 서늘하게 했던 반란의 주동자인 그에 관해 알려진 것은 많지 않다. 왜냐하면 스파르타쿠스 반란이 일어난 지 약 35년 뒤에 기록된 살루스티우스의 글은 대부분 소실되었고, 2세기에 기록된 플루타르코스와 아피아누스의 글은 일치하지 않는 부분이 많기 때문이다. 스파르타쿠스의 출신에 대해 플루타르코스와 아피아누스는 모두 트라키아 태생이라는 데 의견을 같이했다. 그러나 아피아누스는 단순히 로마 보조군병으로 복무하다가 검투사 양성소로 흘러들어갔다고 한 반면, 플루타르코스는 그에 대한 언급 없이 교육을 받은 사람이라고 했다.

트라키아 태생인 스파르타쿠스는 과거 한때 로마인들과 함께 군인으로 복무했지만 죄수가 되었고, 검투사로 팔려 카푸아에 있는 검투사 양성소에 있었다.

스파르타쿠스는 트라키아 유목민 출신으로 뛰어난 용기와 강한 육체적 힘을 지닌 사람이었을 뿐 아니라 그의 상황에서 예견할 수 있는 것보다 더 훌륭하고 더 교양이 있어서 트라키아인보다 그리스인에 훨씬 더 가까웠다. 사람들 말에 따르면, 스파르타쿠스가 로마에 처음 노예로 팔렸을 때 뱀 한 마리가 잠을 자고 있는 스파르타쿠스의 얼굴 위에 똬리를 틀고 있었다. 같은 부족 출신이자 디오니소스 신에게 열광하는 여사제인 동시에 그의 아내가 된 여성이 이 일은 스파르타쿠스가 불행을 종결지을 위대하고 무서운 힘을 가질 신호라고 선언했다. 이 여성은 스파르타쿠스와 함께 도망쳤고 나중에 그와 함께 살았다.

트라키아 용병으로서 한때 로마의 군인이었다가 탈영병이자 강도였던 스파르타쿠스는 자신의 힘을 믿고 검투사가 되었다.[3]

아피아누스, 플루타르코스, 플로루스의 기록을 종합해보면 스파르타쿠스는 트라키아 출신이고, 로마 시민권이 없으므로 보조군 병이었다. 스파르타쿠스의 아내는 같은 부족 출신이었고, 여사제였다.

스파르타쿠스는 이탈리아 남부 카푸아의 바티아투스의 양성소에 들어갔다. 운영자인 바티아투스는 대부분 트라키아인과 갈리아인으로 구성된 검투사를 많이 거느리고 있었다. 그는 잔인하면서도 포악하여 검투사들을 함부로 다뤘고, 검투사들은 자신들을 짐승 다루듯 하는 그의 행동에 분노했다. 경기장에서 생과 사의 경계선을 넘나들며 치열하게 살아가는 검투사들에게 바티아투스의 학대는 육체적인 상처는 물론이고 정신적인 고통까지 안겨주었다. 참다못한 검투사 200명은 탈출을 계획했으나 바티아투스의 예리한 눈을 피하지 못해 결국 발각되었다. 계획이 누설된 것을 눈치 챈 수십 명의 검투사는 탈출을 시도하여 성공했다. 탈출한 검투사 수는 사가마다 다르게 기술했다. 플루타르코스는 78명, 리비우스는 74명, 아피아누스는 약 70명, 오로시우스는 64명, 플로루스는 30명 이상이라고 말했다.[4] 일일이 세어볼 수 없는 상황이고, 후대에 기록한 것이라 정확한 인원은 알 수 없지만 수십 명에 달한 것만큼은 분명했다.

도망친 검투사들에게는 변변한 무기도 없었다. 체력, 엄청난 훈련 양, 강인한 정신을 지닌 검투사들은 로마가 완벽하게 통제할 때에 즐거움의 대상이었지 통제 불능일 때는 위협적인 존재였다. 그래서 평상시에는 무기를 양성소 무기고에 보관했고, 허락을 받지 않는 한 들어가지 못하도록 항상 잠가놓았다. 검투사들이 양성소에서 무기에 접근하기란 쉽지 않았다. 만약 검투사들이 탈출 계획을 준비할 시간이 충분했다면 무기를 반납하지 않거나 무기고에 접근하는 방법을 찾으려고 했을 것이다. 그러나 도망친 검투사들은 계획이 누설되어 급하게 도망쳤기 때문에 부엌에서 식칼, 꼬챙이 같은 요리 도구와 곤봉, 단도를 들고 나왔다. 최소한의 호신용으로 쓰일 수 있는 도구들을 가지고 급하게 양성소를 나온 검투사들은 다행히 검투사들이 쓰는 무기를 싣고 양성소로 향하던 짐수레와 마주쳤다. 처음부터 행운이 따랐다. 검투사들의 무기가 군사용 무기에 비할 바는 못 되지만 살상용으로는 충분했다.

무장한 검투사들은 조직적으로 움직이기 위해 트라키아 출신의 스파르타쿠스, 갈리아 출신의 검투사인 크릭수스와 오이노마우스를 지휘관으로 선출했다. 지휘관이 뽑히자 검투사들은 로마군에게 일사불란하게 대응했다. 카푸아에서 검투사들이 양성소를 탈출했다는 소식을 듣고 급파된 로마군에 맞서 당당하게 승리했던 것이다. 검투사들은 패배한 로마군과 도주한 로마군의 무기를 수거해 재무장했다. 타인의 즐거움을 위해 사용하는 검투사들의 무기를 치욕의 상징으로 여겼기 때문이다. 벌거벗은 몸은 로마군의 갑옷으로 보호했고, 날이 무딘 검 대신 정교하게 제조한 검을 들었다. 시야가 가려지는 검투사의 투구 대신 넓은 시야를 확보하면서도 이마와 볼, 뒷목이 잘 보호되는 로마군의 투구를 썼다. 이민족 노예들로 구성되어 외모만 로마인과 달랐을 뿐 무장 상태는 로마군과 동일했다.

로마 원로원은 법무관인 클로디우스에게 3000명의 군사를 주면서 검투사들을 토벌하라고 명령했다. 카푸아로 달려간 클로디우스는 검투사들을 뒤쫓으면서 험난한 지역으로 몰아갔다. 스파르타쿠스 일행이 로마군을 피하면서 쫓기듯 들어간 곳이 베수비오 산이었다. 해발 1281미터에 달하는 이 산은 카푸아에서 56.2킬로미터, 나폴리에서는 9킬로미터 떨어진 곳에 있는 화산이었다. 산으로 들어오는 길은 하나뿐이었는데, 그곳에 클로디우스의 군대가 이미 포진해 있어서 검투사들은 나갈 수 없었다. 포위되어 오도 가도 못하는 신세가 된 검투사들에게 곳곳에 널린 산포도가 눈에 들어왔다. 스파르타쿠스는 검투사들에게 산포도 덩굴을 가져와 튼튼한 줄사다리를 만들라고 명했다. 그렇게 만들어진 사다리를 절벽 꼭대기에서 아래로 던졌고, 길게 늘어진 사다리는 땅에 닿았다. 플루타르코스는 사다리를 타고 한 사람씩 평지로 내려온 다음 제일 마지막 사람이 무기를 모두 땅으로 던진 뒤 자신도 아래로 내려왔다고 했다. 또 다른 주장도 있다. 베수비오 산의 산세가 수직 절벽이 아니고 포도덩굴도 튼튼하지 않으므로 사다리를 타고 내려왔다기보다 밧줄을 길잡이 삼아 잡고 산비탈을 걸어 내려왔다는 것이다. 무기도 한 사람이 던진 것이 아니라 일단의 무리가 손에서 손으로 넘겨주었을 것이라는 주장이다. 어떻게 내려왔든 로마군은 검투사들이 모두 탈출한 사실도 모른 채 여전히 산만 포위하고 있었다. 그 사이 산을 내려온 검투사들은 오히려 로마군의 주둔지를 급습, 점령해버렸다. 로마군은 통로가 좁은 공간에 갇혀 수적 우위를 살리지 못하고 패배했다.

스파르타쿠스의 성공으로 그에게 합류하는 사람은 더욱 늘어났다. 검투사는 물론 노예, 탈영병, 목동까지 합류하면서 병력이 1만 명을 넘어섰다. 매일 새로운 사람들이 도착해 정규 군대가 된 그들은 버드나무 가지와 동물 가죽으로 조악한 방패를 만들었다. 그들은 빼앗은 말과 야생말을 길들여 기병대도 구성했다. 아무리 싸움으로 먹고사는 검투사라고 해도 조직적인 훈련을 한 것이 아니므로 일사불란하게 행동하기 어려웠다. 여러 부류의 사람들이 모였으므로 단결력 면에서 로마 군대에 뒤질 수밖에 없었다. 사람 수에 비해 무기가 달려 제대로 무장하지 못한 사람도 많았다. 여러 면에서 부족하지만 이들을 뭉치게 한 것은 억압받은 자신의 상황에 대한 분노와 해방감이었다.

기원전 73년 가을. 원로원은 법무관인 바리니우스에게 2000명의 병사를 주어 검투사들의 반란을 진압하러 보냈지만 패배하고 말았다. 원로원은 다시 푸리우스와 코시니우스에게 대군을 주어 바리니우스를 돕도록 했다. 스파르타쿠스는 푸리우스의 군대를 기습 공격해 성공했다. 또 코시니우스가 바닷가에서 가까운 살리나이에 잠시 멈춘 뒤 목욕을 하고 있는 동안 그를 급습했다. 군수품을 모두 빼앗기고 간신히 목숨만 건진 코시니우스는 도주했다. 스파르타쿠스는 그런 로마군을 계속 추격하여 전투에 재돌입, 지휘관인 코시니우스를 포함해 대다수의 로마군을 살해했다. 이후 스파르타쿠스는 4000여 명의 병력을 이끌던 바리니우스와 격돌해서 그의 말까지 포획할 정도로 대승을 거두었다. 스파르타쿠스의 승리는 그 자신의 능력이기도 했지만 로마군이 허약했던 것도 커다란 이유였다. 당시 로마는 아직 스파르타쿠스의 위험성을 제대로 파악하지 못하고 그들을 약탈이나 일삼는 강도 떼에 불과하다고 폄하했다. 그런 저급한 도적 떼를 상대하는 데 대규모 정규 군단병을 보내는 것이 위신에 맞지 않다고 여겨 닥치는 대로 끌어 모은 오합지졸을 파견했다. 또 당시 소아시아와 스페인에서 전쟁을 치르고 있었기 때문에 대규모 군대를 보낼 여력도 되지 못했다.

아무리 제대로 훈련된 군단병이 아니라고 해도 로마군이었고, 이들을 상대로 승리한 스파르타쿠스의 이름은 널리 알려졌다. 또 약탈품을 공평하게 나누어줌에 따라 로마인들에게 불만을 품은 사람, 비천한 삶을 살고 있는 사람들이 스파르타쿠스에게 모여들었다. 전투 중 오이노마우스 같은 지휘관과 수많은 노예를 잃긴 했지만 사망한 사람보다 새로 들어온 사람의 수가 더 많았다. 총인원에 대해 어떤 기록은 7만 명, 또 다른 기록은 12만 명에 달했다고 한다.[5] 사람이 늘어나면서 스파르타쿠스의 고심도 깊어갔다. 수만 명에 달하는 사람을 먹이고 입히고 무장할 군수품이 턱없이 부족했던 것이다. 부하들에게는 지역민의 민심이 돌아서지 않도록 약탈을 금했다. 그러나 승리에 도취된 휘하의 부하들은 놀라, 누케리아, 메타폰툼 등 남부 이탈리아의 가는 곳마다 약탈을 일삼으며 악명을 떨쳤다. 약탈은 부족한 군수품을 보충하는 동시에 물질적인 욕망을 충족시키려는 행동이었다.

기원전 72년 봄. 날이 따뜻해지자 스파르타쿠스는 이탈리아 남부 루카니아의 투리이 주둔지에서 나와 북쪽의 갈리아 지역을 향해 이동하기 시작했다. 아무리 사람들이 늘어났다고 해도 전력의 차이로 인해 로마군을 상대로 계속 이긴다는 것은 불가능하다고 보았다. 그는 이탈리아를 떠돌다가 전멸하는 것보다 알프스 산을 넘어 북쪽으로 도주한 뒤 각자 고향으로 흩어지는 것이 현명한 선택이라고 여겼다. 북쪽으로 이동하면서 스파르타쿠스는 4만 명 정도를 지휘하고, 나머지 3만여 명은 부하인 크릭수스의 지휘를 받았다.

연이은 패배로 사태의 심각성을 절감한 원로원은 두 집정관을 함께 출정시켰다. 2개 군단, 1만 명 정도를 이끌던 집정관 겔리우스는 이탈리아 중남부의 가르가누스 산 근처에서 크릭수스 일행과 마주쳤다. 연이은 승리로 자신만만했던 크릭수스는 겔리우스의 급습에 제대로 대처하지 못해 병력의 3분의 2를 잃었고, 그 자신도 전사했다. 반란군에게 첫 패배를 안겨준 가르가누스 전투의 패인은 겔리우스의 능력이라기보다 정찰과 경계를 제대로 하지 않은 크릭수스의 방심에 있었다. 로마군에 대한 연전연승이 크릭수스의 자만심을 한껏 부추겼던 것이다.

2개 군단을 거느린 또 다른 집정관 렌툴루스는 계속 북진하여 이탈리아 중부에서 스파르타쿠스 일행을 막아섰다. 크릭수스를 죽인 겔리우스도 북진하여 스파르타쿠스의 배후에 버티고 있었다. 스파르타쿠스가 렌툴루스를 먼저 치고, 연이어 겔리우스마저 쳐서 승리를 거두자 당황한 로마군은 각기 다른 방향으로 도주하기 바빴다. 스파르타쿠스 군의 수가 로마군보다 더 많았던 것이 승리의 이유였다. 스파르타쿠스는 4만 명을 거느린 반면 렌툴루스는 1만 명, 겔리우스는 크릭수스와의 전투에서 소수 전사하여 1만 명에도 미치지 못하는 병력을 이끌고 있었다. 승리한 스파르타쿠스는 크릭수스의 영혼을 달래기 위해 포로로 잡은 로마군 300명을 처형했다. 또 로마의 군지휘관들이 하는 것처럼 전투에서 죽은 동료들의 장례식을 치러주었고, 장례식에서 포로로 잡은 로마군들을 검투사로 싸우게 했다. 그는 검투사가 아닌 경기 주최자가 됨으로써 비천했던 과거를 잊어버리려는 듯했다.

스파르타쿠스는 이탈리아 중북부 피케눔에서 집정관 겔리우스와 렌툴루스의 연합군을 만났지만 또다시 승리했다. 로마군에게 승리를 거두면서 북진을 거듭하던 스파르타쿠스 일행을 막기 위해 갈리아 키살피나 총독이었던 카시우스가 나섰다. 1만 명의 병력을 이끌고 내려온 카시우스는 북부 이탈리아의 무티나에서 스파르타쿠스 일행과 마주쳤다. 그러나 카시우스는 대패하여 수많은 병사를 잃었고, 그 자신만 간신히 도망쳤다. 승리를 거두어 자신만만해진 스파르타쿠스는 진군 방향을 북쪽으로 잡지 않고 남하하여 로마 시로 행군해갔다. 그는 승승장구하는 자신의 지략과 여자와 아이들을 포함하여 12만 명에 달하는 인원을 보유하고 있었기에 로마군은 물론 로마 시도 무섭지 않았다. 로마 시로의 빠른 이동을 위해 불필요한 군수품을 모두 태우고, 거추장스러운 죄수들과 짐을 실어 나르는 동물들을 모두 죽였다.

알프스를 넘어 자유를 찾아간다는 희망으로 전쟁을 했던 스파르타쿠스가 목표를 이루려던 찰나 다시 남하한 이유는 확실치 않다. 추측하자면 그냥 이탈리아에서 약탈하면서 풍요로운 생활을 하고 싶어했던 부하들이 스파르타쿠스의 북진에 동조하지 않았을 것이다. 부하들의 생각에 고향에 돌아간들, 자유를 찾은들 이탈리아에서만큼 안락하고 부유한 생활을 하기는 어려울 듯했다. 전투가 힘겹기는 하겠지만 이제까지의 경험으로 보아 승리할 자신이 있었고, 승리를 통해 얻는 약탈이라는 달콤한 열매를 놓칠 수 없었다. 또 실제 알프스 산에 다다르자 이 험준한 산을 넘을 수 있을지 의문이 들었다. 험준한 산을 넘기도 어려울뿐더러 넘었다고 해도 척박한 땅이 그들을 기다리고 있을 것이다. 승리에 도취된 부하들은 불확실한 미래보다 현재에 안주하고 싶었다. 스파르타쿠스는 이런 부하들의 마음을 저버리고 혼자 북진할 수는 없어 남쪽으로 방향을 틀 수밖에 없었다. 이것이 스파르타쿠스의 최대의 실책이자 패배의 전조였다.

이탈리아에서 길을 잃은 스파르타쿠스

스파르타쿠스는 로마 시로 진군하려던 계획을 바꾸었다. 수십만 명이 지키고 있는 로마 시를 포위하여 공략할 만큼 포위전에 능한 것도 아니었고, 그럴 장비도 없었다. 또 그가 이끈 무리는 컸지만 전투에 능한 사람은 많지 않았고, 정식 군사 훈련을 받은 사람은 눈을 씻고 봐도 없을 정도로 허약한 무리였다. 힘들게 로마 시를 공략했다고 해도 노예, 도망자, 노숙자 등 로마 시에서의 삶에 불만이 있는 사람들이 자신들에게 협력한다는 보장도 없었다. 그들이 자신들의 편을 들어주면 안팎으로 로마인들을 흔들 수 있지만 그들이 로마 편을 든다면 승리는 장담하기 어려웠다. 이런 점들을 고려해 스파르타쿠스는 목표를 비옥한 남부 이탈리아로 정했다.

기원전 72년 가을. 크라수스가 새로운 군사령관으로 임명되었다. 그는 새로 징집된 6개 군단과 집정관의 휘하에 있던 2개 군단을 더 받아 총 8개 군단, 4만여 명에 달하는 병력을 이끌었다. 그는 집정관들이 패배했던 피케눔 근처로 가서 스파르타쿠스 일행을 기다렸다. 그는 스파르타쿠스가 앞을 막고 있는 자신의 부대를 보고 후퇴할 수 있으니 퇴로를 막기 위해 부하인 뭄미우스를 파견했다. 크라수스는 뭄미우스에게 2개 군단, 1만 명 병사를 주면서 적의 배후를 뒤쫓기만 하고 지나치게 가까이 가거나 전투를 벌이지 말라는 당부를 잊지 않았다. 그러나 명예심을 품고 있던 조급한 성격의 뭄미우스는 적군이 나타나자 절호의 기회라 여겨 공격을 가했다. 1년이 넘는 동안의 전투 경험으로 노련해진 스파르타쿠스의 군대는 조직력이 결여된 뭄미우스의 군대를 상대로 대승을 거두었다. 뭄미우스의 군대는 절반 이상이 사망했고, 무기를 버리고 달아난 병사들만 겨우 살아남았다. 크라수스는 뭄미우스의 병사들에게 명령 불복종과 패배의 책임을 물어 4000명의 병사를 '10명에 1명씩 처형 decimatio'하여 군기를 세웠다.

기원전 72년 겨울. 크라수스는 스파르타쿠스 군에서 떨어져 나와 있는 1만 명과 전투를 벌여 승리해 그들 중 3분의 2를 처형했다. 사료에는 "스파르타쿠스가 병사들에게 적보다 더 위험한 인물이 자신임을 증명하여" 일부 병사가 본대에서 떨어졌다고 하는데, 그 정확한 정황은 알 길이 없다. 승리한 크라수스는 스파르타쿠스를 추격하여 루카니아의 실라루스 강에서 전투를 벌여 또 승리했다. 스파르타쿠스는 크라수스와의 전투를 피해 바닷가인 레기움으로 이동했다. 이탈리아를 빠져나갈 다른 출구를 찾고 있었던 것이다. 스파르타쿠스는 2000명을 시칠리아로 보내 그곳을 또 다른 기지로 삼고 싶어했다. 이때 바닷가에서 킬리키아 해적선을 만났는데, 해적들이 스파르타쿠스 일행을 시칠리아까지 태워주겠다고 약속했다. 시칠리아를 장악할 계획이었던 스파르타쿠스는 해적들에게 큰돈을 주면서 꼭 태워줄 것을 다짐했다. 그러나 약속한 날 해적들은 돈만 챙기고 먼저 출항해버렸다. 한마디로 사기를 당한 것이다. 배를 구할 수 없었던 그들은 들보와 통을 버들가지로 묶은 뗏목으로 해협을 건너려고 했다. 시칠리아 섬과 이탈리아 본토 사이의 메시나 해협은 해류가 빠르고 풍랑이 거세기로 유명했다. 물살이 빠르고 폭이 3킬로미터에 달하는 해협을 뗏목으로 건너는 것은 여간 힘든 일이 아니었다. 해협을 건너는 데 실패한 스파르타쿠스는 할 수 없이 레기움에서 진을 치고 뒷일을 고민했다.

스파르타쿠스를 쫓아 레기움으로 온 크라수스는 스파르타쿠스군의 보급로를 끊어버리기 위해 도랑을 파고 둑을 쌓는 공사를 했다. 이로써 스파르타쿠스는 반도 끝자락에 갇혀 식량을 얻을 수도, 탈출할 수도 없는 곤란한 상황에 처했다. 눈보라가 거세게 불어닥친 추운 날 밤 로마군이 험한 날씨로 경비가 소홀해진 틈을 타 스파르타쿠스는 탈출을 감행했다. 그는 로마군이 파놓은 도랑을 흙과 나무로 메워 병사들을 탈출시켰지만 병력 전체의 3분의 1에도 못 미치는 적은 인원만 데리고 나올 수 있었다. 탈출한 스파르타쿠스는 중부 이탈리아의 삼니움을 향해 북쪽으로 이동했다.

기원전 71년 초. 스페인에서 전쟁을 하던 폼페이우스가 크라수스를 돕기 위해 이탈리아로 오고 있었다. 크라수스는 승리의 영광을 빼앗길까 두려워 마음이 조급해졌다. 빨리 전투를 하여 승리하고 싶었다. 크라수스는 부하에게 6000명의 병사를 주어 폭동으로 본대와 떨어져 있는 검투사 부대를 먼저 정복하라고 했다. 이 전투에서 로마군은 단지 3명만 사망한 데 반해, 적군은 1만2000여 명이나 죽어나갔다. 많은 군대를 잃은 스파르타쿠스는 이탈리아 남부 브루티움의 페텔리아 산속으로 도피하다가 기병대장인 퀸티우스와 재무관인 스크로파가 이끄는 로마군과 싸워 승리했다. 이 승리로 자신감이 붙은 스파르타쿠스 군은 다시 로마와 전면전을 펼치기를 원했다. 승리는 철저히 준비하는 자의 것임을 알았던 스파르타쿠스는 병력을 좀더 가다듬고 유리한 작전을 짠 뒤 전투에 돌입할 예정이었다. 그러나 병사들은 몇 번 패배한 뒤 승리한 터라 여세를 몰아 빨리 공격하고 싶어했다. 그들은 조급증을 내면서 스파르타쿠스의 말도 듣지 않았다.

기원전 71년 3월. 스파르타쿠스는 자신을 쫓아온 크라수스와 루카니아의 실라루스 강에서 최후의 결전을 준비했다. 그는 자기 말의 목을 벤 뒤 승리하면 더 좋은 말을 가질 수 있고, 패배하면 말이 필요 없다고 말했다. 개방된 지역에서 붙은 로마군과 검투사들은 서로 한 치의 양보도 없었다. 둘 다 백병전에 능하다보니 승부가 쉽게 나지 않았다. 적장인 크라수스를 죽인다면 로마군의 사기가 떨어져 승기를 잡을 수 있다고 판단한 스파르타쿠스는 여러 겹의 칼과 창을 물리치고 앞으로 나아갔다. 그가 자기 앞을 막아선 두 명의 백부장과 싸워 그들을 물리치는 사이 크라수스를 놓쳤다. 적장을 죽이지 못했다고 하여 싸움을 그만둘 수는 없는 일이었다. 부하들이 도망쳐도 스파르타쿠스는 검을 휘두르면서 계속 전진했다. 그러나 어느 순간 돌아보니 이미 로마군에 둘러싸여 있었다. 자기 목숨을 돌보지 않고 싸움에 너무 열중했던 것이다. 그는 넓적다리에 창을 맞아 부상당했고 무릎도 망가졌지만 방패를 앞으로 쥐면서 자신을 죽이려고 달려드는 로마군에 맞섰다. 더는 살 가능성이 없음에도 그는 비굴하게 목숨을 구걸하지 않고 전장에서 최후를 맞이했다. 스파르타쿠스의 시체는 발견되지 않았다.

스파르타쿠스의 최후의 전투에서 로마 측의 부상자는 약 1000명이었다. 크라수스는 산으로 도망간 잔당들을 추격했다. 잔당들은 네 부분으로 나뉘어 계속 도망쳤지만 대부분 살해되었다. 폼페이우스는 이탈리아 남부로 향하던 중 도망친 노예 5000명을 만나 모두 살해했다. 크라수스가 포로로 잡은 6000명은 카푸아에서 로마 시까지 전체 가도를 따라 십자가형을 당했다. 총 193.9킬로미터에 달하는 길에 한쪽으로 6000명을 세우면 32.3미터마다 한 사람씩 십자가형을 당한 범죄자가 있는 셈이었다. 검투사 경기가 집중적으로 열리는 로마 시, 즉 지배자의 입장을 대변하는 도시에서부터 검투사 양성소가 밀집되어 있는 카푸아, 즉 피지배자들이 있는 도시까지 시체를 전시했다. 피지배자가 지배자에게 저항하면 어떤 결과를 초래하는지를 상징적으로 보여준 것이다. 십자가에 매달린 노예들은 며칠에 걸쳐 서서히 죽어갔고, 그들의 시체는 부패한 채로, 새들이 쪼아 먹는 대로 놔두었다. 이로써 로마군 10개 군단이 투입된 3년에 걸친 검투사들의 반란은 주동자인 스파르타쿠스의 죽음과 함께 막을 내렸다.

스파르타쿠스에 대한 평가

　노예가 주인을 살해하면 그 집안의 노예들을 모두 죽이듯 로마인들은 주인에 대한 반항을 용인하지 않았다. 그런 로마인들에게 매춘부만큼 사회적으로 열등하지만 평균 이상의 전투력을 지닌 검투사들이 일으키는 반란은 두려움을 넘어 공포의 대상이었다. 따라서 스파르타쿠스의 반란을 기록한 어떤 로마인도 반란자들을 동정하지 않았다. 그에 대한 기록은 편향적이었고, 적대적이었다. 스파르타쿠스를 이해하는 노예나 검투사들이 아니라 두려움과 멸시로 그를 바라보던 로마인들이 남긴 기록이므로 공평한 시각을 견지하기는 어려웠다.

　스파르타쿠스의 반란이 3년에 걸쳐 진압되지 못한 데에는 로마군의 판단 착오도 컸다. 단순한 노예 반란으로 과소평가한 로마군은 소규모 군대만 파견함으로써 초기에 진압할 기회를 놓쳤다. 2세기 초의 사가인 플로루스는 스파르타쿠스의 선동으로 촉발된 전쟁을 '로마에 가해진 모욕'이라며 격분했다. 그런 모욕적인 전쟁에 동참한 사람들은 당연히 사악하고 비천한 자들이라고 비판했다.[6] 처음 스파르타쿠스와 함께 검투사 양성소를 탈출한 자들은 검투사들이었으므로 노예들이 맞았다. 그러나 그 뒤에는 로마 시민인 농업노동자와 소농이 함께했다. 동참 이유는 로마의 경제 상황과 관련이 있었다. 원로원 의원들과 기사들이 값싼 노예 노동력을 이용해 대토지 농장을 경영했고, 오랜 기간 전장에 나가 싸웠던 농민들은 적은 수확물과 세금, 빚으로 망했다. 현실의 어려움을 벗어나 새로운 삶을 찾고자 하는 열망은 검투사, 노예, 목동, 탈영병, 농민 모두에게 있었고, 이런 열망이 스파르타쿠스와 함께하게 만들었다. 스파르타쿠스의 반란은 단순한 노예 반란이 아니었던 것이다.

로마가 진압에 어려움을 겪은 또 다른 원인은 스파르타쿠스의 능력이 탁월했다는 데 있다. 그는 포위당했거나 로마군의 수가 늘어나도 베수비오 산에서의 탈출, 두 집정관 군대에 대한 각개격파 전술, 지형을 이용한 기습 작전 등의 전술을 이용해 위기에서 벗어났다. 스파르타쿠스가 단순히 검투사로만 살았다면 이런 작전을 짜기 어려웠을 것이다. 검투사는 단체가 아니라 개인 간 싸움에 능하기 때문에 전체 군대를 조직적으로 활용하는 데는 서툴렀다. 스파르타쿠스는 보조군에서 복무했던 경험과 플루타르코스의 말처럼 뛰어난 용기, 강인한 힘, 높은 지적 수준을 지니고 있었기 때문에 수만 명의 사람을 지휘할 수 있었다.

스파르타쿠스의 반란이 실패한 이유는 최종 목적지의 차이와 이질적인 사람들의 결합 때문이었다. 알프스 산을 넘어 자유를 얻고자 하는 스파르타쿠스와 약탈을 통한 풍요로운 삶을 위해 이탈리아에 머물고자 하는 크릭수스의 갈등은 결국 분열을 가져왔다. 두 사람이 합심했다면 로마군을 물리칠 수 있었으나 크릭수스가 떨어져 나갔다. 로마군은 스파르타쿠스와 분리되어 적은 무리를 이끌던 그를 쉽게 제압했다. 크릭수스의 패배로 스파르타쿠스는 오로지 혼자서 모든 것을 감당해야 했고, 그가 느낀 심리적 중압감은 갈수록 더해갔다. 또 스파르타쿠스 휘하에 트라키아인, 갈리아인, 게르만인, 로마인, 이탈리아인 등 여러 인종이 섞여 있었고, 그들이 처한 저마다의 상황이 통합을 저해했다. 부, 자유, 복수 등 각자 원하는 것이 달랐던 까닭에 스파르타쿠스의 명령에 전적으로 복종할 수 없었다. 불만이 생기면 무리를 지어 본대에서 이탈했고, 이는 스파르타쿠스의 전투력 저하로 이어졌다. 최종 목표의 차이든 인종의 차이든 통합력 부족은 스파르타쿠스가 가진 최대 약점이었다.

스파르타쿠스와 검투사들이 로마사회의 붕괴나 노예제 폐지, 검투사 폐지와 같은 거창한 목표를 품은 것은 아니었다. 그들은 관중의 즐거움을 위해 봉사하면서도 인간 이하의 대접을 받는 열악한 처지에서 벗어나 좀더 나은 삶을 살고 싶었을 뿐이었다. 스파르타쿠스는 로마인들에게 복수하고 싶어 로마 시로 가려고 했지만 훗날에는 그런 목적을 버렸다고 한다. 이는 로마인들이 자신들의 입장에서 볼 때 비천한 생활을 한 검투사들이 당연히 복수심을 가지지 않았겠는가 하는 추측에서 나온 말이다. 실제로 스파르타쿠스가 로마 시를 목표로 삼은 이유는 정확히 알기 어렵다.

스파르타쿠스의 반란으로 로마인들은 검투사들을 더욱 철저히 감시했다. 검투사 양성소와 막사, 경기장에 주둔하는 경비병의 수는 더 늘었다. 또 이전에는 양성소 안에 보관했던 무기들을 양성소 바깥의 안전한 곳으로 옮기거나 무기고를 지키는 인원을 늘렸다. 훈련은 더욱 혹독해졌고, 불복종에 대한 처벌은 더욱 가혹해졌다. 스파르타쿠스의 반란으로 검투사들에 대한 처우는 더 나빠졌다.

검투사들의 힘과 싸움 기술에 대한 두려움은 로마인들의 마음을 떠나지 않았다. 기원전 63년 카틸리나의 반란 때 정치가인 살루스티우스는 카틸리나가 검투사들의 도움을 받는다면 반란이 성공할지도 모른다며 두려워했다.[7] 원로원은 로마 시의 검투사들을 단속할 적절한 시설이 있는 캄파니아로 옮겨야 한다고 포고했다. 같은 해 마르켈루스는 반란을 위해 검투사들의 지지를 얻으려고 했기 때문에 카푸아에서 추방되었다. 정치가들은 검투사들의 뛰어난 육체적 능력을 활용하고 싶어했지만 로마인들은 이를 엄격히 견제했다. 스파르타쿠스와 같은 뛰어난 검투사가 한 번 더 로마를 뒤흔든다면 승리를 확신할 수 없었기에 그들에 대한 경계심을 늦추지 않았다.

제정기 들어 검투사들은 소소한 반란은 일으켰지만 스파르타쿠스와 같은 대규모 반란은 일으키지 않았다. 이는 검투사들의 출신 성분이 달라졌기 때문이다. 스파르타쿠스도 그렇지만 공화정 후기에는 전쟁포로 출신의 검투사가 많았다. 이들에게는 로마에 졌다는 것 자체가, 검투사로 활동한다는 것 자체가 억울하고 불만이었다. 또 같은 포로 출신이 많았으므로 단결력도 있었다. 반란을 일으킬 만한 요소들을 두루 갖춘 셈이었다. 하층민이라도 자유민들은 검투사를 자원하지 않았다. 가난한 하층민들에게 군인이든 검투사든 모두가 어차피 위험한 직업이었으므로 돈을 더 벌 수 있는 직업을 택했다. 당시 검투사보다는 군인이 더 유익했다. 유능한 군사령관을 만나면 봉급 외에 전리품과 상여금을 풍부하게 받을 수 있었다. 카이사르의 병사들은 약 27년 연봉에 달하는 상여금을 받기도 했다. 반면 제정기 들어서는 봉급 외에 손에 쥘 수 있는 돈이 많지 않았다. 가난한 게르만 족과 싸우니 전리품이 풍부할 리 없었다. 상여금은 약 6년 연봉에 해당되는 제대 상여금을 제외하고 황제를 옹립하거나 특정 축일에 받는 것이 전부였다. 입대의 장점이 사라지자 돈과 인기라는 측면에서 검투사라는 직업이 하층민에게 더 매력적으로 다가왔다. 절반 이상의 검투사가 자유민 출신이라는 것이 이를 증명한다. 로마인이고 스스로 검투사가 된 자원자들은 강요로 검투사가 된 사람들의 반란에 동참하지 않았다. 자원자들을 빼고 전쟁포로 출신의 검투사끼리 반란을 일으킬 수 있었지만 같은 양성소 안에 있는 자원자들 모르게 반란을 모의하기란 쉽지 않았다. 모의 사실이 알려지는 것은 시간문제였다.

내전과 검투사 경기

　로마인들에게 검투사는 감시의 대상이었고, 검투사 경기는 쾌락의 수단이었다. 로마인들이 스파르타쿠스의 반란을 겪으면서도 검투사 경기를 폐지하지 않은 것을 보면 검투사 경기에 얼마나 열광했는지 알 수 있다. 공화정 말기의 혼돈스러운 정치 상황에서 정치가들이 대중의 시선을 잡기에는 검투사 경기만 한 것이 없었다. 또 내전이라는 정치적 소용돌이 속에 정치가들이 검투사들의 강인한 힘과 기술에 눈독을 들이면서 검투사들은 정치 폭도로, 경호원으로, 군인으로 활용되었다.

경기 개최를 둘러싼 경쟁

로마에서 관료가 되려면 많은 비용이 들었다. 업무비가 가장 많은 드는 관직은 안찰관 직이었다. 안찰관은 원래 곡물의 여신인 케레스 신전에서 세속적인 일을 보았으나 기원전 367년부터 시민들이 선출하는 정무관이 되었다. 4명의 안찰관은 거리에서 로마인들의 공적인 생활을 감독했다. 거리를 깨끗하게 하고, 신전이나 광장 같은 공공장소를 수리하고, 도량형을 감시해 시장거래를 안전하게 하고, 치안을 유지하고, 물을 공급하고, 화재를 진압하고, 공공 축제를 거행하는 등 도시 전반을 다스리는 정무관이었다. 특히 검투사 경기는 주최자인 안찰관 자신의 이름을 시민들에게 알릴 수 있는 좋은 기회였다. 전직 안찰관이 법무관으로 되는 동안 3, 4년의 기간이 있어서 큰 규모의 경기를 개최하더라도 어느 정도 잊히기는 했지만, 그래도 시민들의 기억에 남을 만한 웅장한 규모였거나 이색적인 동물을 보여주었다면 이야기는 달라진다.

가이우스의 아들인 펠릭스는 가장 비난받지 않는 안찰관이었다. 그는 자신의 돈으로 구경거리를 개최했고, 사람들에게 연극 상연과 연회를 제공했기 때문이다.[8]

정치가에게 안찰관 직과 경기 개최가 주는 의미는 술라의 사례를 통해 짐작할 수 있다. 술라는 재무관으로서 유구르타 전쟁에 참가해서 커다란 명성을 얻었고, 이런 명성을 바탕으로 법무관 직에 입후보했다. 그러나 그는 기대와 달리 낙선했다. 술라는 시민들이 화려한 사냥 장면과 야생동물들끼리의 싸움을 보고 싶어 자신을 법무관에서 낙선시켰다고 말했다. 만약 술라가 안찰관에 입후보했으면 시민들이 아프리카의 이색 동물들을 볼 수 있다는 기대로 당선시켰겠지만 법무관에 입후보해 낙선시켰다는 이야기였다. 이를 만회하기라도 하듯 다음 해인 기원전 97년 술라는 엄청난 뇌물 공세로 가까스로 법무관 직에 당선되었다. 술라가 안찰관에 입후보했다면 뇌물을 쓰지 않아도 당선되었을 정도로 시민들은 안찰관이 베풀어주는 경기를 기대했다. 시민들의 기대에 부흥해 기원전 93년 술라는 100마리의 수사자를 최초로 사슬에 묶지 않고 경기장에 풀어 사냥하는 경기를 개최했다.

부자가 안찰관으로 재직하면서 시민들에게 구경거리를 제공하는 것이 관습이 되었고, 그런 관습을 지켜야 한다는 것이 키케로의 주장이었다.

우리 나라에서 과거 아주 훌륭했던 시대에 가장 고매한 정신을 소유한 시민들이 안찰관 직에 재직할 동안 웅장한 구경거리를 제공해주리라고 예견하는 관습이 정착되었다. 그래서 단순히 "부자"라는 별명을 가진 것이 아니라 실제로도 엄청난 부자인 푸블리우스 크라수스가 안찰관으로 재직할 때 화려한 경기를 개최했다. 얼마 뒤 루키우스 크라수스도 안찰관으로 있으면서 가장 장엄한 구경거리를 보여주었다. 그다음 아피우스의 아들인 가이우스 클라우디우스, 그다음에는 루쿨루스 가문의 사람들, 호르텐시우스, 실라누스 등 많은 사람도 그렇게 했다. 마메르쿠스는 아주 부유한 사람임에도 불구하고 (비용을 고려해) 안찰관으로서 베풀어야 할 것을 소홀히 하여 집정관 선거에서 낙선했다. 그러므로 옳은 판단을 하는 사람들이 바라는 일은 아니지만 최소한 인정하고 있는 것은 시민들이 요구한다면, 또 시민들에게 베풀어줌으로써 더 크고 더 유익한 것을 얻을 수 있다면 능력껏 베풀도록 해야 한다.[9]

카이사르는 기원전 65년 안찰관으로 재직하면서 검투사 경기에 아낌없이 돈을 퍼부었다.

미래의 독재관인 카이사르는 안찰관 직에 재직할 때 아레나에서 보여주는 장비에 은제 외에는 사용하지 않은 최초의 인물이었다. 그의 아버지의 명예를 기리는 장례식 경기에서 은제품이 등장했다. 이것은 야생동물과 싸워야 하는 범죄자들이 모두 은으로 만든 장비를 갖춘 최초의 사례였다.[10]

그는 은제 갑옷과 같은 모든 사치스러운 품목을 전시함으로써 자신의 영향력을 극대화시켰다.

검투사 경기가 인기와 표를 얻는 데 중요한 역할을 하자 전쟁에서 승리한 지휘관들이 경기를 개최했다. 기원전 79년 폼페이우스가 아프리카의 누미디아를 성공적으로 정복하고 귀환하여 검투사 경기를 열 것이라고 선포했다. 당시 권력을 장악하고 있던 술라는 경기를 통해 인기를 얻고 이로써 자신의 경쟁자로 등장할 것을 우려해 폼페이우스의 행동을 저지했다. 혈통귀족에 속하지 않은 로마인은 총독이 아니라면 경기를 개최할 수 없다는 이미 사장된 법 조항을 제시했다. 혈통귀족에 속하거나 총독이어야 경기를 개최할 권한이 있다는 것이었다. 당시 폼페이우스는 군대를 지휘한 경험은 있었지만 혈통귀족도, 총독도 아니었다. 폼페이우스는 로마 시민들에게 호소했다. 그러자 경기를 즐기는 로마 시민들은 폼페이우스의 편을 들어 화려한 경기를 열 수 있게 해주었다.

야심가들이 검투사 경기를 정치적으로 이용하자 기원전 1세기 중반 원로원은 이를 제한하고자 했다. 기원전 67년에 통과된 '불법 선거운동에 대한 칼푸르니우스 법'은 유권자들에게 돈이나 연회를 베풀고, 검투사 경기장의 좌석을 배분하는 등 뇌물죄를 저지른 입후보자에게 벌금, 관직 박탈, 원로원 추방 등의 형벌을 규정한 법이다.[11] 기원전 65년 카이사르가 320쌍의 검투사를 동원한 화려한 경기를 계획하자 원로원은 로마 시에 거주하는 경기 주최자가 동원할 수 있는 검투사의 수를 제한해버렸다. 그 결과 광고했던 것보다 훨씬 적은 수의 검투사들이 싸웠다.[12] 검투사 경기를 정치에 활용할 가능성을 배제하기 위해 기원전 63년 키케로가 발의한 '불법 선거운동에 대한 툴리우스 법'이 통과되었다. 이 법은 어느 누구도 관직에 입후보하기 2년 이내 또는 막 입후보할 때 검투사 경기를 개최하는 것을 금지한 법이었다.

기원전 62년 집정관으로 당선된 무레나는 임기를 시작하기 전에 뇌물죄로 기소되었다. 선거 때 무레나는 자신을 지지하도록 설득하기 위한 한 방편으로 친구와 피호민에게 경기장의 좌석을 나누어주었다. 이 행동이 칼푸르니우스 법을 어겼다고 기소되었다. 무레나를 변호하고 나선 키케로는 부족민들에게 일괄적으로 입장권을 분배하는 것은 전통적인 관습에 따른 로마 지배계층으로서의 의

무이지 선거법 위반은 아니라고 말했다. 그의 도움으로 무레나는 풀려날 수 있었다.

기원전 56년 법무관에 입후보한 바티니우스는 공공연하게 툴리우스 법을 어겼다. 연설문에서 법을 어긴 것에 대한 키케로의 비판과 이에 대한 바티니우스의 냉소가 첨예하게 대립되었다.

> 바티니우스는 나의 법안을 인정하지 않는다고 말했고, 모든 사람도 이를 알고 있다. 왜냐하면 그가 현재 혹은 장래에 입후보자 하려는 자는 2년 이내에 검투사 경기를 개최하지 못한다는 나의 법을 경멸했기 때문이다. 여러분! 이 점에서 나는 그의 안하무인을 도저히 인정할 수 없다. 그는 아주 공공연하게 그 법에 반대했다. 그러나 그는 두 가지 변명을 했다. 그는 말하기를 "우선 나는 야생동물 사냥꾼을 보여주었을 뿐이다. 법은 검투사들만 보여주지 말라고 언급했다." 이 얼마나 웃기는 구분인가! 더 영리한 말을 들어보아라. 그는 계속해서 말하기를 "나는 검투사들을 보여준 것이 아니라 검투사 한 사람만 보여주었다"고 했다. 그가 이런 변명을 하도록 두자. 나는 그가 자신의 원칙에 자신감을 갖기를 원한다. 왜냐하면 그가 자신감을 잃으면 폭력으로 법정에 맞설 것이기 때문이다.[13]

바티니우스는 검투사들을 동원하지 말라는 법을 어기지 않았다고 항변했다. 자신은 동물 사냥꾼을, 검투사 한 명만을 동원했기 때문이라는 것이다. 키케로는 이를 교묘한 말장난이라고 비난했다.

키케로는 검투사 경기를 활용해 영향력을 얻으려는 정치가들을 비난했다. 그는 입후보자의 경제적인 능력을 고려해서 경기를 개최해야 한다고 주장했다.

일반적으로 두 종류의 사람이 있다. 한 부류는 돈을 낭비하는 사람이고, 다른 부류는 관대한 사람이다. 낭비하는 사람은 시민들에게 연회를 베풀고 고기를 분배하고, 검투사 경기와 장엄한 경기, 야생동물 싸움을 개최한다. 잠깐만 기억하거나 아니면 전혀 기억하지도 못하는 헛된 일에 돈을 쓰는 것이다. 반면 관대한 사람은 자신의 재원으로 도둑에게 몸값을 치르고 포로를 풀어내주거나 친구들의 빚을 떠안거나 친구 딸의 지참금을 보태주거나 친구가 돈을 벌거나 불리도록 도와주는 사람이다.[14]

기원전 52년 쿠리오는 아버지를 기리기 위해 돈을 빌리면서까지 경기를 준비했다. 키케로는 쿠리오에게 편지를 써 권력을 구축하는 데 검투사 경기가 최상의 방법이 아니라고 조언해주었다. 그에 따르면, 경기를 개최하는 데 드는 엄청난 비용은 선거 유세를 하는 데 하나의 선택에 불과하고, 입후보자의 지도력을 입증하지 못한다. 경기는 가치가 아니라 부만 과시할 뿐이다. 그 돈은 더 나은 목적을 위해 쓸 수 있다. 키케로는 경기에 노력과 자금을 낭비하는 것보다 쿠리오의 능력을 정치에 쓰는 것이 더 낫다고 제안했다. 그럼에도 키케로는 그러한 구경거리만큼 사람들을 끌어당기는 것은 없다는 점을 인정했다.[15]

정치가들은 검투사 경기가 가져다주는 정치적 이익을 무시할 수 없었고, 정적들은 이를 저지하려고 했다. 카이사르는 양성소 운영자에게 비싼 임대료를 지불하고 경기를 개최하는 것보다 자신이 직접 양성소를 운영하면 비용 면에서 훨씬 유리할 것이라고 생각했다. 그래서 카푸아에 5000명 정도의 검투사를 둔 양성소를 운영했다. 그의 정적들은 그가 검투사들의 무력으로 권력을 장악하지 않을까, 검투사들이 자신들에게 위협을 가하지 않을까 노심초사했다. 기원전 49년 폼페이우스를 지지했던 렌툴루스는 집정관으로서 카이사르의 검투사들을 모두 로마 시로 데려와 각 가정에 2명씩 분배해주었다. 그는 카이사르가 자신의 검투사들로 화려한 경기를 열 때 그것이 지니게 될 정치적 영향력을 두려워했다. 이후 카이사르의 검투사들은 그의 후계자인 옥타비아누스, 즉 아우구스투스 황제에게 고스란히 전해졌다. 카푸아의 양성소에 있는 그의 검투사들은 '율리우스 양성소에 속하는 검투사들'로 불리면서 최고의 검투사로 칭송되었다.

 검투사 경기의 인기가 갈수록 높아가자 기원전 42년 국가가 종교적인 행사로 경기를 개최했다. 이해에 카이사르의 암살자들인 브루투스와 카시우스를 처단하기 위해 안토니우스와 옥타비아누스가 합심했다. 두 사람이 필리피에서 전투하기 전 로마 시에서 이상한 징조들이 나타났다. 태양이 줄어들다가 급기야 아주 작아졌다. 그러다가 다시 커지기 시작하더니 세 배나 커져 밤에도 환하게 빛나는 일이 일어났다. 천둥 번개가 여러 지역에서 내리쳤고, 유성이 여기저기 날아다녔다. 밤에 트럼펫 소리, 무기 부딪치는 소리, 무장한 사람들의 외침 소리가 티베르 강 아주 가까이에 있는 카이사르와 안토니우스의 집 정원에서 들려왔다. 더구나 개 한 마리가 다른 개의 시체를 케레스 신전으로 끌고 와 발로 땅에 파묻었다. 양손에 각각 10개의 손가락을 가진 아이가 태어났다. 앞부분은 말, 나머지 부분은 노새를 닮은 이상한 동물이 태어났다. 대경주장에서 카피톨리움으로 돌아오던 미네르바 여신의 전차가 부딪혀 조각이 났다. 알바 산에 있던 유피테르 신 조상의 오른쪽 어깨에서 오른손으로 피가 흘러내렸다. 이런 징조들을 하늘의 경고라고 여긴 로마인들은 축제를 개최했다. 이때 안찰관은 케레스 신을 기려 검투사 경기를 열었다.[16] 개인의 사사로운 장례식에서 하던 경기가 불길한 기운을 막기 위해 신에게 드리는 제례 속에 포함될 정도로 검투사 경기의 위상은 높아졌다.

내전에 활용되는 검투사들

군대를 움직이기 위해서는 원로원과 군사령관의 제가를 받아야 했지만 검투사는 개인의 소유이므로 마음대로 움직일 수 있는 무리였다. 군대는 로마 시와 이탈리아 안에 주둔하기 어렵지만 검투사들은 시민들의 즐거움을 위한 존재였기에 로마 시와 같은 도시에 머물 수 있었다. 군인들만큼 싸움 능력이 있는 데다 가까이 있는 검투사들이야말로 권력을 장악하려는 야심가들에게 더없이 좋은 병력이었다. 관직 입후보자는 검투사 경기를 개최하고자 검투사를 소유했고, 선거가 끝나면 자신의 경호원으로 거느렸다. 이 싸움꾼들은 주인을 위해 정적에 대한 폭력도 서슴지 않는 폭도로 활용되었다. 검투사들이 내전의 치열한 권력 투쟁에 동원되었던 것이다.

기원전 57년 클로디우스는 정적인 키케로를 귀환시키는 법안을 반대하는 데 검투사를 활용했다. 키케로는 반란을 일으킨 로마인들을 정당한 재판 없이 추방했다는 죄목으로 망명한 처지였다. 귀족들은 그리스로 가 있던 키케로를 다시 로마로 불러들이는 법안을 상정했다. 클로디우스는 그 법이 민회에 상정될 때마다 호민관으로서 거부권을 행사했다. 그래도 마음을 놓지 못한 그는 법무관이었던 형 아피우스가 소유하고 있던 검투사들을 동원해 민회에 쳐들어갔다. 법안을 논하기 위해 모인 시민들은 갑자기 들이닥친 검투사들에게 속수무책으로 당했다. 검투사들은 청년이든 노인이든 가리지 않고 닥치는 대로 몽둥이를 휘둘렀다. 검투사들의 가격에 머리, 얼굴, 다리 등을 맞은 사람들은 주저앉았다. 간신히 도망친 사람들도 검투사들의 건장한 힘을 당해낼 재간이 없어 붙잡혔다. 모여 있던 많은 사람이 검투사들의 폭력에 부상당함으로써 더 이상의 논의가 불가능해 그 법안은 통과되지 못했다. 주인의 명령에 복종하는 검투사들의 힘과 체력을 이용한다면 훨씬 수월하게 정치적 목적을 이룰 수 있음을 보여준 사건이었다.

클로디우스는 키케로 문제에서 검투사들 덕을 톡톡히 봤으나 역으로 검투사들을 이끄는 정적에게 살해되었다. 그의 경쟁자인 밀로는 클로디우스와 유사한 책략을 썼다. 기원전 53년 밀로는 집정관에, 클로디우스는 법무관에 입후보했는데, 두 사람은 선거운동 기간 내내 로마 시에서 싸웠다. 밀로는 검투사들과 무리지어 다녔다. 클로디우스도 자신의 무리를 이끌고 다니면서 세력을 과시했다. 이 두 집단이 충돌하면 로마 시 전체에 유혈이 낭자했다. 서로에 대한 미움이 극에 달하던 기원전 52년 로마 시에서 18킬로미터 떨어진 보빌라이에서 두 사람은 우연히 마주쳤다. 이 자리에서 밀로의 노예와 검투사들이 클로디우스를 살해했다. 이는 검투사가 가진 힘과 기술이 자기편에 있으면 이익이 되지만 반대편에 있을 때는 위협적인 존재가 됨을 여실히 보여준 사건이었다.

검투사들의 힘과 싸움 기술뿐 아니라 남다른 충성심은 정치가들에게 뿌리칠 수 없는 매력이었다. 기원전 31~기원전 30년 안토니우스를 위해 싸웠던 검투사들은 충성의 모델로 회자되었다. 안토니우스가 거느리고 있던 검투사들은 소아시아의 키지쿠스에서 경기에 나서기 위해 훈련 중이었다. 안토니우스가 옥타비아누스에게 패했다는 소식을 들은 검투사들은 이집트를 향해 출항했다. 가는 도중 안토니우스의 적들과 싸워 승리를 거두었다. 그러나 그들은 사방에 적들이 포진해 있어 안토니우스에게 승리의 소식을 전하지 못했고, 안토니우스도 검투사들이 자신을 도우러 오고 있다는 소식을 접하지 못했다. 그러는 사이 안토니우스가 자살했고, 그들은 옥타비아누스 군에게 붙잡혔다. 그들은 다시는 검투사로 싸우지 않겠다고 맹세한 뒤 시리아에서 살았다. 그 뒤 옥타비아누스를 지지한 군사령관인 메살라가 그들을 군단에 입대시켜준다는 구실로 여러 지역으로 보냈고, 그런 뒤 그들의 목을 베었다.

경기나 정치에서 검투사들의 활용도가 뛰어나다고 하여 모두 검투사를 거느릴 수는 없었다. 검투사들을 먹이고 입히고 훈련시키는 비용이 만만찮았기 때문이다. 소카토의 먼 친척인 가이우스 카토는 수많은 검투사를 데리고 있었다. 이에 대해 키케로는 자기 동생에게 말하기를 "가이우스는 항상 완벽하게 무장한 검투사들을 대동하고 공공장소에 나타났다. 그러나 그에게는 그들을 유지할 만한 경제적인 능력이 없으므로 그들과 함께한다는 것 자체가 고통일 것

이다"라고 했다. 실제로 가이우스는 경제적으로 힘들어 검투사들을 팔 수밖에 없었다.[17]

공화정 후기 검투사는 로마 정치 깊숙이 자리하고 있었다. 시민들에게 자신의 이름을 각인시켜 선거에 당선됨으로써 정치가로서 성공하고 싶어했던 야심가들에게 검투사 경기는 목적을 이룰 수 있는 지름길이었다. 그런 야심이 경쟁적으로 경기를 개최하게 만들었고, 경기가 늘어나면서 검투사에 대한 수요 또한 늘어났다. 정쟁이 치열해지면서 검투사들은 단순히 경기에만 투입되는 것이 아니라 폭력이 필요한 모든 장소에 투입되었다. 검투사가 정치 폭도로 활용됨으로써 내전이 더 폭력적으로 되었다고 할 수는 없지만 내전이 지속되는 데 하나의 편리한 수단을 제공했던 것은 사실이다.

제 3 장

지배 도구가 된 검투사 경기

황 제 의
긍정적 이미지
생 산 용

"정부의 성공은 구경거리에 달려 있고, 구경거리가 전체 시민을 달래준다"[1]라는 말처럼 검투사 경기를 잘 활용하면 통치에 큰 도움이 되었다. 화려하고도 재미있는 경기를 열어주면 사람들을 위해 막대한 돈을 쓰는 황제의 포용성을 드러낼 수 있었다. 또 경기를 열 수 있는 국가의 풍부한 재정을 과시하고, 그런 재정을 가능케 한 황제의 통치력을 보여줄 수 있었다. 검투사 경기는 황제의 긍정적인 이미지를 형성하는 데 도움이 되었다.

황제가 독점한 로마 시의 검투사 경기

제정기 황제는 시민들에게 이름을 확실하게 각인시킬 수 있는 주요한 정치 수단인 검투사 경기를 잠재적인 경쟁자가 개최하도록 허용할 수 없었다. 황제들은 저명한 사람들이 경기를 성공리에 개최해 열광적인 반응과 인기를 얻을 것을 두려워했다. 정적들이 그런 인기를 등에 업고 권력욕을 드러내지 않을까 노심초사했다. 황제는 검투사 경기 개최권을 독점할 권력과 대규모 경기를 개최할 재력이 있었다. 그리하여 로마 시에서의 경기 개최권은 점차 황제가 독점해나갔다. 황제들은 모든 경기의 범위, 기간, 날짜를 정하는 데 영향력을 행사했다. 각종 기념일, 즉위일, 개선식 날에 검투사 경기를 개최할지 여부는 황제의 의사에 달려 있었다.

검투사 경기가 지닌 정치적 선전의 가치를 가장 잘 파악하고 이를 독점하려고 노력한 황제는 아우구스투스였다. 그는 검투사 경기를 정규적으로 개최하도록 만든 최초의 황제, 검투사 경기를 황제의 통제 하에 둔 최초의 황제였다. 황제 자신도 경기를 보는 데 열성적이어서 병이 났을 때는 들것에 실려 경기장에 들어갔을 정도다. 가설무대가 무너진다는 소문에 시민들이 불안해하자 가장 위험한 관중석에 앉아 시민들의 불안을 잠재우기도 했다. 자신이 참석하지 못할 때는 관중에게 양해를 구하고 자신을 대신할 사람을 보냈다.[2]

아우구스투스 황제는 황제 관할의 검투사 양성소를 운영하고, 신분에 따른 좌석 배정을 지키도록 하는 등 세부 사항까지 지시했다. 또 황제는 자신의 이름으로 세 번, 아들과 손자들의 이름으로 다섯 번 개최한 검투사 경기에 약 1만 명의 검투사를 동원했다. 황제는 야생동물 사냥 경기를 여섯 번 개최했고, 이 구경거리에서 3500마리의 동물을 살해했다. 국가적인 구경거리를 제공하는 것은

황제가 개최하는 경기였고, 시민들의 반응이 가장 열렬한 것 또한 황제의 경기였다.[3]

아우구스투스 황제는 기원전 22년 경기 책임자를 법무관으로 정했다. 물론 정무관이 주최하지만 최종 결정권자는 황제였다. 황제는 승진을 열망하는 안찰관이 아니라 그 상급의 정무관이자 명령권을 보유한 법무관에게 경기 주최권을 줌으로써 검투사 경기와 정치권력을 분리시키고자 했다. 법무관이 주최하는 경기는 원로원의 승인을 받아 국고로 개최되었다. 경기에 재정을 낭비하지 않는다는 명분으로 인해 국고로 개최하는 경기는 초라했다. 법무관들이 더 화려한 경기를 열고 싶어하자 황제는 기원전 18년 국고로 개최하는 경비의 세 배까지 법무관의 사비를 쓸 수 있도록 했다. 그러나 황제는 공화정 후기처럼 자신의 사비로 화려한 구경거리를 제공해 권력을 얻을 가능성을 배제시켰다. 법무관들이 경기에 다른 사람보다 더 많이 자신의 사비를 쓰지 말 것, 원로원이 포고하지 않은 검투사 경기를 주최하지 말 것, 매년 두 번까지, 투입하는 검투사의 수는 120명 이하일 것, 그보다 더 자주 더 많은 검투사를 투입하는 경기를 개최하지 말 것 등의 단서 조항을 달았던 것이다.

아무리 사비를 들인다 해도 액수가 정해져 있었기에 정무관이 주최하는 경기에 투입되는 검투사 수는 적었다. 아우구스투스 황제가 총 여덟 번의 경기에 약 1만 명의 검투사를 투입했다고 하므로 경기당 평균 1250명의 검투사를 동원한 셈이다. 이는 120명을 투입하는 법무관 경기의 열 배에 달하는 수치였다. 게다가 아우구스투스 황제는 7년 법무관이 검투사 경기를 주최하기 위해 국고에서 받았던 돈을 더는 지급하지 말라고 명령했다. 이후 법무관 자신의 사비로 경기를 개최하다보니 경기의 규모는 더 작아졌다. 이 경기는 시민들에게 초라한 인상을 남겼고, 그만큼 정치적 효과도 미미했다. 다른 부자나 정치가도 개인적으로 경기를 개최할 수 있었다. 그러나 황제의 시선이 있었기에 눈에 띄게 화려한 경기를 펼칠 수 없었다. 황제의 경쟁자로 두각을 나타내 권력욕이 있을 거라는 의심을 사거나 질투의 대상이 될 필요는 없었다. 사적인 경기는 지인들이 모여 저녁 만찬을 즐기면서 소수의 검투사를 불러 경기를 펼치는 수준이 대부분이었다.[4]

클라우디우스 황제 때 검투사 경기를 주최할 책임은 법무관에서 재무관에게로 넘어갔다. 황제는 최소 30대 이상인 법무관들이 나이가 많아 경기를 제대로 열 수 없으므로 나이와 영향력이 적고 수적으로 다수인 재무관에게 맡겨야 한다고 생각했다. 재무관이 될 수 있는 최소한의 나이는 25세였다. 그러나 경기 주최권이 정치적인 영향력과 관련 있기 때문에 재무관 당선자들은 앞으로의 승진을 위해 사비를 들여서 경기를 개최했다. 54년 네로 황제 때는 재무관 당선자들이 경기를 주최할 필요가 없다고 규정했으나 도미티아누스 황제가 다시 재무관에게 경기 주최권을 주었다.[5]

화려한 경기를 열어 로마의 국력과 풍부한 경제력을 과시한 인물은 티투스 황제와 트라야누스 황제였다. 티투스 황제는 유대를 정복하고 콜로세움이 완공된 것을 경축하기 위해 100일 동안 축제를 열었다. 첫째 날 검투사 경기와 야생동물 사냥을 벌였는데, 경기장 앞에 있는 호수에 나무로 좌석을 만들 정도로 화려했다. 둘째 날에는 전차 경주를, 셋째 날에는 3000명이 동원된 모의 해전을 벌였다. 107년 트라야누스 황제는 다키아에서의 승리를 기념해 123일 동안 각종 구경거리를 제공했다. 약 1만 1000마리의 야생동물과 사육동물이 살육당했고, 1만 명의 검투사가 싸웠다. 이국적인 동물들을 전시하는 것은 제국의 위엄과 시민들의 자긍심을 높여주는 일이자 황제의 권위를 드높이는 일이었다.[6]

민의 표출의 장이 된 원형경기장

로마인들은 민회, 극장, 검투사 경기장처럼 많은 사람이 모인 곳에서 공적인 문제를 논했다. 극장에서 시민들이 요구 사항을 말할 권리, 정치가가 시민들의 요구에 대답해야 할 필요성은 '극장의 자유theatralis licentia'라 불렀다. 극장이나 검투사 경기장처럼 사람이 많이 모인 장소에서 자신들의 요구 사항을 전달하는 것이 기본 권리인 셈이었다. 경기장은 "황제와 시민들이 동일한 수준으로 앉아 있는 장소, 시민들이 관중으로서의 황제와 좌석을 공유하는 장소"이므로 황제와 교감하기에 적합한 곳이었다. 지배자와 피지배자가 같은 구경꾼 입장에서 같은 경기를 관람하면서, 같이 흥분하며 감정을 공유할 수 있는 곳이 바로 경기장이었다. 관중과 함께 소리를 지르면 공감대가 형성되었고, 이는 황제와 대중의 거리를 좁힐 수 있는 좋은 감정이었다. 시민들이 감히 근접할 수 없을 것 같은 황제를 직접 보는 곳도 경기장이었다.[7] 황제가 경기장에 나타나는 것만으로도 평민들의 소리를 들으려는 자세가 되어 있음을 보여주었다.

현명한 황제들은 많은 사람이 모인 장소를 정치적 선전의 장으로 적극 활용했다. 황제들은 시민들에게 경기를 개최해준 것에 대한 감사의 인사를 듣고 싶어했고, 군사적 승리나 평화와 번영에 대한 황제의 노력을 알리고 싶어했다. 또 경기장에서 탄원하는 시민의 요구를 들어주어 온화한 황제라는 이미지를 심어주려 했다.

당신이 시민들의 요구에 따라 아레나에서 짐승들을 살육하는 사람들을 명예롭게 하거나 선거권을 주었을 때 시민들이 당신의 행동을 그대로 기억한다. 살인자이고 어떤 범죄로 유죄 판결을 받은 자라고 해도 당신은 시민들의 요구가 있으면 그들을 방면하라.

(티투스 황제는) 탄원자의 요구를 긍정적으로 생각할 것이라는 희망을 남기지 않고는 탄원자를 떠나지 않는 지배자다. 티투스 황제는 어떤 관중도 황제에게 실망하여 떠나지 않아야 한다고 주장했다. 그는 자신의 시민들을 즐겁게 하는 데 노력을 아끼지 않았다. 검투사 경기가 열리기 전 어떤 때 자신의 기호는 잊어버리고 관중이 최상의 것이라고 하는 것을 선택할 것이라고 약속했다. 사람들이 그에게 원했던 요청을 거부하지 않음으로써 자신의 약속을 지켰다.[8]

사람이 많이 모인 장소에서 황제는 그들이 세상을 지배하는 것처럼 그들의 요구를 잘 들어주어야 했다. 또 사람들의 심기를 건드리는 일은 하지 않으려고 했다. 클라우디우스 황제는 관중을 '주인님들Domini'이라고 부르면서 아첨했다.[9]

로마 시민들에게 경기장은 자신들의 뜻을 황제에게 전하는 통로였다. 아우구스투스 황제 때 민회는 드물게 열렸고, 티베리우스 황제 때 정무관 선거는 원로원으로 이양되었다. 자연히 시민들이 정치에 참여할 기회는 줄어들었다. 이런 상황에서 경기장은 시민들의 모임 장소이자 국사에 대한 의사를 표현할 수 있는 장소였다. 물론 경기장에서 나는 소리를 있는 그대로 받아들일 수는 없다. 박수나 환호로 표현되는 민의는 조작되기 쉬웠기 때문이다. 키케로는 조작된 민의를 경계해야 한다고 경고했다.

> 민회와 공적 집회에서 표현된 대중의 견해는 때때로 진실의 목소리일 수 있다. 그러나 때로는 거짓되고 타락한 것이다. 극장과 검투사 경기장에서 작고 부족한 박수는 흔히 고용되고 무원칙적인 도당들이 시작한 경우다. 박수가 일었을 때 그 박수가 어떻게, 누가 시작했고, 가장 정직한 관중이 무엇을 했는가를 보는 것은 쉽다.[10]

대중의 감정은 극장과 경기장에서 아주 명백하게 나타나지만 진정한 민의와 의도적인 환호, 목적을 가진 야유를 구분해야 한다는 것이다.

네로 황제는 원형경기장에서 많은 시간을 보냈고, 검투사 경기도 여러 차례 주최했지만 의도적인 환호를 이끌어내 사람들의 미움을 샀다. 네로의 공연에서 군인들이 지켜보는 가운데 사람들은 낮이고 밤이고 우레와 같은 박수를 쳐야 했다. 먼 도시에서 구경 온 사람들도 피로감, 지겨움, 권태로움 속에서 어쩔 수 없이 좌석을 지켜야 했다. 또 가난하여 팔려온 귀족 가문의 자제들을 무대에 올렸고, 유명한 기사들에게 엄청난 선물을 주면서 검투사로 나설 것을 제안했다. 명령하는 지위에 있는 사람이 말하는 것은 단순한 제안이 아니라 강제적 힘이 내포된 강요였다. 아우렐리우스 황제 또한 "만일 검투사가 경기장에서 관중의 고함으로 자유를 얻었다면 그 자유는 무효다"라고 하면서 민의의 진실성을 의심했다.[11]

    제정기에 들어서면서 정무관이나 군사령관 임명에 황제의 영향력이 강해졌다. 원로원 의원이든 기사이든 권력과 경제력을 유지하기 위해서는 황제의 눈치를 보지 않을 수 없었다. 시민들 또한 무상 곡물 분배나 도로나 도수관 건설처럼 막대한 재정이 들어가면서도 실생활에 필요한 것을 황제에게 의존했다. 사치스러우면서 볼거리가 넘쳐나는 것은 황제가 개최한 구경거리였다. 모든 사람이 황제에게 의존한다고 해서 황제가 무소불위의 권력을 휘두를 수는 없었다. 사람이 많이 모인 곳에서 나오는 민의를 잘 파악한 황제는 모두의 묵인 속에 절대 권력을 행사했다. 반면 민의를 무시하고 권력에 도취된 황제는 민의의 외면을 받을 수밖에 없었다. 이 점이 황제들이 경기장에서 시민들의 반응을 예의주시하는 이유였다.

황제의 권력과 시용

2

　일방통행식 권력 행사는 항상 탈이 나게 마련이다. 민의를 무시하고 단순히 화려한 경기만 개최해주면 사람들이 좋아할 것이라는 생각은 착각이었다. 비천한 검투사 경기를 좋아하는 사람과 전혀 공감하지 못하는 황제, 막대한 재정을 쏟아 붓고도 고마워하기는커녕 재정 낭비의 주범이라고 비난받는 황제, 스스로 검투사임을 자처하는 황제 등 경기와 관련해 손가락질을 당하는 황제들이 있었다.

시민들의 야유에 분노하는 황제들

　원래 좋은 성격보다 나쁜 성격이 눈에 띄고 회자되는 것처럼 황제들의 독특한 행동은 사람들의 시선을 끌었다. 곡물을 충분히 제공하지 않거나 지진이나 화재 피해에 적절히 대처하는 못하는 황제, 즉 정치적으로 실패한 황제에게 대중은 자신들의 의사를 분명히 전달했다. 황제의 등장이나 연설이 있을 때 무관심으로 일관하거나 조롱과 야유를 퍼부었다. 손에 잡히는 것은 무엇이든 던지는 행위는 대중이 할 수 있는 최대한의 정치적 의사 표현이었다.

경기장에서 황제와 시민들의 요구 사항이 접점을 찾지 못해 황제의 행동이 오히려 시민들의 불만을 산 일이 있었다. 33년 높은 곡가 때문에 여기저기서 폭동이 일어났다. 극장이나 경기장에서 시민들이 불만을 터트리자 티베리우스 황제는 원로원 의원들과 정무관들에게 왜 시민들의 폭동을 자제시키려고 노력하지 않느냐, 왜 엄격하게 통제하지 않느냐고 소리쳤다. 그러면서 시민들에게는 곡물을 수입하고 있는 속주들을 열거하면서 자신이 곡물 문제를 해결하려고 전임 황제보다 더 노력하고 있다는 점을 알렸다. 시민들은 황제가 자신들에게 억압적인 정무관에게는 침묵하면서 황제 자신의 업적을 알리는 데만 열정적인 태도를 보이는 것을 이해할 수 없었다. 황제는 자신이 얼마나 통치를 잘하고 시민들을 위하는지를 알리고 싶었겠지만 시민들에게는 거만하고 권위적인 황제의 모습만 보일 뿐이었다.

인색하기 짝이 없고 시민들과의 소통에도 관심이 없었던 티베리우스 황제는 아우구스투스 신전과 폼페이우스 극장을 재건한 것 외에는 웅장한 건물을 짓지 않았다. 또 구경거리를 제공하지 않았고, 다른 사람이 주최하는 것도 싫어했다. 주최하더라도 지나치게 화려하지 않도록 싸우는 검투사 수를 제한했다. 야생동물을 사냥하는 경기도 금지시키려고 했다. 그는 시민들이 자신에게 뭔가를 요구할까봐 다른 사람들이 주최한 경기나 연극에는 잘 참석하지 않았다. 황제가 구경거리를 싫어하는 이유에 대해 황제가 대중을 싫어하기 때문이라거나 경기장에 즐겁게 참석했던 아우구스투스 황제와 비교되지 않을까 하는 염려 때문이라는 등 온갖 추측이 난무했다. 경기장에 대한 티베리우스 황제의 거부감은 검투사들이 싸울 기회가 없다고 한탄할 정도였다. 자연히 시민들도 황제를 싫어해 황제가 사망했을 때 마지막으로 구경거리라도 제공하도록 그의 시체를 원형경기장에서 태워버리자는 말까지 나왔다.[12]

검투사 경기를 꺼리는 성향을 지녔던 티베리우스 황제였기에 경기를 개최하려고 폭력을 행사하는 폴렌티아 주민들을 용서할 수 없었다.

폴렌티아 주민들이 죽은 수석 백부장의 상속자에게서 검투사 경기를 개최할 돈을 강탈하기 위해 광장에서 시체를 옮기지 못하게 했다. 티베리우스 황제는 로마 시에서 한 개 대대와 코티우스 왕국에서 한 개 대대를 뽑아 목적지를 숨긴 채 폴렌티아에 집결시켰다. 군인들은 다른 성문을 통해 도시로 진입한 뒤 진군 트럼펫에 따라 무기를 들었고, 대다수 주민과 자치시 의원들을 종신 감옥에 투옥시켰다.[13]

황제와 시민들 사이의 의사소통이 제대로 되지 않을 때 경기장은 피를 부르는 장소가 된다. 대표적인 경우가 경기장에서 질투심 많은 성격을 그대로 드러낸 칼리굴라 황제였다.

칼리굴라 황제는 (북부 아프리카 마우레타니아의 유바 왕의 아들인) 프톨레마이오스 왕을 로마 시로 불러 명예롭게 대접한 뒤 갑자기 처형해버렸다. 왕이 검투사 경기장으로 들어섰을 때 그의 화려한 자주색 망토가 사람들의 시선을 사로잡고 있다는 사실을 황제가 알아차린 것 외에 다른 이유가 없었다. 황제는 (대머리인 자신과 달리) 정교한 머리카락을 가진 잘생긴 사람을 만나면 뒷머리를 밀어버려 볼품없이 만들었다. 수석 백부장의 아들인 프로쿨루스라는 사람이 있었는데, 그는 뛰어난 체격과 잘생긴 외모 때문에 '키 큰 미소년'이라 불렸다. 원형경기장에서 황제는 갑자기 좌석에 앉아 있는 프로쿨루스를 끌어내려 아레나로 보내 처음에는 트라키아 검투사와, 다음에는 중무장 검투사와 싸우라고 했다. 그가 두 번의 싸움에서 모두 이기자 황제는 즉시 그를 체포하여 넝마를 씌운 뒤 거리마다, 여자마다에게 다 보인 뒤 처형하라고 명령했다. 간단히 말해 황제는 아무리 비천한 상태에 있고 불행한 상태에 있다고 해도 장점을 가진 사람에게 질투심을 느꼈다. 검투사 경기가 있던 어느 날 포리우스라 불리는 전차 검투사가 승리한 뒤 자신의 노예를 해방시켜주어 엄청난 박수갈채를 받았다. 황제는 급하게 경기장으로 달려가다가 토가 끝자락을 밟아 계단으로 곤두박질치면서도 노발대발하며 소리쳤다. "세계를 지배하는 로마인들이 너희의 신성한 황제, 너희 앞에 있는 이 황제보다 저런 하찮은 행동을 한 일개의 검투사에게 더 큰 명예를 주다니!"[14]

칼리굴라 황제 앞에서는 말조심해야 한다는 사실을 상기시켜준 사례도 있다. 황제가 병에 걸렸을 때 어떤 사람이 황제를 낫게만 해 준다면 자신이 검투사로 나설 것이라고 맹세했다. 병에서 회복한 황제는 그 맹세를 한 사람에게 약속을 지키라고 강요했고, 그는 검투사로 나설 수밖에 없었다. 황제는 그에게 승리할 때까지 계속 싸우라고 명했다. 그는 사람들이 황제에게 여러 번 탄원한 뒤에야 아레나에서 나올 수 있었다. 또 같은 맹세를 했던 사람이 약속을 지키기를 머뭇거리자 황제는 그를 노예에게 넘겨주면서 제방에 가서 거꾸로 던져넣으라고 명령했다. 충성 경쟁에서 했던 말로 엄청난 곤욕을 치른 것이다. 황제는 경기에서 살아남은 검투사들을 집정관, 법무관, 다른 지배계층에게 경매로 팔았다. 경매인 연단에 앉아 가격을 계속 올려 부르는 황제, 누가 경매에 참여하는지 지켜보고 있는 황제 때문에 사람들은 어쩔 수 없이 가격 경쟁을 벌여야 했다. 검투사를 원해서 자발적으로 구입하는 사람도 있었으나 대다수는 돈을 주고서라도 목숨을 구하고 싶어서 구매했다. 사람들은 될 수 있으면 경기를 개최하지 않으려 했다. 돈이 궁한 황제에게 이런저런 명목으로 상납하여 가난해진 상황에서 화려한 경기를 열어 황제의 시기심을 자극함으로써 목숨을 잃을 필요는 없었던 것이다.

칼리굴라 황제는 대중이 원하는 것을 들어주기 싫어했다. 전차 경주에서 시민들이 황제에게 세금을 감면해줄 것을 탄원했지만 황제는 거부했다. 시민들이 소란을 일으키자 황제는 군인들을 보내 소란을 일으킨 사람들을 모두 처형하라고 명령했고, 이것은 그대로 실행에 옮겨졌다. 황제석 주변의 시민들은 잡혀 곧바로 야생동물에게 던져졌다. 황제는 이들이 황제의 행동에 비난의 말을 퍼붓지 못하게 하려고 그들의 혀부터 먼저 잘라버리라고 했다. 많은 사람이 살육되자 세금을 줄여달라는 청원은 잠잠해졌지만 황제에 대한 사람들의 분노는 커져만 갔다. 자연히 대중은 황제를 싫어했다. 대중의 태도에 분노한 황제는 "당신들에게는 목이 하나밖에 없다"고 위협하기까지 했다. 극장이나 경기장에서 황제가 화를 냈던 이유는 대중이 구경거리를 보면서 열성을 드러내지 않았기 때문이었다. 또 자신이 좋아하는 배우에게 박수를 치지 않고, 싫어하는 배우나 검투사에게는 아낌없는 격려를 보냈기 때문이었다. 대중과 교감하지 않는 황제의 행동이 있었기에 황제의 암살 소식에도 시민들은 냉소적인 반응을 보였다.[15]

클라우디우스 황제는 검투사 경기를 자주 개최하고 열성적으로 참석해 시민들과 교감하고자 했으나 그런 과도한 노력이 오히려 역효과를 가져왔다. 달콤한 사탕을 주면 우선은 좋아하겠지만 충치로 인한 치통을 겪어보면 달콤한 것을 무한정 좋아할 수 없게 되는 것이다.

클라우디우스 황제의 잔인함과 피에 굶주린 흉포한 성격은 크고 작은 문제에서 드러났다. 그 자신이 주최하든 아니든 검투사 경기에서 황제는 우연히 패배한 싸움꾼, 특히 그물 검투사들까지도 목을 베라고 명령했다. 목적은 황제가 그들이 죽을 때의 표정을 보기 위해서였다. 한 쌍의 검투사가 서로에게 가한 상처로 제대로 싸우지 못했을 때 황제는 자신이 그들의 목을 베기 위해 검투사들의 칼로 만든 작은 칼을 즉시 치켜들었다. 황제는 야생동물 사냥과 정오에 싸우는 사람들의 경기에서 즐거움을 얻었다. 그래서 황제는 새벽부터 아레나로 갔고, 사람들이 정오에 점심을 먹

기 위해 자리를 떠나도 그대로 앉아 있었다.[16]

도미티아누스 황제는 자신을 '주인이자 신'으로 선언했는데, 그의 전제적인 행동은 사가들로부터 비난을 받았다. "도미티아누스 황제는 자신의 지위가 갖는 진정한 의미를 모르는 미친 사람이었다. 만일 우리가 그의 검투사를 존경하지 않으면 모멸감을 느끼고 유죄 판결을 내릴 사람이었다. 그는 자신을 신과 동격으로 여기므로 자신의 검투사들 또한 그와 똑같이 대우받아야 한다고 생각했다." 또 도미티아누스 황제는 경기에 열중하지 않아 승패에 관심이 없었다. 그는 경기가 열릴 때마다 두상이 작은 소년을 대동하고 나타나 끊임없이 잡담을 나눴다. 가벼운 농담을 하거나 때로는 심각한 이야기도 했다. 가령 "지난번 정무관을 임명하는 날에 루푸스를 이집트 총독으로 임명한 이유를 아느냐"고 물은 뒤 그에 대해 장황하게 설명했다.[17] 잡담하는 황제를 보고 있던 관중은 경기 내용과 달리 자신이 좋아하는 검투사에게 승리를 안겨주는 불공정한 황제에게 분노했다. 즐기려고, 인기를 끌려고 개최한 경기가 황제와 관중 사이의 괴리감, 황제에 대한 거부감과 불만만 증폭시켰다. 게르만 정복이나 군인에 대한 처우 개선 등 나름대로 긍정적인 정책을 편 도미티아누스 황제이지만 독단적인 행동으로 원로원의 분노를 샀다. 그런 분노는 황제에 대한 기록에 고스란히 녹아 있었다. 검투사 경기는 황제의 잔인성이나 비상식적인 행동을 설명하기에 더없이 좋은 주제였다.

돈이 많이 드는 경기를 개최해야 하는 이유에 공감하지 못한 황제는 경기를 잘 열지 않았다. 경기 자체가 못마땅한 황제의 마음은 경기장에서 그대로 드러났다. 밝은 표정이 아니었고, 시민들의 호응에도 반응하지 않았기 때문이다. 검투사 경기를 자주, 화려하게 개최했지만 시민들과 소통하지 못하는 황제도 소위 '나쁜' 황제로 여겨졌다. 경기를 여는 것은 그에 합당한 이유가 있어야 하고, 개최하는 경기의 규모는 납득할 만한 근거가 있어야 했다. 시민들은 즐겁지 않은 표정으로 있는 황제, 목숨을 가벼이 여겨 검투사든 시민이든 쉽게 처형해버리는 황제, 시민들에 대한 질투심으로 표정이 일그러진 황제 등 이 모든 모습을 그대로 지켜보고 있었다. 황제의 인품은 장황한 연설이 아니라 경기장에서 한순간의 표정으로 설명하는 것이었다. 시민들은 빈번한 검투사 경기를 좋아하는 것이 아니라 그 검투사 경기 속에 녹아 있는 진정한 지도자를 꿈꾸었을지도 모른다.

검투사로 나선 황제들

로마인들이 아무리 검투사 경기를 좋아한다고 해도 직접 검투사로 나서는 황제에 대해서는 부정적이었다. 신분질서를 위배할 뿐 아니라 도덕적으로도 문제가 있다고 평가했기 때문이다. 칼리굴라, 네로, 코모두스, 율리아누스 황제가 직접 검투사로 나선 대표적인 황제들이다. 특히 네로 황제는 사냥 경기에 직접 참여했는데, 사슴이나 토끼와 같이 덜 위험하지만 빠른 동물들을 사냥하는 것을 좋아했다. 한번은 창 하나만 들고 사자와 맞붙었다. 싸우기 전에 미리 사자의 이빨을 죄다 뽑아버리고 근육에 상처를 내 위험하지 않은 상태였다고 한다.

　코모두스 황제의 검투사적 성향은 많은 비판을 받았다. 황제가 검투사의 아들이라서 그런다는 소문도 나돌았다. 또 다른 이유로 황제의 탁월한 태생을 들기도 했다. 아우구스투스 황제는 내전의 승자로 황제가 되었다. 티베리우스, 칼리굴라, 클라우디우스, 네로 황제는 왕가의 혈통을 이어받았다. 그러나 현 황제와 친부자간이 아니었고, 태어났을 때 황제의 아들도 아니었다. 내전을 통해 통치한 갈바, 오토, 비텔리우스, 베스파시아누스 황제는 왕가의 혈통이 아니었다. 티투스와 도미티아누스 황제 역시 태어날 때 아버지인 베스파시아누스가 각각 법무관과 집정관이었을 뿐이었다. 그다음 황제인 오현제들은 전임 황제와 혈연관계가 아니었다.

　기존의 황제들과 달리 코모두스 황제는 통치하고 있는 황제에게서 태어난 최초의 황제였다. 황제의 직위를 얻기 위해 노력해야 했던 이전의 황제들과 달리 코모두스 황제는 모든 권한을 지니고 태어났다. 그는 어느 누구에게도 도전받지 않는 자신의 강력한 권력과 뛰어난 가문을 과시하고 싶어했다. 동시에 환호를 통해 사람들의 사랑을 확인하고 싶어했다. 그런 열망을 가장 잘 이룰 수 있는 곳이 검투사 경기장이었다. 황제가 경기장에서 전령이자 무역의 신인 메르쿠리우스 복장으로 신발을 벗고 투니카만 입은 채 경기하는 것, 다리를 잃은 장애인들을 무릎 꿇게 한 뒤 영웅인 헤르쿨레스가 괴물을 죽이는 것처럼 그들을 곤봉으로 때려죽인 것은 그런 과시욕 때문이었다.[18]

　원로원 의원이자 역사가인 디오는 192년 12월에 14일 동안 개최된 경기를 직접 보고 잘 기록해놓았다. 첫째 날 몰려오는 동물들을 황제 혼자서 쏘아 100마리를 죽였다. 동물들을 죽이느라 지치면 옆에 있던 여성이 차가운 포도주를 담은 컵을 건넸고, 단숨에 꿀떡꿀떡 마셔 갈증을 해소했다. 이때 관중은 연회 때처럼 "당신의 만수무강을 위하여"라는 아첨의 말을 해주었다. 다음 날 황제는 호랑이, 하마, 코끼리 등의 동물들을 죽였다. 황제는 두 번째 창을 쓸 필요가 없을 정도로 처음부터 목표물을 잘 조준했다. 한번은 곰이 사육사를 쓰러뜨리고 상처를 입히려고 하자 황제가 먼저 창을 들어 곰에게 치명적인 상처를 냈다. 뒤따라 나오는 사슴과 영양도 화살로 죽였다. 점심시간 이후에는 황제가 직접 추격 검투사로 나섰다. 황제와 그 상대는 모두 맨발로 싸웠고, 치명적인 상처를 피하기 위해 목검을 사용했다. 황제는 "오른손으로 방패를 잡고 왼손으로 목검을 들었다. 그는 왼손잡이라는 사실에 대단한 자긍심을 지니고 있었다. 일급의 추격 검투사인 황제는 1만 2000번 승리했다." 황제는 목검으로 싸우다 곧바로 진짜 무기를 들어 검투사들을 죽여버렸다.

황제가 경기장을 휘젓는 동안 황제에게 밉보이지 않기 위해 반강제로 참석했던 원로원 의원과 기사들은 경기 내내 "당신이 우리의 주인이고, 당신이 모든 행복한 사람 가운데 최초의 행운아! 당신은 승리자이고, 승리할 것이다. 영원한 아마존인인 당신은 승리자"라는 아첨의 말을 멈추지 말아야 했다. 황제에 대한 두려움 때문에 어쩔 수 없이 참석했던 그들은 경기 내내 긴장을 늦추지 못했다. 특히 황제가 경기 중 왼손으로 타조의 머리를 쥐고, 오른손으로 머리를 베고 난 뒤 피가 흐르는 검을 높이 들었을 때는 숨이 멎는 듯했다. 황제가 말을 하지는 않았지만 싱긋 웃으면서 타조의 머리를 흔들었을 때 자신들도 똑같이 다룰 것이라고 암시하는 듯했기 때문이다. 황제가 일부 관중을 죽이기를 좋아한다는 소문이 퍼지자 많은 사람은 경기장에 들어가지 않았다. 시민 일부는 경기장 내부를 훑어본 뒤 떠나버렸다. 황제가 우스꽝스러운 행동을 했을 때 웃는 모습을 황제에게 들키면 자칫 목이 날아갈 수 있었다. 우스울 때 디오는 턱을 꾸준히 흔들면서 월계수 가지를 질근질근 씹어 웃음을 감추었다고 한다. 가까이에 있는 사람들에게 이 방법을 알려주어 많은 사람이 목숨을 건졌다.[19]

두려움 속에서 경기를 관람해야 했던 사람들은 코모두스 황제의 암살을 환호했다. 신뢰성에 의문이 가는 한 기록에 따르면 원로원은 다음과 같이 포고했다고 한다. "조국의 적인 그에게서 명예를 빼앗아버려라. 조국의 적, 살해된 자, 검투사를 납골당에서 토막 내버려라. 원로원 의원을 죽인 그를 갈고리로 끌어내버려라. 결백한 자들을 살해한 그를 갈고리로 끌어내버려라. 여러분은 우리 원로원 의원들과 함께 공포에 떨었고, 우리와 함께 위험에 처했었다. 검투사이자 살해된 그자의 조상들을 모두 던져버려라." 코모두스 황제 사후 벌어진 내전에서 승리하여 황제가 된 세베루스는 검투사 경기를 열렬히 지지했던 사람이었다. 그는 코모두스 황제에게 기록 말살형을 판결한 원로원 의원들에게 "당신들은 코모두스가 검투사로 싸웠다고 말한다. 그러면 당신들 중 검투사로 싸우지 않은 사람이 누가 있더냐? 만일 싸우지 않았다면 무엇 때문에 방패와 유명한 금제 투구를 사는가?"[20]라고 비난했다.

검투사 경기장은 황제의 막강한 권력을 보여주기에 좋은 장소였다. 황제는 시민들의 요구를 무시할 수 있었다. 마음에 들지 않는 사람을 검투사로 세워 죽일 수도 있었다. 황제 스스로 검투사로 나서는 것은 황제의 권위에 치명상을 입히지만 이 역시 황제 마음대로 할 수 있는 일이었다. 시민의 뜻과 무관하게 행동하고, 권위에 맞지 않는 저급한 행동은 어느 누구도 저해할 수 없는 막강한 권력의 표현이었다. 경기장에서 시민들이 보는 앞에서 충분히 긍정적인 이미지를 연출할 수 있었음에도 불구하고 부정적인 행동을 한 황제는 후대 사가들에게 비난의 대상이 되었다. 그런 비난은 황제가 자초한 것이었다. 따라서 부당하게 휘두르는 무소불위의 권력은 언젠가 되돌아올 부메랑 같은 것이었다.

'로마화'의 상징

정복한 영토에 로마 문화가 로마의 의도로 혹은 피지배 민족의 자발로 인해 퍼져나갔다. 로마 문화의 확산을 흔히 '로마화'라고 말한다. 1990년대까지 학자들은 될 수 있으면 이 용어를 피하려고 했다. 로마화라는 말 속에는 힘의 우위가 바로 문화적 우위를 뜻한다는 선입견이 깔려 있었기 때문이다. 우월한 로마 문화는 일방통행식으로 피정복민에게 퍼져나가고, 피정복민은 우월한 로마 문화를 받아들이려고 한다는 것이다. 한마디로 로마화라는 말은 로마 문화를 과대평가하는 동시에 피정복민의 역할을 과소평가하는 개념이다. 이런 부정적인 면이 있음에도 불구하고 학자들은 여전히 로마화라는 용어를 버리지 못하고 있다. 혼합화, 혼합주의, 세계화 등 다양한 용어가 제안되었으나 어느 것도 전체 학자들의 동감을 얻어내지 못하기 때문이다. 어쩔 수 없이 로마화라는 용어

를 쓰더라도 로마와 피정복민의 상호작용이라는 측면을 염두에 두어야 한다.[21]

속주의 검투사 경기

로마의 국경선이 확대될수록 검투사 경기는 제국 변경으로 퍼져나갔다. 기원전 3세기 로마 시에서 처음 경기가 개최된 이래 로마의 영토가 이탈리아를 넘어 시칠리아, 스페인, 북부 아프리카, 마케도니아, 시리아로 팽창해가자 검투사 경기는 이런 경로를 따라 퍼져나갔다. 영토 팽창은 군대 주둔지의 확산을 의미했다. 군인들이 고국에서 즐기던 경기를 보기 위해 개최했던 검투사 경기는 함께 경기를 본 속주민들을 매료시켰다. 속주민들은 점차 군인들과 별개로 자체적으로 경기를 개최했다. 원형경기장이나 검투사 양성소가 없는 작은 도시 사람들은 순회 검투사 경기를 관람했다. 양성소의 운영자가 소속 검투사 몇 명을 데리고 작은 도시들을 순회하면서 경기를 벌였다. 극장이나 넓은 공터에서 벌어지는 이런 경기는 유료로 운영되었다. 순회하는 데 숙박비나 식비 같은 경비가 들었기 때문이다.

지배층은 검투사 경기 확산에 중요한 역할을 했다. 기원전 206년 스페인에서 경기가 개최되었다. 이 경기는 로마의 군사령관인 소스키피오가 죽은 아버지와 삼촌을 기리기 위한 것이었다. 직업 검투사가 아니라 원주민이 검투사로 자원했다. 스페인이 로마 영토로 편입되었기 때문에 소스키피오를 통해 알게 된 검투사 경기가 스페인에 전파되는 것은 시간문제였다. 제3차 마케도니아 전쟁을 승리로 이끌었던 로마의 군사령관인 아이밀리우스가 마케도니아에 검투사 경기를 소개했다.

시리아의 안티오쿠스 4세Antiochus IV Epiphanes 재위 기원전 175~기원전 164는 자체적으로 검투사들을 양성할 정도로 경기에 매료되었다. 그는 기원전 166년 이집트와의 전쟁에서 승리해 벌인 개선식에서 240쌍의 검투사로 30일 동안 경기를 개최했다.

> 그(안티오쿠스 4세)가 로마의 양식을 본떠 벌인 검투사 경기는 그런 광경에 익숙하지 않은 일부 사람에게 즐거움보다는 엄청난 공포심을 안겨주었다. 이후 사람들은 그 구경거리에 익숙해지는 단계를 넘어서 즐기게 되었고, 많은 젊은이는 무장하는 기쁨을 느꼈다. 그는 처음에는 엄청난 비용을 지불하고 로마 시에서 검투사들을 데려오는 데 익숙했지만 결국 고국에서 자체적으로 충분히 공급할 수 있었다.[22]

안티오쿠스는 기원전 188년에서 기원전 175년까지 인질로 로마 시에 있으면서 검투사 경기에 관심을 갖게 되었고, 귀국한 뒤 이를 자기 나라에 퍼트렸다. 그는 전형적인 로마화의 상징이었다.

속주민들은 처음 로마 시나 이탈리아를 방문한 지역 유지들의 경험을 전해 들었을 때는 낯설어했다. 그러나 점차 경기에 익숙해졌고, 그 인기는 폭발적으로 바뀌어갔다. 속주민들이 로마인의 것, 지배자의 문화를 누리고 싶어서 검투사 경기를 즐기는 것은 아니었다.[23] 검투사 경기가 확산된 이유는 단순했다. 재미있어서였다. 아무리 로마인이 피를 좋아한다거나 잔인한 성격이라고 해도 재미가 없으면 즐기지 않았다. 이는 속주민도 마찬가지였다. 로마 문화를 습득하기 위해 의도적으로 본 것이 아니라 경기가 열린다니, 선물도 준다니 경기장으로 갔다. 그다음부터는 프로그램이 다채로운 경기가 재미있어서 없는 시간이라도 쪼개서 갔다. 그것이 로마 전역에서 검투사 경기에 대한 열광으로 이어졌다.

속주민들은 지방 정무관과 사제들이 명예를 얻으면 얻을수록 경기를 개최해줄 것을 더 기대했다. 매년 선출되는 2인직과 안찰관직에 재직하는 정무관들은 속주 최상위의 관직이자 5년에 한 번씩 선출하면서 종교적인 업무를 맡는 5년직에 당선되려는 욕심에서 경기를 개최했다. 기원전 1세기 중반 스페인에서는 2인직에 재직하는 정무관은 유피테르, 유노, 미네르바를 포함한 여러 신에게 봉헌하는 경기를 4일 동안, 안찰관은 3일 동안 개최하도록 법으로 정해져 있었다.[24]

폼페이에서 출토된 플라쿠스의 비문에도 정무관으로서 얼마나 많은 경기를 개최했는지가 적혀 있다.[25]

메네니아 부족인 아울루스의 아들인 플라쿠스는 세 번 2인직에, 한 번 5년직에 당선되었고, 시민들의 선거로 천부장으로 선출되었다. 첫 번째 2인직에 재직할 때 그는 광장에서의 행렬, 황소, 황소 사냥꾼, 그들의 조력자들, 싸움꾼 3쌍, 권투선수들, 그리스 양식의 권투선수, 모든 연극과 음악이 있는 무언극, 필라데스 극 등을 포함하는 아폴로 축제를 개최했다. 또 1만 세스테르티우스를 국고에 넣었다. 두 번째 2인직과 5년직에 있을 때 광장에서의 행렬, 황소, 황소 사냥꾼, 그들의 조력자들, 권투선수들을 포함하는 아폴로 축제를 개최했다. 다음 날 자신의 사비로 원형경기장에 30쌍의 운동선수, 5쌍의 검투사를 제공했고, 동료 정무관과 함께 30쌍의 검투사들과 야생동물 사냥, 황소, 황소 사냥꾼, 수퇘지, 곰, 다른 야생동물 사냥 경기를 제공했다. 세 번째 2인직에 재직할 때 동료 정무관과 함께 일류의 사람들을 데리고 음악 반주가 있는 경기를 개최했다.[26]

황소, 곰, 수퇘지 등은 이탈리아에서 흔해 많은 돈이 드는 경기는 아니지만 2인직에 세 번, 5년직에 한 번 재직할 때마다 경기를 개최했다. 시민들에게 구경거리를 제공하는 것은 속주 지배층으로서의 역할을 충실히 하는 동시에 정치적 영향력을 확대하는 도구였다.

사제들은 살아 있는 황제의 명예를 기리기 위해 검투사 경기를 열었다. 이 일로 인해 그들은 '경기 주최자*munerarius*'라는 명예로운 칭호를 받았다. 사제들이 경기를 성대하게 개최할수록 황제에 대한 충성심을 드러내는 동시에 시민들의 인기를 얻을 수 있었다. 사람을 죽이는 경기를 사제들이 여는 것이 이상하게 보일지 모르나 로마의 사제는 종교인이 아니라 관료일 뿐이었다. 한편 소아시아의 아프로디시아스 주민들에게 쓴 편지에서 하드리아누스 황제는 사제들이 검투사 경기를 개최하는 대신 도수관을 건설할 것을 권고했다. 사제들이 인기를 얻을 수 있는 검투사 경기 대신 국가가 건설해야 하는 기반시설에 돈을 내야 한다는 사실을 달가워하지 않았기 때문이다.

사제들은 여러 방법으로 검투사들을 조달했다.

양성소 운영자와 무관한 속주의 사제들은 이전 사제들이 고용한 검투사들을 받아들여야 하고, 자신의 권위로 자유민들을 고용할 것이다. 그러나 검투사 경기 후에 사제들은 이들 검투사를 후임 사제에게 넘겨주어야 한다. 사제들은 검투사들을 양성소 운영자에게 주는 돈보다 더 높은 가격으로 팔지 않아야 할 것이다.[27]

소아시아의 시미르나, 키지쿠스, 페르가뭄에 검투사 양성소들이 있었다. 이런 큰 도시의 사제들은 개인적으로 검투사들을 소유하기도 했다. 일부는 자신이, 일부는 전임 사제에게서 구입한 것이고, 일부는 자원한 자유민들이었다. 작은 도시의 사제들은 검투사 양성소 운영자에게 임대해서 경기를 개최했다.

로마의 모든 영토가 황제의 권한 하에 있듯이 속주에서의 검투사 경기 또한 황제의 허락을 받아야 했다. 네로 황제는 총독들이 경기를 주최하기 위해 강탈과 뇌물로 속주민들을 괴롭혔던 까닭에 황제의 승인 없이는 어느 누구도 검투사 경기, 야생동물 사냥, 다른 공적인 구경거리를 제공하지 않아야 한다는 조항을 법제화시켰다. 170년 캄파니아 지배층의 비문도 황제의 허락을 받아 개인이 검투사 경기를 주최한 증거다.

안토니누스 황제와 베루스 황제에게 공마를 받아 명예로워진 루푸스의 아버지인 루키우스를 위해. 그는 구경거리를 동반한 검투사 경기를 개최하는 것에 대해 황제의 승인을 받아 완전히 자신의 사비로 개최하는 경기 날짜를 정했다. 또 그의 관대함 덕택에 자치시 의원들이 주민들을 위한 경기 장소를 포고했다. 클라루스와 케테구스가 집정관 직에 재직한 해 3월 21일에 이 비를 세웠다.[28]

249년 이탈리아 남부 민투르나이에서 나온 비문은 동료들이 경기를 연 사람을 칭송한 것이다. 황제의 은혜로 동물을 동원한 것으로 보아 황제의 승인을 받아 경기를 개최한 것 같다.

푸블리우스의 아들인 테렌티우스를 위해. 그가 이 도시에서 모든 관직을 보유했으므로, 항상 개개인과 도시 주민 전체에게 존경을 받았으므로, 또 2인직 임기 후에 행렬을 포함한 가장 우수한 검투사 경기를 시민들에게 제공했고, 황제의 은혜로 야생동물과 초식동물 3쌍을 보여주었으므로 그의 동료들이 가장 훌륭한 이 사람을 위해 이 비를 세우기로 결정했다. 이 비를 봉헌할 때 그는 자치시 의원들에게 일인당 3데나리우스씩 주었다. 민투르나이에서 4일 이상 11쌍이 경기했다. 그중 캄파니아 출신의 11명의 일급 검투사가 죽었고, 10마리의 곰도 잔인하게 살해되었다. 훌륭한 시민인 당신이 기억하는 대로 그는 경기 날마다 4마리의 초식동물을 죽였다. 아이밀리아누스와 아퀼리누스가 집정관 직에 재직하던 해 8월 1일 이 비를 봉헌했다.[29]

200년에는 총독들이 자신의 속주 바깥으로 검투사들을 수송하려면 검투사들의 위험성을 고려해 황제의 허락을 받아야 했다. 황제들은 다른 주요 인물이 경기를 주최하는 것에 주의를 기울이고 의심했다.

개인이 경기를 개최한 사례는 더 있다. 비텔리우스 황제 때 그의 군사령관인 카이키나와 발렌스는 각각 크레모나와 보노니아에서 대규모 검투사 경기를 개최했다. 소플리니우스는 친구인 발레이우스에게 보내는 편지에서 베로나 시민들을 위해 경기를 개최한 일을 칭찬했다.

당신에게 오랫동안 영향력과 칭찬을 보여왔고, 많은 명예를 안겨준 베로나 시민들에게 검투사 경기를 개최해준 것은 잘한 일이다. 베로나 시민들은 당신의 사랑하는 뛰어난 아내의 고향이다. 당신은 그녀에 대한 기억으로 공공건물과 경기를 제공했고, 이런 종류의 구경거리는 특히 장례식에 적합하다. 경기가 진정으로 관대한 정신을 암시하는 것이기 때문에 당신이 기꺼이 그러한 사치스러운 경기를 개최한 것은 칭찬받을 만한 일이다. 나는 당신이 구입한 상당량의 아프리카 산 퓨마를 정해진 날에 보내지 못해 미안하다. 그러나 당신은 날씨 때문에 제때 도착하지 못했다는 사실을 믿어야 한다. 당신이 그 동물들을 경기에서 보여주지 못한 것은 당신의 잘못이 아니다.[30]

개인적으로 경기를 개최하는 사람들은 상류층과 부유층이 대부분이지만 특이하게 평민들일 때도 있었다. 마르티알리스는 보노니아의 신발 제조공이, 무티나의 염색공이 경기를 주최했는데, 이제 숙박업자까지 주최하러 나선다고 비난했다.

정무관이든 사제든 사람들이 좋아하고 당연히 개최해줄 것이라 기대하니 어쩔 수 없이 경기를 열었다. 정치적 야망을 품은 사람들이야 장래를 보고 돈을 쏟아붓지만 큰 야망 없는 사람에게는 부담이었다. 어떤 사제는 운 나쁘게 사제가 되어 혐오하던 검투사 경기를 개최해야 하는 책임과 재산을 써야 하는 부담을 안게 되었다고 불평했다.[31]

원형경기장의 확산

브리타니아, 라인 강, 다뉴브 강을 따라 주둔해 있는 군인들의 요구를 충족시켜주기 위해 영구 주둔지 인근에 경기장이 만들어졌다. 트라야누스 황제 때 북부 아프리카 누미디아의 람바이시스에 군인들을 위한 원형경기장이 세워졌다. 이 경기장의 아레나는 38×25미터로 콜로세움보다 작았다. 군사용 원형경기장은 단순히 검투사 경기만을 위한 것이 아니라 병사들의 훈련 장소로도 쓰였다.[32] 전체 군단병이 참여하는 대형 훈련은 전장에서 일사불란한 움직임을 위해 반드시 해야 하는 훈련이었다. 이를 위해서는 넓은 공간이 필요했다. 주둔지에 광장이 있기는 하지만 훈련을 하기에는 장소가 협소했다. 경기장이 군인들의 훈련과 오락을 위한 건물인 만큼 힘과 기술적인 면에서 가장 유용한 노동력인 군인들이 건설했다.

제3대대 백부장인 루피니우스가 이 건물을 지었다.
제10대대 백부장인 플라비우스가 이 건물을 지었다.

백부장인 풀비우스가 이 건물을 지었다.
백부장인 만수에투스가 11.9미터 높이의 건물을 지었다.[33]

소속 병사들이 함께 지었으나 백부장이 대표로 이름을 새겼다.
민간사회에서도 속주민들이 검투사 경기에 매료되면서 자연히 경기장의 필요성을 절감했다. 속주에서 원형경기장의 위치를 정하는 데는 일관된 원칙이 없었다. 주로 지역의 중심지이자 사람들의 왕래가 많은 도시에 세워졌다. 갈리아 지역처럼 주요 주거지에서 완전히 떨어져 관중의 수가 적을 것으로 예상되는 시골에 건설되기도 했다. 프랑스의 아를이나 상새 같은 지역의 원형경기장은 검투사 경기와 연극을 모두 개최할 수 있는 구조였다. 원형경기장이 극장과 결합되어 타원형의 아레나가 있고, 한쪽 끝에 무대가 설치되어 있는 형태였다.
이탈리아 외의 지역에 건설된 가장 오래된 석조 경기장은 프랑스의 루그두눔에서 기원전 19년 건축하기 시작해서 티베리우스 황제 때 완성한 것이었다. 수용 인원은 3000명이었으나 2세기에 경기장을 확장해 2만7000명이 입장할 수 있었다. 이는 갈리아 지역에서 검투사 경기가 중요한 오락거리였음을 보여준다. 갈리아의 행정부는 로마 황제에 대한 충성심을 보이기 위해 1년에 한 번 대규모로 경기를 개최했다. 스페인에는 아우구스투스 황제 시기 최초의 원형경기장이 건설되었다. 로마화된 해안 도시가 아니라 포르투갈 국경선에 가까운 스페인 내륙 깊숙이 에스트레마두라의 메마른 지역에 건설되었다. 아우구스타 마리타의 원형경기장은 기원전 8년경 건설했는데, 가로 126미터, 세로 102미터에 달했다.

콜로세움이 세워진 뒤 속주에 이를 모방한 원형경기장이 속속 들어서면서 1, 2세기에는 건설 붐이 일어났다. 그만큼 검투사 경기가 급속도로 퍼져나갔던 것이다. 대부분의 경기장은 수천 명을 수용하는 작은 규모였다. 남프랑스의 시미에는 민간인을 위한 경기장으로 500~600명 수용 가능했고, 훗날 3000명까지 수용할 수 있게 확장했다. 프랑스 남동부 아렐라테의 원형경기장은 전체 크기가 136×108미터, 아레나는 69×39미터로서 2만3000명을 수용했다. 북부 아프리카에서는 가장 작은 경기장이 티가바 카스트라의 군용 경기장으로 2300명을 수용했다. 투니지아 엘 젬의 경기장은 미래의 황제인 고르디아누스 1세가 아프리카 총독으로 있었던 230년경 건설되었다. 이 경기장은 156×128미터의 크기와 64.7×36.7미터의 아레나를 가지고 있었고, 총 3만5000명을 수용했다. 가장 큰 경기장은 카르타고에 있는 원형경기장으로 4만4000명을 수용했다. 북부 아프리카 15개 도시의 경기장을 조사할 때 평균 수용 인원은 8740명이었다.[34]

서유럽에 원형경기장이 252개 있었지만 동유럽에는 20개의 경기장밖에 없었다. 경기장 크기도 서유럽의 것보다 훨씬 작았다. 원형경기장과 아레나의 크기를 볼 때 상위 5개는 로마의 콜로세움, 피케눔의 팔레리아, 캄파니아의 카푸아, 마우레타니아의 율리아 카이사레아, 스페인의 이탈리카 순이다. 크기가 큰 상위 48개 중 동부 지역에 위치한 경기장은 아시아의 키지쿠스, 미시아의 페르가뭄, 상파노니아의 카르눈툼 등 세 곳뿐이다. 이에 대한 해석으로 서유럽에 비해 동유럽이 로마화가 덜되었다거나 그리스어를 사용하는 사람들이 조악한 로마의 구경거리를 경멸하고, 피를 흘리는 검투사 경기를 혐오했다는 견해가 있다. 경기에 흥미를 못 느낀 동유럽 사람들은 원형경기장을 찾지 않았고, 구경하러 오는 사람의 수가 적으니 경기장을 건설할 필요성을 못 느꼈다는 것이다.[35] 그러나 서부 도시들과 같이 그리스 도시들도 로마의 경기에 상당한 흥미를 보였다. 그리스에서 검투사 경기가 흔하게 열렸던 것은 1세기 이후였고, 2~3세기에는 아주 인기 있는 경기가 되었다. 그럼에도 동서 유럽이 차이가 난 것은 인기 때문이 아니라 용도 때문이었다. 서유럽에서는 주요 도시들을 통합하는 목적으로 원형경기장이 신설되었지만 동유럽에서는 기존의 극장이나 운동장을 개조해 검투사 경기장으로 썼다. 극장의 무대나 운동장의 아레나 주변으로 높게 칸막이를 쳐 앞에 앉는 관중을 보호했다. 동유럽에서는 검투사 경기장 단독 건물을 신설한 것이 아니라 극장, 운동장, 경기장으로 쓰이다보니 경기장 수가 적었던 것이다.

그리스도교 억압의 도구

    로마는 황제 숭배를 거부하고 자신들만의 종교를 고집하는 그리스도 교도들을 처형하는 장소로 원형경기장을 택했다. 경기장은 국가의 위엄을 보여주는 동시에 경고의 의미를 담기에 적합한 장소였다. 동료들이 처형된 장소이자 잔인성의 대명사인 원형경기장에서의 구경거리가 그리스도교 사가들에게 좋게 보일 리 만무했다. 이들은 원형경기장을 타락과 퇴폐의 장소, 다신교도들의 집합소라고 비난했다. 경기장에서 그리스도 교도들이 순교함으로써 이교도들의 잔인성은 더욱 극대화되었고, 그리스도교의 종교적 가치는 존중되었다. 그리스도교의 교세가 확대되는 것과 반대로 그들이 비난했던 원형경기장의 인기는 시들해졌다. 검투사 경기가 먼저 폐지 수순을 밟았다. 야생동물 사냥 경기는 그보다 더 오래 존속했으나 이 역시 종국에 가서는 사라졌다.

순교 장소가 된 원형경기장

64년 로마 시에 대화재가 발생했다. 7월 19일부터 시작되어 6일 동안 지속된 화재는 로마 시의 14개 구역 중 4개 구역만 남겨둔 채 화마의 위력을 발휘했다. 3개 구역은 불탄 들판으로 변했고, 나머지 7개 구역은 완파되거나 반파된 집의 잔해가 약간 남아 있을 뿐이었다. 타키투스에 따르면, 네로 황제가 불을 지를 것을 명령했다느니, 로마 시가 한창 불타고 있을 때 황제가 화재를 구경하면서 '트로이의 함락'이라는 시를 읊조렸다는 소문이 퍼졌다. 비난의 화살이 자신에게 쏠리자 네로 황제는 다른 희생양을 필요로 했고, 그 적임자는 사람들이 싫어했던 그리스도 교도들이었다. 그들은 자신들의 교리에 충실하고 단결력이 있는 반면 체제에 순종하지 않아 억압하거나 희생시키기에 유용했다. 이에 로마 시 전역에서 자신이 그리스도 교도라고 고백한 자들을 체포해 심문했다. 붙잡힌 사람에게서 얻은 정보에 기초해 또 다른 사람들을 잡아들였다. 교도들은 원형경기장에서 동물의 가죽을 뒤집어쓴 채 개에게 찢겨 죽거나 십자가에 못 박히거나 날이 지면 어둠을 밝힐 용도로 화형에 처해졌다. 잔인하게 처형되는 교도들을 보면서 사람들은 동정의 마음을 품었다. 그들이 처형당하는 것은 공익을 위해서가 아니라 한 사람의 잔인성을 충족시키기 위해서라고 생각했기 때문이다.[36]

타키투스는 처형당하는 그리스도 교도들의 죄목을 방화죄가 아니라 '인류에 대한 증오odium generis humani'라고 규정했다. 교도들이 국가의 종교활동에 참여하기를 거부함으로써 신들의 분노를 촉발했고, 신들의 분노가 대화재 사건으로 귀결되었다는 것이다. 그리스도 교도들은 자신들이 저지른 인간 공동체에 대한 반사회적인 행동에 대한 책임의 일환으로, 분노한 신에 대한 속죄의 의미로, 신성한 의무를 소홀히 했다는 기도의 일환으로 공개처형되었다. 그리스도교 사가들은 네로 황제의 그리스도교 처형 사건을 타락과 악이 최고조에 달한 행동이라고 비난했다. 3~4세기에 활동했던 에우세비우스는 "네로 황제는 신에 대항하는 모든 싸움꾼을 이끈 최초의 황제이고, 사도들을 처형에 이르게 한 최초의 황제다"[37]라고 평가했다.

그리스도 교도들을 색출하기 위해서 체포된 교도들에게서 정보를 캐내는 것은 이차적인 방법이었고, 일차적인 방법은 가가호호 탐문하는 것이었다. 그러나 이런저런 방법을 통해 정무관 앞에 온 사람들을 분류, 판단, 처벌할 만한 정확한 규칙은 없었다. 이런 현실적인 문제에 부딪힌 비티니아의 총독인 소플리니우스는 이 문제를 트라야누스 황제에게 의뢰했다.

폐하! 제게 의문스러운 모든 문제를 폐하께 문의하는 것이 저의 습관입니다. 제가 우물쭈물하는 사항에 대해 더 나은 지침과 제가 모르는 문제에 대해 더 나은 정보를 줄 사람이 누가 있겠습니까? 저는 전에 결코 그리스도 교도를 재판해본 적이 없습니다. 그래서 저는 그들을 어떤 죄목으로, 어느 정도까지 처벌하고 조사해야 관행에 맞는지를 알지 못합니다. 저는 그들을 나이에 따라 차별을 두어야 할지, 어린이와 성인을 똑같이 다루어야 할지도 확신하지 못합니다. 과거 그리스도 교도였음을 후회한다면 용서해주어야 할지, 아니면 과거 한때 교도였지만 이제는 아니라고 해도 용서하지 않아야 할지 모릅니다. 죄가 없다고 해도 단지 그리스도 교도라는 것만으로 처벌해야 하는지, 아니면 교도이면서 범죄와 연관된 사람들만 처벌해야 하는지 모릅니다. 한동안 저에게 그리스도 교도라고 고발되어온 자들은 다음과 같은 절차를 지켜 처벌했습니다. 먼저 저는 그들에게 그리스도 교도인지를 물어보았고, 교도라고 하면 처벌받을 것이라고 경고하면서 재차 삼차 교도인지를 물어보았습니다. 그럼에도 교도라고 고집하면 저는 그들을 데려가 처형하라고 명령했습니다. 왜냐하면 저는 그들 교리의 본질이 무엇이든 간에 그들의 완고함과 흔들리지 않는 완강함만으로도 처벌받을 만하다고 확신했기 때문입니다. 똑같이 어리석은 행동을 하는 로마 시민들도 있습니다. 그러나 그들은 로마 시민이기 때문에 로마 시로 이송하라고 명령했습니다.

보통 그런 것처럼 고발 절차가 계속되면 곧 기소된 자들이 속출할 것이고, 여러 사건이 일어날 것입니다. 많은 사람의 이름이 적힌 익명의 문서들이 유포되고 있습니다. 과거 한때 그리스도 교도였음을 부정하는 사람이나 과거에는 그랬으나 이제는 아니라고 하는 사람들이 제가 읊어준 대로 신에게 기도하고, 제가 이런 목적으로 신상과 함께 가져다놓으라고 명령한 폐하의 조상 앞에 향료와 포도주를 바치면서 기도했을 때, 더욱이 그리스도에게 저주의 말을 퍼부었을 때는 그들 중 진정한 그리스도 교도가 없으므로 방면해주어야 한다고 생각합니다. 고발자에게 고발되어 온 다른 사람들은 처음에 그리스도 교도였다고 인정하지만 그다음에는 교도임을 부정하면서 과거 한때 교도였지만 약 3년 전부터, 다른 사람들은 약 25년 전부터 이미 교도가 아니었다고 말합니다. 그들 모두 폐하의 조상과 신상을 숭배하고, 그리스도를 저주합니다. 그리스도 교도들은 주장하기를, 자신들이 저지른 잘못이나 실수의 본질은 정해진 날 새벽에 모여 신에게 하듯이 각자 그리스도를 찬양한 것뿐이다, 자신들의 기도는 어떤 사악한 목적을 지닌 것이 아니라 사기, 도둑질, 간통을 저지르지 않기 위해서, 위선의 말을 하지 않기 위해서다, 또 신뢰에 대한 보답을 해야 할 때 그 신뢰를 저버리지 않기 위해서다, 이런 의식을 한 뒤 흩어졌다가 일상적이고도 해롭지 않은 종류의 음식을 먹기 위해 다시 모였다는 것입니다. 교도들은 폐하의 지시에 따라 제가 정치적인 모임을 갖지 말라는 칙령을 선포한 뒤 어떤 모임도 갖지 않았다고 주장합니다. 저는 그들이 '여성종복들ministrae'이라 부르는 노예 두 명을 고문해 진실을 캐내야 할 필요가 있다고 판단했습니다. 그러나 저는 타락하고도 과도한 미신이라는 것 외에는 아무것도 알아내지 못했습니다.

저는 조사를 연기하고 서둘러 폐하께 조언을 구합니다. 이 문제에 수많은 사람이 관련되어 있기 때문에, 모든 연령층, 모든 계층, 모든 남자와 여자 중 많은 사람이 위태로워질 것이기 때문에, 이런 미신이 도시뿐 아니라 마을과 시골에도 퍼지고 있기 때문에 저는 폐하께 이 문제를 문의해볼 가치가 있다고 생각합니다. 그러나 저는 이 문제를 점검하고 치유할 수 있다고 생각합니다. 왜냐하면 오랫동안 버려졌던 신전들에 사람들이 모이기 시작했고, 오랫동안 무시되었던 종교 의식들이 다시 행해지기 시작했으며, 최근까지 어느 누구도 사려고 하지 않았던 희생제물용 고기가 모든 곳에서 팔리고 있기 때문입니다. 이를 볼 때 많은 사람이 참회

할 기회만 얻는다면 개선 가능하다고 쉽게 추론할 수 있습니다.[38]

소플리니우스는 그리스도 교도인지 의심되거나 고발되어 온 자들을 어떻게 처분할지를 황제에게 물었다. 이에 대해 황제는 잘하고 있다고 답했다.

친애하는 플리니우스여! 그리스도 교도라는 죄목으로 고발당한 사람들의 사건을 조사하는 데 있어서 자네는 정당한 절차를 따르고 있다. 정해진 형식에 따른 일반적인 규칙을 정하기는 불가능하다. 이런 사람들을 추적해야 한다. 만일 그들이 당신 앞에 끌려와 부과된 죄목을 인정한다면 그들은 당연히 처벌되어야 한다. 그러나 자신이 그리스도 교도임을 부정하고 이를 증명한다면, 즉 우리의 신에게 기도를 올리는 방식으로 증명한다면 그 사람의 과거 행적이 아무리 의심스럽다고 해도 참회하고 있는 대가로 용서받아야 한다. 익명으로 유포되고 있는 문서들은 기소에 어떤 역할도 하지 않아야 한다. 이 문서들은 나쁜 선례를 만들고, 우리 시대의 정신을 견지하지 못하게 하기 때문이다.[39]

자신이 그리스도 교도임을 인정한 사람들에 한해서만 처벌해야 한다는 트라야누스 황제의 정책은 이후 로마 제국의 정책이 되었다. 로마 시민이 아닌 교도들은 자신의 주장을 번복할 기회가, 로마 시민들은 로마 시로 보내져 정무관들 앞에서 호소할 권리가 있었다. 익명의 제보자에 의해 무분별하게 처형되지는 않았다는 것이다. 그러나 실제로는 개인적인 이유든, 공적인 이유든 지방 정무관

들이 정식 절차를 거치지 않고 비공개적으로 처형해버림에 따라 순교자가 많이 나왔다.[40]

아레나는 일반 관중의 눈에는 범죄자들이 피를 흘리면서 죽어가는 응징의 장소였지만 그리스도 교도들에게는 하느님의 영광을 기리는 순교의 장소이자 영광스러운 장소였다. 2세기 야생동물에게 먹히는 것을 두려워하지 않은 안티오크의 주교인 이그나티우스의 사례는 유명하다.

(이그나티우스가) 야생동물에게 먹히기 위해 시리아에서 로마 시로 갔다는 이야기가 있다. 그는 가장 조심스러운 경호를 받으면서 아시아를 통과했고, 그가 머물렀던 각 도시의 관구는 그의 연설과 충고로 활기찼다. 그는 로마 시의 교회에 편지를 보내 순교를 갈망하는 자신의 희망을 박탈하지 말아달라고 요청했다. 그는 다음과 같은 내용의 편지를 썼다. "나는 더 포악해지는 10마리의 표범, 군대와 같은 무리와 싸우기 위해 시리아에서 로마 시까지 밤낮으로 육지와 바다를 가로지르며 가고 있다. 나는 나를 위해 준비된 야생동물들을 그리워한다. 나는 그들이 나를 신속하게 발견하기를 기도한다. 나는 그들이 나를 신속하게 먹어치우도록 부추길 것이다. 그들이 두려움으로 인해 나를 건드리지 않는 일이 일어나지 않아야 한다. 만일 그들이 꺼린다면 나는 나를 건드리도록 강요할 것이다. 나에게 그 정도의 호의를 달라. 나에게 화형, 십자가형, 야생동물과의 싸움을 달라. 뼈가 잘리고, 산산이 찢기고, 고통스럽게, 수족이 난도질당하게, 나의 모든 육체를 으스러지게 해주고, 악마의 잔인한 고문을 달라. 나는 오직 예수 그

리스도에게만 도달하면 되거늘!"⁴¹

그리스 스미르나의 주교인 폴리카르프는 원형경기장에서 총독에게 그리스도 교도임을 인정하고 기꺼이 순교한 인물이다.

사랑하는 형제들이여! 우리는 당신들에게 박해에도 굴하지 않고 순교한 폴리카르프에 대한 이야기를 편지로 보낸다. 누군들 순교자들의 고귀함, 용기, 주님에 대한 사랑을 칭찬하지 않을 수 있겠는가? 육체의 저 밑바닥에 정맥과 동맥이 드러날 때까지 채찍질을 당할 때, 구경꾼들이 연민의 눈물을 흘릴 때 그들은 참아냈다. 아주 고귀한 게르마니쿠스라는 자는 인내를 보여줌으로써 순교자들에게 용기를 주었다. 심지어 그는 남자답게 야생동물과 싸웠다. 그는 이런 부당하고 무법적인 삶에서 모든 교도를 빨리 벗어나게 하려는 의도에서 머리 위에 있는 짐승을 강인한 힘으로 끌어내렸다. 그때 관중은 이런 경건하고도 헌신적인 그리스도 교도들의 용기에 놀라 "폴리카르프를 데려와라!"라고 소리쳤다.

폴리카르프가 원형경기장에 들어서자 하늘에서 외침이 들려왔다. "폴리카르프여! 강인해져라. 용기를 가져라." 말하는 모습은 볼 수 없었으나 그곳에 있던 우리는 모두 그 목소리를 들었다.

폴리카르프가 총독L. Statius Quadratus 앞에 끌려 나오자 총독이 "당신이 폴리카르프냐?"라고 물었다. 그가 그렇다고 인정하자 총독은 "당신의 나이를 귀중하게 여겨라" "황제의 정령에게 맹세하라. '무신론자들은 꺼져라'라고 말해라" 하면서 그를 설득했다. 총독은 고집스럽게 말하기를 "나는 방면할 것이라 맹세한다. 그리스도를 저주하라!"라고 했다. 그러나 폴리카르프는 "나는 86년 동안 주님의 종복이었고, 주님은 나를 그릇된 길로 인도하지 않았다. 내가 어떻게 나의 주인이자 구세주에게 불경할 수 있겠는가?"라고 말했다.

총독이 다시 한번 완고하게 말했다. "황제의 정령에게 맹세하라!"

폴리카르프는 대답했다. "당신이 말한 것처럼 내가 황제의 정령에게 맹세할 것이라는 망상에 사로잡힌다면, 내가 누구인지를 모른 체한다면 나는 수고스럽게 다시 말하겠다. 나는 그리스도 교도다. 만일 당신이 그리스도교 교리를 배우고자 한다면 하루 정도 나에게 들어라."

총독이 "대중의 마음을 움직이도록 노력하라"고 말했다.

폴리카르프는 말하기를 "나는 당신에게 그런 토론이 가치 있다고 생각한다. 왜냐하면 우리는 하느님이 우리에게 준 권위와 권력을 존경하도록 배웠기 때문이다. 그러나 나는 대중이 나를 변호하는 말을 들을 가치가 있다고 생각하지 않는다"라고 하였다.

총독은 "나에게는 야생동물들이 있고, 당신이 생각을 바꾸지 않는다면 나는 당신을 야생동물들에게 던질 것이다"라고 말했다.

폴리카르프는 대답했다. "야생동물들을 불러라. 좋은 상태에서 나쁜 상태로 떨어져 후회하는 마음이 우리에게는 일어나지 않는다. 그러나 사악한 것이 정당한 것으로 변하는 것은 좋은 것이다."

총독이 다시 말했다. "당신이 야생동물들을 두려워하지 않고, 당신의 마음이 변하지 않는다면 나는 당신을 화형에 처할 것이다."

폴리카르프가 대답했다. "당신이 나를 위협하는 불은 단지 일정 시간 동안만 탈 것이고, 곧 꺼질 것이다. 당신은 분명히 불이란 시간이 지나면 사라지는 처벌이라는 것을 무시하고 있다. 왜 주저하느냐? 당신이 의도한 대로 하라."

폴리카르프가 용기로 가득 차서 이런저런 많은 말을 했을 때 그의 얼굴은 영광으로 가득 찼고, 그가 들은 말로 공포심을 느끼지 않았고, 놀라는 쪽은 오히려 총독이었다. 총독은 폴리카르프를 아레나 한가운데로 보낸 뒤 "폴리카르프는 그리스도 교도라고 실토했다"고 세 번 말했다.

그러자 전체 이교도와 스미르나 출신의 유대인들이 통제할 수 없을 정도로 격하게 소리쳤다. "여기 아시아의 지도자, 그리스도 교도들의 아버지, 우리 신들의 파괴자, 사람들에게 재물을 바치지 말라고, 숭배하지 말라고 가르치는 사람이 있다."

이렇게 소리치던 관중이 아시아 속주의 사제인 필리푸스에게 폴리카르프에게 사자 한 마리를 풀어놓으라고 요청했다. 그러나 그는 야생동물 사냥이 개최되는 날이 지났다고 하면서 거부했다. 그러자 모든 관중은 폴리카르프를 산 채로 화형에 처하라고 소리쳤다. 사제는 이 요구를 이행해야 했다. 폴리카르프는 기도한 뒤 충실한 동료들에게 "나는 이제 산 채로 화형을 당한다"고 말했다.[42]

여성인 페르페투아의 순교 또한 종교적 신념에 근거했다. 22세의 페르페투아는 젖먹이 어린 아들을 둔 유부녀였다. 그녀가 원형경기장에 끌려왔을 때 총독인 힐라리아누스는 "머리가 하얀 너의 아버지와 어린 아들을 불쌍하게 생각해 황제들의 건강을 위해 기도하라"고 말했다. 페르페투아가 거부하자 총독은 그리스도 교도냐고 물었고, 그녀는 그렇다고 답했다. 총독은 경기장에 와 있던 그녀의 아버지를 몽둥이로 매우 치라고 명령했다. 이를 본 페르페투아는 자신이 맞는 것보다 더 괴로웠고, 나이 많은 아버지께 죄송했다. 야생동물과 싸우라는 판결을 받은 페르페투아는 감옥에 갇히면서 아버지께 젖먹이 어린 아들을 자신과 함께 있게 해달라고 했다. 그러나 아직 딸에 대한 분노와 함께 어린 외손자를 걱정한 아버지는 거절했다. 곧바로 페르페투아는 원형경기장에서 순교했다.

프랑스에서는 집단으로 순교하는 사건이 일어났다. 177년 루그두눔에서 부활절과 키벨레 여신을 모시는 축제가 동시에 벌어졌다. 키벨레 사제들은 그리스도 교도들이 국가적인 행사에 참여하지 않는다면서 그들을 로마 시에 반역자로 고발했다. 체포된 교도들은 신성한 의식에 참여하면 살려준다는 제안을 받았으나 모두 거절했다. 그들은 곧바로 아레나에서 야생동물에게 살해되는 벌을 받아 48명이 사망했다.[43]

그리스도 교도들은 당당하게 죽음을 맞이했다. 순교자 유스티누스는 그리스도 교도들이 두려움 없이 순교하는 행동 자체가 "사악하거나 방탕하게 사는" 사람들이 아니라는 것, 소문처럼 근친상간을 하거나 식인 풍습을 가지고 있지 않다는 증거라고 주장했다. 그리스도교를 지지했던 미누키우스에 따르면 "위협, 고문, 처형에도 냉소적인 미소를 지으면서 의기양양하게 도전하는 그리스도 교도들은 얼마나 아름다운가? 훌륭하게 복무했을 때 군사령관은 명예를 줄 수 있지만 생명을 연장해줄 수는 없다. 그러나 하느님의 병사는 생을 마쳤을 때 결코 하느님에게 버림받지 않는다. 교도들이 비참한 것처럼 보이지만 절대 그렇지 않다." 또 3세기 중반 카르타고의 주교이자 순교자인 키프리아누스는 "하느님의 종복, 신앙이라는 무기로 무장한 사람들은 굴복하지 않는다. 고문을 당한 사람이 고문하는 사람보다 더 당당하게 서 있다. 하느님의 병사들이 충성하고 헌신할 때 하느님의 눈에는 얼마나 위대하고 믿음직하겠는가! 순교는 가장 축복받은 행위이니 따르라. 당신은 하느님의 눈앞에서 싸우고 있음을, 하느님의 영광을 위해 동참하고 있음을 알라"[44]고 말했다.

그리스도 교도의 비판

그리스도교 사가들에게 원형경기장은 교도들의 순교 장소인 동시에 이교도들의 퇴폐와 타락의 장소, 잔인성을 표출하는 장소였다. 2~3세기의 그리스도 교도인 클레멘트는 검투사 경기가 열리는 아레나를 음탕한 장소, 인간을 야만적으로 만드는 곳이라고 꼬집었다. 그에 따르면 눈은 음탕하고, 욕망에 사로잡힌 남녀들은 주변 사람들을 바라보면서 호색적인 욕망을 불태우는 데 익숙하다. 관중의 이런 난잡함을 통제할 수 있는 수단이 없으므로 무례함과 험담으로 가득 찬 구경거리와 연극은 금지되어야 한다고 주장했다.[45]

테르툴리아누스는 아레나를 욕망의 장소라고 표현했다. 그는 "구경거리에서 감정을 공유하는 것은 서로에 대한 욕망의 불꽃을 부채질한다"고 비판했다. 극장이나 아레나를 대중의 광기와 잔인성, 허례의식이 난무하는 곳이라고 평가했다. 그는 이렇게 잔인한 구경거리는 관중에게 경각심을 불러일으키는 것이 아니라 관중의 잔인성을 자극해 살인에 적극 동참하게 만든다고 했다. 그는 "신이 우리에게 잔인함, 불경스러움, 포악함을 마음대로 분출하도록 허락했다면 원형경기장으로 가서 인간의 피로 즐거움을 얻자. 그러나 우리는 그런 허락을 받은 바 없다. 다른 사람들을 처벌함으로써 즐거움을 얻는 것은 죄다. 처벌받는 사람들이 범죄자라고 어떻게 증명할 수 있는가? 아무런 죄가 없는 사람들이 재판관의 복수심이나 변호인의 허약한 변호, 강력한 고문으로 야생동물에게 희생될 판결을 받거나 다른 처벌을 받을 수 있다. 결백한 사람들을 처형하는 데 동조하는 관중은 살인자다. 거리에서의 다툼은 중지시키거나 비난하면서 경기장에서 벌어지는 훨씬 더 위험한 싸움에는 박수를 보내는 관중, 일상생활에서 시체를 보면 소름 끼쳐 하면서 원형경기장에서 시체들이 피로 뒤범벅이 되는 광경을 묵인하는 관중, 채찍과 장대를 가지고 돌진하는 야만적인 검투사들은 꺼리면서 검투사들에게 주어지는 자유의 목검과 투구는 서로 가지려고 하는 관중 모두 살인의 공모자인 셈이다"라고 했다. 그러면서 테르툴리아누스는 하느님의 재림과 최후의 심판이라는 다른 구경거리, 마지막 구경거리가 도래하고 있다고 설교했다.[46]

2세기의 신학자인 아테나고라스는 검투사 경기와 야생동물 사냥이 재미있다는 점은 인정했다. 그러나 테르툴리아누스와 마찬가지로 다른 사람이 처형당하는 것을 보는 것 또한 살인에 동참하는 일이므로 그런 구경거리는 당장 접어야 한다고 했다. 2세기 후반의 신학자인 타티아누스는 "관중은 피로 얼룩진 살인자들의 집단이고,

사악하고, 불경스럽고, 혐오스러운 경기를 보지 못할 때 슬퍼한다. 강도는 약탈을 위해 살인을 저지르지만 부유층은 살인을 하기 위해 검투사들을 구입한다"고 비난했다.[47]

그리스도교 사가들에게 검투사 경기는 다신교의 색채와 미신이 난무하는 구경거리였다. 그들에게 원형경기장은 이교도들의 음모와 이야깃거리를 제공하는 곳, 정오에 범죄자들을 처형하면서 아티스, 헤르쿨레스, 메르쿠리우스, 유피테르 등 온갖 신이 활동하는 곳이었다. 테르툴리아누스는 원형경기장을 인간의 피와 악행이 난무하는 곳, 다신교도들이 죄인들을 춤추게 하는 곳이라고 비난했다.[48]

4세기 후반에서 5세기에 글을 썼던 프루덴티우스는 원형경기장에서의 싸움을 신과 악마의 대결에 빗대었다. 여성 전차 기수이자 악을 상징하는 룩수리아와 성녀인 소브리에타스의 싸움에 대한 묘사는 세밀했다.

룩수리아는 몸을 뒤로 젖혀 고삐를 바싹 당긴 채 달려나갔고, 늘어뜨린 그녀의 머리카락은 먼지로 더럽혀졌다. 그러나 그녀는 곧바로 내동댕이쳐졌다. 그녀가 도끼를 아래로 떨어트린 탓에 그녀의 육체가 전차 바퀴에 엉켰다. 그녀가 널브러져 있을 때 상대인 소브리에타스는 얼굴 중앙에 있는 숨구멍을 부셔버리기 위해 바위처럼 커다란 돌을 그녀에게 집어던져 치명적인 타격을 가했다. 그녀의 이빨은 빠져버렸고, 식도는 절단 났으며, 엉킨 혀는 핏덩어리로 가득 찼다. 그녀의 식도에서 이상한 것이 올라왔다. 그녀가 삼켰던 핏덩어리를 다시 토해낸 것이다. 소브리에타스가 그녀에게 "많은 포도주 잔에 있는 너의 피를 마셔라"라고 질책했다. "이 피는 지나간 시간을 지나치게 즐긴 대가로 주어진 당신의 무서운 파편들이다."⁴⁹

이미 그리스도교가 국교가 되어 널리 퍼진 5세기에 활동했던 신학자 아우구스티누스 역시 구경거리를 악마와 관련지었다. 전차 경주, 야생동물 사냥, 검투사 경기는 악마를 기쁘게 하는 것이고, 이를 행하는 자들은 마음속의 악마에게 경배를 올리는 것이다. 악마는 사악한 관습과 자신들을 잘못 인도하고 함정에 빠트리는 사람들의 아주 비열한 삶을 즐기기 때문이다.⁵⁰

그리스도 교도들이 검투사 경기를 비난하는 또 다른 이유는 교리와 상충된다는 점에 있었다. 검투사들이 아레나에서 용감하게 싸우면서 관중에게 감동을 주면 황제는 관중의 의사를 반영하여 살려주었다. 검투사들은 황제와 관중의 권력과 관용 덕택에 구원되었다. 그러나 그리스도교에서 구원은 성사를 통해 개인을 보호해주고 지상의 생명을 주는 신이 행하는 일이지 일시적인 권력자에 불과한 황제가 할 수 있는 일이 아니었다. 구원을 베푸는 주체가 누구인가 하는 문제는 그리스도교의 존립에 중요한 문제이자 양보할 수 없는 문제였다. 구원의 주체를 황제로 보는 검투사 경기, 교리와는 상반되는 경기는 반드시 폐지되어야 했다.

그리스도교 사가들은 대중의 폭력성, 지나친 경비와 위험성을 비난하는 로마 지식인들의 견해에 종교적인 색채를 덮어서 비판했다. 검투사 경기에 이교적인 요소가 섞여 있었기 때문에 사탄, 불경, 사악, 우상 등의 개념과 결합시켰다. 로마 지식인이건 그리스도교 사가들이건 오늘날 우리가 보는 관점, 재미를 위해 서로를 죽여야 하는 검투사들의 비인간적인 상황에 대한 비판은 드물었다. 그들은 오로지 죽이는 훈련만 해야 하는 상황, 즐거움을 위해 피를 봐야 하는 검투사들의 비참한 상황보다 잔인한 경기를 보는 로마 관중에게 더 관심을 보였다. 억압받는 소수의 검투사보다 살인을 강요하는 다수의 관중을 더 교화시킬 필요가 있었던 것이다.

폐지 수순을 밟는 검투사 경기

325년 10월 1일 그리스도교에 우호적이었던 콘스탄티누스 1세 Constantinus I 재위 306~337 황제는 이집트와 아시아 속주의 총독인 막시무스에게 보낸 칙령에서 검투사 경기를 폐지한다고 선포했다.

세계 모든 곳에 평화로운 정권과 영원한 질서가 회복된 이때, 피 비린내 나는 경기는 우리에게 즐거움을 줄 수 없다. 그래서 우리는 검투사의 존재를 전면 금지한다. 오늘날까지 범죄로 인해 검투사로 살도록 판결받은 사람들은 광산으로 보내 피를 흘리지 않고도 범죄의 행동에 대한 죗값을 치를 것이다.[51]

폐지 선언은 그해 여름 삼위일체 문제를 논의하기 위해 소아시아 북서부의 니케아에 모인 그리스도교 성직자들이 검투사 경기를 비난한 데 따른 결과였다. 현실적으로 심각한 인력 부족을 겪고 있던 채석 작업에 더 많은 노동력을 제공하기 위해서이기도 했다. 채석 작업은 국가의 경제력을 뒷받침하는 중요한 재원이었다. 그러나 황제 자신이 강력한 의지를 가지고 내린 칙령은 아니었다. 범죄자들 또한 광산에서 절망적이고 혹독한 노동을 하는 것보다 돈이나 인기를 얻고자 검투사로 나서는 것을 더 선호했다. 때문에 황제의 칙령은 제대로 효과를 발휘하지 못했다. 칙령을 발표한 지 3년이 지난 328년 안티오크에서 여전히 경기가 개최되었고, 그리스도 교도들도 반대하지 않았다.[52]

검투사 경기가 폐지되지 않은 것은 이탈리아에서도 마찬가지였다. 콘스탄티누스 1세 황제는 움브리아의 사제들이 검투사 경기를 계속 개최해야 하고, 에트루리아의 사제들이 볼시니이에서 경기를 제대로 개최할 수 있도록 힘을 모아야 한다고 했다. 이전에 내린 칙령을 황제 자신이 곧바로 부정해버린 꼴이 되었다. 또 로마 시에서 재무관들이 매년 12월에 개최하는 검투사 경기는 354년 10일 동안 열렸다.

검투사 경기를 폐지하려는 교회의 움직임은 꾸준히 이어졌다. 교회는 검투사들과 검투사가 되려고 훈련하는 자들은 물론, 검투사 경기와 야생동물 사냥을 본 사람들도 세례를 받을 자격이 없다고 규정했다. 357년 콘스탄티우스 2세Constantius II 재위 337~361 황제는 칙령을 통해 로마 시의 군인과 정무관들에게 검투사 경기를 보지 못하게 했고, 금지령에도 불구하고 경기를 보러 간 사람은 처벌을 받는다고 했다. 365년과 375년 발렌티니아누스 1세Valentinianus I 재위 364~375 황제는 유죄 판결을 받은 그리스도 교도를 검투사 양성소에 보내는 것, 아레나에서 공개처형하는 것을 금지시켰다. 그러나 그리스도 교도가 아닌 범죄자는 여전히 아레나에서 처형되었다.

또한 원로원 의원들이 개인적으로 검투사를 소유하는 것을 금지시켰다. 이런 금지에도 불구하고 386년 요한 크리소스톰이 안티오크의 사제로 있으면서 검투사 경기가 여전히 개최되고 있다고 말했듯이 경기는 완전히 폐지되지 않았다. 393년 원로원 의원인 심마쿠스는 마치 어떤 변화도 없었던 것처럼 거대한 검투사 경기를 개최했다.

399년 서로마 황제인 호노리우스Honorius 재위 395~423가 남아 있는 검투사 양성소를 폐지시킨 인물로 거론된다. 그 근거는 다음과 같다. 텔레마쿠스라는 어떤 수도승이 검투사 경기를 비난하기 위해 소아시아에서 로마 시까지 갔다. 경기가 벌어지는 동안 그는 자기 좌석에서 아레나로 뛰어내려가 싸우고 있던 두 명의 검투사를 싸우지 못하게 갈라놓았다. 흥미진진한 경기를 집중해서 보고 있던 관중은 난데없는 수도승의 난입에 경기가 중단되자 광분했다. 흥분한 그들은 아레나로 내려와 수도승을 잡아 갈기갈기 찢어 죽였다. 이런 혼란한 상황을 용인할 수 없었던 호노리우스 황제가 검투사 경기를 아예 폐지시켜버렸다고 한다. 그러나 이 사건은 황제가 검투사 양성소 폐지를 선언한 뒤인 404년에 일어났기 때문에 폐지 선언을 하게 된 동기라고 보기 어렵다. 아마도 검투사 경기에 대한 그리스도교의 혐오감을 강조하기 위한 일화로 추정된다. 황제의 결정은 로마 시에서만 일시적으로 적용되었을 뿐이다.

호노리우스 황제의 양성소 폐지라는 극단적인 조치에도 불구하고 검투사 경기의 명맥은 끊어지지 않았다. 아우구스티누스가 제자인 알리피우스가 경기의 매력에 빠졌다고 언급한 시기가 400년경이었기 때문이다. 마지막 검투사 경기가 최종적으로 언제 열렸는지는 확실치 않으나 440년 이전이었을 것이다. 그해의 주교인 살비아누스가 야생동물 사냥, 연극 상연, 전차 경주를 공개적으로 비난했는데, 검투사 경기에 대한 언급은 없었기 때문이다. 아마도 경기가 이미 없어졌거나 하찮은 것이 되었으리라 추정된다.[53]

야생동물 사냥은 검투사 경기보다 더 오래 존속되었다. 동로마제국에서 아나스타시우스 1세Anastasius I 재위 491~518 황제는 498년 야생동물과 인간의 싸움을 금지시켰지만 야생동물끼리의 싸움은 허용했다. 523년 로마의 정치가인 카시오도루스가 야생동물 사냥을 비난하는 글을 보고받은 동고트의 왕인 테오도리쿠스Theodoricus 재위 493~526는 경기를 금지하는 칙령을 발표했다. 그러나 536년 유스티니아누스Justinianus 재위 527~565 황제는 화려한 동물 사냥 경기를 주최했다. 동물 사냥 경기는 6세기에도 여전히 존속되었고, 681년에 가서야 마침내 폐지되었다.

검투사 경기를 종결짓는 특별한 정치적 조치는 없었지만 4세기 후반 로마 시에서 점차 쇠퇴해갔다. 그리스도교가 국교가 된 후 그리스도교로 개종하는 사람의 수가 급속히 증가하면서 콜로세움과 검투사 경기를 이교의 상징으로 여겨 경기를 보러 가기를 꺼렸다. 또 경제 상황이 어려워지면서 대규모 검투사들을 고용해 화려한 경기를 개최할 여력이 없었다. 내전과 이민족과의 전쟁으로 국고는 고갈되었다. 상류층 역시 경제 쇠퇴와 세금 증가로 힘든 상황이었으므로 경기를 개최할 돈이 없었다. 여전히 경기를 보고 싶어하는 사람들은 소수의 검투사들이 나와 싸우는 경기를 관람했지만 과거와 같은 흥미와 짜릿함을 느낄 수 없어 경기장을 찾는 횟수는 줄었다. 찾는 사람이 줄어드니 경기를 개최하는 횟수가 적어졌고, 그러면서 검투사 경기는 자연스럽게 역사 속으로 사라졌다.

폐허가 된 콜로세움

80년에 준공되어 수 세대를 풍미했던 콜로세움은 3세기 로마가 혼란기를 맞이하면서 고난의 길로 들어섰다. 217년 8월 23일 번개가 콜로세움 꼭대기에 있는 나무로 된 통로를 강타, 불꽃이 나무로 된 좌석을 휩쓸었다. 불이 아레나 아래의 교각 사이로 퍼져 건물에 심각한 손상을 입혔다. 설상가상으로 불을 끄기 위해 뿌린 물이 돌에 스며들어 구멍이 생겼고, 외벽 일부와 돌로 된 좌석들이 붕괴되었다. 223년 재개관될 때까지 거의 6년 동안 콜로세움에서 어떠한 경기도 개최할 수 없을 정도로 심각한 손상을 입었다. 이 불은 5세기 검투사 경기가 폐지되기 전까지 콜로세움을 강타한 가장 큰 불이었다.

콘스탄티노플이 제국의 수도가 되면서 황제가 주최하는 경기는 동부의 경기장에 집중되었다. 이탈리아의 콜로세움에 대한 관심은 자연히 옅어져갔다. 제국의 번영을 상징하던 콜로세움이 오늘날과 같은 모습을 하게 된 것은 이민족의 침입, 유적에 대한 사람들의 무지, 자연재해가 합쳐진 결과였다. 410년 고트족과 455년 반달족의 약탈로 콜로세움은 더욱 파괴되었다. 중세 말에는 상황이 더 심각했다. 교회나 각종 관공서, 궁전과 같은 건물을 지으려는 사람들에게 로마 광장과 콜로세움의 돌들은 아주 적합한 건축 자재였다. 검투사 경기가 사라진 뒤 콜로세움을 더 이상 사용하지 않게 되자 거대하고 웅장하기는 하지만 쓸모없는 이 돌덩어리들을 끌어다 썼다. 17세기까지 교회의 기록에는 '콜로세움에서 돌을 채굴하기 위해'라는 문장이 반복적으로 나타났다. 수차례의 파괴적인 지진도 콜로세움에 치명적이었다. 특히 508년의 지진으로 최고층의 열주가 붕괴되었다.

425년과 450년 사이에 쓴 비문은 콜로세움 수리에 관한 내용이었다.

> 우리 주인이신 테오도시우스와 발렌티니아누스의 건강을 위해! 저명한 사람이자 로마 시장인 람파디우스가 원형경기장의 모래, 칸막이, 뒷좌석을 교체했을 뿐 아니라 좌석 층계 뒤편도 수리했다.[54]

508년의 비문 또한 콜로세움을 수리했다는 기록이다.

> 저명한 사람이자 로마 시장, 정규 집정관인 바실리우스는 치명적인 지진으로 파괴된 아레나와 칸막이를 자신의 경비로 복구했다.[55]

동고트의 왕인 테오도리쿠스 치세 때 콜로세움에서 마지막으로 야생동물 사냥 경기가 개최되었다.

콜로세움을 재사용 혹은 철거하려는 계획은 빈번했다. 예를 들어 교황 식스투스 5세Sixtus V 재위 1585~1590는 콜로세움을 모직물 공장으로 바꿔 경기장 바닥에 산업시설을 만들고, 상층부에 노동자들의 주거지를 설치하려고 했다. 그러나 건축에 비용이 많이 들어 교황이 사망한 뒤 이 계획은 폐기되었다. 또 1594년 작은 접착제 공장을 경기장 안에 지으려는 계획이 있었다. 도로를 정비하는 작업을 하면서 좀더 넓은 도로를 만들기 위해 콜로세움을 파괴하려고 했던 적도 있었다. 그런 용도 변경 작업은 계획만 세운 채 제대로 된 경비 조달이나 설계, 변경에 대한 합의가 이루어지지 않았다. 그 덕분에 일부 파괴되기는 했지만 오늘날까지 콜로세움이 존속하게 되었다.

강제로 검투사가 된 전쟁포로나 범죄자들은 처음에는 억울하고 불만스러운 마음을 품었다. 전쟁포로는 로마에 진 것도 억울한데, 적국의 노리개까지 되었으니 슬픔을 넘어 울화통이 터질 지경이었다. 억울함을 못 견딘 검투사들은 자살했다. 그럴 용기가 없는 사람들은 경기장에서 불성실한 싸움으로 죽음을 맞이했다. 스파르타쿠스처럼 반란을 일으키는 것도 현실 탈출의 한 방법이었다. 그러나 능력이 있다는 스파르타쿠스조차 결국 실패한 상황에서 로마에 맞서기란 쉽지 않았다. 이들에게 남은 방법은 현실을 인정하고 순응하는 것뿐이었다. 아무리 발버둥 쳐도 벗어날 길이 없다는 것을 절감한 것이다. 자신의 국가도, 같은 민족도 아닌데 오락 도구로 전락한 것이 즐겁지는 않으나 돈 벌어 자유를 사는 것 외에는 달리 방법이 없었다. 반항보다는 돈과 인기를 얻고, 해방되어 화려하고 풍요롭게 사는 것이 더 나은 선택이었다. 비석을 남긴다는 것 자체가 성공한 검투사임을 입증하지만 어디에도 로마에 대한 원망은 없었다. 싸움에서 진 것이 억울할 뿐 싸움꾼이 된 운명에 대한 분노는 없었다. 오히려 운명을 받아들이고, 자신의 싸움 솜씨나 용기, 영광에 대해 자랑했다. 후세인에게 검투사라는 사실을 숨기는 것이 아니라 뛰어난 싸움꾼으로 기억되기를 바랐던 것이다.

자유민 출신의 검투사는 처음부터 불만이 없었다. 스스로 선택한 삶이자 직업이었기 때문이다. 싸움을 잘하고 체격도 좋으니 이길 자신이 있었고, 이기면 돈을 움켜쥐게 되어 있었다. 돈 버는 것이 최선인 이들에게 직업의 귀천은 아무런 의미가 없었다. 사회적으로는 비천하다고 해도 경기장에서는 최고의 대접을 받았다. 싸움에서 이길수록 여성들의 사랑과 관중의 환호를 독차지할 수 있었다. 돈과 인기에 대한 매력이 검투사라는 직업의 비천함을 뛰어넘었다.

원래 검투사 경기는 저명한 사람들이 장례식 때 사사로이 개최하던 놀이였다. 그러던 중 경기에 대한 인기가 높아지면서 국고로 개최되는 공적인 행사로 바뀌었다. 로마에게 검투사 경기는 국력의 상징이었다. 로마는 자신들에게 패배한 적국의 사람들과 이국적인 동물들을 끌고 와 구경거리로 제공했다. 이로써 로마는 국력이 강하다는 것, 정복자라는 이미지를 심어주었다. 로마는 검투사 경기를 통해 "이것이 부유하다는 것이다. 이것이 강력하다는 것이다"라는 메시지를 전하고 싶었던 것이다.

검투사 경기는 로마인들을 다스리는 지배의 도구이기도 했다. 지배자는 화려한 구경거리를 제공함으로써 자신의 미덕과 너그러움을 과시했다. "곡물을 아낌없이 분배하는 것은 곡물 수령자 명부에 있는 시민 한 명씩 개별적으로 달랠 수 있지만 구경거리는 전체 시민들에게 한꺼번에 행복한 웃음을 주었다."[56] 로마인들은 자신들에게 즐거움을 주기 위해 죽일 듯이 싸우는 검투사를 보면서 지배하는 국가, 강력한 국가의 시민임을 자랑스럽게 여겼다. 검투사를 바라보는 그들의 눈길 속에는 자신감과 우월감이 배어 있었다. 또 그들은 공개처형당하는 범죄자를 보면서 자신이 저 자리에 서지 않았다는 사실에 안도감을 느꼈다. 자신도 모르는 사이에 순종의 미덕을 체감한 것이다.

검투사 경기가 어떤 목적으로 활용되었든 가장 중요한 것은 재미있다는 것이었다. 박진감 넘치는 재미가 없다면 아무리 정치적 목적을 가지고 의도적으로 개최했더라도 외면당했을 것이다. 로마인들이 사디즘적 성향이 있어 잔인한 것을 좋아하고, 살해 장면이 잔인하니 보는 것이 아니라 아슬아슬한 싸움이 재미있으니까 보는 것이었다. 그들은 강인한 정신과 치열한 승부 근성을 지닌 검투사에게 감정이입되어 마치 자신이 아레나에서 싸우는 것처럼 심취했다. 다채롭고 흥미로운 프로그램들이 연이어 전개되어 지루해할 틈이 없었다. 그들은 무조건하고 무의미하게 잔인함만 추구하는 것이 아니라 패배했지만 용감하게 싸운 검투사는 살려줄 정도로 스포츠로서의 규칙도 세워두고 있었다.

칼을 사용하는 것이 일상적인 시대였고, 남자라면 누구나 한번쯤 전장에서 사람을 죽여본 적이 있는 시대였다. 사람을 죽이는 일도, 죽이는 것을 본 일도 거의 없는 오늘날의 잣대로 잔인성을 논하기에는 무리가 있다. 로마인도 같은 로마인끼리의 살해는 금지했다. 검투사 경기는 비천한 신분의 사람을 대상으로 한 것이었다. 잔인성에 대한 기준 자체가 오늘날과는 달랐던 것이다. 도덕주의자인 키케로나 세네카도 경기를 관람하러 갔고, 검투사들의 용맹함과 성실성을 칭찬했다. 이들이 비난한 것은 즐거움만 추구하고 집단 난

투극도 서슴지 않는 로마인들의 태도였지 검투사 경기의 잔인성이나 검투사의 비참한 상황은 아니었다. 따라서 오늘날의 시각에서 보면 재미를 위해 사람을 죽이는 검투사 경기만큼 잔인하고 비인간적인 경기가 없지만 로마인들의 시각에서 보면 삶의 교훈을 얻을 수 있는 유익한 경기이자 자연스러운 놀이일 뿐이었다.

| 주 |

머리말

1 Tacitus, *Dialogus de oratoribus* 29.

2 *Scriptores Historiae Augustae, Marcus Aurelius* 10.10; Polybius, *Historiae* 6.22; T. Wiedemann, *Emperors and Gladiators*(London: Routledge, 1992), p.12; C. Schnurr, "The Lex Julia Theatralis of Augustus: Some Remarks on Seating Problems in Theatre, Amphitheatre and Circus," *Liverpool Classical Monthly* 17.10(1992), p.156.

3 PL, 94, col.543 in A. E. Fear, "Status Symbol or Leisure Pursuit? Amphitheatres in the Roman World," *Latomus* 59.1(2000), p.82 재인용; S. Shadrake, *The World of the Gladiator*(Gloucestershire: Tempus, 2005), p.97; K. Hopkins & M. Beard, *The Colosseum*(Cambridge: Harvard University Press, 2005), p.35.

4 M. Grant, *Gladiators*(Middlesex: Penguin Books, 1971), p.8.

제1부 검투사로 거듭나기

제1장 검투사가 되는 사람들

1 E. Köhne and C. Ewigleben(eds.), *Gladiators and Caesars*(Berkeley: University of California Press, 2000), p.127; M. Grant, *Gladiators*(Middlesex: Penguin Books, 1971), pp.49-50; R. Auguet, *Cruelty and Civilization: The Roman Games*(London: Routledge, 1994), pp.30-31; A. Futrell, *The Roman Games: A Sourcebook*(Oxford: Blackwell, 2006), p.120.

2 Cicero, *Ad Atticum* 7.14-15; Valerius Maximus, 2.3.2; Horatius, *Ars Poetica* 32; Suetonius, *Caesar* 26.

³ Suetonius, *Domitianus* 4; F. Meijer, *The Gladiators: History's Most Deadly Sport*(New York: Thomas Dunne Books, 2003), p.54; M. Grant, *Gladiators*(Middlesex: Penguin Books, 1971), p.41, 48; A. Scobie, "Spectator Security and Comfort at gladiatores games," *Nikephoros* 1(1988), p.202; R. Auguet, *Cruelty and Civilization: The Roman Games*(London: Routledge, 1994), pp.31-32; K. Coleman, "Entertaining Rome," in J. Coulston and H. Dodge(eds.), *Ancient Rome: The Archaeology of the Ancient City*(Oxford, 2000), p.236; S. Shadrake, *The World of the Gladiator*(Gloucestershire: Tempus, 2005), pp.86-87; P. Matyszak, *Gladiator: The Roman Fighter's Unofficial Manual*(London: Thames & Hudson, 2011), p.133.

⁴ Suetonius, *Claudius* 24; Apuleius, *Metamorphoses* 7.6.

⁵ R. Auguet, *Cruelty and Civilization: The Roman Games*(London: Routledge, 1994), p.32; S. Wisdom, *Gladiators 100 BC-AD 200*(Oxford: Osprey, 2001), pp.19-20; J. Penrose(ed.), *Rome and her Enemies*(Oxford: Osprey, 2005), p.133, 194, 208-210.

⁶ *Codex Theodosianus* 7.13.3 in G. R. Watson, *The Roman Soldier*, p.167 주80 재인용; Vegetius, *Epitoma Rei Militaris* 1.5-6; Suetonius, *Nero* 19; Seneca, *Epistulae Morales* 27.6; Diodorus, 36.2a.1, 36.2.2; Horatius, *Sermonum* 2.7.43; Petronius, 68.8; Martialis, *Liber de Spectaculis* 10.31; *Corpus Inscriptionum Latinarum* 2.6278 in A. Futrell, *The Roman Games: A Sourcebook*(Oxford: Blackwell, 2006), p.49 재인용.

⁷ Josephus, *Bellum Judaicum* 6.7.2-3, 7.3.1; Dio, 43.23, 60.30.

⁸ *Collatio Mosaicarum et Romanarum legum* 11.7 in A. Futrell, *The Roman Games: A Sourcebook*(Oxford: Blackwell, 2006), p.123 재인용.

⁹ Plinius, *Epistulae* 10.31-32.

¹⁰ Diodorus Siculus, 36.10; The Martyrdom of Polycarp, 1-3, 9-16.

¹¹ Plutarchos, *Moral Essays* 554b; Eusebius, *Historia Ecclesiastica* 3.36; *Digesta*, 48.19.31; F. Meijer, *The Gladiators: History's Most Deadly Sport*(New York: Thomas Dunne Books, 2003), pp.147-149, 247-248 주121.

¹² Dio, 59.13; Seneca, *Dialogorum* 3.6.1, 3.6.3, 3.15.1f., 3.16.1ff, 3.19.7; *De Clementia* 1.22.1, 1.25.2.

¹³ Valerius Maximus, *Facta et Dicta Memorabilia* 2.7.13-14; Livius, *Periochae* 51; Diodorus Siculus, 36.10.2-3; Plinius, *Naturalis Historiae* 8.20; Seneca, *De Brevitate Vitae* 13.6; Suetonius, *Caligula* 27; Dio, 59.10.

¹⁴ Seneca, *Quaestiones Naturalis* 7.31.

¹⁵ *Corpus Inscriptionum Latinarum* 6.10194, 6.10177 in A. Futrell, *The Roman Games: A Sourcebook*(Oxford: Blackwell, 2006), p.151 재인용.

16 M. Grant, *Gladiators*(Middlesex: Penguin Books, 1971), p.31.

17 Tatianus, *Oratio ad Graecos* 23.

18 Juvenalis, *Saturae* 11.3−20; Petronius, *Satyricon* 76; Lucianus, *Toxaris* 58−59; Plinius, *Naturalis Historiae* 34.11; Tacitus, *Annales* 11.5; *Corpus Inscriptionum Latinarum* 2.6278 in A. Futrell, *The Roman Games: A Sourcebook*(Oxford: Blackwell, 2006), p.49 재인용; Horatius, *Epistularum* 1.1.2.

19 Cornelius Nepos, *Excellentium Imperatorum Vitae* pref. 5; Suetonius, *Tiberius* 7; Petronius, *Satyricon* 45; Tacitus, *Annales* 14.14.

20 Apuleius, *Metamorphoses* 20; *Apologia* 98.7; Martialis, *Liber de Spectaculis* 11.66.

21 Juvenalis, *Saturae* 2.143−148, 8.200−210; Dio, 43.23, 57.14; Pseudo Quintilianus, *Declamations* 9, 16.

22 Tertullianus, *Ad Martyres* 4−5.

23 B. Levick, "The Senatus Consultum from Larinum," *Journal of Roman Studies* 73(1983), pp.98−105.

24 Livius, 28.21; Silius Italicus, *Punica* 16.527−548; Dio, 43.23, 48.43, 51.22, 56.25, 57.14, 59.10; Suetonius, *Caesar* 39; *Augustus* 43; *Nero* 12; Tacitus, *Historiae* 2.62.

25 *Corpus Inscriptionum Latinarum* 8.1885, 9.4696 in A. McCullough, "Female Gladiators in Imperial Rome: Literary Context and Historical Fact," *Classical World* 101.2(2008), p.209; Martialis, *Liber de Spectaculis* 8; Juvenalis, *Saturae* 1.22−23; Statius, *Silvae* 1.6; Dio, 67.8; Suetonius, *Domitianus* 4.1.

26 Juvenalis, *Saturae* 6.247−264; Tacitus, *Annales* 15.32; Statius, *Silvae* 1.6.53−64; Suetonius, *Domitianus* 4; *Scriptores Historiae Augustae, Commodus* 12.1.

27 Dio, 76.16.

28 Suetonius, *Vitellius* 12.

제2장 검투사가 되는 과정

1 A. Scobie, "Spectator Security and Comfort at gladiatores games," *Nikephoros* 1(1988), p.193; K. Coleman, "Entertaining Rome," in J. Coulston and H. Dodge(eds.), *Ancient Rome: The Archaeology of the Ancient City*(Oxford, 2000), p.225; F. Meijer, *The Gladiators: History's Most Deadly Sport*(New York: Thomas Dunne Books, 2003), pp.52−55, 70; A. Futrell, *The Roman Games: A Sourcebook*(Oxford: Blackwell, 2006), pp.142−143; M. Grant, *Gladiators*(Middlesex:

Penguin Books, 1971), p.42.

2 Juvenalis, *Saturae* 6.5−11, 6.354−358; Quintilianus, *Institutio Oratoria* 2.17.33; Seneca, *De Ira* 2.8.2.

3 Plutarchos, *Crassus* 8; Appianus, *Bellum Civile* 1.116; A. Scobie, "Spectator Security and Comfort at gladiatores games," *Nikephoros* 1(1988), p.201.

4 Plinius, *Naturalis Historiae* 18.14; Galenus, *Peri trophon Dynameos* 1.19.

5 Cyprianus, *Ad Donatum* 7 in A. Futrell, *The Roman Games: A Sourcebook*(Oxford: Blackwell, 2006), p.141 재인용; Tertullianus, *Apologia* 9.11.

6 F. Kanz, & K. Grosschmidt, "Head injuries of Roman gladiators," *Forensic Science International* 160(2006), p.209; A. Curry, "The Gladiator Diet," *Archaeology* 61(2008), pp.28−30.

7 Seneca, *Epistulae Morales* 37; Petronius, *Satyricon* 117; Polybius, 6.21; Dionysius of Halicarnassus, 10.18, 11.43; Vegetius, *Epitoma Rei Militaris* 2.5; Suetonius, *Caligula* 15.

8 Petronius, *Satyricon* 117; Livius, 8.9−10.

9 Dio, 73.19; Marcus Junkelmann, "Familia Gladiatoria: The Heroes of the Amphitheatre," in E. Köhne and C. Ewigleben(eds.), *Gladiators and Caesars*(Berkeley: University of California Press, 2000), p.47.

10 *Memorial for a gladiator from Cyzicus in Asia Minor*, Lgog 293 in P. Matyszak, *Gladiator: The Roman Fighter's Unofficial Manual*(London: Thames & Hudson, 2011), p.64 재인용.

11 Galenus, *Exhortation to the Study of the Arts* 4; Valerius Maximus, *Facta et Dicta Memorabilia* 2.3; Vegetius, *Epitoma rei militaris* 1.11; Frontinus, *Strategemata* 4.2.

12 Vegetius, *Epitoma rei militaris* 1.11.

13 *Corpus Inscriptionum Latinarum* 6.10175, 6.10181 in A. Mahoney, *Roman sports and spectacles: a sourcebook*(Massachusetts: R. Pullins Company, 2001), p.22 재인용.

14 Plinius, *Naturalis Historiae* 11.144; Tacitus, *Germania* 43.

15 Epictetus, *Diatribai* 3.15; *Corpus Inscriptionum Latinarum* 5.563 in A. Mahoney, *Roman sports and spectacles: a sourcebook*(Massachusetts: R. Pullins Company, 2001), p.23 재인용.

16 Cicero, *Pro Milone* 92; Seneca, *De Tranquillitate Animi* 11.4.

17 Seneca, *Controversiae* 9.6; Valerius Maximus, *Facta et Dicta Memorabilia* 2.3;

Frontinus, *Strategemata* 4.2; Vegetius, *Epitoma Rei Militaris* 1.11−12; Cicero, *Tusculanae Disputationes* 2.17.41; Tertullianus, *De Spectaculis* 21.

18 Galenus, *Exhortation to the Study of the Arts* 4.

19 F. Kanz, & K. Grosschmidt, "Head injuries of Roman gladiators," *Forensic Science International* 160(2006), p.215.

20 Seneca, *Epistulae Morales* 70.20−27; Symmachus, *Epistulae* 2.46.

제2부 시끌벅적한 원형경기장

제1장 경기 날짜

1 H. Dessau, *Inscriptiones Lationae Selectae* 1738 in F. Meijer, *The Gladiators: History's Most Deadly Sport*(New York: Thomas Dunne Books, 2003), pp.81−82 재인용.

2 Apuleius, *Metamorphoses* 10.18; K. Hopkins, & M. Beard, *The Colosseum*(Cambridge: Harvard University Press, 2005), p.51; S. Shadrake, *The World of the Gladiator*(Gloucestershire: Tempus, 2005), p.18, 21; A. Futrell, *The Roman Games: A Sourcebook*(Oxford: Blackwell, 2006), p.234 주62.

3 *Corpus Inscriptionum Latinarum* 4.1189−1190, 4.3884, 4.7995, 4.9979; H. Dessau, *Inscriptiones Lationae Selectae* 5145 in A. Futrell, *The Roman Games: A Sourcebook*(Oxford: Blackwell, 2006), pp.44−45 재인용; A. Mahoney, *Roman sports and spectacles: a sourcebook*(Massachusetts: R. Pullins Company, 2001), p.19.

4 *Corpus Inscriptionum Latinarum* 4.2508 in A. Futrell, *The Roman Games: A Sourcebook*(Oxford: Blackwell, 2006), pp.85−86 재인용.

5 Dio, 59.13.8; Plutarchos, *Gaius Gracchus* 12.3; Vitruvius, *De Architectura* 5.1.2; Suetonius, *Caligula* 26.6; Martialis, *Liber de Spectaculis* 5.24.9; *Corpus Inscriptionum Latinarum* 8.6995 in T. Wiedemann, *Emperors and Gladiators*(London: Routledge, 1992) p.18 재인용; A. C. Johnson, P. R. Coleman−Norton, *Ancient Roman Statutes*(New Jersey: Lawbook Exchange Ltd., 2003), p.218.

6 *Corpus Inscriptionum Latinarum* 12.3316−3317 in Garrett G. Fagan, *The Lure of the Arena: Social Psychology and the Crowd at the Roman Games*(Cambridge: Cambridge University Press, 2011), p.110 재인용; Cicero, *Pro Murena* 67, 72−73.

제2장 들뜬 관중

1 Plutarchos, *Moralia* 1099a-d; S. Wisdom, *Gladiators 100 BC-AD 200*(Oxford: Osprey, 2001), p.48; F. Meijer, *The Gladiators: History's Most Deadly Sport*(New York: Thomas Dunne Books, 2003), p.160.

2 제롬 카르코피노, 『고대 로마의 일상생활』, 류재하 옮김, 우물이있는집, 2003, pp. 294-314.

3 Juvenalis, *Saturae* 3.153, 6.502-503; Martialis, *Liber de Spectaculis* 2.66; Dio. 59.7.8; K. Olson, *Dress and the Roman Woman*(New York: Routledge, 2008), pp. 61-70.

4 Martialis, *Liber de Spectaculis* 1; F. Meijer, *The Gladiators: History's Most Deadly Sport*(New York: Thomas Dunne Books, 2003), pp.107-108; R. Auguet, *Cruelty and Civilization: The Roman Games*(London: Routledge, 1994), p.33.

5 *Corpus Inscriptionum Latinarum* 6226, 6227 in A. Mahoney, *Roman sports and spectacles: a sourcebook*(Massachusetts: R. Pullins Company, 2001), p.23 재인용.

제3장 경기 장소

1 Dio, 43.22.3; Vitruvius, 1.7.1, 5.1.1; Augustus, *Res Gestae Divi Augusti* 22.

2 M. C. Toynbee, *Death and Burial in the Roman World*(Maryland: Johns Hopkins University Press, 1996), pp.43-44; A. Corbeille, *Nature Embodied: Gesture in Ancient Rome*(Princeton: Princeton University Press, 2004), p.90.

3 Tertullianus, *De Spectaculis* 12; Festus, 134b, 135M; Servius, *Ad Aeneidem* 10.519; Valeirus Maximus, 2.4.7; Ausonius, *Griphus* 36-37.

4 Vitruvius, *De Architectura* 5.1.1-2; Livius, 26.27.1-4, 44.16.10; Suetonius, *Augustus* 45.1; 김창성, 「아고라와 포룸-도시구조와 정체-」, 『도시인문학연구』 1.2(2009), pp 176-177.

5 Pseudo-Asconius, *On Cicero's on Divination* 16.50; Porphyrius, *Ad Horatius* 1.3.21; Cicero, *Philippicae* 9.7; Propertius, 4.8.75-76; Suetonius, *Caligula* 18.3.

6 Tacitus, *Annales* 14.20-21; Plinius, *Naturalis Historiae* 15.78.

7 J. Russell, "The Origin and Development of the Republican Forums," *Phoenix* 22, pp.304-336; J.-C. Golvin & C. Landes, *Amphithéâtres & gladiateurs*(Paris: CNRS, 1990), 40-54, 58-59; K. Welch, "The Roman arena in late-republican Italy: A new interpretation," *Journal of Roman Archaeology* 7(1994), pp.59-80; S. Shadrake, *The World of the Gladiator*(Gloucestershire: Tempus, 2005), p.101.

8 Dio, 43.23.3, 55.8.5.

9 A. Futrell, *Blood in the Arena*, p.290 주215; K. E. Welch, *The Roman amphitheatre: from its origins to the Colosseum*(Cambridge, 2007), p.53; P. Rose, "Spectators and spectator comfort," pp.114-115.

10 Plutarchos, *Gaius Gracchus* 12.3-4.

11 Livius, 89; Appianus, *Bellum Civile* 100.468; H. Hill, "Sulla's New Senators in 81 B.C.," *Classical Quarterly* 26(1932), pp.170-177.

12 김경현, 「129년 : Gracchani 에 의한 Equites 정책의 맹아기 (萌芽期)?-공마반환법(公馬返還法)(plebiscitum equorum reddendorum) 및 극장법(lex theatralis)과 관련하여(上)」, 『사총』 27(1983), pp.69-73.

13 Dio, 73.19.1.

14 Cicero, *Pro Murena* 73; Dio, 44.4.2.

15 Plutarchos, *Sulla* 35.3; Cicero, *Pro Murena* 73; *Ad Atticum* 2.1; Suetonius, *Augustus* 44; Dio, 44.4.2; S. Lilja, "Seating Problems in Roman Theatre and Circus," *Arctos* 19(1985), pp.70-71; E. Rawson, "Discrimina Ordinum; the lex Iulia Theatralis," *Papers of the British School at Rome* 55(1987), p.90 주38; C. Schnurr, "The Lex Julia Theatralis of Augustus: Some Remarks on Seating Problems in Theatre, Amphitheatre and Circus," *Liverpool Classical Monthly* 17.10(1992), p.149, 155.

16 Cicero, *Tusculanae Quaestiones* 1.37; *Philippicae* 2.18.44; *Pro Murena* 40; *Ad Familiares* 10.32.2; Asconius, *Pro Cornelio* 79C; Strabo, 3.5.3; Livius, 99; Plutarchos, *Cicero* 13; Velleius Paterculus, 2.32.3; Juvenalis, *Saturae* 3.159, 11.202.

17 Dio, 73.17.3-4, 73.18.1, 73.20.2, 73.21.3; Vergilius, *Aeneid* 5.288.

18 Horatius, *Epodus* 4.15-16; Tacitus, *Annales* 2.83; R. Rose, "Spectators and spectator comfort in Roman entertainment buildings: a study in functional design," *Papers of the British School at Rome* 73(2005), p.100; K. Hopkins, & M. Beard, *The Colosseum*(Cambridge: Harvard University Press, 2005), p.111.

19 H. Dessau, *Inscriptiones Lationae Selectae* 6087 in T. Jones, "Pre-Augustan Seating in Italy and the West," *Roman Amphitheatres and Spectacula: a 21st-Century Perspective* 1(2009), p.130; A. Futrell, *Blood in the Arena: The Spectacle of Roman Power*(Austin: University of Texas Press, 1997), p.164; A. Mahoney, *Roman sports and spectacles: a sourcebook*(New York: R. Pullins Company, 2001), p.75 재인용.

20 Plinius, *Naturalis Historiae* 36.15.116-120, 16.201; Plutarchos, *Cato Minor* 45; Cicero, *Ad Familiares* 8.9, 8.10; *Ad Atticum* 4.16.14; Dio, 43.19-24, 53.23.1-4, 55.8.5, 55.10; Suetonius, *Caesar* 37; *Augustus* 43; *Tiberius*

7.1; *Caligula* 18; *Claudius* 21; Livius, 26.22; *Scriptores Historiae Augustae, Alexander Severus* 26.

21 Valerius Maximus, 2.4.2; Tacitus, *Annales* 14.20; Velleius Paterculus, 1.15.3; Appianus, *Bellum Civile* 1.28.

22 Suetonius, *Augustus* 29; Tacitus, *Annales* 3.72; Dio, 51.23.1; Strabo, 5.3.8. 스타틸리우스 경력에 관해서는 Velleius Paterculus, 2.127; Dio, 53.23.1-4, 54.19.6; Tacitus, *Annales* 6.11 참조.

23 Suetonius, *Augustus* 43; *Tiberius* 7.1; *Nero* 12.1; Augustus, *Res Gestae Divi Augusti* 22; Dio, 55.10, 62.18.

24 Tacitus, *Annales* 4.62-63; Suetonius, *Augustus* 29, 43; *Tiberius* 40; Dio, 51.23, 55.10.

25 *Digesta*, 50.10.3; Dio, 58.1a.

26 Suetonius, *Augustus* 74; *Caligula* 21; *Claudius* 18, 21; *Nero* 12.1; *Vespasianus* 9.1; Dio, 59.10; Tacitus, *Annales* 13.31; Calpurnius, *Eclogues* 7.23-24.

27 *Corpus Inscriptionum Latinarum* 10.1084d in A. Futrell, *The Roman Games: A Sourcebook*(Oxford: Blackwell, 2006), p.60 재인용.

28 *Corpus Inscriptionum Latinarum* 10.5183 in A. Mahoney, *Roman sports and spectacles: a sourcebook*(Massachusetts: R. Pullins Company, 2001), p.70 재인용.

29 Martialis, *De Spectaculis* 2; Cassiodorus, *Variae* 5.42l; F. Meijer, *The Gladiators: History's Most Deadly Sport*(New York: Thomas Dunne Books, 2003), pp.99-101; K. Coleman, "Entertaining Rome," in J. Coulston and H. Dodge(eds.), *Ancient Rome: The Archaeology of the Ancient City*(Oxford, 2000), p.231.

30 Dio, 66.25; Suetonius, *Titus* 7.3; Martialis, *Liber Spectaculorum* 1.7-8; A. Scobie, "Spectator Security and Comfort at gladiatores games," *Nikephoros* 1(1988), p.235 주3; A. Futrell, *The Roman Games: A Sourcebook*(Oxford: Blackwell, 2006), p.62, 236 주19.

31 Suetonius, *Augustus* 34.2; *Nero* 12.1-2, 26.2; Dio, 59.3.3-4, 59.7.4.

32 Suetonius, *Augustus* 44; Tacitus, *Annales* 13.54, 15.32; Dio, 54.2.3-4, 54.16, 59.10.5.

33 Plinius, *Naturalis Historiae* 33.32; Valerius Maximus, 2.4.3; Dio, 55.22.4, 60.7.3; Suetonius, *Claudius* 21.3.

34 Juvenalis, *Saturae* 3.153-163; T. P. Malnati, "Juvenal and Martial on Social Mobility," *Classical Journal* 83.2(1987), pp.133-134.

35 Plinius, *Naturalis Historiae* 33.32; Cicero, *Philippicae* 2.44; Dio, 52.19.4,

52.20.1; Suetonius, *Augustus* 30, 38.3; *Caligula* 16.2; 김덕수, 「아우구스투스와 기사신분」, 『서양고대사연구』 25(2009), p.153; 김상엽, 「초기 프린키파투스(principatus) 체제 하에서 기사신분(equester ordo)의 위상」, 『서양고대사연구』 25(2009), pp.179-180.

[36] Juvenalis, *Saturae* 3.153-163; Martialis, *Epigrammata* 5.25-27.

[37] *Digesta*, 1.12.1.12; Suetonius, *Tiberius* 34.1; Valerius Maximus, 2.4.1; Oppianus, *Halieutica* 2.350-356; Plinius, *Naturalis Historiae* 16.13, 33.32; Livius, 10.47; Tacitus, *Annales* 1.54, 1.77, 6.3, 6.13.1, 16.5.2, 16.15.1-2; Dio, 61.20.2; S. Bingham, "Security at the Games in the Early Imperial Period," *Echos du monde classique* 18(1999), pp.369-379.

[38] Josephus, *Antiquitates Judaicae* 14.210; Tacitus, *Annales* 13.54; Suetonius, *Claudius* 25.4.

[39] T. P. Malnati, "Juvenal and Martial," p.137.

[40] Juvenalis, *Saturae* 3.212; Plinius, *Epistulae* 7.17.9; Quintilianus, 6.4.6.

[41] Martialis, *Epigrammata* 4.2.

[42] Tacitus, *Annales* 4.16.6; Dio, 59.3.4, 60.22.2; C. Schnurr, "The Lex Julia Theatralis of Augustus: Some Remarks on Seating Problems in Theatre, Amphitheatre and Circus," *Liverpool Classical Monthly* 17.10(1992), p.160; G. G. Fagan, *The Lure of the Arena: Social Psychology and the Crowd at the Roman Games* (Cambridge: Cambridge University Press, 2011), p.107.

[43] Ovidius, *Amores* 2.7.3-4; Propertius, 4.8.77; Vitruvius, *De Architectura* 5.3.

[44] H. Last, "The social policy of Augustus," *Cambridge Ancient History* X(Cambridge, 1934), pp.443-447; D. Kienast, *Augustus; Prinzeps und Monarch*(Darmstadt, 1982), pp.137-138.

[45] Suetonius, *Augustus* 44.3; 제롬 카르코피노, 『고대 로마의 일상생활』, pp.283-284.

[46] A. Scobie, "Spectator Security," p.193; S. Lilja, "Seating Problems," pp.69-70.

[47] Tacitus, *Annales* 15.32; Suetonius, *Nero* 11.1; *Domitianus* 8.3; Plinius, *Naturalis Historiae* 8.21.

[48] S. Lilja, "Seating Problems in Roman Theatre and Circus," *Arctos* 19(1985), 69-70; E. Rawson, "Discrimina Ordinum; the lex Iulia Theatralis," *Papers of the British School at Rome* 55(1987), p.85; T. P. Malnati, "Juvenal and Martial on Social Mobility," *Classical Journal* 83.2(1987), p.137; C. Schnurr, "The Lex Julia Theatralis of Augustus: Some Remarks on Seating Problems in Theatre, Amphitheatre and Circus," *Liverpool Classical Monthly* 17.10(1992), p.155, 160; H. D. Crawford, "Arranging Seating," *Athenaeum* 71(1995), pp.613-618.

49 Plinius, *Naturalis Historiae* 33.53; Plutarch, *Caesar* 5; Suetonius, *Caesar* 10.2; Dio, 43.22.

50 Augustus, *Res Gestae Divi Augusti* 22.1; Suetonius, *Augustus* 43; Dio, 54.17, 59.14.

51 Martialis, *Liber de Spectaculis* 1; F. Meijer, *The Gladiators*, p.33.

52 *Digesta*, 1.12.1.12; Tacitus, *Annales* 1.54, 1.77; Suetonius, *Tiberius* 34.1; Valerius Maximus, 2.4.1; Oppianus, *Halieutica* 2.350-356.

제3부 검투사 경기, 흥분과 피의 향연

제1장 흥미를 돋우는 구경거리들

1 D. G. Kyle, *Sport and Spectacle in the Ancient World*(Oxford: Blackwell Publishing, 2007), p.313; R. Matthews, *The age of the gladiators: savagery & spectacle in ancient Rome*(New Jersey: Chartwell Books, 2003), p.110; S. Shadrake, *The World of the Gladiator*(Gloucestershire: Tempus, 2005), pp.116-120; C. J. Simpson, "Musicians and the Arena: Dancers and the Hippodrome," *Latomus* 59.3(2000), p.636; T. Wiedemann, *Emperors and Gladiators*(London: Routledge, 1992), p.94.

2 Tertullianus, *De Spectaculis* 7.2-3; Juvenalis, *Saturae* 3.158, 8.207; *Scriptores Historiae Augustae, Pertinax* 8.4; Plinius, *Naturalis Historiae* 10.2; Suetonius, *Claudius* 21.6.

3 Seneca, *De Brevitate Vitae* 13.3, 14.2; Servius, *Ad Aeneid* 2.1440; Ovidius, *Fasti* 4.681-682; Plinius, *Naturalis Historiae* 8.2, 8.6.16-17, 8.65, 29.14.57; Martialis, *Liber de Spectaculis* 8.67.4; Dio, 51.22; Polybius, 1.84; Florus, 1.18.26; Eutropius, 2.14.5; Varro, *De Lingua Latina* 7.389.

4 Strabo, 6.2.6; Livius, 39.22.2, 41.27.6, 44.18.8; Suetonius, *Claudius* 21.3; Dionysius of Halicarnassus, 7.72, 8.68; Cicero, *De republica* 2.20; *Ad Familiares* 7.1; Plinius, *Naturalis Historiae* 8.7.19, 8.20.53, 8.21, 8.24.64, 8.28-29, 8.40.96, 8.53, 8.64; Dio, 39.38, 51.22, 55.10, 56.27, 60.7, 61.91, 66.25, 68.15, 77.1; Augustus, *Res Gestae Divi Augusti* 22; *Scriptores Historiae Augustae, Antoninus Pius* 10.9.

5 Seneca, *De Brevitate Vitae* 13.6; Plinius, *Naturalis Historiae* 8.20; Cicero, *Ad Familiares* 2.11, 8.4-8.9; *Ad Atticum* 6.1.21; Symmachus, *Epistulae* 5.62.

6 *Corpus Inscriptionum Latinarum* 6.130, 3.7449 in C. Epplett, "The Capture of Animals by the Roman Military," *Greece and Rome* 48.2(2001), p.212 재인

용; *Corpus Inscriptionum Latinarum* 13.1874 in S. Shadrake, *The World of the Gladiator*(Gloucestershire: Tempus, 2005), p.85 재인용; R. Davies, *Service in the Roman Army*(Edinburgh, 1989), p.44, 170, 249.

[7] C. Epplett, "The Capture of Animals by the Roman Military," *Greece and Rome* 48.2(2001), p.211; D. L. Bomgardner, "The Trade in Wild Animals for Roman Spectacles: A Green Perspective," *Anthropozoologica* 16(1992), p.163.

[8] Petronius, *Satyricon* 119.

[9] Anthologia Palatina, 7.626; *Scriptores Historiae Augustae, Gordianus* 3, 33; *Probus* 19.

[10] *Corpus Inscriptionum Latinarum* 4.1989; Petronius, *Satyricon* 45; Martialis, *Liber de Spectaculis* 15.22, 15.27; S. Shadrake, *The World of the Gladiator*(Gloucestershire: Tempus, 2005), p.86; D. G. Kyle, *Spectacles of death in ancient Rome*(London: Routledge, 1998), pp.79-80.

[11] Salvianus, *De gubernatione Dei* 6.2.10; A. Futrell, *Blood in the Arena: The Spectacle of Roman Power*(Austin: University of Texas Press, 1997), p.10; F. Meijer, *The Gladiators: History's Most Deadly Sport*(New York: Thomas Dunne Books, 2003), p.139.

[12] Martialis, *Liber de Spectaculis* 26; A. Scobie, "Spectator Security and Comfort at gladiatores games," *Nikephoros* 1(1988), p.209; F. Meijer, *The Gladiators: History's Most Deadly Sport*(New York: Thomas Dunne Books, 2003), pp.138-139; K. Hopkins, "Murderous Games," in *Death and Renewal*(Cambridge: Cambridge University Press, 1983), p.11.

[13] Martialis, *Liber de Spectaculis* 15, 23.

[14] Plinius, *Naturalis Historiae* 8.20-21; Dio, 39.38.2-4; Seneca, *De Brevitate Vitae* 13.6; Cicero, *Ad Familiares* 7.1.3.

[15] Strabo, *Geographica* 6.273; Plutarchos, *Moralia* 554b; Seneca, *Epistulae Morales* 7.5.

[16] Aulus Gellius, *Noctes Atticae* 5.14.10, 5.17.27; Strabo, *Geographica* 6.2; A. Scobie, "Spectator Security and Comfort at gladiatores games," *Nikephoros*1(1988), p.215.

[17] Seneca, *Epistulae Morales* 7.5.

[18] *Corpus Inscriptionum Latinarum* 6.1096 in K. E. Welch, *The Roman amphitheatre : from its origins to the Colosseum*(Cambridge: Cambridge University Press, 2007), p.287 주 4 재인용.

제2장 검투사 경기, 오후 경기의 최고봉

1 Suetonius, *Caligula* 26.

2 R. Auguet, *Cruelty and Civilization: The Roman Games*(London: Routledge, 1994), pp.43-44; M. Grant, *Gladiators*(Middlesex: Penguin Books, 1971), pp.64-65; F. Meijer, *The Gladiators: History's Most Deadly Sport*(New York: Thomas Dunne Books, 2003), p.162.

3 Seneca, *De Providentia* 3.4; M. Grant, *Gladiators*(Middlesex: Penguin Books, 1971), p.99; F. Meijer, *The Gladiators: History's Most Deadly Sport*(New York: Thomas Dunne Books, 2003), p.70; A. Futrell, *The Roman Games: A Sourcebook*(Oxford: Blackwell, 2006), p.96.

4 Livius, 9.40; Polybius, *Historiae* 6.26; Cicero, *De officiis* 2.6; *Corpus Inscriptionum Latinarum* 6.10187, 6.10194 in S. Shadrake, *The World of the Gladiator*(Gloucestershire: Tempus, 2005), pp.144-145 재인용.

5 Seneca, *De Providentia* 3.4; M. Grant, *Gladiators*(Middlesex: Penguin Books,1971), p.99; F. Meijer, *The Gladiators: History's Most Deadly Sport*(New York: Thomas Dunne Books, 2003), p.70; A. Futrell, *The Roman Games: A Sourcebook*(Oxford: Blackwell, 2006), p.96.

6 R. Jackson, "The Chester Gladiator Rediscovered," *Britannia* 14(1983), p.92, Plate XIII; L. R. Heather, "Seneca's Gladiators," *Sport, Ethics and Philosophy* 4.2(2010), p.209; A. Futrell, *The Roman Games: A Sourcebook*(Oxford: Blackwell, 2006), p.95; V. M. Hope, "Fighting for identity: the funerary commemoration of Italian gladiators," *Bulletin Institute of Classical Studies University of London* 73(2000), p.97; R. Matthews, *The age of the gladiators: savagery & spectacle in ancient Rome*(New Jersey: Chartwell Books, 2003), pp.64-65; G. Webster, *The Roman Imperial Army of the First and Second Centuries A.D.*(University of Oklahoma Press, 1998), p.128.

7 Juvenalis, *Saturae* 2.143ff., 6.354-358, 8.199-208; Suetonius, *Caligula* 30; *Claudius* 34.

8 Marcus Junkelmann, "Familia Gladiatoria: The Heroes of the Amphitheatre," in E. Köhne and C. Ewigleben(eds.), *Gladiators and Caesars*(Berkeley: University of California Press, 2000), pp.40-41; S. Wisdom, *Gladiators 100 BC-AD 200*(Oxford: Osprey, 2001), p.30; K. Hopkins & M. Beard, *The Colosseum*(Cambridge: Harvard University Press, 2005), pp.66-68; P. Matyszak, *Gladiator: The Roman Fighter's Unofficial Manual*(London: Thames & Hudson, 2011), p.92.

9 Suetonius, *Caligula* 30; M. Junkelmann, *Gladiators and Caesars: The Power of Spectacle in Ancient Rome*(Berkeley: University of California Press), p.51; F. Meijer, *The Gladiators: History's Most Deadly Sport*(New York: Thomas Dunne Books, 2003), pp.90-93.

10 Robert, *Les gladiateurs dans l'Orient Grec.*(Paris: Champion, 1940), no.79 in M. J. Carter, "Gladiatorial Combat: The Rules of Engagement," *Classical Journal* 102 (2007), p.111 재인용; F. Meijer, *The Gladiators: History's Most Deadly Sport*(New York: Thomas Dunne Books, 2003), p.68.

11 Artemidorus, *Onirocritica* 2.32; Suetonius, *Caligula* 54, 55; *Titus* 8; *Domitianus* 10; Plinius, *Panegyricus* 33.

12 Dio, 73.19.5; Martialis, *Liber de Spectaculis* 31; M. J. Carter, "Gladiatorial Combat: The Rules of Engagement," *Classical Journal* 102(2007), pp.108–109; C. Ewigleben(eds.), *Gladiators and Caesars*(Berkeley: University of California Press, 2000), p.49.

13 *Corpus Inscriptionum Latinarum* 4.10236, 4.10238 in A. Futrell, *The Roman Games: A Sourcebook*(Oxford: Blackwell, 2006), p.100 재인용.

14 Tacitus, *Annales* 12.65; Dio, 60.33; Martialis, *Liber de Spectaculis* 27; Quintilianus, *Declamatio* 9.6; R. Auguet, *Cruelty and Civilization: The Roman Games*(London: Routledge, 1994), p.53; A. Futrell, *The Roman Games: A Sourcebook*(Oxford: Blackwell, 2006), p.96; F. Meijer, *The Gladiators: History's Most Deadly Sport*(New York: Thomas Dunne Books, 2003), p.90; C. Ewigleben(eds.), *Gladiators and Caesars*(Berkeley: University of California Press, 2000), p.52; P. Matyszak, *Gladiator: The Roman Fighter's Unofficial Manual*(London: Thames & Hudson, 2011), p.90.

15 Seneca, *De Ira* 1.11.1.

16 Isidorus of Seville, *Origines* 18.53–55; A. Futrell, *The Roman Games: A Sourcebook*(Oxford: Blackwell, 2006), pp.98–99; C. Ewigleben(ed.), *Gladiators and Caesars*(Berkeley: University of California Press, 2000), p.48.

17 Tacitus, *Annales* 1.22–23, 3.43–46.

18 H. Dessau, *Inscriptiones Lationae Selectae* 5084, 5084a in A. Mahoney, *Roman sports and spectacles: a sourcebook*(Massachusetts: R. Pullins Company, 2001), pp.20–21 재인용; Tacitus, *Annales* 3.43, 3.46; Isidorus, *Etymologiae* 18.56.

19 *Corpus Inscriptionum Latinarum* 4.3884 in F. Meijer, *The Gladiators: History's Most Deadly Sport*(New York: Thomas Dunne Books, 2003), p.135 재인용; H. Dessau, *Inscriptiones Latinae Selectae* 5145 in A. Mahoney, *Roman sports and spectacles: a sourcebook*(Massachusetts: R. Pullins Company, 2001), pp.18–19 재인용; Josephus, *Bellum Judaicum* 7.37–40, 96; Dio, 54.2, 68.15; *Scriptores Historiae Ausgustae, Probus* 19.7; *Aurelianus* 33.4f, 34.1.

20 A. Degrassi, *Inscriptiones Italian* 13.1, no.5, frag.22 in J. C. Edmondson, "Dynamic Arenas: Gladiatorial Presentations in the City of Rome and the Construction of Roman Society during the Early Empire," in W. J. Slater(ed.),

Roman theater and society: E. Togo Salmon Papers I(Ann Arbor: University of Michigan Press, 1996), p.71 재인용.

21 Epictetus, *Encheiridion* 33.2; Petronius, *Satyricon* 45.

22 Dio, 78.19; R. Auguet, *Cruelty and Civilization: The Roman Games*(London: Routledge, 1994), p.49; A. Corbeill, "The Power of Thumbs," *Nature Embodied. Gesture in Ancient Rome*(Princeton: Princeton University Press, 2004), p.52, 60; M. J. Carter, "Gladiatorial Combat: The Rules of Engagement," *Classical Journal* 102(2007), p.101, 108.

23 Cicero, *Pro Milone* 92; *Tusculanae Disputationes* 2.17.41, 2.41; *Pro Caelio* 5.2; *De Oratore* 2.20.84.

24 *Corpus Inscriptionum Latinarum* 2.6278 in A. Futrell, *The Roman Games: A Sourcebook*(Oxford: Blackwell, 2006), p.49 재인용; *Scriptores Historiae Augustae, Aurelius* 9.4, 27.6; Plutarchos, *Moralia* 823e; Seneca, *Epistulae Morales* 13.2; Suetonius, *Augustus* 45.3; *Nero* 4; Dio, 71.29.3; Martialis, *Epigrammata* 5.24.7; Robert, *Les gladiateurs dans l'Orient Grec.*(Paris: Champion, 1940), no.285 in M. J. Carter, "Gladiatorial Combat: The Rules of Engagement," *Classical Journal* 102 (2007), p.107 재인용.

25 Juvenalis, *Saturae* 3.34–37; M. J. Carter, "Gladiatorial Ranking and the 'SC de Pretiis Gladiatorum Minuendis'(CIL II 6278=ILS 5163)," *Phoenix* 57(2003), p.110; A. Corbeill, "The Power of Thumbs," *Nature Embodied. Gesture in Ancient Rome*(Princeton: Princeton University Press, 2004), pp.62–66; K. Coleman, "Valuing Others in the Gladiatorial Barracks," *Mnemosyne* 323(2010), p.434.

26 Plinius, *Naturalis Historiae* 19.23–25; Valerius Maximus, 2.4.6; Lucretius, *De rerum natura* 4.75–83; Suetonius, *Caligula* 26; *Domitianus* 4; Seneca, *Epistulae Morales* 90.15; Dio, 67.8; Statius, *Silvae* 1.6.51–85; H. Dodge, "Amusing the Masses: Buildings for Entertainment and Leisure in the Roman World," in D. S. Potter and D. J. Mattingly(eds.), *Life, Death, and Entertainment in the Roman Empire*(Ann Arbor: University of Michigan Press, 2010), p.235.

27 Dio, 66.25; Suetonius, *Nero* 11; *Caligula* 18.

28 H. Dessau, *Inscriptiones Lationae Selectae* 5052; Seneca, *Epistulae Morales* 74.7; Livius, 41.28; Athenaeus, *Deipnosophistae* 4.153–154; Petronius, *Satyricon* 45.

29 Suetonius, *Claudius* 21; *Domitianus* 4; Josephus, *Antiquitates Judaicae* 19.1.16; Statius, *Silvae* 1.6.9–50.

30 Dionysius of Halicarnassus, 3.68. 1–4; Suetonsus, *Caesar* 39.4; Plinius, *Naturalis Historsae* 8.7.20–21.

제4부 검투사와 로마인

제1장 검투사들의 삶과 죽음

1 Corpus Inscriptionum Latinarum 5.563 in A. Mahoney, *Roman sports and spectacles: a sourcebook*(Massachusetts: R. Pullins Company, 2001), p.23 재인용; Seneca, *Epistulae Morales* 93.12; *Scriptores Historiae Augustae, Commodus* 18.3.5, 19.1.3; Robert, *Les gladiateurs dans l'Orient Grec.*(Paris: Champion, 1940), no.169 in C. Mann, "Gladiators in the Greek East: A Case Study in Romanization," *The International Journal of the History of Sport* 26.2(2009), p.284 재인용.

2 Corpus Inscriptionum Latinarum 6.10194 in A. Mahoney, *Roman sports and spectacles: a sourcebook*(Massachusetts: R. Pullins Company, 2001), p.21 재인용.

3 Corpus Inscriptionum Latinarum 9.466 in A. Mahoney, *Roman sports and spectacles: a sourcebook*(Massachusetts: R. Pullins Company, 2001), pp.21-22 재인용.

4 Corpus Inscriptionum Latinarum 10.7297 in A. Mahoney, *Roman sports and spectacles: a sourcebook*(Massachusetts: R. Pullins Company, 2001), p.23 재인용.

5 Corpus Inscriptionum Latinarum 4.2387, 4.2451, 4.5306, 6.33952, 12.5837 in A. Futrell, *The Roman Games: A Sourcebook*(Oxford: Blackwell, 2006), pp.144-145 재인용; V. M. Hope, "Negotiating identity and status: the gladiators of Roman Nimes," in R. Laurence and J. Berry(eds.), *Cultural identity in the Roman empire*(London: Routledge, 1998), p.186.

6 H. Dessau, *Inscriptiones Latinae Selectae* 5088 in F. Meijer, *The Gladiators: History's Most Deadly Sport*(New York: Thomas Dunne Books, 2003), p.64 재인용; K. Hopkins, & M. Beard, *The Colosseum*(Cambridge: Harvard University Press, 2005), pp.87-94; M. J. Carter, "Gladiatorial Ranking and the 'SC de Pretiis Gladiatorum Minuendis'(CIL II 6278=ILS 5163)," *Phoenix* 57(2003), p.103.

7 Corpus Inscriptionum Latinarum 6.10197, 12.3332 in A. Mahoney, *Roman sports and spectacles: a sourcebook*(Massachusetts: R. Pullins Company, 2001), p.22 재인용.

8 H. Dessau, *Inscriptiones Latinae Selectae* 5106 in F. Meijer, *The Gladiators: History's Most Deadly Sport*(New York: Thomas Dunne Books, 2003), p.64 재인용; K. Hopkins, & M. Beard, *The Colosseum*(Cambridge: Harvard University Press, 2005), pp.87-88; V. M. Hope, "Fighting for identity: the funerary commemoration of Italian gladiators," *Bulletin Institute of Classical Studies University of London* 73(2000), p.103; J. Carlsen, "Exemplary Deaths in the Arena: Gladiatorial Fights and the Execution of Criminals," *Early Christianity in the Context of Antiquity* 8(2011), p.87.

9 Robert, *Les gladiateurs dans l'Orient Grec.*(Paris: Champion, 1940), no.34;

Corpus Inscriptionum Latinarum 5.3466 in A. Futrell, *The Roman Games: A Sourcebook*(Oxford: Blackwell, 2006), p.149, 153 재인용.

10 Suetonius, *Augustus* 45; Martialis, *Liber de Spectaculis* 31.4−5; *Corpus Inscriptionum Latinarum* 4.2508, 10.6012 in J. Carlsen, "Exemplary Deaths in the Arena: Gladiatorial Fights and the Execution of Criminals," *Early Christianity in the Context of Antiquity* 8(2011), p.89 재인용.

11 Horatius, *Saturae* 2.3.83−88; Polybius, 31.28; Diodorus, 31.27.6.

12 *Corpus Inscriptionum Latinarum* 1.2.1578 in A. Mahoney, *Roman sports and spectacles: a sourcebook*(New York: R. Pullins Company, 2001), p.71 재인용; Livius, 1.53.3, 1.55.9, 33.29.7−12; Dionysius of Halicarnassus, 4.50.5, 6.17.2; Appianus, *Iberia* 48, 79; Lucianus, *Peregrinus* 14.

13 H. Dessau, *Inscriptiones Lationae Selectae* 5531, 6087.70−71; *Corpus Inscriptionum Latinarum* 3.12042, 11.6377 in T. Wiedemann, *Emperors and Gladiators*(London: Routledge, 1992), pp.10−11; K. E. Welch, *The Roman amphitheatre : from its origins to the Colosseum*(Cambridge: Cambridge University Press, 2007), p.78 재인용.

14 Livius, 39.5; Evan T. Sage, *Livy*(Massachusetts: Harvard University Press, 1936), p.230 주3.

15 Livius, 25.12.12, 40.52.2; *Corpus Inscriptionum Latinarum* 1.2.248f., 9.2350 in T. Wiedemann, *Emperors and Gladiators*(London: Routledge, 1992), p.8, 10 재인용; Petronius, *Satyricon* 45.6; *Scriptores Historiae Augustae, Hadrianus* 3.8; Dio, 68.15.1.

16 Martialis, *Epigrammata* 5.24; *Corpus Inscriptionum Latinarum* 2.6278 in A. Futrell, *The Roman Games: A Sourcebook*(Oxford: Blackwell, 2006), p.49 재인용.

17 *Corpus Inscriptionum Latinarum* 2.6278 in A. Futrell, *The Roman Games: A Sourcebook*(Oxford: Blackwell, 2006), p.49 재인용; *Scriptores Historiae Augustae, Aurelius* 9.4, 27.6.

18 D. L. Bomgardner, *The Story of the Roman Amphitheatre*(London: Routledge, 2002), p.230.

19 H. Dessau, *Inscriptiones Lationae Selectae* 5163.45−46 in F. Meijer, *The Gladiators: History's Most Deadly Sport*(New York: Thomas Dunne Books, 2003), pp.82−83 재인용; Seneca, *De Beneficiis* 6.12.2; Dio, 59.14.

20 A. Futrell, *The Roman Games: A Sourcebook*(Oxford: Blackwell, 2006), pp.50−51; Lucianus, *Toxaris* 58−59.

21 Suetonius, *Claudius* 21; *Nero* 30, 47; Plutarchus, *Galba* 8−9; Dio, 73.19.

²² Tertullianus, *Apologetium* 9.11; Plutarchos, *Sulla* 35; Ovidius, *Ars Amatoria* 1.135-170; Suetonius, *Augustus* 44.

²³ Juvenalis, *Saturae* 76; Petronius, *Satyricon* 126.6; *Scriptores Historiae Augustae, Hadrianus* 18.8; *Commodus* 2.9; Plutarchos, *Galba* 9.

²⁴ H. Dessau, *Inscriptiones Lationae Selectae* 5142 in A. Mahoney, *Roman sports and spectacles: a sourcebook*(New York: R. Pullins Company, 2001), p.69 재인용; S. Wisdom, *Gladiators 100 BC-AD 200*(Oxford: Osprey, 2001), pp.18-19.

²⁵ S. Wisdom, *Gladiators 100 BC-AD 200*(Oxford: Osprey, 2001), p.4, 18-19.

²⁶ Petronius, *Satyricon* 126.

²⁷ Juvenalis, *Saturae* 6.82-88, 102-112.

²⁸ Juvenalis, *Saturae* 6.76-81; R. Matthews, *The age of the gladiators: savagery & spectacle in ancient Rome*(New Jersey: Chartwell Books, 2003), p.51.

²⁹ Dio, 60.28.2; *Scriptores Historiae Augustae, Marcus Aurelius* 19.7, 29.1-3.

³⁰ Robert, *Les gladiateurs dans l'Orient Grec.*(Paris: Champion, 1940), no.12, 109, 241 in A. Futrell, *The Roman Games: A Sourcebook*(Oxford: Blackwell, 2006), p.149 재인용.

³¹ *Corpus Inscriptionum Latinarum* 5.2884, 6.10172, 6.10195, 12.3323, 12.3327, 12.5836 in A. Mahoney, *Roman sports and spectacles: a sourcebook*(New York: R. Pullins Company, 2001), p.68 재인용; A. Futrell, *The Roman Games: A Sourcebook*(Oxford: Blackwell, 2006), p.152 재인용.

³² *Corpus Inscriptionum Latinarum* 6.10167, 6.10176, 6.10193 in A. Futrell, *The Roman Games: A Sourcebook*(Oxford: Blackwell, 2006), pp.150-151 재인용.

³³ H. Dessau, *Inscriptiones Lationae Selectae* 5115 in M. J. Carter, "Gladiatorial Combat: The Rules of Engagement," *Classical Journal* 102 (2007), pp.97-98 재인용.

³⁴ *Corpus Inscriptionum Latinarum* 12.3323 in P. Matyszak, *Gladiator: The Roman Fighter's Unofficial Manual*(London: Thames & Hudson, 2011), p.52 재인용.

³⁵ Robert, *Les gladiateurs dans l'Orient Grec.*(Paris: Champion, 1940), no.90 in A. Futrell, *The Roman Games: A Sourcebook*(Oxford: Blackwell, 2006), p.138 재인용; Suetonius, *Tiberius* 7; *Corpus Inscriptionum Latinarum* 2.6278 in A. Futrell, *The Roman Games: A Sourcebook*(Oxford: Blackwell, 2006), p.49 재인용.

³⁶ Josephus, *Antiquitates Judaicae* 19.1.15; Suetonius, *Caligula* 54; Tacitus, *Historiae* 2.11; *Scriptores Historiae Augustae, Marcus Aurelius* 21.7; *Didius Julianus* 8.3.

제2장 검투사 경기에 대한 로마인들의 태도

1 Varro, *Res Rusticae* 1.17.1; Tertullianus, *De Spectaculis* 22.

2 Cicero, *Tusculanae Quaestiones* 2.17.41; Tacitus, *Annales* 1.76, 11.21.

3 Dio, 55.22.3, 55.26.1, 55.27.1; Suetonius, *Augustus* 42.3; H. Dessau, *Inscriptiones Lationae Selectae* 7846; *Corpus Inscriptionum Latinarum* 2.6278 in T. Wiedemann, *Emperors and Gladiators*(London: Routledge, 1992), p.30 재인용.

4 H. Dessau, *Inscriptiones Lationae Selectae* 6085 in A. Mahoney, *Roman sports and spectacles: a sourcebook*(New York: R. Pullins Company, 2001), p.75 재인용; Tertullian, *De Spectaculis* 22.

5 *Digesta*, 28.3.6.5-6, 48.19.8.11-12; Calpurnius Flaccus, *Declamationes* 52.

6 Tertullianus, *De Spectaculis* 22.3-4.

7 Suetonius, *Vitellius* 12; *Digesta*, 48.8.11.1-2; *Scriptores Historiae Augustae, Hadrianus* 18.

8 Tacitus, *Dialogus de oratoribus* 29; R. Matthews, *The age of the gladiators: savagery & spectacle in ancient Rome*(New Jersey: Chartwell Books, 2003), p.20.

9 Augustinus, *Confessiones* 6.8.13.

10 Plinius, *Naturalis Historiae* 35.52; Tacitus, *Annales* 15.46; Zosimus, 1.71.

11 *Corpus Inscriptionum Latinarum* 4.1179, 4.1180 in A. Futrell, *The Roman Games: A Sourcebook*(Oxford: Blackwell, 2006), pp.46-47 재인용; Tacitus, *Annales* 14.17.

12 *Corpus Inscriptionum Latinarum* 4.4418 in A. Futrell, *The Roman Games: A Sourcebook*(Oxford: Blackwell, 2006), p.240 주 55; Michael G. Moran, "Seneca the Younger(4 BCE-65 E)," in M. Ballif and M. G. Moran(eds.), *Classical Rhetorics and Rhetoricians. Critical Studies and Sources*(London: Praeger Publishers, 2005), pp.343-344; J. W. Basore, *Seneca Moral Essays I* (Massachusetts: Harvard University Press, 1958), pp.vii-xiv.

13 Seneca, *Epistulae Morales* 7.1-2; Juvenalis, *Saturae* 13.28ff., 13.1-4, 13.178-13.180ff, 13.189ff, 14.15ff.

14 Seneca, *Epistulae Morales* 7.2-3, 7.5-6, 69.4, 76.2, 84.11, 88.18, 92.10; *De Beneficiis* 4.11.5; *Dialogorum* 7.4.2, 7.7.3, 7.12.2, 4.25.3; M. Westrand, *Entertainment and violence in ancient Rome. The attitudes of Roman writers of the first century A.D*(Göteborg: Acta universitatis Gothoburgensis, 1992), p.12, 18.

15 Cicero, *Pro Milone* 92; *Tusculanae Disputationes* 2.17.41, 2.41; *Pro Caelio* 5.2;

De Oratore 2.20.84; Seneca, *Epistulae Morales* 78.16; Tertullianus, *De Spectaculis* 21; Suetonius, *Caesar* 26.3; Livius, *Ab Urbe Condita Libri* 7.33.2; Appianus, *Bellum Civile* 3.48; Vegetius, *Epitoma rei militaris* 1.11.

16 Gellius, *Noctes Atticae* 12.5.13; Quintilianus, *Institutio Oratoria* 2.12.2; Plinius, *Panegyricus* 33.1.

17 Seneca, *Epistulae Morales* 8.5, 13.2, 37.2, 78.11, 78.16, 80.3; *Dialogorum* 3.11.1, 4.14.2.

18 Seneca, *Epistulae Morales* 2.34.3, 6.22.4, 26.10, 30.8, 70.6, 77.6, 82.10ff.; *Hercules Furens* 426; *Naturales quaestiones* 2.59.3; *Dialogorum* 9.11.4.

19 Seneca, *Epistulae Morales* 2.4, 85.26; *De Providentia* 4.4-16.

20 Juvenalis, *Saturae* 1.26, 1.102f., 4.1, 4.14, 4.24, 4.108, 6.84, 6.286-351, 7.88-92, 14.256-257, 262-264; Suetonius, *Domitianus* 8.3; T. P. Malnati, "Juvenal and Martial on Social Mobility," *Classical Journal* 83.2(1987), pp.133-136.

제5부 검투사 경기와 정치

제1장 검투사 경기의 시작은?

1 J. Henzen, *Explication musivi in villa Burghesiana asservati*(Rome, 1845), pp.74-75; L. Malten, "Leichenspiel und Totenkult," *Mitteilungen des deutschen archäologischen Instituts* 38(1923-1924), pp.300-341; E. Richardson, *The Etruscans*(Chicago: University of Chicago Press, 1964), pp.229-230; R. Auguet, *Cruelty and Civilization: The Roman Games*(London: Routledge, 1994), pp.21-23; A. Futrell, *Blood in the Arena: The Spectacle of Roman Power*(Austin: University of Texas Press, 1997), p.19.

2 Athenaeus, *Deipnosophistae* 4.153-154; Isidorus, *Etymologiae* 10.159; Origines, 10.247; Tertullianus, *Apologeticus* 15.5; *Ad Nationes* 1.10.47.

3 Tertullianus, *Ad Nationes* 1.10.47; Prudentius, *Contra Symmachum* 1.379-392; M. Grant, *Gladiators*(Middlesex: Penguin Books, 1971), p.15; A. Futrell, *Blood in the Arena: The Spectacle of Roman Power*(Austin: University of Texas Press, 1997), p.230 주 20.

4 A. Reifferscheid, *C. Suetonii Tranquilli praeter Caesarum libros reliquiae*(Leipzig: B. G. Teubner, 1860), p.320; Livius, 1.35, 1.38; Strabo, 5.2.2; K. E. Welch, *The Roman Amphitheatre: From Its Origins to the Colosseum* (Cambridge: Cambridge University Press, 2004), p.14; A. Futrell, *Blood in the Arena:*

The Spectacle of Roman Power(Austin: University of Texas Press, 1997), pp.15-17;
S. Shadrake, *The World of the Gladiator*(Gloucestershire: Tempus, 2005), pp.40-41, 44, 46-47.

5 A. Futrell, *Blood in the Arena: The Spectacle of Roman Power*(Austin: University of Texas Press, 1997), pp.14-19; S. Shadrake, *The World of the Gladiator*(Gloucestershire: Tempus, 2005), p.46.

6 Homeros, *Iliad* 23; S. Shadrake, *The World of the Gladiator*(Gloucestershire: Tempus, 2005), pp.43-44.

7 Herodotus, *Histories* 1.94; T. Wiedemann, *Emperors and Gladiators*(London: Routledge, 1992), pp.31-33; S. Shadrake, *The World of the Gladiator*(Gloucestershire: Tempus, 2005), p.41.

8 F. Weege, "Oskische Grabmalerei," *Jahrbuch des deutschen Archäologischen Instituts* 24(1909), pp.99-162; M. Grant, *Gladiators*(Middlesex: Penguin Books, 1971), p.17; G. Ville, *La Gladiature en Occident des origines àla mort de Domitien*(Rome: Ecole française de Rome, 1981), pp.1-56; T. Wiedemann, *Emperors and Gladiators*(London: Routledge, 1992), pp.31-33; E. Köhne, "Bread and Circuses: The Politics of Entertainment," in E. Köhne and C. Ewigleben(eds.), *Gladiators and Caesars*(Berkeley: University of California Press, 2000), p.11; F. Meijer, *The Gladiators: History's Most Deadly Sport*(New York: Thomas Dunne Books, 2003), pp.15-16; S. Shadrake, *The World of the Gladiator*(Gloucestershire: Tempus, 2005), pp.47-49.

9 Livius, 9.40.17.

10 Silius Italicus, *Punica* 11.51; Strabo, 5.4.13.

11 K. Welch, "The Roman Arena in Late-Republican Italy: A New Interpretation," *Journal of Roman Archaeology* 7(1994), p.69; T. Wiedemann, *Emperors and Gladiators*(London: Routledge, 1992), pp.31-33; A. Futrell, *Blood in the Arena: The Spectacle of Roman Power*(Austin: University of Texas Press, 1997), pp.11-12.

12 S. Shadrake, *The World of the Gladiator*(Gloucestershire: Tempus, 2005), p.48; T. J. Cornell, *The Beginnings of Rome : Italy and Rome from the Bronze Age to the Punic Wars*(London: Routledge, 1995), pp.151-156.

13 Polybius, 2.17.1; Strabo, 5.4.3, 5.4.8-11; Livius, 9.13.6-7.

14 Athenaeus, *Deipnosophistae* 4.154a-b; M. Planck, *Über den Ursprung der römischen Gladiatorenspiele*(Ulmer Gymnasium Programm, 1866), p.11; V. Müller, "Studien zur kretisch-mykenischen Künst," *Jahrbuch des deutschen archäologischen Instituts* 42(1929), pp.1-29; D. G. Kyle, *Spectacles of death in ancient Rome*(London: Routledge, 1998), p.45; K. E. Welch, *The Roman Amphitheatre: From Its Origins to the Colosseum*(Cambridge University Press, 2004), p.17.

15 Tertullianus, *De Spectaculis* 12; Festus, 22, 134b.

16 Festus, 22, 135M; Servius, *Ad Aeneidem* 10.519; Plinius, *Naturalis Historiae* 34.20-21; A. Baker, *The Gladiator: The Secret History of Rome's Warrior Slaves*(Massachusetts: Da Capo Press, 2000), p.11, 13; A. Reifferscheid, *C. Suetonii Tranquilli praeter Caesarum libros reliquiae*(Leipzig: B. G. Teubner, 1860), p.320.

17 Valerius Maximus, *Facta et Dicta Memorabilia* 2.4.7; Livius, *Periochae* 16; Ausonius, *Gryphus ternarii numeri* 36-37; Servius, *Ad Aeneidem* 3.67.

18 Servius, *Ad Aeneidem* 3.67.10-14; R. Auguet, *Cruelty and Civilization: The Roman Games*(London: Routledge, 1994), p.19; A. Baker, *The Gladiator: The Secret History of Rome's Warrior Slaves*(Massachusetts: Da Capo Press, 2000), p.10; S. Shadrake, *The World of the Gladiator*(Gloucestershire: Tempus, 2005), p.10.

19 Ausonius, *Griyphus* 36-37; Servius, *Ad Aeneidem* 10.519.

20 Livius, 23.30, 31.50; Polybius, 2.21; Zonaras, 8 p.401.

21 Livius, 39.46, 41.28.

22 Plinius, *Naturalis Historiae* 35.52; Cicero, *In Catilinam* 2.5.9; R. Auguet, *Cruelty and Civilization: The Roman Games*(London: Routledge, 1994), p.20; K. E. Welch, *The Roman amphitheatre: from its origins to the Colosseum*(Cambridge: Cambridge University Press, 2007), p.21.

23 Dio, 43.23.3, 55.8.5; Suetonius, *Caesar* 37-39; S. Shadrake, *The World of the Gladiator*(Gloucestershire: Tempus, 2005), p.23.

24 Dio, 37.8.1; Plutarchos, *Caesar* 5.5; Suetonius, *Caesar* 10.2, 26.2-3; T. Wiedemann, *Emperors and Gladiators*(London: Routledge, 1992), p.6.

제2장 권력 획득의 수단이 된 검투사 경기

1 Valerius maximus, *Facta et Dicta Memorabilia* 2.3.2; Ennodius, *Panegyricus dictus clementissimo regi Theodorico* 19; Polybius, 32.13.6-8.

2 Frontinus, *Strategemata* 4.2.2; Plutarchos, *Sulla* 4.1; Cicero, *Pro Caelio* 5.2; *De Oratore* 2.20.84; Suetonius, *Caesar* 26.3; Livius, 7.33.2; Appianus, *Bellum Civile* 3.48; Vegetius, *Epitoma rei militaris* 1.11.

3 Appianus, *Bellum Civile* 1.116; Plutarchos, *Crassus* 8.3; Florus, *Epitome* 2.8.

4 Plutarchos, *Crassus* 8; Appianus, *Bellum Civile* 1.116; Livius, *Periochae* 95.2; Orosius, *Historia adversus pagaos* 5.24.1; Florus, *Epitome* 2.8.

5 Plutarchos, *Crassus* 8; Appianus, *Bellum Civile* 1.117; 배리 스트라우스, 『스파르타쿠스 전쟁 : 야만과 문명이 맞선 인류 최초의 게릴라전』, 최파일 옮김, 글항아리,

2011, pp.104-106.

6 Florus, *Epitome* 2.8; M. Grant, *Gladiators*(Middlesex: Penguin Books, 1971), p.90.

7 Sallustius, *De coniuratione Catilinae* 30.7; R. Matthews, *The age of the gladiators: savagery & spectacle in ancient Rome*(New Jersey: Chartwell Books, 2003), pp.31-32.

8 H. Dessau, *Inscriptiones Lationae Selectae* 5075; Cicero, *Ad Atticum* 13.7.4; *Pro Murena* 38-40; Plutarchos, *Crassus* 7.

9 Cicero, *De Officiis* 2.57-58; Plutarchos, *Sulla* 5; Plinius, *Naturalis Historiae* 8.20.53.

10 Plutarchos, *Caesar* 5.9; Suetonius, *Caesar* 10; Plinius, *Naturalis Historia* 33.16.53.

11 Cicero, *Pro Murena* 67; R. Matthews, *The age of the gladiators: savagery & spectacle in ancient Rome*(New Jersey: Chartwell Books, 2003), pp.35-36.

12 Suetonius, *Caesar* 10.2; Plutarchos, *Caesar* 5, 55; Dio, 43.22.

13 Cicero, *Pro Sestio* 133-135; *In Vatinium* 15.37.

14 Cicero, *De Officiis* 2.55-56; Caesar, *Bellum Civile* 1.14.

15 Cicero, *Ad Quintum Fratrem* 3.8.6; *Ad Familiares* 2.3.

16 Dio, 47.40; A. Futrell, *Blood in the Arena: The Spectacle of Roman Power*(Austin: University of Texas Press, 1997), pp.1-2; F. Meijer, *The Gladiators: History's Most Deadly Sport*(New York: Thomas Dunne Books, 2003), p.29.

17 Dio, 39.7-8, 44.16.2, 51.7; Cicero, *Pro Sestio* 77-78; Nicolaus of Damascus, *Augustus* 25.26a; Tacitus, *Historiae* 2.34-6; P. Matyszak, *Gladiator: The Roman Fighter's Unofficial Manual*(London: Thames & Hudson, 2011), p.105.

제3장 지배 도구가 된 검투사 경기

1 Fronto, *Principia Historiae* 17.

2 Karl A. E. Enenkel, "The propaganda of fortitudo. Gladiatoral combats from ca. 85 BC to the times of Trajan and their reflection in Roman literature," *The manipulative mode. Political propaganda in antiquity. A collection of case studies*(Boston: Bril, 2005), p.276; A. Futrell, *The Roman Games: A Sourcebook*(Oxford: Blackwell, 2006), pp.29-30.

3 Augustus, *Res Gestae Divi Augusti* 22.1; Suetonius, *Augustus* 43; Dio, 54.17, 59.14.

⁴ Dio, 54.2, 55.32; Suetonius, *Tiberius* 34; R. Auguet, *Cruelty and Civilization: The Roman Games*(London: Routledge, 1994), pp.29-30; A. Futrell, *The Roman Games: A Sourcebook*(Oxford: Blackwell, 2006), p.30; T. Jones, "Pre-Augustan Seating in Italy and the West," *Roman Amphitheatres and Spectacula: a 21st-Century Perspective* 1(2009), p.127 주2.

⁵ Tacitus, *Annales* 11.22, 13.5; Suetonius, *Claudius* 24; *Domitianus* 4; Dio, 60.5.

⁶ Dio, 66.25, 68.15; Petronius, *Satyricon* 45; R. Auguet, *Cruelty and Civilization: The Roman Games*(London: Routledge, 1994), p.30; M. Grant, *Gladiators*(Middlesex: Penguin Books, 1971), p.37.

⁷ Plinius, *Panegyric* 51; Suetonius, *Augustus* 53.1.

⁸ Fronto, *Ad Marcus Caesarem* 1.8; Suetonius, *Titus* 8; Cicero, *Pro Sestio* 50.106; Plinius, *Panegyric* 33.

⁹ Suetonius, *Claudius* 21; Cicero, *Pro Sestio* 106.

¹⁰ Cicero, *Pro Sestio* 115; *Ad Atticum* 2.19; Suetonius, *Nero* 11.

¹¹ Tacitus, *Annales* 14.14-15, 16.5; M. Grant, *Gladiators*(Middlesex: Penguin Books, 1971), p.38.

¹² Tacitus, *Annales* 1.76, 6.13, Suetonius, *Tiberius* 34.1, 47, 75.3; Dio, 58.1.1; Seneca, *De Providentia* 4.4.

¹³ Suetonius, *Tiberius* 37.

¹⁴ Suetonius, *Caligula* 35.

¹⁵ Suetonius, *Caligula* 14, 27; Dio, 59.10-13, 59.13-14; Josephus, *Antiquitates Judaicae* 19.24-27.

¹⁶ Suetonius, *Claudius* 34; Plinius, *Panegyric* 33.

¹⁷ Suetonius, *Domitianus* 4, 10.

¹⁸ Ausonius, Gryphus 36-37; Suetonius, *Caligula* 54; *Scriptores Historiae Augustae, Didius Julianus* 9.1; *Caracalla* 1-5; *Commodus* 10; *Marcus Aurelius* 19.7.

¹⁹ Dio, 73.18-19, 73.20-22; *Scriptores Historiae Augustae, Commodus* 15.8; Herodianus, *Historia de imperio post Marcum* 1.15.108.

²⁰ *Scriptores Historiae Augustae, Commodus* 18-19; Dio, 76.8.

²¹ C. Mann, "Gladiators in the Greek East: A Case Study in Romanization," *The International Journal of the History of Sport* 26.2(2009), pp.273-274.

²² Livius, 41.20; Athenaeus, *Deipnosophistae* 5.194-195; Polybius, 30.25.1; K.

E. Welch, *The Roman amphitheatre: from its origins to the Colosseum*(Cambridge: Cambridge University Press, 2007), p.20.

23 P. Matyszak, *Gladiator: The Roman Fighter's Unofficial Manual*(London: Thames & Hudson, 2011), p.18; A. E. Fear, "Status Symbol or Leisure Pursuit? Amphitheatres in the Roman World," *Latomus* 59.1(2000), p.85.

24 Lucianus, *Demonax* 57; Tacitus, *Annales* 13.31; H. Dessau, *Inscriptiones Lationae Selectae* 6087.70-71 in A. Mahoney, *Roman sports and spectacles: a sourcebook*(New York: R. Pullins Company, 2001), p.75 재인용.

25 *Corpus Inscriptionum Latinarum* 1.2.1632 in A. Mahoney, *Roman sports and spectacles: a sourcebook*(New York: R. Pullins Company, 2001), p.71 재인용.

26 *Corpus Inscriptionum Latinarum* 10.1084d in A. Futrell, *The Roman Games: A Sourcebook*(Oxford: Blackwell, 2006), pp.43-44 재인용.

27 H. Dessau, *Inscriptiones Lationae Selectae* 5163 in A. Mahoney, *Roman sports and spectacles: a sourcebook*(New York: R. Pullins Company, 2001), pp.97-100 재인용; Galenus, *De compositione medicamentorum* 599-600; R. Auguet, *Cruelty and Civilization: The Roman Games*(London: Routledge, 1994), p.29; C. Mann, "Gladiators in the Greek East: A Case Study in Romanization," *The International Journal of the History of Sport* 26.2(2009), p.278.

28 *Corpus Inscriptionum Latinarum* 10.1211 in A. Mahoney, *Roman sports and spectacles: a sourcebook*(New York: R. Pullins Company, 2001), p.19 재인용; M. Grant, *Gladiators*(Middlesex: Penguin Books, 1971), p.46.

29 *Corpus Inscriptionum Latinarum* 10.6012 in Ao Mahoney, *Roman sports and spectacles: a sourcebook*(New York: R. Pullins Company, 2001), p.21 재인용.

30 Plinius, *Epistulae* 6.34; *Naturalis Historiae* 35.52.

31 Martialis, *Epigramma* 3.59; A. Mahoney, *Roman sports and spectacles: a sourcebook*(New York: R. Pullins Company, 2001), pp.97-100.

32 Vegetius, *Epitoma rei militaris* 1.11; T. Wiedemann, *Emperors and Gladiators*(London: Routledge, 1992), p.21, 23; F. Meijer, *The Gladiators: History's Most Deadly Sport*(New York: Thomas Dunne Books, 2003), pp.118-119; Garrett G. Fagan, *The Lure of the Arena: Social Psychology and the Crowd at the Roman Games*(Cambridge: Cambridge University Press, 2011), p.97.

33 *Roman Inscriptions of Britain*, 339, 343, 345, 422 in A. Futrell, *The Roman Games: A Sourcebook*(Oxford: Blackwell, 2006), pp.66-67 재인용.

34 A. Futrell, *Blood in the Arena: The Spectacle of Roman Power*(Austin: University of Texas Press, 1997), pp.4-6; F. Meijer, *The Gladiators: History's*

Most Deadly Sport(New York: Thomas Dunne Books, 2003), pp.97-99; M. Grant, *Gladiators*(Middlesex: Penguin Books, 1971), p.81; H. Dodge, "Amusing the Masses: Buildings for Entertainment and Leisure in the Roman World," in D. S. Potter and D. J. Mattingly(eds.), *Life, Death, and Entertainment in the Roman Empire*(Ann Arbor: University of Michigan Press, 2010), pp.230-234; Garrett G. Fagan, *The Lure of the Arena: Social Psychology and the Crowd at the Roman Games*(Cambridge: Cambridge University Press, 2011), p.97.

[35] C. Mann, "Gladiators in the Greek East: A Case Study in Romanization," *The International Journal of the History of Sport* 26,2(2009), p.280; J.-Cl. Golvin, *L'Amphitheatre romani*(Paris: E. de Boccard, 1988), pp.275-277; H. W. Benario, "Amphitheatres of the Roman World," *Classical Journal* 76(1981), pp.256-258; F. Meijer, *The Gladiators: History's Most Deadly Sport*(New York: Thomas Dunne Books, 2003), pp.119-120.

[36] Tacitus, *Annales* 15.40, 15.44.

[37] Eusebius, *Historia Ecclesiae* 2.25; A. Futrell, *The Roman Games: A Sourcebook*(Oxford: Blackwell, 2006), p.162.

[38] Plinius, *Epistulae* 10.96.

[39] Plinius, *Epistulae* 10.97.

[40] Eusebius, *Historia Ecclesiae* 3.33.

[41] Ignatius, *Letter to the Romans* 5; Eusebius, *Historia Ecclesiae* 3.36.

[42] The Martyrdom of Polycarp 1-3, 9-16.

[43] The Martyrdom of Saints Perpetua and Felicitas 2, 4-6, 10, 16-18, 20-21 in A. Futrell, *The Roman Games: A Sourcebook*(Oxford: Blackwell, 2006), pp.180-182 재인용; R. Matthews, *The age of the gladiators: savagery & spectacle in ancient Rome*(New Jersey: Chartwell Books, 2003), p.96.

[44] Justin Martyr, *Apologia* 2.12; Minucius Felix, *Octavius* 37.1-5; Cyprianus, *Epistulae* 7.2-3, 9.

[45] Clement of Alexandria, *Paedagogus* 3.11.77; Tertullianus, *Adversus Marcianum* 1.27.5.

[46] Tertullianus, *Apologeticus* 38.4-5; *De Spectaculis* 15.2-5, 19.1-4, 21.3-4, 25.2.

[47] Athenagoras, *Embassy for the Christians* 35; Tatianus, *Oratio ad Graecos* 23.

[48] Prudentius, *Contra Symmachum* 1.379-392; A. Baker, *The Gladiator: The Secret History of Rome's Warrior Slaves*(Cambridge: Da Capo Press, 2000), p.202.

49 Prudentius, *Psychomachia* 412-429; Tertullianus, *Apologeticus* 15.4-5, 38.4-5; A. Futrell, *The Roman Games: A Sourcebook*(Oxford: Blackwell, 2006), p.187.

50 Augustinus, *Sermo* 198.3.

51 *Codex Theodosianus* 15.12.1.

52 A. Baker, *The Gladiator: The Secret History of Rome's Warrior Slaves*(Cambridge: Da Capo Press, 2000), p.198.

53 M. Grant, *Gladiators*(Middlesex: Penguin Books, 1971), p.116; F. Meijer, *The Gladiators: History's Most Deadly Sport*(New York: Thomas Dunne Books, 2003), pp.202-207.

54 H. Dessau, *Inscriptiones Latinae Selectae* 5633 in F. Meijer, *The Gladiators: History's Most Deadly Sport*(New York: Thomas Dunne Books, 2003), pp.209-210 재인용.

55 H. Dessau, *Inscriptiones Latinae Selectae* 5635 in F. Meijer, *The Gladiators: History's Most Deadly Sport*(New York: Thomas Dunne Books, 2003), pp.209-210 재인용.

56 Fronto, *Principia Historiae* 17.

| 용어 설명 |

- **검gladius**: 길이가 40~50센티미터에 달하는 검으로 스페인에서 유래했다. 로마사가인 바로에 따르면, 글라디우스라는 말은 파괴, 재난이라는 뜻의 '클라데스clades'에서 파생했고, 클라데스의 'C'가 'G'로 바뀌어 만들어졌다고 한다.
- **검투사 가족familia gladiatoria**: 동일한 소유주에게 소속되어 있는 검투사들을 일컫는다.
- **검투사 경기 감독관procurator a muneribus**: 황제 소유의 검투사 양성소를 운영하면서 경기를 주관하는 관료로서 기사 신분이다.
- **검투사 양성소 운영자lanista**: 검투사 양성소의 관리자로서 신참 검투사 영입과 훈련을 책임지고 있다. 경기 주최자와 경기를 개최하기 위한 계약 조건을 협상하여 검투사를 임대하거나 팔았다.
- **검투사의 맹세sacramentum gladiatorum**: 검투사가 되기 전에 하는 맹세로서 맹세의 내용은 "불에 타고, 사슬에 속박되고, 막대기로 매질을 당하고, 검으로 살해되어도 참겠다"는 것이다.
- **경장보병 검투사veles**: 가죽 끈으로 동여맨 장창을 가지고 맨발로 싸우는 검투사다. 로마 군단에서 장창을 들고 앞 열에서 전초전을 하는 경장보병에서 유래한 명칭이다.
- **경기 주최자editor**: 경기를 후원한 사람이라는 뜻으로 주로 부자나 저명한 사람들이다. 동원되는 검투사의 규모와 패자의 생존 여부를 결정했다.
- **공연 검투사paegniarius**: 진짜 검투사들의 경기 중간에 나무 무기나 채찍으로 싸우는 흉내를 내는 검투사를 말한다.
- **교관doctor**: 검투사들에게 무기 사용법부터 싸우는 기술까지 가르치는 사람으로서 주로 전직 검투사들이다. 큰 검투사 양성소에는 유형별로 교관이 따로 있다.
- **굴곡진 검sica**: 트라키아 검투사들이 사용하는 굽은 형태의 단검을 말한다.
- **권투 검투사caestus**: 손가락을 제외한 주먹과 팔 부분을 가죽으로 감싸고, 양 주먹으로 싸우는 검투사다.
- **그물 검투사retiarius**: 인기 있는 검투사의 유형으로서 팔 보호대, 삼지창, 그물로 무장했다.

- **기록말살형***damnatio memoriae*: 반역자나 국가에 심각한 위협을 끼친 사람에 대해 원로원이 내리는 불명예스러운 형벌을 말한다. 네로, 도미티아누스, 코모두스, 게타 황제가 이 처벌을 받은 대표적인 황제다.
- **기마궁수 검투사***sagittarius*: 중장기병 검투사와 함께 파르티아에서 도입된 검투사로서 사정거리가 200미터에 달하는 반사활로 무장했다.
- **기사 검투사***eques*: 말을 타고 싸우는 검투사의 한 유형이다. 투구, 직경 60센티미터 정도의 작고 둥근 방패, 장창, 검 등으로 무장하고, 줄무늬가 있는 투니카를 입었다.
- **나무 기둥***palus*: 검투사나 군인들이 검술을 익히기 위한 훈련용 도구다.
- **눈을 가린 검투사***andabata*: 공연 검투사와 함께 막간 경기에 투입되는 검투사로서 경기의 흥미를 돋우는 역할을 했다. 눈을 가린 상태로 싸우므로 말의 움직임에 몸을 맡겼다.
- **대경주장***Circus Maximus*: 전차 경주, 야생동물 사냥, 검투사 경기, 개선식 경기 등 수많은 구경거리를 개최하는 장소로서 15만 명을 수용할 수 있었다.
- **데나리우스***denarius*: 기원전 3세기에서 기원후 3세기까지 사용된 은화다. 공화정 후기 1데나리우스는 4세스테르티우스와 같은 가치를 지녔다.
- **도전 검투사***provocator*: 팔 보호대, 투구, 정강이받이, 직사각형 방패로 무장했다.
- **동물 사냥꾼***venator*: 동물 조련사와 동의어로 사용되지만 훨씬 더 전문성을 띠는 사람이다. 동물과 직접 싸워 그들을 죽이는 역할을 하여 조련사보다 더 기술이 있었고, 더 나은 대우를 받았다.
- **동물 조련사***bestiarius*: 검과 창을 휴대한 채 동물과 싸우는 판결을 받은 사람이다.
- **로마 광장***Forum Romanum*: 시장인 동시에 개선식과 선거, 연설, 범죄자 처형, 검투사 경기 등을 하는 공공장소다. 팔라티움과 카피톨리움 언덕 사이에 위치해 있다.
- **루두스***ludus*: 두 가지 의미로 사용된다. 하나는 전차 경주, 연극, 검투사 경기를 하면서 신이나 특별한 일을 기념하는 축제를 뜻한다. 다른 하나는 검투사들을 훈련시키는 양성소를 지칭한다.
- **루두스 갈리쿠스***Ludus Gallicus*: 황제 소유의 양성소 중 가장 작은 양성소로서 갈리아 유형에서 유래한 물고기 검투사들을 훈련시키는 곳이다.
- **루두스 다키쿠스***Ludus Dacicus*: 다키아와 트라키아 유형의 검투사들을 훈련시키는 양성소. 이 양성소에서 숙식하는 선원들이 콜로세움에 차광막을 설치하는 일을 했다.
- **루두스 마그누스***Ludus Magnus*: 도미티아누스 황제가 콜로세움의 동쪽에 세운 검투사 양성소로서 가장 규모가 컸다. 콜로세움과 지하로 연결되어 검투사들을 쉽게 투입할 수 있었다.
- **루두스 마투티누스***Ludus Matutinus*: 오전에 벌어지는 야생동물 사냥 경기를 할 검투사를 훈련시키는 양성소다.
- **무누스***munus*: 의무, 임무라는 뜻으로 상속자가 죽은 자에게 해야 하는 경건한 의무를 말한다. 그 의무란 검투사 경기를 포함한 장례식을 거행해야 하는 것을 지칭한다.

- 무리를 지어 싸우는 검투사 *gregarius*: 개인 대 개인으로 싸우는 여타 검투사들과 달리 이들은 말 그대로 한꺼번에 무리를 지어 싸우는 검투사들이다. 검투사 중 하급에 속한다.
- 물고기 검투사 *murmillo*: 팔 보호대, 정강이받이, 투구, 직사각형 방패로 무장했다.
- 바실리카 *basilica*: 로마의 건물 형태를 지칭하는 말로서 흔히 광장에 있는 다목적으로 사용되는 큰 홀을 뜻한다. 알려진 최초의 바실리카는 기원전 184년 대카토가 지은 바실리카 포르키아다.
- 반원형 검 검투사 *scissor*: 끝에 반원형의 검이 달린 단단한 강철 통을 끼고 싸우는 검투사로서 그물 검투사와 대적했다.
- 범죄자 *noxius*: 아레나에서 처형되는 판결, 야생동물과 싸우거나 십자가형, 화형을 당하는 판결을 받은 범죄자를 일컫는다.
- 베스타의 여사제들 *Vestales*: 화로의 신인 베스타 신을 모시는 여사제들을 말한다. 6~10세의 여아들을 뽑았고, 여사제가 되면 30년 동안 결혼과 출산을 할 수 없다.
- 보아리우스 광장 *Forum Boarium*: 티베르 강 가까이에 있는 우시장으로 사용된 곳이다. 로마 시 최초의 검투사 경기가 열렸던 곳이다.
- 복점관 *augur*: 새가 나는 모양, 먹이를 먹는 모습으로 신의 뜻을 해석하는 사제이자 관료다.
- 사열식 *pompa*: 축제나 개선식을 하기에 앞서 거행되는 의식이다. 구경거리에 참가하는 사람들뿐만 아니라 정치적, 종교적으로 중요한 인물도 참석했다.
- 사이프타 율리아 *Saepta Julia*: 마르스 광장에 있는 건물로서 시민들의 투표 장소다.
- 산 채로 떠나는 것 *missio*: 특정 임무에서 해방되는 것을 의미한다. 최종적으로 검투사로서의 임무가 해제되는 것을 일컫기도 하고, 한 경기에서 싸우는 의무가 해제되어 살아서 아레나를 떠나는 것을 일컫기도 한다. '산 채로 떠나는 것 없이 *sine missio*'라는 말은 죽을 때까지 싸우는 경기를 말한다.
- 삼니움 검투사 *samnis*: 공화정기에만 존재하는 검투사의 한 유형이다. 물고기 검투사와 추격 검투사로 흡수되었다.
- 삼지창 *tridens*: 그물 검투사가 가지고 있는 공격용 무기로서 날이 21.6센티미터에 달했다.
- 선참 검투사 *veteris*: '늙은, 나이 많은'이라는 뜻을 가진 베테르 *veter*의 남성 복수형이다. 검투사들 중 많은 수를 차지하는 이들은 아레나에서 싸워 최소한 한 번 이상 살아남은 검투사들이다.
- 세스테르티우스 *sestertius*: 공화정기에는 작은 은화로, 제정기에는 동화로 주조된 주화로서 4세스테르티우스가 1데나리우스의 가치를 지녔다.
- 스펙타쿨룸 *spectaculum*: 공화정기 구경거리가 열리는 장소, 즉 경기장을 가리키는 단어로 썼다. 제정기에는 원형경기장이 일반적인 용어가 되었다.
- 스포르툴라 *sportula*: 작은 바구니라는 뜻으로 클라우디우스 황제가 검투사 경기에서 시민들에게 준 간단한 식사를 말한다.

- **신참 검투사**tiro: 새로 모집한 신병이나 초보자를 일컫는 말로, 처음 검투사가 된 사람에게도 적용된다. 아직 아레나에서 한 번도 싸워보지 못한 검투사다.
- **아레나**arena: 검투사 경기장의 바닥을 일컫는 말로, 모래를 뜻하는 하레나harena에서 유래했다.
- **안찰관**aedilis: 신전 건축, 도로 포장과 유지, 곡물 수급, 축제 개최 등을 책임지는 관료다. 2명은 귀족 출신자로, 2명은 평민 출신자로 선출되었다.
- **야생동물 사냥**venatio: 이국적인 동물들을 전시하고, 이들 동물들을 사냥하는 경기를 일컫는다. 동물들끼리, 동물과 사람이 경기했다.
- **양검 검투사**dimachaerus: 말 그대로 두 개의 검을 가지고 싸우는 검투사 유형이다. 2~3세기에 인기가 있었다.
- **어깨 보호대**galerus: 그물 검투사와 올가미 검투사가 착용하는 방어용 장비다. 검투사의 어깨와 머리를 보호하는 데 유용하다.
- **에트루리아**Etruria: 로마 시 북쪽에 있는 국가로서 로마의 정치, 종교, 문화, 군사 발전에 지대한 영향을 끼쳤다.
- **예고자**praeco: 외치는 사람이라는 의미로서 관중에게 검투사의 전적을 큰 소리로 알려주는 사람이다.
- **5년직**quinquennalis: 임기 5년의 자치시 정무관으로서 종교적 업무를 맡았다.
- **오케스트라**orchestra: 극장에서 원로원 의원들이 앉는 부분으로서 무대 앞 열을 의미한다.
- **올가미 검투사**laquearius: 그물 검투사처럼 어깨 보호대와 팔 보호대를 하고, 올가미와 검으로 무장했다.
- **원형경기장**amphi theatrum: 그리스의 반원형 극장 두 개를 붙였다고 하여 양면으로 되어 관람하는 장소라는 의미다.
- **이급 검투사**secundus palus: 싸운 연수나 기술 면에서 일급 검투사보다 떨어지지만 일급 검투사와 함께 특별 대접을 받았다.
- **2인직**duumvir: 이탈리아와 속주에서 법을 제정·집행하는 2명의 선출직 정무관을 말한다.
- **일급 검투사**primus palus: 최고의 기술과 경험을 가진 검투사로서 교관을 겸하기도 했다.
- **자유 검투사**rudiarius: 은퇴를 상징하는 목검을 받은 검투사를 말한다.
- **장례 검투사**bustuarius: 장례식에서 죽을 때까지 싸우는 검투사들로 검과 작은 방패만 들고 싸웠다.
- **장의사**libitinarius: 밝은 색의 투니카를 입은 노예들로 시체를 치우고, 위의 더러운 모래와 아래의 깨끗한 모래를 뒤섞거나 피로 물든 모래 위에 새 모래를 뿌린 뒤 반듯하게 정리하는 일을 했다.
- **전차 검투사**essedarius: 브리타니아와의 전쟁으로 생겨난 검투사 유형으로 바퀴가 있는 전차를 타고 싸웠다.

- 정강이받이 ocrea: 가죽이나 금속으로 되어 상대의 검의 공격에 정강이나 넓적다리를 보호하는 장비다.
- 제3의 검투사 tertiarius: 검투사들이 싸울 수 없을 때 대신 투입되거나 두 명이 싸운 뒤 이긴 자와 싸우는 세 번째 검투사를 말한다.
- 중장보병 검투사 hoplomachus: 긴 정강이받이, 투구, 팔 보호대, 작은 원형 방패로 무장했다.
- 중장기병 검투사 cataphractarius: 말을 다루는 기술이 뛰어난 파르티아와 전쟁한 뒤 도입된 검투사의 한 유형이다. 갑옷, 투구, 정강이받이로 무장했다.
- 직사각형 방패 scutum: 길이는 약 120센티미터, 넓이는 75센티미터에 달하는 방패다. 중앙에 청동으로 된 돌기가 있어 적을 가격할 때 사용했다.
- 집정관 consul: 공화정기 최고의 행정 수반으로서 2명이 선출되었다.
- 차광막 velamen: 경기장 최상층부의 지지대에 천과 밧줄을 연결해 그늘을 만드는 장치다. 차광막 설치에는 선원들이 동원되었다.
- 철갑 검투사 crupellarius: 갈리아인의 관습에 따라 몸 전체를 철갑옷으로 감싼 검투사를 말한다.
- 추격 검투사 secutor: 두 개의 작은 눈구멍을 가진 투구를 쓰는 검투사다. 그물 검투사의 주요 상대여서 '그물 검투사의 적'이라 불린다.
- 탈의장 spoliarium: 죽은 검투사의 옷을 벗기는 곳을 말한다.
- 투니카 tunica: 기원전 3세기부터 신분에 상관없이 착용한 옷이다. 성인이나 공식 석상에는 투니카 위에 토가를 입었다.
- 트라키아 검투사 thraex: 팔 보호대와 작은 방패로 무장했다. 굴곡진 검을 가지고 있는 것이 특징이다.
- 팔 보호대 manica: 가죽이나 린넨으로 되어 팔을 보호하는 장비다.
- 피리카 pyrrhicha: 에트루리아인들이 장례식에서 추었다는 춤으로 검투사 경기의 에트루리아 기원설을 설명하는 근거다.
- 허리옷 subligaculum: 엉덩이와 성기를 감싸는 1.5미터의 사각형 아마천으로서 일종의 속옷이다.

| 참고문헌 |

1차 사료

- Appianus, *Bellum Civile*.
- Apuleius, *Metamorphoses*.
- Augustus, *Res Gestae Divi Augusti*.
- Cicero, *Pro Roscio Amerino*.
- ———, *Pro Caecina*.
- ———, *In Catilinam*.
- ———, *Pro Sestio*.
- ———, *Pro Milone*.
- ———, *Tusculanae Disputationes*.
- ———, *Ad Atticum*.
- Dio, *Historia Romana*.
- Eusebius, *Historia Ecclesiastica*.
- ———, *Strategemata*.
- Horatius, *Ars Poetica*.
- Josephus, *Bellum Judaicum*.
- Josephus, *Antiquitates Judaicae*.
- Juvenal, *Saturae*.
- Livius, *Ab Urbe Condita*.
- Martialis, *Liber de Spectaculis*.
- ———, *Epigrams*.
- Petronius, *Satyricon*.
- Plinius, *Naturalis Historiae*.
- ———, *Epistulae*.
- Plutarchos, *Vitae Parallelae*.
- Polybius, *Historiae*.
- Procopius, *Historiae*.
- Sallustius, *Bellum Jugurthinum*.
- Scriptores Historiae Augustae.
- Seneca, *Epistulae Morales*.
- ———, *De Consolatione*.
- ———, *Naturales quaestiones*.
- ———, *De Brevitate Vitae*.
- ———, *Dialogorum*.
- ———, *De Beneficiis*.
- ———, *De Clementia*.
- ———, *De Ira*.
- Suetonius, *De Vita Caesarum*.
- Tacitus, *Annales*.
- ———, *Historiae*.
- Tertullianus, *De Spectaculis*.
- ———, *Apologia*.
- Valerius Maximus, *Facta et dicta memorabilia*.
- Vegetius, *Epitoma Rei Militaris*.
- Velleius Paterculus, *Historiarum Libri Duo*.
- Vitruvius, *De Architectura libri decem*.
- Zonaras, *Historiae Romanorum Excerpta*.

2차 사료

단행본

- 김진경 외, 『서양고대사강의』, 한울아카데미, 2011
- 김창성, 『로마 공화국과 이탈리아 도시: 통합과 조직의 역사』, 메이데이, 2010
- 램지 맥멀랜, 『로마제국의 위기: 235~337년, 로마 정부의 대응』, 김창성 옮김, 한길사, 2012
- 로버트 냅, 『99%의 로마인은 어떻게 살았을까』, 김민수 옮김, 이론과실천, 2012
- 배리 스트라우스, 『스파르타쿠스 전쟁: 야만과 문명이 맞선 인류 최초의 게릴라전』, 최파일 옮김, 글항아리, 2011
- 샤를 드 몽테스키외, 『몽테스키외의 로마의 성공, 로마제국의 실패: 로마에게 해악은 분열이 아니라, 번영이었다』, 김미선 옮김, 사이, 2013
- 알베르토 안젤라, 『고대 로마인의 24시간: 일상생활, 비밀 그리고 매력』, 주효숙 옮김, 까치, 2012
- 이디스 해밀턴, 『고대 로마인의 생각과 힘』, 정기문 옮김, 까치, 2009
- 임웅, 『로마의 하층민 : 검투사, 매춘부, 도시 빈민, 소작인』, 한울아카데미, 2004
- 제롬 카르코피노, 『고대 로마의 일상생활: 제국 전성기』, 류재화 옮김, 우물이있는집, 2003
- 타키투스, 『타키투스의 역사』, 김경현·차전환 옮김, 한길사, 2011
- 테오도르 몸젠, 『몸젠의 로마사 제1권: 로마 왕정의 철폐까지』, 김남우·김동훈·성중모 옮김, 푸른역사, 2013
- M. J. 트로우, 『스파르타쿠스』, 진성록 옮김, 부글books, 2007

- Auguet, R., *Cruelty and Civilization: The Roman Games* (London: Routledge, 1994)
- Baker, A., *The Gladiator: The Secret History of Rome's Warrior Slaves* (Massachusetts: Da Capo Press, 2000)
- Balsdon, J. P. V. D., *Life and Leisure in Ancient Rome* (London: Phoenix Press, 2002)
- Barton, C. A., *The Sorrows of the Ancient Romans* (New Jersey: Princeton University Press, 1993)
- Bohec, Y. L., *The Imperial Roman Army* (London: Routledge, 2000)
- Bomgardner, D.L., *The Story of the Roman Amphitheatre* (London: Routledge, 2000)

- Carden, J., *Spartacus*(Library of Congress Cataloging-in-Publication Data, 2013)
- D'Amato, R., *Roman Military Clothing (3): AD 400-640*(Oxford: Osprey, 2005)
- Fagan, Garrett G., *The Lure of the Arena: Social Psychology and the Crowd at the Roman Games*(Cambridge: Cambridge University Press, 2011)
- Futrell, A., *Blood in the Arena: The Spectacle of Roman Power*(Austin: University of Texas Press, 1997)
- ———, *The Roman Games: A Sourcebook*(Oxford: Blackwell, 2006)
- Garnsey, Peter, *Social Status and Legal Privilege in the Roman Empire*(Oxford, 1970)
- Grant, M., *Gladiators*(Middlesex: Penguin Books, 1971)
- Hopkins, K., *Death and Renewal*(Cambridge: Cambridge University Press, 1983)
- Hopkins, K. & Beard, M., *The Colosseum*(Cambridge: Harvard University Press, 2005)
- Johanson, Christopher John, *Spectacle in the Forum: Visualizing the Roman Aristocratic Funeral of the Middle Republic*(Los Angeles, University of California, 2008)
- Johnson, A. C., Coleman-Norton, P. R., *Ancient Roman Statutes*(New Jersey: Lawbook Exchange Ltd., 2003)
- Köhne, E. and Ewigleben, C.(eds.), *Gladiators and Caesars*(Berkeley: University of California Press, 2000)
- Kyle, D. G., *Spectacles of death in ancient Rome*(London:Routledge, 1998)
- ———, *Sport and Spectacle in the Ancient World*(Oxford: Blackwell Publishing, 2007)
- Mahoney, Anne, *Roman sports and spectacles: a sourcebook*(Massachusetts: R. Pullins Company, 2001)
- Matthews, R., *The age of the gladiators: savagery & spectacle in ancient Rome*(New Jersey: Chartwell Books, 2003)
- Matyszak, P., *Gladiator: The Roman Fighter's Unofficial Manual*(London: Thames & Hudson, 2011)
- Meijer, F., *The Gladiators: History's Most Deadly Sport*(New York: Thomas Dunne Books, 2003)
- Nosov, K., *Gladiator Rome's bloody spectacle*(Oxford: Osprey, 2009)
- Paget, H. M., *The Gladiator: a life under the roman empire in the beginning of the Third Century*(London: C. Kegan Paul & Co., 2008)

- Peddie, J., *The Roman War Marchine*(Gloucestershire: Sutton Publishing, 2004)
- Penrose, J.(ed.), *Rome and her Enemies*(Oxford: Osprey, 2005)
- Plass, P., *The Game of Death in Ancient Rome: Arena Sport and Political Suicide*(Wisconsin: University of Wisconsin Press, 1995)
- Shadrake, S., *The World of the Gladiator*(Gloucestershire: Tempus, 2005)
- Webster, G., *The Roman Imperial Army of the First and Second Centuries A.D.*(Norman: University of Oklahoma Press, 1998)
- Welch, K. E., *The Roman amphitheatre : from its origins to the Colosseum*(Cambridge: Cambridge University Press, 2007)
- Westrand, M., *Entertainment and violence in ancient Rome. The attitudes of Roman writers of the first century A.D*(Göteborg: Acta universitatis Gothoburgensis, 1992)
- Wiedemann, T., *Emperors and Gladiators*(London: Routledge, 1992)
- Winkler, M. M.(ed.), *Gladiator. Film and history*(Oxford: Blackwell, 2004)
- Wisdom, S., *Gladiators 100 BC-AD 200*(Oxford: Osprey, 2001)

논문

- 고경주, "세네카와 원수정체제"『서양고대사연구』20(2007), pp.65-111.
- 김경현, "129년 : Gracchani 에 의한 Equites 정책의 맹아기 (萌芽期)?-공마반환법 (公馬返還法)(plebiscitum equorum reddendorum) 및 극장법(lex theatralis)과 관련하여(上)"『사총』27(1983), pp.49-75.
- ———, "스파르타쿠스 봉기의 성격에 관하여 - 제1부 : 연구사의 개관,"『서양사론』35(1990), pp.1-30.
- ———, "로마제국의 흥망"『서양고대사연구』33(2012), pp.33-96.
- 김덕수, "기원전 1세기 스파르타쿠스 노예 전쟁과 역사의 신화화(神話化)의 문제,"『湖西史學』47(2007), pp.111-141.
- ———, "로마 공화정에서 프린키파투스로의 이행과 기사신분(equester ordo)"『역사교육』105(2008), pp.165-184.
- ———, "아우구스투스와 기사신분"『서양고대사연구』25(2009), pp.147-174.
- 김상엽, "초기 프린키파투스(principatus) 체제 하에서 기사신분(equester ordo)의 위상"『서양고대사연구』25(2009), pp.175-191.
- 김창성, "아고라와 포룸 -도시구조와 정체-"『도시인문학연구』1.2(2009), pp.155-192.
- ———, "로마 공화정기 방목세 징수와 기사신분의 역할"『서양고전학연구』39(2010),

pp.59-89.
- ――――, "공화정기 로마 귀족과 평민의 관계 -포룸과 포풀리즘-"『도시인문학연구』 3(2011), pp.83-117.
- 안희돈, "네로 황제와 황금 궁전"『서양고대사연구』19(2006), pp.201-229.
- 임웅, "공화정 후기 및 제정 초기 로마의 도시 빈곤"『서양고대사연구』9(2001), pp.99-132.
- 조영식, "임페라토르(imperator)로서의 로마황제"『서양고대사연구』17(2005), pp.171-195.
- 차전환, "기원전 4세기 로마인들은 어떻게, 무엇을 위해 전투했는가?"『서양고대사연구』25(2009), pp.119-145.

- Anderson, William S., "Anger in Juvenal and Seneca," in M. Plaza(ed.), *Persius and Juvenal. Oxford Readings in Classical Studies*(Oxford: Oxford University Press, 2009), pp.361-449
- Barton, C. A., "The Scandal of the Arena," *Representations* 27(1989), pp.1-36
- ――――, "Savage Miracles: Redemption of Lost Honor in Roman Society and the Sacrament of the Gladiator and the Martyr," *Representations* 45(1994), pp.41-71
- Benario, H. W., "Amphitheatres of the Roman World," *Classical Journal* 76(1981), pp.255-258
- Beste, H. -J., "The Construction and Phases of development of the wooden arena flooring of the Colosseum," *The Journal of Roman Archaeology* 13(2000), pp.79-92
- Bingham, S., "Security at the Games in the Early Imperial Period," *Echos du monde classique* 18(1999), pp.369-379
- Bomgardner, D. L., "The Trade in the Wild Beasts for Roman Spectacles: A Green Perspective," *Anthropozoologica* 16(1992), pp.161-166
- ――――, "New era for amphitheatre studies," *The Journal of Roman Archaeology* 6(1993), pp.375-390
- Boyle, Anthony J., "Senecan tragedy: twelve propositions," *The imperial muse. Ramus essays on Roman literature of the empire. To Juvenal through Ovid*(Australia: Aureal publication, 1988), pp.78-101
- Bradley, K. R., "The Significance of the Spectacula in Suetonius' Caesares," *Rivista Storica dell'Antichità* 11(1981), pp.129-137
- Brown, S., " Explaining the Arena: Did the Romans "Need" Gladiators?," *The Journal of Roman Archaeology* 8(1995), pp.376-384

- ――――, "Death as Decoration: Scenes from the Arena on Roman Domestic Mosaics," in A. Richlin(ed.), *Pornography and Representation in Greece and Rome*(Oxford: Oxford University Press, 1996), pp.180-211
- Brunet, S., "Female and Dwarf Gladiators," *Mouseion* 4.2(2004), pp.145-170
- Buttrey, T. V., "Domitian, the Rhinoceros, and the Date of Martial's "Liber De Spectaculis"," *The Journal of Roman Studies* 97(2007), pp.101-112
- Cagniart, P., "The Philosopher and the Gladiator," *The Classical World* 93.6(2000), pp.607-618
- Canter, H. V., "The Venerable Bede and the Colosseum," *Transactions and Proceedings of the American Philological Association* 61(1930), pp.150-164
- Carlsen, J. "Exemplary Deaths in the Arena: Gladiatorial Fights and the Execution of Criminals," *Early Christianity in the Context of Antiquity* 8(2011), pp.75-92
- Carter, M. J., "Gladiatorial Ranking and the 'SC de Pretiis Gladiatorum Minuendis'(CIL II 6278=ILS 5163)," *Phoenix* 57(2003), pp.83-114
- ――――, "Archiereis and Asiarchs: A Gladiatorial Perspective," *Greek, Roman and Byzantine Studies* 44(2004), pp.41-68
- ――――, "Gladiatorial Combat: The Rules of Engagement," *Classical Journal* 102 (2007), pp.97-114
- ――――, "Gladiators and Monomachoi: Greek Attitudes to a Roman 'Cultural Performance'," *The International Journal of the History of Sport* 26.2(2009), pp.298-322
- Catherine, C. K., "Theatre, Spectacle and the Satirist in Juvenal," *Phoenix* 57(2003), pp.257-275
- Cerutti, Steven M & Richardson, L. Jr., "The Retiarius Tunicatus of Suetonius, Juvenal, and Petronius" *The American Journal of Philology* 110.4(1989), pp.589-594
- Chamberland, Guy, "A Gladiatorial Show Produced in Sordidam Mercedem(Tacitus, Ann.4.62)" *Phoenix* 61(2007), pp.136-149
- Champlin, Edward, "The Life and Times of Calpurnius Siculus," *The Journal of Roman Studies* 68(1978), pp.95-110
- Coleman, K., "Fatal Charades: Roman Executions Staged as Mythological Enactments," *The Journal of Roman Studies* 80(1990), pp.44-73
- ――――, "Launching into History: Aquatic Displays in the Early Empire," *The Journal of Roman Studies* 83(1993), pp.48-74
- ――――, "'Informers' on parade," *Studies in the History of Art* 56(1999), pp.230-245

- ──, "Missio at Halicarnassus," *Harvard Studies in Classical Philology* 100(2000), pp.487-500
- ──, "Entertaining Rome," in J. Coulston and H. Dodge(eds.), *Ancient Rome: The Archaeology of the Ancient City*(Oxford, 2000), pp.210-252
- ──, "Valuing Others in the Gladiatorial Barracks," *Mnemosyne* 323(2010), pp.419-446
- Corbeill, A. "The Power of Thumbs," *Nature Embodied. Gesture in Ancient Rome*(Princeton: Princeton University Press, 2004), pp.41-66
- Corbier, M., "The Ambiguous Status of Meat in Ancient Rome," *Food and Foodways* 3(1989), pp.223-264
- Coulston, J. C. N., "Victory and Defeat in the Roman Arena: The Evidence of Gladiatorial Iconography," in Tony Wilmott(ed.), *Roman Amphitheatres and Spectacula: a 21st-Century Perspective*(2009), pp.195-210
- Crawford, M. H., "Arranging Seating," *Athenaeum* 71(1991), pp.613-618
- Curry, A., "The Gladiator Diet," *Archaeology* 61(2008), pp.28-30
- Curtis, R. I., "A Slur on Lucius Asicius, the Pompeian Gladiator," *Transactions and Proceedings of the American Philological Association* 110(1980), pp.51-61
- Dick, B. F., "Seneca and Juvenal 10," *Harvard Studies in Classical Philology* 73(1969), pp.237-246
- Dodge, H. "Amusing the Masses: Buildings for Entertainment and Leisure in the Roman World," in D. S. Potter and D. J. Mattingly(eds.), *Life, Death, and Entertainment in the Roman Empire*(Ann Arbor: University of Michigan Press, 2010), pp.205-255
- Duncan-Jones, R. P., "The Procurator as Civic Benefactor," *The Journal of Roman Studies* 64(1974), pp.79-85
- Edmondson, J. C., "Dynamic Arenas: Gladiatorial Presentations in the City of Rome and the Construction of Roman Society during the Early Empire," in W. J. Slater(ed.), *Roman theater and society: E. Togo Salmon Papers I*(Ann Arbor: University of Michigan Press, 1996), pp.69-112
- Enenkel, Karl A. E., "The propaganda of fortitudo. Gladiatoral combats from ca. 85 BC to the times of Trajan and their reflection in Roman literature," *The manipulative mode. Political propaganda in antiquity. A collection of case studies*(Boston: Bril, 2005), pp.275-293
- Epplett, C., "The Capture of Animals by the Roman Military," *Greece and Rome* 48.2(2001), pp.210-222
- Fear, A. E., "Status Symbol or Leisure Pursuit? Amphitheatres in the Roman

- World," *Latomus* 59.1(2000), pp.82-87
- Frank, T., "The Status of Actors at Rome," *Classical Philology* 26(1931), pp.11-20
- Franklin, J. C., "Cn. Alleius Nigidius Maius and the amphitheatre: munera and a distinguished caree at ancient Pompeii," *Historia* 46(1999), pp.434-447
- Funari, P. P. A., Garrafoni, R. S., "Reading Pompeii's Walls: A Social Archaeological Approach to Gladiatorial Graffiti," *Roman Amphitheatres and Spectacula: a 21st-Century Perspective* 1(Oxford: British Archaeological Reports, 2009), pp.185-194
- Garnsey, P., "Why Penalties Become Harsher: The Roman Case, Late Republic to Fourth Century Empire," *Natural Law Forum* 13(1968), pp.141-162
- Gilula, D., "Who's Afraid of Rope-Walkers and Gladiators?," *Athenaeum* 69(1981), pp.29-37
- Goldman, N., "Reconstructing the Roman Colosseum Awning," *Archaeology* 35.2(1982), pp.57-65
- Gonzáalez, Juliáan & Crawford, Michael H., "The Lex Irnitana: A New Copy of the Flavian Municipal Law," *The Journal of Roman Studies* 76(1986), pp.147-243
- Griffiths, J. G., "Seats in the Early Roman Theatre," *The Classical Review* 2.2(1952), p.72
- Gunderson, E., "The Ideology of the Arena," *Classical Antiquity* 15(1996), pp.113-151.
- ─────, "The Flavian Amphitheatre: All The World As Stage," in A. J. Boyle and W. J. Dominik(eds.), *Flavian Rome: Culture, Image, Text*(Boston, 2003), pp.637-658
- Harmon, D. P., "The Public Festivals of Rome," *Aufstieg und Niedergand der Römischen* 2.16.2(1978), pp.1440-1468
- Heather, L. R., "Seneca's Gladiators," *Sport, Ethics and Philosophy* 4.2(2010), pp.204-212
- Hekster, Olivier J., "Commodus-Hercules: The People's Princeps," *Scripta Classica Israelica* 20(2001), pp.51-84
- Helmbold, W. C., "Juvenal's Twelfth Satire," *Classical Philology* 51.1(1956), pp.14-23
- Henry, Denis and Walker, B., "Phantasmagoria and Idyll: An Element of Seneca's 'Phaedra'" *Greece & Rome* 13.2(1966), pp.223-239
- Highet, G. A., "The Life of Juvenal," *Transactions and Proceedings of the American Philological Association* 68(1937), pp.480-506

- ──, "Notes on Juvenal," *The Classical Review* 2.2(1952), pp. 70-71
- Hine, H. M., "Rome, the Cosmos, and the Emperor in Seneca's "Natural Questions"," *The Journal of Roman Studies* 96(2006), pp.42-72
- Holleran, C. M., "The development of public entertainment venues in Rome and Italy," in Kathryn Lomas and Tim Cornell(eds.), *Bread and Circuses. Euergetism and municipal patronage in Roman Italy*(New York: Routledge, 2003), pp.46-60
- Hope, V. M., "Negotiating identity and status: the gladiators of Roman Nimes," in R. Laurence and J. Berry(eds.), *Cultural identity in the Roman empire*(London: Routledge, 1998), pp.179-195
- ──, "Fighting for identity: the funerary commemoration of Italian gladiators," *Bulletin Institute of Classical Studies University of London* 73(2000), pp.93-114
- Hopkins, K., "Murderous Games," *Death and Renewal*(Cambridge: Cambridge University Press, 1983), pp.1-30
- Housman, A. E., "Tunica Retiarii," *The Classical Review* 18.8(1904), pp.395-398
- Jackson, R. "The Chester Gladiator Rediscovered," *Britannia* 14(1983), pp.87-95
- Jones, C. P., "*Stigma*: Tattooing and Branding I Graeco-Roman Antiquity," *The Journal of Roman Studies* 77(1987), pp.139-155
- Jones, T., "Pre-Augustan Seating in Italy and the West," *Roman Amphitheatres and Spectacula: a 21st-Century Perspective* 1(2009), pp.127-140
- Jory, E. J., "Gladiators in the Theatre," *Classical Quarterly* 36(1986), pp.537-539
- Kanz, F. & Grosschmidt, K., "Head injuries of Roman gladiators," *Forensic Science International* 160(2006), pp.207-216
- Keane, C. C., "Theatre, Spectacle and the satirist in Juvenal," *Phoenix* 57(2003), pp.257-275
- Kleijwegt, M., "The social dimensions of gladiatorial combat in Petronius' Cena Trimalchionis," *Groningen* 9(1998), pp.75-96
- Kyle, Donald G., "Animal spectacles in ancient Rome: meat and meaning," *Nikephoros* 7(1994), pp.181-205
- Lehmann-Hartleben, K., "Maenianum and Basilica," *The American Journal of Philology* 59.3(1938), pp.280-296
- Levick, B. M., "The Senatus Consultum from Larinum," *The Journal of Roman Studies* 73(1983), pp.97-115

- Lilja, S., "Seating Problems in Roman Theatre and Circus," *Arctos* 19(1985), pp.67-73
- Malnati, T. P., "Juvenal and Martial on Social Mobility," *Classical Journal* 83.2(1987), pp.133-141
- Mann, Christian, "Gladiators in the Greek East: A Case Study in Romanization," *The International Journal of the History of Sport* 26.2(2009), pp.272-297
- McCullough, A., "Female Gladiators in Imperial Rome: Literary Context and Historical Fact," *Classical World* 101.2(2008), pp.197-209
- Millar, F., "Condemnation to Hard Labour in the Roman Empire, from the Julio-Claudians to Constantine," *Papers of the British School at Rome* 52(1984), pp.125-147
- Mitchell, S., "Festivals, Games, and Civic Life in Roman Asia Minor," *The Journal of Roman Studies* 80(1990), pp.183-193
- Moeller, W. G., "The Riot of A.D.59 at Pompeii," *Historia* 19(1970), pp.84-95
- Moore, T. J., "Seats and Social Status in the Plautine Theater," *Classical Journal* 90.2(1994), pp.113-123
- Moran, Michael G., "Seneca the Younger(4 BCE-65 CE)," in M. Ballif and M. G. Moran(eds.), *Classical Rhetorics and Rhetoricians. Critical Studies and Sources*(London: Praeger Publishers, 2005), pp.343-347
- Morgan, M. G., "Three Non-Roman Blood Sports," *Classical Quarterly* 25(1975), pp.117-122
- Morse, C. J., "Quid do ut (Ne): A Bargaining Construction in Juvenal and the Senecas," *The Classical Review* 70(1956), pp.196-198
- Mouratidis, J., "On the Origin of the gladiatorial games," *Nikephoros* 9(1996), pp.111-134.
- Mueller, T., "Unearthing the Colosseum's Secrets," *Smithsonian* 42(2011), pp.26-35.
- Newbold, R. F, "Cassius Dio and the Games," *L'Antiquite Classique* 44(1975), pp.589-604
- Oliver, J. H. & Palmer, R. E. A., "Minutes of an act of the Roman Senate," *Hesperia* 24(1955), pp.320-349
- Owen, S. G., "On the Tunica Retiarii," *The Classical Review* 19.7(1905), pp.354-357
- Parker, H. N., "Plautus vs. Terence: Audience and Pupularity Re-Examined," *The American Journal of Philology* 117.4(1996), pp.585-617
- ———, "The Observed of All Observers: Spectacle, Applause, and Cultural

- Poetics in the Roman Theater Audience," *The Art of Spectacle* 56(1999), pp.163-180
- Poliakoff, M.B., "Stadium and Arena: Reflections on Greek, Roman, and Contemporary Social History," *Olympika: The International Journal of Olympic Studies* 2(1993), pp.67-78
- Potter, D., "Gladiators and Blood Sport," in M. M. Winkler(ed), *Gladiator: Film and history*(Oxford: Blackwell, 2004), pp.73-86
- ──, "Constatine and the Gladiators" *Classical Quarterly* 60.2(2010), pp.596-606
- Poynton, J. B. "Public Games of the Romans," *Greece & Rome* 7(1938), pp.27-35
- Rawson, E., "Discrimina Ordinum: The Lex Julia Theatralis" *Papers of the British School at Rome* 55(1987), pp.83-114
- Reeve, M. D., "Gladiators in Juvenal's Sixth Satire," *The Classical Review* 23.2(1973), pp.124-125
- Reinhold, M., "Usurpation of Status and Status Symbols in the Roman Empire," *Historia* 20(1971), pp.275-302
- Reydams-Schils, Gretchen, "Reading Seneca: Stoic Philosophy at Rome," *Phoenix* 61(2007), pp.186-189
- Richardson, H. C., "Dinner at Seneca's Table: The Philosophy of Food," *Greece & Rome* 56(2009), pp.71-96
- Rose, P., "Spectators and spectator comfort in Roman entertainment buildings: a study in functional design," *Papers of the British School at Rome* 73(2005), pp.99-130
- Rogers, R. S., "The Emperor's displeasure: Amicitiam Rinuntiare," *Transactions of the American Philological Association* 90(1959), pp.224-237
- Rose, P., "Spectators and spectator comfort in Roman entertainment buildings: a study in functional design," *Papers of the British School at Rome* 73(2005), pp.99-130
- Rowell, H. T., "The Gladiator Petraites and the Date of the Satyricon," *Transactions of the American Philological Association* 89(1958), pp.14-24
- Rimell, V., "The poor man's feast: Juvenal," in K. Freudenburg(ed.), *The Cambridge Companion to Roman Satire*(Cambridge: Cambridge University Press, 2005), pp.81-94
- Russell, J., "The Origin and Development of Republican Forums," *Phoenix* 22(1968), pp.304-336
- Saylor, Charles F., "Funeral Games: The Significance of Games in the Cena

- Trimalchionis," *Latomus* 46(1987), pp.593-602
- Schingo, G., "A History of earlier excavations in the arena," *The Journal of Roman Archaeology* 13(2000), pp.69-78
- Schnurr, C., "The Lex Julia Theatralis of Augustus: Some Remarks on Seating Problems in Theatre, Amphitheatre and Circus," *Liverpool Classical Monthly* 17.10(1992), pp.147-160
- Scobie, A., "Spectator Security and Comfort at gladiatores games," *Nikephoros* 1(1988), pp.191-243
- Shaw, B. D., "The Passion of Perpetua," *Past and Present* 139(1993), pp.3-45
- ──, "Spartacus Before Marx," *Princeton/Stanford Working Papers in Classics* 2.2(2005), pp.2-50
- Shelton, Jo-Ann, "The spectacle of death in Seneca's Troades," in G. W. M. Harrison(ed.), *Seneca in performance*(London: Duckworth with The Classical press of Wales, 2000), pp.87-118
- Simpson, C. J., "Musicians and the Arena: Dancers and the Hippodrome," *Latomus* 59.3(2000), pp.633-639
- Stewart, Z., "Sejanus, Gaetulicus, and Seneca," *The American Journal of Philology* 74(1953), pp.70-85
- Tataki, A. B., "Nemesis, Nemeseis, and the Gladiatorial Games at Smyrna," *Mnemosyne* 62.4(2009), pp.639-648
- Thompson, L. L., "The Martyrdom of Polycarp: Death in the Roman Games," *The Journal of Religion* 82(2002), pp.27-52
- Van Deman, Esther Boise, "The Sullan Forum," *The Journal of Roman Studies* 12(1922), pp.1-31
- Vesley, M., "Gladiatorial Training for Girls in the Collegia Iuvenum of the Roman Empire," *Echos du monde classique* 7.1(1998), pp.85-93
- Waters, K. H., "Juvenal and the Reign of Trajan," *Antichthon* 4(1970), pp.62-77
- Welch, K., "The Roman Arena in Late-Republican Italy: A New Interpretation," *The Journal of Roman Achaeology* 7(1994), pp.59-80
- ──, "The Stadium at Aphrodisias," *The American Journal of Archaeology* 102(1998), pp.547-569
- Wiedemann, T., "Das Ende der römischen Gladiatorenspile," *Nikephoros* 8(1995), pp.145-159
- Wilson, J. M., "Designing Amphitheatres," *Mitteilungen des Deutschen Archaeologischen Instituts Römische Abteilung* 100(1993), pp.391-442
- Wistrand, M., "Violence and Entertainment in Seneca the Younger," *Eranos*

88(1990), pp.31-46
- Wood, N., "Some Common Aspects of the Thought of Seneca and Machiavelli," *Renaissance Quarterly* 21.1(1968), pp.11-23

| **찾아보기** |

ㄱ

가격 79, 96, 112, 313~314, 351~357, 360, 463, 481, 494

가슴 97, 243, 248, 254, 259, 279, 313

가슴받이 129, 275, 294

가이우스 193~194, 206, 207, 324, 455~456, 464~465

가족 73, 95, 130, 145, 161, 174, 260, 265, 308, 317, 335~336, 360, 369~370, 372~373, 380, 430

가죽 끈 275~276, 279, 294, 305, 413

갈고리 142, 223, 246, 414, 487

갈레누스 121, 142

갈리아 76, 120, 192, 274~275, 306, 338, 438, 442, 498

갈리아인 78, 173, 174, 422, 423, 450

갈바 87, 485

감독관 77, 223, 308

감옥 118, 132, 138, 511

감찰관 191

갑옷 230, 247, 275, 289, 298, 301, 303, 305~306, 334, 413~414, 439, 457

개선식 80, 90, 93, 231, 233, 276, 309, 324, 348, 359, 415, 418, 470, 491

검사원 270, 307~308

검투사 경기 감독관 76, 157

검투사 소유주 213, 314, 351, 355, 375

게르마니아 142, 218, 238, 388, 508

게르만족 78, 120, 147, 288

겔리우스 442~443

결정권 313~316, 318

경비 135, 148, 182~183, 346~347, 349, 352,~354, 358, 446, 471, 490, 515, 521~522

경비병 119, 146, 147~148, 224, 297, 451

경장보병 검투사 305, 337

경호원 378~379, 454, 462

계약 77, 124~125, 146, 373, 374~375, 379

고기 122~123, 242, 325~326, 377, 428, 460, 505

고르디아누스 499

고문 104, 507, 511~513

고통 86, 88, 125~126, 138, 140, 142, 147, 154, 178, 203, 253, 256~257, 278, 280~281, 286, 318~319, 334~335, 343, 360, 365, 380, 399~401, 437, 464

고트족 520

고함 213, 273, 284, 312, 392, 476

곰 122, 234, 236~238, 240, 243~249, 254, 325, 486, 493, 495

공간 75, 78, 116, 118, 188~195, 202, 210, 211, 214, 222, 234, 248, 295, 440, 497

공개처형 87, 89~91, 230, 253, 257~258, 503, 517, 524

공격용 133, 136, 270, 294, 296

공공건물 205, 496

공연 검투사 266, 302~303, 308

공화정 95, 181, 187~188, 200, 220, 222, 274, 294, 298, 340, 346, 419, 435, 452, 454, 465, 471

관중 47, 56~58, 91, 99~102, 107~109, 122~123, 129, 131, 134, 139, 142, 153, 158~160, 193, 198~199, 205, 212~213, 217, 222~224, 230~232, 234, 242~245, 247~250, 252~253, 257~259, 261, 265, 267~268, 270, 272~273, 278, 282, 284, 286, 290~293, 296~298, 301~304, 306, 311~324, 326~327, 333~334, 340~341, 343~345, 349~350, 356, 359~360, 363, 374~376, 389, 392, 394~398, 401, 403, 433, 470, 473~476, 483, 486~487, 498, 500, 507~508, 510, 512~513, 515

광고 58, 160, 161, 320, 341,

광산 노역 83

교관 76, 83, 94, 110, 118, 123, 125, 127, 130, 132,~138, 142~143, 145~146, 158, 164, 172, 174, 269, 308, 338, 342, 350, 377~378, 393, 434

구경거리 55~56, 80~81, 100, 116, 179, 187, 190, 203~205, 214, 215, 217, 220, 227, 230, 235, 250, 258~259, 316, 346, 352, 387, 389, 398, 400, 402, 410, 415, 418, 425, 429, 455~456, 460, 469~471, 473, 476, 478~479, 482, 491, 493, 494, 496, 499, 501, 512~515, 523

구경꾼 89, 183, 187~188, 194, 197, 199, 207, 211, 218, 242, 250, 252, 255, 363, 410, 413, 473, 508,

구입 비용 123

국고 154, 348~349, 433, 471, 492, 519, 523

군단 143, 237, 239, 305, 379, 434, 442, 445, 448, 464

군단병 124, 217, 275, 392, 441, 497

군사령관 80, 90, 95, 233~234, 445, 452, 462, 464, 476, 490~491, 496, 511

군인 79, 81, 95, 111, 120~121, 126, 131, 133, 135~136, 140, 145, 214, 217, 223, 237~240, 256, 277, 280, 281, 378~380, 398~399, 414, 420, 424, 437, 452, 454, 462, 475, 479, 481, 483, 490, 497, 517

권투 검투사 305

그라드 213

그라쿠스 102, 191, 193, 278

그리스 130, 190, 234

그리스도교 57, 104, 155, 188, 326, 344, 501, 503, 509, 511~512, 514~516, 519

그리스도 교도 56, 65, 86, 258, 326, 411, 501~512, 515, 517

그물 102, 223, 239, 278~279, 281~283, 305

그물 검투사 289, 302, 304~305, 307~308, 336~338, 364, 371, 482

그물 검투사의 적 279, 307~308

극장 55, 105, 154, 187, 194, 196, 198, 205, 211, 215, 217~218, 220~221, 320, 363, 390, 402, 410, 473, 475, 478, 482, 490, 500, 512

극장법 196, 220

근성 77, 98, 134, 138, 394,

근위대 183, 217, 223, 378

근위대장 223, 402

근위병 217

글라디우스 276, 364

금속 275

금액 77, 166, 347~348, 355, 360, 376

기마궁수 검투사 298, 299, 301, 337

기사 95, 100~101, 105~106, 194~197, 216~221, 243, 298, 325, 387~388, 402, 449, 476, 486

기사 검투사 12, 75, 243, 298~300, 371

기원설 409~415, 417, 419~422

깃털 231, 248, 275, 299

꼬챙이 120, 438

ㄴ

나르키수스 370

나무 공 322, 323

나무 기둥 128, 130, 133

나일 강 182, 365

낙서 116~117, 248, 297, 343, 364, 396~397

남성 107, 109, 111, 123, 131, 178~180, 195, 214, 220, 342, 344, 363, 364, 369

남자 92, 110, 207, 255, 274, 289, 363~366, 505, 508, 524

남편 59, 94, 110, 289, 316, 342, 366~367, 370~372, 377

내기 167, 175~177, 183, 189, 229, 247

내전 199, 220, 454, 462, 465, 485, 487

냄새 117, 321, 334

넓적다리 254, 283, 287, 290, 295, 317, 448

네그리무스 285~286

네로 황제 128, 161, 179, 206~207, 210~211, 221, 258, 259, 323, 359, 472, 475, 484, 494, 502~503

네메시스 230, 342~343, 358

노빌리오르 163, 234

노역 면제병 237, 238

노예 72~73, 77, 79~81, 87, 93~94, 98~100, 103, 110~112, 121, 124, 129, 148, 174, 178~180, 188, 198, 211, 230, 238, 246, 250, 255, 300, 306, 323, 326~327, 334, 336~338, 341, 356~357, 359, 365, 367, 375, 378~380, 385~401, 424~425, 435~436, 437, 439~441, 444, 448~449, 464, 480~481

노케라의 문 206

놀라 421, 441

뇌물 456, 494

누미디아 166, 457, 497

누케리아 395, 441

눈구멍 280~281, 283, 289, 303, 372

눈을 가린 검투사 302~304

늑대 154

니케아 516

니코메디아 85, 313, 377

니콜라우스 411, 422~423

ㄷ

다뉴브 강 238, 240, 392, 496

다키아 76, 93, 309, 349, 472

단검 102, 243, 278~279, 283, 291, 294, 305

당나귀 72, 236, 248

대경주장 165, 189, 192, 219, 233, 235~236, 250, 255, 462

대리석 199, 201, 219, 372

대진표 161, 163~164

대카토 191

데나리우스 76, 79, 97, 124, 324, 354~355, 358~360, 376, 495

데코라투스 336

도구 81, 89, 120, 134, 142, 231, 239, 249, 280, 367, 385, 424, 438, 493, 522~523

도미티아누스 황제 74~75, 80, 108~109, 210, 288, 325, 337, 472, 483, 485

도전 검투사 294, 304, 307, 370

동료애 119~120, 394

동물 사냥 경기 165, 218, 232, 234~236, 238~240, 243, 325, 396, 470, 493, 501, 519, 521

동물 사냥꾼 237, 242~243, 248, 258, 371, 459

동물 조련사 243

동유럽 107, 233, 499~500

두라-에우로포스 238

들것 291, 334, 470

등급 79, 130~132, 352, 353

디오 194~196, 485, 487

디오도로스 284~285, 308

딸 105, 195, 198, 207, 371~372, 429, 460, 511

ㄹ

라니스타 73, 410~411

라인 강 218, 497

레기움 446,

렌툴루스 234, 320, 442~443, 461

로마 광장 165, 190~195, 197~200, 202, 209, 221, 235~236, 260, 320, 412, 427, 428, 520

로마 시민 83, 87, 93, 217, 253, 449, 458, 474, 504, 506

로마 시민권자 87, 95, 257, 276, 379, 437

로마화 489, 491, 498~499

로물루스 154

로스키우스 195, 216

로쿠스 213

루그두눔 498

루두스 갈리쿠스 74, 76

루두스 다키쿠스 74, 76, 320

루두스 마그누스 74~75, 117, 193, 266, 371

루카니아 442, 446~447

루크레티우스 321

루키우스 163, 324, 347, 418, 427, 494

루푸스 154, 434, 483

리비네이우스 395

리비아 219

리비우스 418, 438

ㅁ

마게리우스 357~359

마르스 광장 202, 205~206, 209, 221, 235

마르티알리스 216, 496

마사지 119, 142, 144, 307, 378

마상창 301

마우레타니아 212, 236, 480, 499

마이니우스 191

마차 253~254, 327, 335

마케도니아 90, 115, 341, 346, 399, 490~491

마케도니아 전쟁 427~428, 491

마테르누스 299

막대기 125, 147, 230, 246, 266~267, 269, 296~297, 380

막사 117, 119, 125, 128, 131, 181, 451

막시무스 339

만리우스 434

만찬 96, 171~172, 174, 324, 377, 418, 419, 422

만티네이아인 423

망치 259, 410~412, 414

망토 180, 218~219, 231, 358, 480

매력 104, 108~109, 129, 138, 181, 364, 366~368, 390, 392, 398, 435, 464, 518, 523

매장 97, 188~189, 335~336

매질 94, 125, 138, 145, 256

매춘부 220, 369, 386, 449

맨발 129~130, 282, 360, 486

맹세 125~126, 348, 464, 481, 508~509

머리 133, 145, 147~148, 178~180, 221, 238, 245~246, 272, 279, 301, 369, 463, 486, 508, 510

메르쿠리우스 259, 358, 410, 485, 514

메살리나 219

메스트리아노스 316

명예 105~106, 230, 342, 357, 401, 445, 457, 480, 487, 492~493, 496

모래 75, 128~130, 180, 242, 250, 252, 282, 284, 286~287, 299~300, 321

모의 해전 147, 232, 472

모자이크 45, 58, 357~358

목검 98, 128, 133, 139, 182, 292, 306, 342, 366, 375, 377, 486, 513

목검을 받은 검투사 555

목재 191, 198, 202, 266~267, 302~303, 335, 356

목조 197~198, 202, 206

몸값 79, 351, 355~356, 360, 375, 460

묘비 93

무기 14, 83, 88, 97, 102, 104, 110, 119~120, 132, 135~136, 139, 141~142, 144~147, 213, 223~224, 230, 265~267, 269~270, 273~276, 280~282, 284~289, 294, 298, 301~303, 312, 314, 318, 334~335, 344, 350, 355, 365, 377, 418, 425, 438~440, 445, 451,

461, 479, 486, 512
무기 검사 269~271
무누스 154, 425
무덤 144, 154, 188~189, 340, 413~414
무레나 458~459
무료 165~166, 326, 350, 390
무리를 지어 싸우는 검투사 132, 353
무승부 338, 357
무티나 192, 342, 443, 496
물고기 검투사 22, 29, 33, 35, 40, 76, 94, 135, 162~164, 268, 274, 277, 287~292, 294, 302, 304, 307, 337~338, 359, 365, 367, 371
물오르간 231
미네르바 154, 238, 462, 492
민투르나이 343, 495
민회 386, 463, 473, 475

ㅂ

바구니 182, 267, 322, 324
바리니우스 440~441
바실리카 191~193, 198
바티니우스 459
바티아투스 437
반달족 520
반란 76, 83, 119~120, 148, 275, 306, 392~393, 433, 435~436, 440, 448~454, 463, 522
반사활 301

반원형 75, 198, 305, 338
반원형 검 검투사 305, 338
발레리아 195, 239, 336
발레리아누스 239
발레리우스 195, 238, 339
발렌티니아누스 517, 521
발코니 190~191
방석 180~182, 312
방어용 133, 142, 144, 296
방패 14, 102, 108~109, 133, 142, 144, 266~267, 270, 275, 277~279, 281~283, 285~287, 290~291, 294~296, 299~300, 305~306, 312, 372, 413~414, 420, 427, 429, 440, 448, 486~487
배우 105, 365, 386~387, 402, 482
백부장 238, 447, 479~480, 497~498
범죄자 82~91, 94, 97, 99, 107, 111, 116~117, 124~126, 131~132, 138, 230, 242, 244, 246, 252~254, 256, 259, 261, 272, 305, 309, 321, 334~335, 355, 360, 369, 387, 397, 400, 410~411, 448, 457, 507, 513~514, 517, 522, 524, 553
법무관 105, 235, 402, 439~440, 455~456, 463, 471~472, 481, 485
베누스 155, 198, 250, 307, 370
베로나 207, 496
베루스 238, 292, 494
베수비오 산 399, 420, 439, 450
베스타의 여사제 215, 219
벨트 109~110, 129, 243, 275~276, 295

벼락출세 216, 402

벽화 58, 412~415, 417

별칭 93, 364

볏 105, 110, 275, 287, 289, 294

보리 121~123

보아리우스 광장 189~190, 426

보조군 238~239, 379, 436~437, 450

보조원 224, 250, 254~255, 269, 273, 296~297, 306, 322, 359

보호대 109~110, 243, 266, 275~277, 279~280, 283, 287, 290, 294~295, 299, 305, 307

복무 380, 436, 450, 511

복점관 196~197, 427

봉급 96, 378, 452

봉사 81, 85~86, 451

봉헌 126, 155, 198~199, 235~236, 250, 308, 320, 341~342, 372, 396, 495

부상 97, 100~102, 119, 124, 128, 132, 139, 141~142, 158, 204, 207, 247, 250, 266, 288, 291, 297, 299, 305, 314, 316, 319, 340, 343, 350, 354, 366, 378, 395, 399, 417, 423, 448, 463

부심 269, 296

부조 39, 41, 47, 58, 109, 278, 316

불명예 100, 125, 365, 386~387

브루투스 426

브리타니아 78, 80, 182, 299~300, 497

비문 58, 93~94, 99, 130, 135, 157, 183, 207, 238, 260, 273, 276~277, 279, 306, 309, 316,
324, 333~338, 341~344, 347, 357, 362, 369~372, 492, 494~495, 521

비전투원 308

비텔리우스 황제 112, 496

비트루비우스 187, 190, 219

비티니아 84~85, 503

빅토르 342~343

빵 72, 172, 181, 260, 324~326

ㅅ

사냥극장 198

사다리꼴 192~193

사디즘 56~57, 524

사르누스의 문 206

사망률 343~344

사비 347~349, 351, 358, 430, 471~472, 493, 495

사비니 87, 154~155, 274

사슬 77, 80, 88, 116, 125, 245~246, 279, 388, 456, 552

사슴 232~233, 241, 248, 325, 484, 486

사열식 25, 158, 229~232, 269~270, 280

사육동물 94, 241~242, 247, 325

사이프타 199, 205~206, 260

사자 88, 109, 223, 233~238, 241, 244~247, 249~250, 254~256, 257, 325, 456, 484, 510

사전 경기 265~267, 302

사절 214, 218

사제 157, 161, 196~197, 215, 219, 221, 233, 239, 348, 351, 354, 396, 437, 492~494, 497, 510, 511, 517~518

사크로비르 306

산 채로 93~94, 109, 131, 162~164, 293, 314, 316, 318~319, 338~341, 343~344

살루스티우스 436

삼니움 110, 155, 274~275, 418, 421~422, 426~427, 446

삼니움 검투사 274~276, 338, 418~419

삼니움 전쟁 274, 275, 426

삼지창 102, 278~279, 282~286, 312, 350

상금 98, 230, 357, 359~360, 375~376

상류층 87, 93, 95, 100~102, 104~106, 110~111, 115, 117, 165, 167, 178~179, 194~196, 217, 221~222, 259~260, 326, 351, 362, 368, 392, 402, 428~429, 433, 435, 496, 519

상인 73, 79, 166, 183, 207, 230, 260

상징 56, 84, 98, 136, 154, 209~210, 230, 233, 259, 284, 298, 357, 415, 439, 448, 491, 514, 519~520, 523

상처 103, 121, 139, 141~144, 224, 246, 256, 286, 288, 291, 295~296, 303, 314, 316, 344, 354~355, 400, 437, 482, 484, 486

상체 129, 275, 291, 362

상한선 353~355, 359

생명의 문 318, 360

생존율 84, 341, 344

서기 93, 123, 318~319

서유럽 196, 499~500

서판 105, 230, 257, 267, 273

석조 경기장 201~202, 206, 208, 498

선거 179, 346, 429, 457~460, 462~463, 465, 474~475, 492

선물 80, 100, 158, 210, 311, 322~326, 345, 368, 476, 492

선참 검투사 117~121, 131~133, 137, 272, 292

성기 129, 295, 364

세금 87, 190, 208, 306, 351, 386, 449, 481~482, 519

세네카 89, 146, 322, 396~398, 400~401, 524

세르기우스 365~366

세베루스 황제 111, 236, 487

세스테르티우스 76, 124, 194, 204, 314, 347~349, 351~355, 357, 360, 376, 386, 492

세쿤두스 266, 336

셀레루스 254

소아시아 99, 109, 154, 222, 237, 335, 352, 399, 415, 441, 464, 493~494, 518

소유주 87, 112, 157, 166, 213, 314, 351, 355, 357, 369, 375, 388~389

소카토 464

소플리니우스 218, 400, 496, 503, 506

속주 17, 76, 80, 84, 156~157, 181~182, 215, 229, 256, 351, 354, 478, 490, 492~495, 498~499, 510, 516

속주민 95, 379, 490~492, 494, 498

수에토니우스 204, 216, 279, 411

수용 인원 116, 166, 193, 204, 209, 212,

498~499

수익 98, 229, 360

수입 123, 144, 234, 237, 276, 351, 355~357, 359, 373~374, 380, 478

수퇘지 236, 239, 241, 247~249, 259, 493

수행원 230, 297

순교 57, 411, 501~502, 507~508, 510~512

순종하는 자들 379

순회 112, 490

술 312, 360~361, 380

술라 155, 194~195, 235~236, 275~276, 455~457

술피키우스 192

스라소니 235

스미르나 370, 508, 510

스카우루스 74, 434

스키피오 90, 103~104, 346, 490

스타틸리우스 183, 202, 205, 209, 221

스톨라 180, 220

스트라보 338, 418

스파르타쿠스 59, 119, 392, 433, 435~452, 454, 522

스펀지 122, 147

스페인 78, 182, 196, 212, 222, 342, 347~348, 352, 428, 441, 447, 490~492, 498~499

스펙타쿨룸 187

스포르툴라 324

승리의 문 207

승부욕 98, 292

승자 81, 295, 297, 313~314, 317~318, 356~357, 485

승패 93, 103, 158, 176, 292, 298~299, 313, 318, 415, 483

시라쿠사이 421

시리아 120, 339, 428, 464, 490~491, 507

시민 87, 89, 91, 93, 104, 123, 145, 156, 162, 171, 175~176, 197, 199, 211, 214~215, 217, 229, 236, 253, 255, 288, 324~325, 346, 377, 423, 427, 429~430, 434~435, 455~457, 460, 462~463, 465, 469~479, 481~482, 484, 487~488, 492~493, 495, 523~524

시민관 217

시민권자 87, 95, 257, 379

시시네스 96~97, 359

시의원 196~197, 221

시칠리아 90, 233, 254, 338, 446, 490

식당 119~120, 123, 172, 175~176, 378

식민시 196~197, 206, 347, 349, 421

신전 155, 162, 189, 198, 206~207, 236, 250, 412, 455, 461, 478, 505

신참 검투사 73, 93, 116~121, 127~128, 130~137, 139, 272, 292~293, 337~338, 341, 372

신화 259, 273, 420

실라루스 강 446~447

실리우스 418, 521

실바누스 306~308

실전 101, 127, 133, 135, 137, 268, 280, 362

심마쿠스 148

심마키우스 299

심판 269, 285, 292, 296~297, 312~313, 316, 420, 513

십인조 307~309

십자가형 87, 253, 258, 448, 507

싸우는 법 292

싸움 기술 81, 98, 101, 109, 121, 131~132, 134~135, 268, 277, 292, 294, 302, 360, 365, 373, 378~379, 392~393, 451, 464

싸움꾼 94, 98, 134, 137, 244~245, 272, 309, 313, 315, 339, 341, 345, 349~350, 396, 400, 418, 462, 482, 492, 503, 522~523

ㅇ

아나스타시우스 519

아내 174, 219, 259, 288~289, 316, 333, 336, 339, 362, 365, 367, 370~372, 380, 399, 401, 437, 496, 505

아들 94, 105, 161, 206, 210, 215, 218, 222, 254, 258, 304, 317, 346~347, 367, 370~371, 375, 402, 414~415, 421~422, 426~429, 455~456, 470, 480, 485, 492, 495, 510~511

아레나 75, 83, 98, 102~103, 110~111, 121, 125, 128, 130~131, 134, 174, 193, 195, 197, 199, 206~207, 209~213, 215, 219~221, 223~224, 231, 246, 251~253, 258~259, 266, 269, 271, 273, 280, 287~288, 292, 296, 298~303, 312, 314, 316, 319, 326, 340, 342~344, 358, 360~361, 364, 367~368, 376, 392~393, 414, 457, 474, 480, 482, 497~500, 507, 510~512, 515, 517~518, 520~521, 524

아르테미도루스 288

아마조니아 109

아마조니우스 109

아스티아낙스 283~284

아시아 76, 115, 182, 274, 499, 507, 510, 516

아우구스타 498

아우구스투스 황제 91, 155~156, 161, 183, 195, 201~202, 210, 213~214, 220~222, 236, 309~310, 316, 319, 341, 347, 399, 461, 475, 479, 485, 498

아우구스티누스 390, 515, 518

아우렐리우스 황제 75, 121, 142, 351, 357, 361, 367, 379, 386, 476

아이밀리우스 191, 346, 491

아킬레아 109

아테나고라스 513

아티스 259

아틸리우스 204, 293

아폴로 210, 273, 320, 349, 366, 492~493

아프리카 182, 192, 202, 212, 233~234, 236~237, 240~241, 250, 256~257, 390, 428, 456~457, 480, 490, 496~497, 499

아피아누스 436~438

아피우스 456, 463

악어 233, 235

안드로쿨루스 255~257

안찰관 161, 223, 234, 237, 260, 349, 455~457, 462, 471, 492
안토니우스 192, 461, 464
안티오쿠스 491
안티오크 507, 517~518
알레이우스 395~396
알렉산드리아 93, 201, 233, 276, 341, 366
알리피우스 390~391, 518
암표 167
앞 열 193~195, 215~216, 218~219, 221, 305
야만인 276, 385
야생동물 80~81, 87~91, 97, 148, 158, 196, 199, 223, 229, 234, 239~244, 249~250, 252~255, 257, 259, 261, 266, 325~326, 334, 387, 456~457, 473, 478, 481, 507~509, 511, 513, 519
야생동물형 258
야심가 340, 458, 462, 465
양검 검투사 163, 305
엄지손가락 316~318
에우세비우스 503
에트루리아 409~417, 421~422, 426, 517
에페소스 123, 144
에피아 365~367
엑소쿠스 93~94, 276
여성 검투사 107~111, 402
연극 55, 154, 198, 200, 215, 218~219, 259, 389~390, 402, 455, 479, 492, 498, 512, 519
연봉 76, 79, 85, 380, 452
연습 110, 116, 134, 137, 139~140, 145,

270~271
연회 172, 274, 346, 410, 418, 420~421, 428, 435, 455, 458, 460, 486
예고자 107, 231, 273, 322
예루살렘 80
예명 273~274
5년직 206, 395~396, 492~493
오락거리 261, 397, 410, 413, 419, 498
오로시우스 438
오비디우스 219, 363
오스티아 310
오이노마우스 438, 441
오전 147, 162, 198, 212, 229, 235, 240, 245, 248, 252, 259, 261, 321, 325~326, 334
오토 216, 379, 485
오후 119, 162, 198, 229~230, 235, 252, 277, 309, 320, 334
옥타비아누스 461, 464
올가미 239, 282, 305
올가미 검투사 304
올리브 72, 240
외출 177~181
요브의 형제 410~412
용맹 92, 100, 102~104, 124, 218, 357, 385, 394, 399
우르소 법 196~197, 348
운동선수 111, 143, 220, 234, 387, 400, 414, 493
운영자 73~78, 82~83, 98~99, 111~112, 118, 122~126, 134~135, 141~142, 144~146, 153,

156~157, 159, 164~165, 172, 174, 266, 278, 297, 335~336, 351~352, 354, 356~357, 361, 367, 372, 375~376, 386, 388~389, 393, 437, 490, 494

원로원 83, 101, 111, 166, 192, 214, 219, 234, 272, 348, 351, 387, 395, 439~440, 451, 458, 462, 471, 475

원로원 결의 105, 215, 234, 352~353, 388, 418

원로원 의원 87, 95, 104~106, 166, 181, 194, 196~197, 214, 216~217, 220~221, 223, 298, 311, 325, 365, 367, 386, 449, 476, 478, 483, 485, 486~487, 518

원형경기장 83~84, 86, 100, 102, 118, 129, 148~149, 183, 187, 196~198, 200~207, 209~210, 230, 236, 253, 261, 321, 323, 334, 345, 388, 390~391, 398, 411, 414, 417, 420, 473, 475, 479~480, 490, 497~502, 508, 511~514, 521, 530

월계수 357, 367, 487

위층 214, 220

유노 492

유대 156, 218, 472

유베날리스 96, 110, 216, 218, 278~279, 402

유스티누스 511

유죄 판결 85, 89, 244, 246, 256, 258, 305, 386, 474, 483, 517

유피테르 155, 210, 234, 259, 348, 462, 492, 514

율리아 198~199, 371, 429

율리아누스 황제 79, 484

율리우스 163~164, 196, 214~215, 219, 337, 339, 357, 386, 461

은퇴 84, 98, 158, 269, 333, 338~339, 342, 366, 374~377, 380

의사 121, 137, 142~144, 146, 158, 204

이그나티우스 507

이급 검투사 130~131, 372

2인직 161, 166, 206, 343, 492~493, 495

이집트 192, 222~233, 238~239, 276, 402, 464, 483, 491, 516

이탈리아 105, 190, 201, 206~207, 212, 233~234, 240~241, 320, 336, 338, 343, 347, 368, 409, 412, 417, 420~421, 436~437, 441~448, 450, 462, 490~491, 493, 495, 498, 517, 520

이탈리카 352, 499

인기 76, 86, 92~93, 103, 112, 115~116, 129~130, 140, 146, 153~154, 166, 180, 182, 194, 200~201, 235, 240, 275~276, 278, 287, 292, 302~306, 309, 315~315, 317, 324~325, 340, 344, 349~350, 356, 360, 368~369, 374, 376, 387, 390, 393, 397~398, 411, 425, 428, 433, 435, 452, 457, 461, 470, 483, 491, 493, 500~501, 517, 522~523

인도 233

인종 120, 218, 274, 326, 415, 450~451

일급 검투사 130, 339

임대료 158, 314, 354~355, 357, 359, 461

입대 96, 379~380, 452, 464

입장권 165~167, 212~213, 260, 350~351, 458
입후보 161, 346, 386, 455~456, 458~460, 462~463

ㅈ

자살 87, 90, 145~148, 386, 464, 522
자식 179, 333, 370, 375
자원 92, 94, 96, 98, 103, 124~126, 131~132, 146, 273, 359, 372, 376, 402, 452~453, 490, 494
자원한 검투사 92, 98, 124~125
자유민 80, 82, 84, 87, 92~95, 98~101, 103~105 107, 111~112, 126, 131, 214, 216, 273, 279, 357, 361, 373~375, 379, 386, 452, 494, 523
자치시 161, 316, 386, 479, 495
잔인 188, 244~245, 284~285, 305, 313, 315, 390, 395, 397, 403, 410, 419, 437, 492, 495, 502, 507, 512~513, 516, 524~525
장기 122, 291, 295~296
장례 검투사 306
장례식 188~189, 192, 199, 207, 218, 306, 308, 335, 337, 346, 413~414, 420, 425~429, 433~434, 443, 457, 462, 496, 523
장의사 76, 250, 287
장창 275, 299, 305
재무관 76, 358, 447, 455, 472

재미 108~109, 111, 124, 242, 248, 253, 258, 261, 267, 304, 312, 315, 334, 341, 389~390, 394, 433, 469, 491~492, 513, 516
전리품 95~96, 202, 204, 233, 452
전사 71, 77, 83, 274~275, 364, 399, 435, 442~443
전쟁 배상금 346, 348
전쟁포로 71~73, 77, 79, 81~83, 94, 99, 107, 116, 124~126, 129, 131~132, 138, 155, 188, 211, 274~275, 341, 360, 369, 424, 426, 452, 522
전적 79, 98, 100~101, 107, 161~162, 164~165, 231, 273, 334~336, 339, 344, 349, 450
전직 검투사 76, 132, 138, 376~380
전차 검투사 75, 298~299, 300~301, 307, 339, 370, 375, 480
전차 기수 259, 300, 387, 514
전차 경주 154, 163, 259, 300, 363, 389, 402, 412, 415, 420, 429, 472, 481, 519
점심 143, 181, 252, 259~260, 390, 482
정강이받이 102, 110, 243, 275, 278, 280, 282, 287, 290, 294, 299, 301, 420, 427
정무관 87, 156, 193~194, 196~197, 206, 230, 236, 340, 346, 348~349, 395, 429, 433~434, 455, 471, 475~476, 483, 492~493, 497, 503, 506, 517
정오 229, 252~253, 309, 334, 397, 410, 482, 514
정치가 74, 93, 148, 208, 229, 231, 235,

378~379, 429~430, 435, 451~452, 454~455, 459~460, 464~465, 472~473, 519
제대 상여금 380, 452
제롬 317
제3의 검투사 305
제정 179, 187, 195~196, 214, 221, 279
조상 103, 156, 166, 190, 204, 210, 230, 430, 462, 487, 504~505
조합 166, 207, 287, 306, 308~309, 335, 377, 395
종려나무 292, 356
좌석 배정 191, 196, 202, 212, 214, 216, 470
주관자 157~159
주둔지 135~136, 239, 440, 442, 490, 497
주랑현관 190
주심 269, 281, 284~285, 290, 295~296, 299, 371, 377
주인 71, 73, 77, 87, 93, 97, 112, 115, 180, 191, 218, 231, 251, 338, 356, 358, 364~365, 377, 388~389, 414, 449, 462~463, 474, 483, 486, 509, 521
주최자 77, 111~112, 123, 131, 153, 156~162, 164~165, 172, 174~175, 183, 191, 223, 230, 242, 247~248, 258, 268~269, 284~288, 299, 311, 313~315, 318~319, 322~324, 335~336, 338, 345~346, 349, 351, 354, 356, 359, 375~376, 429, 435, 443, 455, 458, 493
죽음의 문 84, 27, 334
중간층 214, 218

중무장 283, 294, 296, 301, 305, 429, 480
중장보병 검투사 135, 163, 274, 294, 304, 307
중장기병 검투사 299, 301
지배자 91, 368, 448, 473~474, 491, 523
지원 141
직사각형 102, 109, 116, 119, 190, 192, 211, 275, 279, 290, 294, 427
집정관 133, 195, 235, 250, 255, 297, 306, 320, 346, 348, 356, 426~427, 343, 434, 442~443, 445, 450, 457~458, 461, 481, 485, 495, 521

ㅊ

차광막 161, 190, 304, 320~321, 396
채권자 380
채무자 380
채찍 125, 137, 224, 242, 245, 254~255, 258, 266~267, 297, 300, 508, 513
처형식 58, 228, 252~253, 259, 261, 397, 402, 411
천부장 492
철 133, 178, 269, 277~278, 305~306
철갑 검투사 306
철학자 89, 390, 396
청동 56, 105, 133, 178, 192, 277~278, 294, 352, 364
체격 77~79, 98~99, 101, 107, 118, 122,

131~132, 134~135, 173, 267~268, 372, 378~380, 480, 523

체력 77, 86, 98~99, 121, 130, 132~134, 137~138, 145, 174, 281~282, 290, 296, 301, 351, 361, 367, 375, 393, 438, 463

초식 동물 495

총독 84~88, 156, 215, 237, 239, 240, 256, 388, 392~393, 400, 443, 457~458, 483, 494, 499, 503, 508~511, 516

최하층민 82, 93, 95, 110~111, 116, 178~182, 194, 197, 224, 260, 315, 326, 361, 380, 392, 434, 452

추격 검투사 164, 274, 277, 279~285, 289~290, 305, 307, 336, 339, 370, 372, 486

추첨 164, 265, 267~269

축제 55, 110, 124, 154~156, 179, 219, 232, 235, 320, 349, 410, 430, 462, 472, 492, 511

출입구 176, 207, 213, 230

취주자 158, 230~231, 251, 290, 313, 316

ㅋ

카라칼라 황제 313

카론 334, 411~412, 414

카르타고 122, 223, 233, 275, 399, 411, 419, 421, 427, 499

카르포포루스 249, 307

카시우스 443, 461

카이사레아 80

카이사르 74, 104~105, 192, 198~199, 210, 222, 231~232, 235, 275, 300, 308, 320~321, 326, 357, 429, 457~458, 460~461

카타르시스 311

카툴루스 102, 320

카푸아 74, 140, 357, 379, 419~421, 436~439, 448, 452, 461, 499

카피토 112, 336~337

카피톨리움 320, 412

칸막이 102, 189, 199, 215, 223, 261, 500, 521

칼렌디오 283~284

칼리굴라 황제 90~91, 106, 136, 190, 205, 236, 266, 284, 288, 321, 356, 378~379, 479~481, 484

칼푸르니우스 법 458

캄파니아 74, 206~207, 274~275, 320, 347, 412, 417~422, 451, 494~495, 499

케레스 232, 461~462

켈라두스 364

코끼리 90, 122, 233~235, 241, 245, 247, 249~250, 486

코모두스 황제 109, 157, 196, 291, 306, 351, 359, 367~368, 484~487

코뿔소 233~235, 237, 241, 245~247

코시니우스 440~441

콘스탄티누스 황제 336, 516~517, 520

콘코르디아 신전 189

콜로세움 56, 75, 117, 156~157, 165~166, 182, 195, 202, 204, 206, 209~212, 214, 222, 235~236, 320, 472, 497, 499, 519~522

콜룸부스 288, 339

쿠네우스 213

쿠리오 198~199, 237, 460

쿠마이 421

크라수스 445~448, 456

크릭수스 438, 442~443, 450

클라우디우스 황제 80, 91, 205, 213, 219, 232, 240, 278, 300, 324, 359, 375, 379, 426, 472, 474, 482, 485

클로디우스 338, 439, 462~464

키벨레 511

키지쿠스 115, 464, 494, 499

키케로 93, 236~237, 276, 399, 456, 458~460, 462~464, 475, 524

키클로스 194~195

킬리키아 182, 237, 446

ㅌ

타나토스 284, 318

타르퀴니우스 411~412, 426

타르페이아 87

타소스 99, 377

타원형 128, 193~195, 212~213, 300, 318, 498

타조 231, 233, 236, 248, 486

타키투스 55, 204, 221, 306, 389, 502

타티아누스 513

탈렌트 346~347

탈의장 334

테렌티우스 495

테르툴루아누스 188, 326, 388, 410~412, 425, 512~514

테오도리쿠스 519

테오도시우스 521

테타 284, 318

텔레게니우스 358

토가 101, 178, 218, 230, 298, 480

톡사리스 96~97, 359

투구 97, 101~102, 105, 107~110, 142, 144, 231, 270, 273, 275~283, 286~287, 289~291, 294~295, 299, 301, 303, 305, 307, 334, 350, 356, 366, 372, 413~414, 427, 429, 439, 487, 513

투니카 102, 118, 129, 178, 180, 243, 266~267, 269, 284, 298, 334, 414, 485

투리이 442

투표 104, 199, 202, 386

툴리우스 법 458

트라야누스 황제 75, 83, 93, 236, 276, 309, 340, 349, 472, 497, 503, 506

트라키아 76, 78, 110, 115, 173, 182, 222, 274, 276, 287, 427, 435~438

트라키아 검투사 93, 162~164, 268, 274, 276, 277, 287~294, 302, 304, 307~308, 336~337, 341~342, 364, 370~371, 377

트럼펫 110, 230~231, 251, 271, 273, 284~285, 290, 313, 322, 392, 461, 479

특별석 191~192, 195~197, 213~214, 217,

220~222

티베르 강 189, 211, 386, 461

티베리우스 황제 203~204, 216, 219, 376, 475, 478~479, 485, 498

티투스 황제 80, 210, 288, 292, 323, 472, 474, 485

ㅍ

파르티아 301

파리스 160~162, 402

파비우스 102, 338, 346~347

파우스티나 367~368

파이스툼 420

패자 81, 285, 313~314, 316~318, 338, 340, 344

페르가뭄 142, 377, 494, 499

페르수 413

페르페투아 510~511

페트로니우스 법 388

펠릭스 244, 293, 308, 455

평균 78, 123, 236, 280, 309~310, 340, 342, 449, 471, 499

폐지 111, 194, 351, 451, 454, 501, 515~520

포도주 58, 72, 157, 173, 181~182, 234, 237, 260, 312, 324, 326, 347, 377, 486, 504, 515

포에니 전쟁 419, 426~428

폭동 205, 393~396, 447, 478

폭력 380, 395, 403, 459, 462~463, 465, 479

폭력성 394~398, 515

폰투스 192, 276

폴렌티아 479

폴리네이케스 335, 342

폴리비오스 421

폴리카르프 508~510

폴리케 베르소 317

폼페이 94, 116, 160~161, 187, 206, 209, 243, 248, 309, 343, 364, 368, 395~396, 420

폼페이우스 74, 235, 249~250, 336, 371, 447~448, 457~458, 461, 478

표범 88, 223, 233~235, 237, 241, 245, 247, 253~254, 358, 507

푸테올리 207, 214, 388, 420

퓨마 233, 244, 496

프랑스 317, 417, 423, 498~499, 511

프레스코화 413~414

프로부스 241, 309, 393

프로세네스 157

프로쿨루스 239, 480

프로페르티우스 219

프리스쿠스 292

프리에덴스 285~287

프톨레마이오스 233, 480

플라마 338~339

플라비우스 196, 209~210, 240, 497

플라쿠스 160~161, 492

플로라 11, 232

플로루스 437~438, 449

플루타르코스 195, 436~439, 450

피데나 203~204

피루스 233

피리카 414

피지배자 448, 473

피케눔 443, 445, 499

피호민 166, 178, 323, 458

ㅎ

하데스 285, 414

하드리아누스 황제 75, 83~84, 87, 112, 388, 493

하마 233, 235~236, 241, 486

하빌리스 299

하층민 82, 93, 95, 110~111, 116, 178~179, 181~182, 194, 197, 224, 260, 326, 380, 392, 434, 452

한니발 419, 427

함대 240

해방노예 83, 93~95, 112, 157, 183, 203, 214, 306, 308, 324, 359, 388, 402

허리옷 128~129, 258, 276, 279, 298

헤로도토스 415

헤르메스 316, 350~351, 358, 370

헤르쿨레스 117, 259, 273, 485, 514

헬리오스 210

호노리우스 518

호라티우스 218~219

호른 284, 313, 316

호메로스 414

화살 224, 301~302, 486

화장실 86, 124, 252, 260~261, 265

화재 75, 198~199, 202, 218, 222, 258, 320, 386, 455, 478, 502

화형 81, 87, 253, 258~259, 502, 507, 509~510

확률 176, 248, 340, 344

황소 233, 245~247, 249, 492~493

황실 213~214, 219, 221, 259, 306

황제석 213, 224, 231, 356, 481

황후 219, 367

횃불 108, 245, 297, 320

회복 84, 125, 141, 340, 373, 379, 481, 516

훈련 73~76, 78~79, 83~84, 86, 92, 94, 98~99, 101, 103, 109~110, 112, 115~122, 125~146, 153, 162, 164, 243, 247, 269, 292, 296, 300~301, 306, 316~317, 333, 335, 360, 362, 368, 372, 376, 379, 393, 399~400, 425, 434, 440~441, 444, 451, 464, 497, 516~517

훈련장 128~129, 133

휴식시간 296~297

히아킨토스 273, 366

히폴리투스 286

힐라루스 292, 293, 306

힐라스 274

로마 검투사의 일생
ⓒ 배은숙 2013

1판 1쇄	2013년 10월 7일
1판 4쇄	2025년 2월 28일

지은이	배은숙
펴낸이	강성민
편집장	이은혜
독자모니터링	황치영
마케팅	정민호 박치우 한민아 이민경 박진희 황승현
브랜딩	함유지 함근아 박민재 김희숙 이송이 김하연 박다솔 조다현 배진성 이준희
제작	강신은 김동욱 이순호

펴낸곳	㈜글항아리 | 출판등록 2009년 1월 19일 제406-2009-000002호
주소	10881 경기도 파주시 문발로 214-12, 4층
전자우편	bookpot@hanmail.net
전화번호	031-955-2689(마케팅) 031-941-5161(편집부)
팩스	031-941-5163

ISBN	978-89-6735-074-1 03900

잘못된 책은 구입하신 서점에서 교환해드립니다.
기타 교환 문의 031-955-2689, 3580

www.geulhangari.com